## 中央编译局文库编辑委员会

主　任：贾高建

委　员：贾高建　俞可平　魏海生　王学东　陈和平　杨金海
　　　　柴方国　尹汾海　何增科　季正聚　郗卫东　张文成
　　　　李惠斌　杨雪冬　李京洲　薛晓源　陈家刚

## 中央编译出版社文库编辑中心编辑小组

刘明清　薛晓源　邢艳琦　谭　洁　尹承东　贾宇琰　冯　章
董　巍　苗永姝　郑　锦　盛菊艳　李媛媛　董　妍

国家"十二五"重点图书

# 国际共产主义运动历史文献
## 第40卷

主　编　王学东
副主编　戴隆斌（常务）　童建挺

**共产国际执行委员会第五次扩大全会文献**

本卷主编　戴隆斌

## 《国际共产主义运动历史文献》顾问委员会

贾高建 俞可平 顾锦屏 高　放 张中云 殷叙彝 胡文建
宋洪训 顾家庆 洪肇龙 沈志华 杨光远 林勋建

## 《国际共产主义运动历史文献》编辑委员会

**主　　编**：王学东
**副 主 编**：戴隆斌（常务）　童建挺
**编　　委**：（以姓氏笔画为序）
　　　　　　王　瑾 邢艳琦 许宝友 张文成 张文红 陈新明
　　　　　　林德山 胡振良 姚　颖 彭萍萍 薛晓源


**参加本卷译校工作的有**
何宏江

**参加本卷编辑出版工作的有**
苗永姝 郑　锦 尹承东

**丛书编务统筹**
苗永姝 郑　锦 李媛媛 董　妍

# 总 序

国际共产主义运动，是由以马克思主义为指导的无产阶级政党领导的国际性的无产阶级革命运动，其宗旨是推翻资产阶级统治和一切剥削制度，建立和发展社会主义制度，进而最终实现人的彻底解放，建立共产主义社会。

国际共产主义运动迄今已有一百六十多年的历史。19世纪40年代，马克思、恩格斯在创立科学社会主义理论的同时，努力把它与当时西欧无产阶级的革命实践相结合，于1847年6月创建了第一个国际性的无产阶级政党——共产主义者同盟，亲自拟定并于1848年2月公开发表了同盟纲领《共产党宣言》。这标志着国际共产主义运动的兴起。

自从共产主义者同盟建立以来，历经第一国际（国际工人协会）、第二国际、第三国际（共产国际），国际共产主义运动由小到大、由弱到强，从西方推进到东方、从欧洲扩展到全球，终于突破资本主义链条上一个又一个薄弱环节，取得了社会主义由一国到多国的胜利。二战后社会主义阵营的建立、民族解放运动的胜利进军、社会主义国家革命与建设的重大成就，为国际共产主义运动史书写了辉煌的篇章。20世纪末，由于东欧剧变、苏联解体，国际共产主义运动遭遇了严重挫折。但是，历史并没有因此而终结。由《共产党宣言》奠基的国际共产主义运动仍在曲折中前进。各资本主义国家中的共产党、工人党仍在不断探索无产阶级取得解放的道路；中国等社会主义国家仍继续高举社会主义伟大旗帜，为完善社会主义、最终实现共产主义而不懈奋斗。

国际共产主义运动一百六十多年跌宕起伏的发展历程，积累了卷帙浩繁的文献档案，留下了丰富的历史遗产。深入发掘和充分利用这些文献档案，对于我们准确地了解和把握国际共产主义运动的发展进程及各个时期的特点，科学地研究和总结国际共产主义运动丰富且宝贵的经验教训，具有极其重要的意义。特别是无产阶级国际组织，作为国际共产主义运动的重要载体，其文献档案对于国际共产主义运动史研究更是具有特殊的重要意义。

早在1984年春，中国国际共产主义运动史学会就发起编辑出版《国际共产主义运动史文献》。当时由中共中央编译局、中国社会科学院马列主义毛泽东思想研究所和近代史研究所、中共中央党校和中国人民大学等单位共同组建了编辑委员会。编委会商定：这套文献主要收编共产主义者同盟、第一国际、第二国际、第三国际、共产党和工人党情报局这五个国际组织已发表的全部文献档案，包括历次代表大会、代表会议和其他重要会议的记录、决议和有关文件；收编材料力求齐全；凡外国有选编完整的版本者，根据外国版本翻译；凡文件散见于外国不同出版物者，尽力搜集完整，组织力量统一编译；文件完全按照原件翻译，译文力求准确，不作修改删节，以便读者根据完整、准确的第一手材料了解这些国际组织的历史。在当时代管全国哲学社会科学基金的中国社会科学院科研局的资助下，经过编辑委员会、编译工作者和中国人民大学出版社的共同努力，这套文献于1986年开始陆续出版，截至1997年共出版了21卷。

到上世纪末，文献的编辑出版工作遇到了巨大困难。首先是编委会发生了重大变故，主编林基洲、副主编王颖和校纪英相继谢世；其次是出版经费难以为继。为继续出版这套文集，中国国际共产主义运动史学会多方努力，组成以会长顾锦屏为主编的新编委会，从全国哲学社会科学规划办公室争取到一笔资助，于1999—2001年又出版了两卷。此后，因缺乏经费，编辑出版工作完全陷于停顿。

2010年，在中共中央编译局和中国国际共产主义运动史学会的鼎力支持下，中央编译出版社以这套文献申报国家出版基金项目，获得立项资助。中共中央编译局对此项目高度重视，在国家出版基金资助的基础上，给予了相应的资金支持，组建了新编委会，成立了专门机构负责文献整理和编辑工作，并将这套文献纳入"中央编译局文库"出版规划。

经新编委会研究决定，这套文献定名为《国际共产主义运动历史文献》，在其前身《国际共产主义运动史文献》的基础上重新编辑出版。通过进一步广泛搜集资料和适当改变编辑方式，新《文献》的资料更详尽、收文更齐全。例如，在原《文献》的某些卷次中，对已出版的马克思主义经典著作中译本只列目录，不收正文，而新《文献》则全部依据最新的中译本收录，以方便读者查阅。此外，《国际共产主义运动历史文献》扩大了文献资料的搜集和选材范围，采用开放式结构，规模暂定60卷，约2500万字。

中共中央编译局和中国国际共产主义运动史学会对这套文献的编辑出版工作给予了强有力的支持，中央编译出版社为这套文献的立项和出版做了大量艰苦细致的工作，文献的前两任编委会和编译工作者在十分困难的条件下为这套文献奠定了良好的基础，中国人民大学出版社为这套文献的重新编辑出版提供了帮助，在此一并表示衷心感谢。

《国际共产主义运动历史文献》

编辑委员会

2011年12月20日

# 编辑说明

共产国际（第三国际）执行委员会第五次扩大全会于1925年3月21日—4月6日在莫斯科举行。出席大会的有来自34个国家的244名代表，其中104位同志有表决权，140位同志有发言权。其中有24位共产国际执行委员会委员和13位候补委员。会议着重讨论了共产主义运动中的若干理论问题和实践问题，通过了《关于共产国际各党的布尔什维克化（关于季诺维也夫同志的报告的提纲）》，在共产国际第五次代表大会上提出的布尔什维克化口号的基础上对各支部提出了更进一步的具体要求。全会还讨论了工会运动问题，洛佐夫斯基作了关于为世界工会运动的统一而斗争的报告，通过了《关于为国际工会运动的统一而斗争的报告的决议》；讨论了农民问题，布哈林作了《农民问题和世界无产阶级革命》的报告，通过了《关于农民问题的提纲》；讨论了俄共（布）党内的争论，布哈林作了关于俄共（布）党内争论的报告，通过了关于俄共（布）党内争论的报告的决议；讨论了拉狄克、布兰德勒和塔尔海默等人的问题，并通过了相关决议，批评他们背离布尔什维主义，犯有派别活动的错误，决定解除他们在共产国际担任的职务；讨论了共产国际个别支部的问题，并分别通过了关于捷克斯洛伐克、美国、意大利、南斯拉夫问题的决议。

本卷收录的文献包括两个部分：（1）共产国际执行委员会第五次全会会议记录；（2）共产国际执委会第五次全会提纲和决议。这两部分文献均按照联共（布）中央马克思恩格斯列宁研究院编辑的《共产国际执行委员会扩大全会（1925年3月21日—4月6日）（速记记录）》（国家出版社1925年莫斯科—列宁格勒版）（Расширенный Пленум Исполкома Коммунистического Интернационала）（21 марта - 6 апреля 1925 г.）（Стенографический Отчет）（Государственное Издательство，Москва - Лениград，1925.）编译的。书中除译者加的译者注外，未注明的脚注为原书或者原作者加的注释，本卷主编加的注释标明为编者注。需要特别说明的是，本卷中的标题均为编者所加。

# 目  录

**共产国际执行委员会第五次扩大全会会议记录**
  (1925年3月21日至4月6日) ·················· 1
第一次会议（1925年3月21日）·················· 3
  季诺维也夫致开幕词 ························ 3
  卡茨作资格审查委员会的报告 ················ 6
  选举主席团 ································ 7
  反对白色恐怖的发言和呼吁书 ················ 7
  向丹麦和瑞典无产阶级致敬的决议 ············ 23
  各委员会组成名单 ·························· 24
第二次会议（1925年3月25日）·················· 32
  季诺维也夫作《国际前景和各共产党的
    布尔什维克化》的报告 ···················· 33
第三次会议（1925年3月26日）·················· 78
  鲁特·费舍代表德国支部作副报告 ············ 78
  关于兰楚茨基案件的通报 ···················· 94
  特伦代表法国支部作副报告 ·················· 94

## 第四次会议（1925年3月28日） ……………………………………… 105
关于梅伦巴赫矿难的通报…………………………………………… 105
赫鲁施卡代表捷克斯洛伐克支部作副报告………………………… 106
斯科奇马罗代表意大利支部作副报告……………………………… 109
武约维奇代表青年共产国际作副报告……………………………… 133
加拉赫代表英国支部作副报告……………………………………… 143

## 第五次会议（1925年3月28日下午） …………………………… 149
讨论季诺维也夫的报告……………………………………………… 149

## 第六次会议（1925年3月30日） ………………………………… 172
继续讨论季诺维也夫的报告………………………………………… 172

## 第七次会议（1925年4月1日上午） …………………………… 222
关于韦乔尔克维奇和巴金斯基遇害的通报………………………… 222
洛佐夫斯基作关于为世界工会运动的统一而斗争的报告………… 224
关于摩拉维亚—俄斯特拉发总罢工的通报………………………… 246
捷克斯洛伐克代表团的声明………………………………………… 247
讨论洛佐夫斯基的报告……………………………………………… 248

## 第八次会议（1925年4月1日下午） …………………………… 257
继续讨论洛佐夫斯基的报告………………………………………… 257
关于韦乔尔克维奇和巴金斯基遇害的号召书……………………… 266
洛佐夫斯基的总结发言……………………………………………… 269
关于为世界工会运动的统一而斗争的报告的决议………………… 275

## 第九次会议（1925年4月2日） …………………………………… 277
布哈林作《农民问题和世界无产阶级革命》的报告 ……………… 277
讨论布哈林的报告…………………………………………………… 299
布哈林的总结发言…………………………………………………… 323

**第十次会议**（1925年4月3日上午） …… 330
  布哈林作关于俄共（布）党内争论的报告 …… 330
**第十一次会议**（1925年4月3日下午） …… 349
  对布哈林关于俄共（布）党内争论的报告的讨论 …… 349
  布哈林总结发言 …… 374
**第十二次会议**（1925年4月4日下午） …… 375
  关于拉狄克、布兰德勒、塔尔海默等人案件的通报 …… 375
  拉狄克、布兰德勒、塔尔海默的声明 …… 377
  俄共代表团的答复 …… 379
  德国代表团的声明 …… 380
  鲁特·费舍就季诺维也夫的报告作总结发言 …… 383
  政治委员会关于布尔什维克化提纲讨论情况的说明 …… 387
  季诺维也夫作《关于资本主义"稳定"和世界革命》
    的总结发言 …… 388
  对扩大全会的贺词和致答词 …… 405
  表决通过《关于共产国际执行委员会报告的决议》 …… 407
**第十三次会议**（1925年4月6日上午） …… 408
  表决通过《关于国际支援革命战士协会的决议》 …… 408
  表决通过《关于农民问题的提纲》 …… 410
**第十四次会议**（1925年4月6日下午） …… 411
  表决通过《关于俄共党内争论的报告的决议》 …… 411
  曼努伊尔斯基作关于捷克斯洛伐克问题委员会工作的报告 …… 411
  捷克斯洛伐克代表团少数派声明 …… 427
  通过关于捷克斯洛伐克问题的决议 …… 428
  库西宁作关于美国问题委员会工作的报告 …… 428
  共产国际就美国问题发表声明 …… 431
  美国工人党多数派发表声明 …… 432

美国工人党少数派发表声明 …… 433
通过关于美国问题的决议 …… 434
柯拉罗夫作关于南斯拉夫问题委员会工作的报告 …… 434
关于南斯拉夫问题的声明 …… 439
通过关于南斯拉夫问题的决定草案 …… 441
安贝尔-德罗作关于意大利问题委员会工作的报告 …… 441
格列科发表关于意大利问题的声明 …… 444
通过关于意大利问题的决议 …… 445
通过关于共产国际各支部鼓动宣传工作目前的任务的决议 …… 445
共产国际发表声明谴责灿科夫政府散发伪造的共产国际文件 …… 445
法国代表团的建议 …… 446
季诺维也夫的总结发言 …… 447

## 共产国际执委会第五次扩大全会提纲和决议 …… 453
关于共产国际执行委员会报告的决议 …… 455
关于共产国际各党的布尔什维克化
（关于季诺维也夫同志的报告的提纲） …… 456
第一部分　问题的提出 …… 456
第二部分　马克思主义和列宁主义 …… 461
第三部分　布尔什维克化和争取工人阶级的多数 …… 466
第四部分　布尔什维克化和无产阶级在革命中的同盟者问题 …… 472
第五部分　某些党的具体任务 …… 475
第六部分　布尔什维克化和组织问题 …… 481
第七部分　布尔什维克化和国际领导 …… 485

农民问题提纲 …………………………………………………… 487
　引　言 ………………………………………………………… 487
　一、作为社会经济范畴的无产阶级和农民 ………………… 488
　二、在资本主义"有机"时期的土地—农民问题
　　　（1914年战争前）………………………………………… 490
　三、在工人阶级夺取政权前夕的土地—农民问题 ………… 492
　四、在夺取政权后对问题的提法 …………………………… 493
　五、当前时期和土地—农民问题的现状 …………………… 495
　六、农民运动和共产党 ……………………………………… 497
　七、农民工作和对农民组织的态度 ………………………… 498
　结　语 ………………………………………………………… 500
关于为国际工会运动的统一而斗争的报告的决议 …………… 502
关于俄共（布）党内争论的报告的决议 ……………………… 503
关于捷克斯洛伐克问题的决议 ………………………………… 505
关于美国问题的决议 …………………………………………… 511
关于意大利问题的决议 ………………………………………… 520
关于扩大的全体会议批准的关于共产国际和青年
　共产国际各支部组织工作会议报告的决议 ………………… 525
关于共产国际各支部目前鼓动宣传工作的任务的决议 ……… 529
关于国际支援革命战士协会问题的决议 ……………………… 532
关于拉狄克、布兰德勒和塔尔海默的声明的决议 …………… 534
俄共（布）中央监察委员会关于布兰德勒、塔尔海默、
　拉狄克等人一案的决议 ……………………………………… 537
关于南斯拉夫问题的决议 ……………………………………… 542
　一、总的形势 ………………………………………………… 542
　二、南斯拉夫共产党的民族政策 …………………………… 546
　三、南斯拉夫共产党在农民问题上的政策 ………………… 550

# 共产国际执行委员会
# 第五次扩大全会会议记录

(1925年3月21日至4月6日)

# 第一次会议

（1925年3月21日）

## 季诺维也夫致开幕词

同志们，我宣布执行委员会扩大的全体会议开幕。

在开始工作前，请允许我讲几句开场白。

首先我怀着巨大的悲痛向大家报告，昨天我们失去了一位十分杰出的同志，苏联中央执行委员会主席纳里曼诺夫同志。25年多来，他与无产阶级群众保持着有机的联系，毕生坚持积极的斗争，他是一位著作家、组织者、党的领袖，最近又担任苏联中央执行委员会主席。他不辞辛劳地参加了1920年巴库的代表大会，著名的东方各民族代表大会，这次大会对于东方革命的民族解放运动的发展有着巨大的意义。纳里曼诺夫同志是在东方环境下已经站到列宁主义高度的人们中十分杰出的领袖之一，在那里，工人运动尚未得到可观的发展。

同志们，在谈到纳里曼诺夫同志时，不由得会把他和孙中山作一比较。孙中山不是共产主义者。但孙中山作为革命无产阶级真诚的同盟者，虽然确实没有站到马克思主义世界观的高度，但却懂得了、认清了各被压迫民族运动的历史作用，这个运动是无产阶级革命的组成部分。像纳里曼诺夫和孙中山这样的人物在某种程度上是无产阶级革命时代的典型：他们向我们表明，在世界无产阶级数量众多的后备军中，在东方各民族中，已经产生了列宁主义者和马克思主义者，还出现了直接帮助加强各被压迫民族和无产阶级革命联盟的杰出的人民领袖。

第五次代表大会以来的这段时期，我们没有取得重大的胜利，但仍应指出阶级斗争的国内战争的几个相当有影响的事件。尽管时局造成了我们工作的客观困难，尽管在某些国家里目前不存在1923年德国所出现的那样的直接的革命形势，但在一些国家里刮起了一股清风。这在我们的同志在接受审判时和监狱中的言行举止上也表现了出来。我以为，我们中每一个人都会极其满意地指出，乌尔班斯等同志在汉堡法庭上的举止可以成为每一个革命者的榜样。普通的工人在德国的法庭上表现得十分英勇。同样的还有波兰，昨天兰楚茨基同志上了资产阶级的法庭，而在监狱里成百上千的工人在受折磨。资产阶级和社会民主党在用令人窒息的煤气消灭工人。尽管如此，我们许多同志百折不挠地继续履行自己的革命义务。你们大家都知道最近我们保加利亚的兄弟党蒙受了巨大的损失，一大批无产阶级领袖遭到杀害。在罗马尼亚，我们看到像波克、多勃罗贾努等同志坚持绝食30天，几乎被折磨至死。大家都清楚爱沙尼亚的事态，我希望扩大的全体会议将听取关于这一事态的详尽报告。大家都知道数量不多的一批人在那里为我们的事业英勇斗争。

在德国，我们可以看到新的罢工运动的开端。我们在斯堪的纳维亚国家观察到一系列阶级的战斗行动，其规模有时很大，例如，冶金工人的罢工。资产阶级在进攻，无产阶级在防御。

还应该指出，我们各党在最近的几个月和几个星期组织了一系列规模极大的政治示威游行，例如，巴黎的饶勒斯示威游行。当然，这不是我们的某些同志所想象的革命的开端，更多的是我们的敌人所想象的革命的开端，但它毕竟为法国共产党占领街道提供了出色的开端。我们还认为不久前我们捷克斯洛伐克兄弟党在布拉格、克拉德诺等地组织的示威游行具有极其重大的意义。这些示威游行表明捷克斯洛伐克无产阶级广大群众具有斗争的决心。我们希望,捷克斯洛伐克出色而强大的无产阶级不久将在我们党的旗帜下发动斗争。人数众多的列宁主义示威游行遍及全世界!由于社会民主党和资产阶级在哈雷进行的杀戮,柏林举行了大规模的政治示威游行,其中最后一次就发生在昨天。这些街头的示威游行具有巨大的象征性意义。这些示威游行首先说明各个共产党在为争夺街道、积极吸引无产阶级群众投入经济斗争和政治斗争而战斗。

同志们,大家都已经知道我们这次全体会议的议程。这次会议应该严格务实地来讨论共产国际亟待解决的问题。

各党的布尔什维克化,工会运动的统一,农民问题,俄共党内的争论,这就是我们将讨论的四个主要问题。

接着还有一系列形式上只涉及个别支部、实质上事关整个共产国际的问题。例如,捷克斯洛伐克问题就是如此。大家都知道整个世界资产阶级和第二国际由于我们捷克斯洛伐克兄弟党内"即将发生分裂"而欢呼雀跃。我们的敌人高兴地搓着双手显然太早了。这个问题虽然无疑困难很大,但我们仍然坚信,**兄弟的捷克斯洛伐克党尚未到分裂的地步**。无论是捷克党,还是共产国际中,没有一个集团、没有一个领袖对成千上万捷克工人坚决要求团结的决心和真诚忠于共产国际的态度产生过怀疑。(鼓掌)没有任何力量能摧毁这一决心。同志们,我可以以主席团的名义提前告诉大家,最困难的问题——捷克斯洛伐克问题——终将获得解决,捷克斯洛伐克党将无条件保持团结。(鼓掌)

我们在这次扩大的全体会议上将研究世界政治中一系列的新现象,我们将本着列宁的精神加以分析,不抱任何幻想,对现实不作任何粉饰。我们将心平气和地直视真相,以世界政治和经济局势的本来面目为依据。我们不需要幻想,因为我们在任何情况下始终是革命者和布尔什维克,局势越艰难,我们就越坚定、有力、万众一心地走向真正的布尔什维克化。我认为没有必要再补充一句，说我们的全部工作一如既往将严格本着列宁主义的精神进行下去。

共产国际万岁！（暴风雨般的掌声）

现在请听关于我们会议人员组成的报告。

## 卡茨作资格审查委员会的报告

共产国际执行委员会主席团成立了一个临时性的代表资格审查委员会，来审核出席代表的代表资格和代表的推选办法。

执行委员会 44 名委员中实到 24 位同志。再加上取代缺席执委的候补执委 8 人。此外，27 名候补执委中还有 5 人出席了会议。总之，共计有执行委员会委员 32 人，候补执行委员 5 人。

根据现行的推选代表的办法，共产国际各支部的代表分配如下：

1. 以下支部各 3 票：俄共、德国、法国、捷克斯洛伐克和青年国际。

2. 以下支部各 2 票：美国、英国、挪威、保加利亚、波兰和乌克兰。

3. 其余支部各 1 票。

共产国际 50 个支部的代表团在扩大的全体会议上共有 68 票。

目前有 34 个支部的代表出席。

共产国际执行委员会主席团建议增加下列支部出席扩大的全体会议的代表名额：

捷克斯洛伐克支部、法国支部、南斯拉夫支部、荷兰支部。

出席全体会议的 104 位同志有表决权，140 位同志有发言权，共计 244 位同志。

## 选举主席团

**季诺维也夫**（俄共）：

现在选举主席团。

**卡茨**（德国）：

扩大的全体会议常务委员会向扩大的全体会议建议，由下列人员组成主席团：

季诺维也夫、布哈林、斯大林，代表俄共。

塞马尔、加香，代表法国。

格施克、温特利希，代表德国。

加肯、萨波托茨基，代表捷克斯洛伐克。

维奥拉，代表意大利。

多尔斯、桑伯恩，代表美国。

加拉赫，代表英国。

吉姆·拉金，代表爱尔兰。

罗易，代表东方各国。

阿尔维德·汉森，代表斯堪的纳维亚，以及克拉拉·蔡特金。

建议由以下人员组成扩大的全体会议秘书处：库西宁、皮亚特尼茨基、特伦、卡茨、安贝尔-德罗、诺伊拉特、科恩布卢姆。

（名单通过。主席团委员和秘书处成员就座。）

## 反对白色恐怖的发言和呼吁书

**季诺维也夫**（俄共）：

我们建议明天不开会，因为许多同志想参加纳里曼诺夫同志的葬礼。星期一捷克斯洛伐克问题委员会开始工作。一旦这个委员会的工作有相当进展，我们想扩大的全体会议就可以开会。由于种种原因，这样做对整个工作有利。我希望同志们会同意这样做。

我们在这里提到了许多党近来不得不在异常困难的条件下开展斗争。现在请这些党的几位代表发言，首先请我们兄弟的爱沙尼亚党的代表发言。

**安维尔特**（爱沙尼亚）：

同志们！你们中有一部分人大概知道，在芬兰湾的南岸有一个很小的国家，叫做爱斯兰，资产阶级把它叫做爱沙尼亚。知道这个小国家的人很少，当有人提到它时，人们会问，这是怎么一回事？但这个小国的工人和农民有着自己的历史，压迫者和被压迫者在那里进行了长达700年的血腥斗争。它位居东欧和西欧之间，各种征服者都曾来过这里：有德国骑士，有丹麦征服者，有瑞典国王，有俄国沙皇的军队，有波兰贵族老爷；所有的人都烧杀抢掠，奸淫妇女……前后持续了700年。现在开始了国内战争的时代，爱沙尼亚的无产阶级经受了国内战争的苦难。爱沙尼亚举行了几次起义，每一次起义都遭到镇压，接着开始了白色恐怖。

1917年，爱沙尼亚的工人和农民掌握了政权。我们的党成了最大的党。在立宪会议选举中我们获得超过40%的选票。但后来德国人占领了爱沙尼亚，不仅德国人自己来了，而且爱沙尼亚的资产阶级同巴尔干的男爵们派出了专门的代表团来见威廉皇帝的将军们。占领开始了，苏维埃政权被扼杀了，开始了白色恐怖。当占领部队撤退时，他们当然不把政权交给我们布尔什维克，而是交给了资产阶级。在资产阶级统治下恐怖更趋猖獗。最近恐怖已达到无以复加的地步。我不去谈我们的斗争（如果主席团愿意的话，可以就这个话题作一个报告），但我要指出，有时我们党不能不争取行动。资产阶级用尽一切手段——白色恐怖——来进行报复。我们的工人是宽大为怀的，他们俘虏了一些军官、警察局长和资产阶级的其他头面人物，但总是给他们留下活命。资产阶级都不是这样的。爱沙尼亚监狱中的情景难以描述；那里采用了各种暴虐的手段：百般摧残，严刑拷打。他们想在那里消灭爱沙尼亚无产阶级的精英。

爱沙尼亚无产阶级蒙受了巨大损失，但我们重又前进。我们牢记伊里奇的遗训。我们集合力量，我们一把抓住资产阶级的脖子，彻底结果他们的时候已经不远了。我们在共产国际的旗帜下，与各个共产党一起前进，当共产国际认为需要号召各国工人和农民投入斗争时，我国无产阶级决不会落后于其他战士。

革命布尔什维克的战斗司令部——共产国际万岁！（鼓掌）

**格施克**（德国）：

同志们，我们，德国工人，为纪念巴黎公社，首先要指出普鲁士—德意志军国主义对扼杀巴黎公社所起的刽子手和出卖者的作用。我们记得凡尔赛分子和波茨坦分子签订的条约把无数巴黎公社社员出卖给了凡尔赛。我们还记得1914年时德国社会民主党和第二国际提出了与资产阶级实现国内和平的口号。我们记得我们的卡尔·李卜克内西用国内战争的口号来对抗这个国内和平的口号。我们，德国无产者，记得无产阶级没有在自己的旗帜上写下国内战争的口号，而是完全受社会民主党人的驱使，在国内和平的标志下帮助德国资产阶级成就事业。我们还记得数量众多的德国军队、波罗的海沿岸各国的白卫匪帮侵犯周边国家，对抗苏维埃俄国的行动。我们满怀对社会民主党的深仇大恨记起了这些日子，社会民主党作为刽子手和出卖者，现在正协助恐怖主义政府向革命无产阶级进攻。几天前，社会民主党内政部长的警察枪杀了在哈雷开会的德国工人，7人死亡，20多人受重伤，40人受轻伤，这证明社会民主党的国内政策是敌视无产阶级的。

我们记得1918年以来德国革命道路上倒下的牺牲者。我们首先记得我们的卡尔·李卜克内西、我们的罗莎·卢森堡、我们的约吉希斯，他们都是社会民主党背叛的牺牲者。我们谈起恐怖，谈起对德国男女工人的毒打，也记起了针对成千上万革命工人的阶级审判。我们向今天我们被投入德国监狱的7000个兄弟致敬。（鼓掌）

我们怀着高兴而骄傲的心情想起那些同志面对法庭，面对阶级法官，高昂头颅，承认自己是共产党员，表示自己忠于无产阶级，无比仇恨资产阶级。面对德国法庭没有一个意志动摇、表现软弱的同志。乌尔班斯同志和其他同志在汉堡，符腾堡的同志们在莱比锡，面对法庭公开而坚定地表明自己是共产党员。不久前刚加入党的同志声称，他们利用在狱中的时间来变为真正的共产党员，变为真正为德国无产阶级奋斗的战士。我们现在想起此时德国万众瞩目的著名的"切卡"审判案，想起工人们面对奸细慷慨陈词，反击这些奸细，我们记起国家最高法院以保卫德意志共和国之名提出的恶毒诽谤、捏造的论据，与此同时我们不得不想起现在正等待一场新的大审判的战友，与这场大审判相比，"切卡"审判案只是一个序幕，等待着马斯洛夫、甘斯·普费弗、林道、黑克尔特等许多同志的正是一场德国的阶级审判，他们在狱中已待了一年多，但侦查尚未结束。

同志们！德国资产阶级和德国社会民主党过去和现在对无产阶级使用的各种手段，不足以扼杀德国无产阶级的革命意志，不足以阻止德国无产阶级奋起斗争，不足以粉碎或瓦解共产党，恰恰相反，这一切使德国共产党更加团结。德国共产党是德国唯一的工人政党，它在国际团结的标志下与共产国际一起斗争，是世界无产阶级统一的党的一部分，尽管白色恐怖猖獗，德国共产党决不背离列宁主义的道路。

我们向扩大的全体会议致敬，向我们身陷囹圄的兄弟们致敬。革命斗争万岁！（鼓掌）

**马尔科夫斯基**（波兰）：

无产阶级不得不在异常艰难的情势下进行斗争。资产阶级波兰是典型的白色恐怖国家。资产阶级波兰是在对抗东西方红色洪流的斗争中反革命的产物，不得不全力以赴与共产主义作斗争。波兰资产阶级作为国际资产阶级的附庸，不惜一切代价要维持国内的和平，以保持其反对苏维埃俄国的堡垒作用。波兰资产阶级需要秩序，甚至宁可为之付出血流成河的代价。

我可以举出几个数字来说明波兰的白色恐怖。5000多位同志——现在这个数字已接近6000——被投入监狱。波兰的一位检察官说，"波兰没有政治犯，有的只是犯人"；政治犯竟然等同于刑事犯。我们在狱中不得不为任何一桩小事斗争，为给我们吃的食物中没有虫子而斗争，为争取一月洗一次内衣而斗争，如此等等。波兰七个星期中发生了35次绝食行动，其中每一次都持续了5—12天。没有一次绝食时政治犯没有受到毒打；总的来说毒打政治犯是经常发生的事情。监狱中的情况是如此，在所谓的"保安警察"、政治警察那里，在警察段里情况更糟。同志们被他们毒打、上刑、电击、拶指，双手被掰成骨折。白色恐怖在所谓的边境地区、在白俄罗斯和西乌克兰更为猖獗。我不列举太多事实，因为时间太宝贵，但我要略为谈一下目前统治白俄罗斯的军事法庭、军事司法制度。差不多每天政治警察都会折磨死一个白俄罗斯农民。至于政治审判，那么在1924年一年中521名囚犯被判处1347年强制劳动；今年的1月，42个囚犯被判处126年强制劳动。我没有掌握更新的资料。在13个月中判决如此之重，相当于这一时期的每一天平均都要有4年苦役。

每个月都有几百次逮捕，这个数字逐月在上升。合法的共产党报刊无法存在。波兰没有一家无产阶级报纸能够合法存在。我再举两个事实，让大家看看我们争取合法报刊的斗争走过的是怎样的道路。有一位编辑合法小报的同志，他的小报由于受到报刊审查，不得不每天让报纸开天窗。这位同志被投入监狱，只是因为他编辑了报纸，三个法官主张判他死刑。当然，这个死刑判决最后没有作出。合法的农民小报的编辑被判服10年苦役，理由只是他出版了合法报纸。

简单谈一下波兰社会党参与白色恐怖的情况。波兰社会党党员是最普通最简单意义上的法西斯分子，他们袭击我们的同志，加以毒打，他们在战斗组织、真正的法西斯组织的率领下去参加我们的会议，杀死我们的同志，我们的维克托·别阿季同志就被杀害了。最近共产党议员沃伊特尼克同志在群众集会上就遭到社会法西斯分子和警察密探的毒打。他们不满足于作为法西斯分子为资产阶级效劳，甚至参加政治警察队伍，使用异常暴虐的手段。

同志们！近来我国工人中沮丧的情绪正趋向消失。由于我们党不懈的努力，工人群众在争取释放政治犯而斗争的旗帜下，已开始恢复活力。当我们的议员兰楚茨基同志被捕时，我们在华沙组织了规模巨大的示威游行。许多工人参加了这次示威。工人的队伍打着"共产主义万岁！兰楚茨基议员万岁！"的口号在大街上行进。最近，当对兰楚茨基的审判即将举行时，青年们又组织了第二次示威游行。这些示威游行表明，波兰无产阶级的革命精神正在觉醒。波兰工农运动越来越波澜壮阔，运动参加者日益增多。我们正接近重大事件的爆发。

波兰工农为与白色恐怖斗争而团结起来。波兰、乌克兰、白俄罗斯的工人农民开始明白，他们的敌人是共同的敌人，因此团结得更加紧密了。波兰资产阶级眼看斗争之火熊熊燃烧。对共产党党团的蓄意谋害表明资产阶级害怕无产阶级未来的战斗。我们在农民中也有坚实的基础。

目前我们对农民的影响力相当强大。反对奸细活动的斗争也是革命运动复苏的征兆。青年共产党员恩格尔在罗兹的大街上枪杀了奸细，被判处死刑。但他的英勇牺牲成了其他同志的榜样。几星期前在栋布罗瓦煤矿区有两个工人也枪杀了奸细。当警察追踪而至想逮捕他们时，他们开枪射击，英勇自卫达7小时之久。警察最终不得不对这两位英勇的工人施放毒气，毒气在阶级斗争史上第一次成了斗争的手段。但这一手段并没有使无产者害怕，无法遏止他们的革命热情。

同志们！在我们的斗争中，你们对我们的援助意义巨大。尤其是德国、法国和英国的同志能给我们以巨大的支持。例如，法国人在许多方面可以为我们提供支持。如果法国同志组织反对波兰白色恐怖的示威游行，那么这会使波兰资产阶级对付工人的行动自由受到限制。资产阶级波兰一定会设法让欧洲把波兰看成一个十分"平静的"、"稳定的"国家。

同志们！我们在指望你们的援助的同时，将始终不懈地把波兰工人和农民团结在共产党旗帜的周围，我们将引导他们走向争取共产主义胜利的斗争。

我们坚信，我们不久将胜利前进，直到共产主义的旗帜在华沙上空高高飘扬。（鼓掌）

**马雷克**（巴尔干）：

同志们，巴尔干资产阶级用来伪装的民主面具从来都是十分透明的。现在，在国际法西斯主义和公开的资本家阶级专政的时代，巴尔干的资产阶级民主其实早已荡然无存。一场场战争带来的是满目疮痍和无法克服的经济危机。巴尔干的人民群众，尤其是落后的农民群众，在付出了战争中所流的鲜血的代价后终于觉醒了，他们在政治觉悟上有了很大的提高。与革命的俄国比邻而居，俄国革命的强大影响，促使他们走上争取民族解放和社会解放的猛烈斗争的道路。

在这样的情势下,巴尔干资产阶级为了保持对劳动者的统治,增加他们在与欧洲资本合谋掠夺的战利品的份额,与一小撮训练有素的代理人——政客、将军、教授等——一起推行骇人听闻的恐怖,直至肉体上消灭本国人民。

早在1920年,南斯拉夫政府利用煤矿工人的罢工,指控共产党背叛国家,宣布共产党不受法律保护。南斯拉夫政府驱逐了共产党的议员,逮捕了大批党的活动家和领袖,长时间把他们置于中世纪监狱管制之下,10名中央委员被判处2年监禁。今年初,当民族斗争和阶级斗争更趋激烈时,帕希奇的大塞尔维亚主义政府解散了合法的独立的工人政党,同时禁止共产主义的合法报刊。塞尔维亚资产阶级以保卫国家的非常法为借口,宣布任何宣传共产主义思想的行为都是犯罪。当工人建立秘密的印刷所,开始出版非法的共产主义小报时,警察查获了印刷所,逮捕了5位同志,继续进行迫害。国际支援革命战士协会在南斯拉夫的档案资料落入贝尔格莱德警察的手中。因此,凡是获得过国际支援革命战士协会援助的人都遭到逮捕,其中包括侨居南斯拉夫的保加利亚共产党的代表;目前正在起诉他们"背叛国家"。

被强制纳入南斯拉夫国家版图的各被压迫民族正在不断进行争取独立的斗争。马其顿上百万居民已经有7年处于非常制度之下。塞尔维亚资产阶级借助卖身投靠的官吏和土匪式的游击队在那里进行统治。遭到怀疑的马其顿人动辄被流放被拷打甚至被杀害,他们的家人也惨遭杀戮,连孩子也不放过,整个整个村子遭到讨伐和焚烧,农村居民大规模遭到严刑拷打,成千上万的人戴着手铐脚镣被投入塞尔维亚条件十分恶劣的监狱,——这就是马其顿人民生活的图景。

黑山的山民自从遭到塞尔维亚资产阶级奴役后便组织游击队,不断抗击压迫者,牺牲了自己最优秀的儿女。被纳入南斯拉夫版图的阿尔巴尼亚人的情况同样如此。

那么，代表了80%的克罗地亚人民、实际上不受法律保护的拉迪奇的克罗地亚农民党呢？它的先进战士在监狱中遭受折磨，议员被驱逐。在最近的选举运动期间成千上万选民和鼓动者被捕，被严刑拷打，其中一些人受了重伤，甚至被杀害。

在希腊，在这个年年发生军事政变、政府极不稳定的国家里，经过连年不断的冒险主义的、破坏性极大的战争后，人民的骚动从来没有停止。雅典、比雷埃夫斯、萨洛尼卡等许多城市几乎各个工业部门工人许多次的罢工和街头示威，几乎总是受到政府疯狂的迫害。这里的群众性斗争从来都死伤严重。近200名工人和农民被投入监狱或流放至荒无人烟的孤岛，去做苦役，注定要活活饿死。

1月，费萨利亚许多村子的农民夺取并瓜分了地主的庄园。但法西斯分子和军队进攻这些村子，毒打农民，没收他们的土地，抓了许多人。

在比雷埃夫斯有人袭击了要求工作的失业者的集会。3人被害。

由于发生了费萨利亚事件，特里卡拉城组织了示威游行，期间4个农民被杀，30个农民受伤。

政府并未就此住手，反而逮捕了工会运动和党的共产主义运动的6个领导人，指控他们背叛国家。

在罗马尼亚，大贵族寡头体制用中世纪封建主的手段统治着罗马尼亚族和非罗马尼亚族的农奴。去年夏天，这个政府镇压了比萨拉比亚的农民起义，杀害居民，把一个个村庄付之一炬。现在单单一个基什尼奥夫监狱里就关了350多名起义者。

罗马尼亚警察用暴力镇压每一次工人罢工。每一个工厂里都有警察队预防工人的骚乱。40位罗马尼亚革命者在奥克纳的盐矿服苦役，另有150人关在罗马尼亚各个监狱里。去年12月，900名罗马尼亚共产党员被捕，其中有党的重要领袖：多勃罗贾努–格里亚、波克、法比安、克劳安等。他们经过34天绝食才被刽子手们允许审判前假释。12月颁布了反共产党的非常法。

但保加利亚才是巴尔干黑暗反动势力的中心，甚至是世界白色恐怖的中心。在农民联盟执政3年后，资产阶级通过发动1923年6月9日的军事政变重掌政权。以灿科夫为首的领导这次夜间政变的将军和教授的政府把"左翼"执政领导人利亚普切夫的话当做纲领。利亚普切夫说："我们在几次战争中牺牲了20万人，现在我们可以再牺牲2万个共产党员，但决不会交出政权。"灿科夫从执政的第一天起就开始杀害这2万人。现在政变后杀害了几十名部长、议员和农民联盟的其他领导人，其中包括斯坦布利斯基本人，他被活活砍成几段；同时还杀害了起义农民的领袖，我们的同志，有普列文市的阿森·哈拉切夫和卡利法罗沃村（梯尔诺沃县）的特里丰·萨拉利耶夫（议员）。警察在每一个村子里搜查私藏的武器，法西斯匪徒公开对许多农民联盟的支持者严刑拷打。成千上万人被捕在监狱里和其他关押的地方受酷刑，几百人被判刑，其他人至今在监狱中被拘押，此外，几百人流亡国外。

同年9月，灿科夫政府着手消灭4万人（全国人口为400万人）的共产党，有1/4的选民支持共产党，共产党对灿科夫的政权构成重大威胁。政府挑起的人民起义席卷了几十万农民和工人，他们几乎手无寸铁，没有组织，却异常热情，勇于献身。在这场起义中有近100人被杀害。法西斯匪帮在战胜起义后组织了血腥的狂欢。白色恐怖的浪潮袭击了参加起义的城市和乡村。他们把被俘的起义者用绳子捆上，连成一串，用机枪射杀他们，用刺刀捅死他们，更简单的是，把他们扔进多瑙河。光一个洛姆县就杀害了近350个农民。共产党的支持者被关进监狱，然后一个个被带走杀害。旧扎戈拉州委书记涅杰利乔·尼古洛夫被当着几十个与他同时在党的俱乐部里被捕的同志的面枪杀。在戈尔纳朱马亚起义的4位领导人,其中包括州委委员阿采夫和列西切夫被吊死在市内广场上。洛姆县起义领袖安德列·伊格纳托夫神甫也被绞死;杜布尼察枪决了博博舍沃村起义的9位领导人。至于没有参加起义的城市,那里早在起义前就逮捕了几乎所有的党员,领袖们被处死。在菲利浦波列,43名领导起义的工人和知识分子,其中有无产阶级诗人Н. Ф. 吉涅夫和烟草工人工会书记克拉吉耶夫被从狱中押往城郊,在那里受尽酷刑,然后被枪杀。在鞑靼-帕扎尔吉克,17位同志被押到城外,被砍掉了脑袋。在邻近萨拉姆巴伊车站的几个村子,100多位同志被机枪扫射而亡。在瓦尔纳,州委书记和前市长孔多夫被押解他的人杀害在大街上。在萨莫科夫所有被捕的领导人都被杀害,其中包括党的老活动家,多年来担任中央监察委员会委员和议员的鲍里斯·Х. 索季罗夫,他被割去了舌头和四肢。

几千名共产党员,包括许多党和共青团老的优秀活动家,甚至创始人在起义被镇压后立即成了白色恐怖的牺牲者。近100位同志至今流亡异国他乡,500多位同志坐牢;其中有几个妇女——斯利文市的格鲁多娃,洛姆市的卡拉斯托扬诺娃。后者因怀孕获释,但后来再次被捕,受严刑拷打而发疯,成了废人。保卫国家的非常法使共产党失去法律的保护,后来又解散了起义后成立的合法的劳动党。由于同一个非常法解散了工会理事会和有7万多名成员的"解放"合作组织。社会民主党与资产阶级政党和小资产阶级政党一起参加了镇压,组织了社会民主讨伐连。

尽管如此,共产党并未被消灭,它已经恢复了组织,坚持斗争,作出了更多牺牲。警察相继破获了3个党的秘密印刷所。第一个印刷所有1名排字工被杀,印刷所老板受伤,被判15年监禁,后来他和看押他的哨兵一起逃到国外。在破获第二个印刷所时逮捕并驱逐了在印刷所工作的4位同志和1个在搜查时偶然去印刷所的人。被捕者之一在第二次受刑时从看守所四楼窗口跳下，身负重伤，双腿瘫痪。在搜查第三个印刷所时3名工人被捕，1人被杀。

在萨莫科夫市，在7个月监禁后刚获释的党委书记米哈伊尔·达申同志在光天化日之下被杀害。在索非亚，农民联盟议员、统一战线支持者佩特科·Д.佩特科夫被杀，几个月后，他的副手、我国光荣的李卜克内西——迪莫·X.迪莫夫又被杀害。

由于破获了党和共青团支部以及暗藏的武器，由于许多起义切塔①的活动，由于各种各样的借口，几千名工人和农民被捕，受到酷刑折磨；其中许多人被判长期监禁，不少人被处死。通常的刑罚有用木棒、皮鞭、沙袋殴打，把人钉在十字架上，砍下四肢，用针钉进指甲里，阉割，戴上铁镣，等等。被迫害者经常杀死警察奸细或者自卫时被害。被迫害者由于料到在警察局或看守所会受刑而不得不奋起自卫。不久前，我们出色的叶连纳·吉切瓦同志在索非亚的看守所上吊身亡，德米特里·X.德米特罗夫同志从四楼跳楼而死；尼古拉·热列兹科夫同志也尝试在这个看守所的楼梯跳下。在弗拉察市警察局里，因试图越境而被捕的学生切尔诺夫自杀了，而在瓦尔纳，受警察迫害的拉杰夫同志为了逃避被捕而投海。前来逮捕人的警察通常会遇到持枪拒捕，有时会发生纵火反抗；有时被迫害者就葬身火海。这样的事索非亚发生过两次，丘斯滕迪尔发生过一次，斯利文发生过一次。那里在扑灭火灾后找到了已经烧焦的尸体。

有追捕起义切塔时掩护起义者的农民遭到杀害，他们的家庭成员被强制迁徙，住房被付之一炬。在几个县里，凡是在村外的建筑物，如公路边的小客栈、羊舍、磨坊等都被捣毁。例如，贝尔科维察市有4个男同志和1个女同志因从事国际支援革命战士协会的活动而被捕，遭到酷

---

① 旧时巴尔干半岛的游击队。——译者注

刑折磨，分别被判处1年至5年监禁。在戈尔纳朱马亚有9位同志被捕和受刑，其中1位牺牲了。

尽管如此，预定要杀害的2万人并未被杀尽，灿科夫政府预感到自己末日将来临，在最近两个月里格外卖力地要完成其肮脏的勾当。2月，索非亚党委委员沃尔乔·伊万诺夫同志在手脚骨头被打断、指甲被拔尽后被人勒死。5天后，另一位共产党议员托多尔·斯特拉希米罗夫同志被害；几乎与此同时，哈斯科沃市政府成员扎哈里耶夫同志以及斯利文格勒市的克尔日扎诺夫斯基同志也遭杀害。一个星期后，最后一位共产党议员哈尔兰皮·斯托亚诺夫遇害。

这时黑帮议会对保卫国家法作了新的更加骇人听闻的修改，通过了新的警察法，授权警察任意惩处、禁止集会、强制迁徙、宣布戒严等。查封了工人报纸，工人报纸编辑和工会活动家纷纷被捕和遭驱逐。全国各地许多共产党员及其家庭成员相继被捕和被强制迁徙。农民联盟最高委员会的代表大会和会议被禁止举行。据我们现有的确切资料，政府正在筹划在近期杀害所有忠诚的共产党员和拥护统一战线的农民联盟成员。

保加利亚的工人和农民为了胜利完成刚开始的推翻灿科夫法西斯政府这一艰巨血腥的斗争，迫切需要共产国际领导的无产阶级的支持，无产阶级应该大声疾呼，抗议在保加利亚猖獗一时的骇人听闻的白色恐怖。

巴尔干各国的工人、农民和少数民族尽管受到残酷的白色恐怖的摧残，仍奋不顾身地为自身的解放而斗争，他们怀着希望把目光投向无产阶级的共产国际。

无产阶级的共产国际强大的团结万岁！

打倒巴尔干反动派！

巴尔干苏维埃社会主义联邦共和国万岁！

全世界无产阶级革命万岁！

**加鲁斯**（捷克斯洛伐克）①：

同志们！我向你们致以捷克斯洛伐克共产党和革命无产阶级兄弟般的敬礼！在捷克斯洛伐克，如同在所有的资本主义国家里一样，工人阶级正处在发生重大社会冲突的前夜。共产国际第五次代表大会预见的情况已经发生。当德国资产阶级取消八小时工作制并恶化了无产阶级的生活条件时，其他资本主义国家的资产阶级试图步其后尘。捷克斯洛伐克各级工人的工资逐年持续下降，相反，劳动强度却逐年提高。巨额税收像重担一样压在无产阶级以及小资产阶级和中等居民阶层的肩上。捷克资产阶级至今统治着群众，激发他们现在变得越来越无足轻重的民主幻想，由于阶级斗争激化不得不采取非常的暴力来公开镇压劳动群众的骚乱。2月10日事件，捷克资产阶级政府对无产阶级的血腥进攻，就是一个明证。另一方面，1920年英勇斗争后斗志消沉、思想麻痹的捷克无产阶级革命情绪开始高涨。在阶级斗争激化、无产阶级广大群众饥寒交迫、物价节节飞涨、资产阶级阶级压迫日益严酷的时期，捷克斯洛伐克共产党作为被剥削群众阶级斗争的唯一领袖，越来越立场坚定、斗志昂扬。政府和捷克资产阶级对劳动居民的态度，使我们很容易理解共产国际第五次代表大会的各项决议，坚信共产党必须布尔什维克化。党的布尔什维克化对我们来说不是一句空话。对我们来说，这也不是把俄国党的方法机械地照搬到捷克斯洛伐克，而是坚定不移地在思想上、组织上和实践中进行锻炼，使捷克斯洛伐克共产党有可能真正成为工人阶级的领袖，带领他们投入夺取政权的坚决斗争中去。布尔什维克化意味着我们要在日常斗争中紧密联系群众。党的重组，在工会中建立起共产党党团，提出对捷克斯洛伐克工人阶级格外重要而必需的工会重新联合起来的口号，以及无产阶级在为城乡被剥削群众争取日常生活要求的斗争

---

① 捷克斯洛伐克共产党中央委员，布拉格玻璃工人。

中大规模的行动,这一切使我们能克服党内外的重重困难,不断对广大群众施加影响。

我们党中央积极而有效地本着共产国际第五次代表大会各项决议的精神开展工作。但是党的领导人的工作越有成效,那些既不想布尔什维克化又不想投入革命斗争的人就越来越不欢迎中央为布尔什维克化所采取的各种措施。这些同志正在谋划分裂党。党开除了从事反党活动的人。捷克党的政策,我国捷克族和其他各民族革命工人的政策,完全符合共产国际及其执行委员会的路线。捷克共产党永远也不会跟着那些直接或间接反对共产国际决议的人走。恰恰相反,捷克党将在言论和行动上捍卫这些决议并且为反对破坏共产国际基本原则的图谋作斗争。

共产国际各支部布尔什维克化万岁!

工会的革命策略万岁!

统一战线万岁!

共产国际万岁!

**塞马尔**(法国):

由于这里谈到了白色恐怖,我提议扩大的全体会议通过如下呼吁书:

### 致各国工人们!
### 反对资产阶级政府的血腥恐怖!

同志们!

工人阶级的优秀儿女们几天前纪念了巴黎公社的英雄们。他们从牺牲了的革命斗士的墓地带给千百万受尽欺凌、丧失权利的资本奴隶们的头脑和心灵以革命的精神、彻底的自我牺牲和英勇无畏精神。

同志们！

资本家及其社会民主主义走狗试图把革命运动变成一个坟地。成千上万被资产阶级杀害的无产者的坟墓遍布各国，成了对全世界工人阶级永远的警示。各国资产阶级把迫害和镇压信仰共产主义的革命工人当做最重要的任务。资产阶级正在举行真正血腥的狂欢。资产阶级的刽子手每天都在发明折磨和迫害为他们所不齿的革命工人的新手段。

**波兰资产阶级在这场疯狂的迫害狂欢中创造了纪录**。波兰资产阶级用毒气来对付英勇的波兰工人，在栋布罗瓦，两个被波兰士兵追捕的共产党员被围困在一幢楼房里，在毒气的作用下他们慢慢地痛苦地死去。

同志们，难道对各国资产阶级步波兰统治集团匪徒的后尘还有怀疑吗？

在**德国**，严密的奸细活动体制成了所谓民主制度的基础之一。在哈雷共和政府大规模杀戮的组织者不加警告地瞄准工人群众开始，是栋布罗瓦杀人凶手当之无愧的同道。

**爱沙尼亚**资产阶级使爱沙尼亚工人陷入绝望，一旦他们敢于投入前所未有的英勇斗争，便将血腥地加以镇压，有步骤地加以消灭，在爱沙尼亚，只要身为工人，便有足够理由被送上绞架。

立陶宛和拉脱维亚的资产阶级在迫害工人阶级方面决不甘落后于爱沙尼亚资产阶级。

在**保加利亚**，政府下令其走狗在光天化日之下当街枪杀革命工人和农民。

在**意大利**，法西斯主义又一次策划对工人阶级的打击。

在**罗马尼亚**和**西班牙**，每一天成百上千的工农都被投入惨绝人寰的监狱，在其中他们不得不缓慢地痛苦地死去。

这就是资本主义赤裸裸的统治图景。

有一点是不容置疑的。工人阶级的生活状况越是难以忍受，他们越是倾注全力来消灭资本主义血腥畜类的政权，那么各资本主义国家疯狂的恐怖就会越猖獗越残酷。

因此现时的要求是：

工人们！百倍加强无产阶级对资本主义压迫者神圣的仇恨吧！

更紧密地团结起来，为夺取工人阶级的政权而斗争，因为只有这个政权才能消灭资本主义恐怖！

要吸引疲惫的冷漠的群众加入无产阶级阶级斗争共同的战线！

要显示国际无产阶级在支援资本主义恐怖受害者的事业中的团结！

打倒掌权的刽子手和匪徒！

无产阶级革命万岁！

共产国际执行委员会扩大的全体会议

**主席**①：

对呼吁书是否有异议和修改？我认为呼吁书已被通过。

请韦斯特法尔同志就丹麦和瑞典工人宣布的同盟歇业一事发言。

## 向丹麦和瑞典无产阶级致敬的决议

**韦斯特法尔**（德国）：

同志们！目前丹麦和瑞典无产阶级正在开展一场反对组织严密的企业主的艰巨斗争。瑞典和丹麦的资本家试图削减工资，看到工人们威胁将举行罢工，便采取野蛮的无情开除工人的手段，瑞典开除了16万名工人，丹麦开除了5万名工人。

现在，正当国际无产阶级的代表在这里开会时，我们的义务是要表达我们对瑞典和丹麦开展斗争的兄弟们最充分的同情。

瑞典和丹麦无产阶级的斗争万岁！

我提议通过如下致敬决议：

"共产国际执行委员会扩大的全体会议向瑞典和丹麦开展斗争的工

---

① 会议主席为季诺维也夫。——编者注

人致敬,他们近来正遭到企业主猖狂的进攻。扩大的全体会议责成主席团用简短的公开信的形式向他们转达这一份情意。"

**主席:**

对韦斯特法尔同志的提议没有异议。我认为这一建议已获得通过。下面请卡茨同志作通报。

## 各委员会组成名单

**卡茨**(德国):

明天,即星期日,所有预定的会议一律取消。执行委员会扩大的全体会议将参加纳里曼诺夫同志的葬礼。

请允许我宣读各个委员会组成人员名单:

1. **代表资格审查委员会:**

卡茨(德国)、阿吕(法国)、布朗(英国)、斯科奇马罗(意大利)、皮亚特尼茨基(俄国)、特里利谢尔(俄共)、桑伯恩(美国)、坎农(美国)、诺伊拉特(捷克斯洛伐克),书记:格罗尔曼。

2. **政治委员会:**

主席:季诺维也夫,书记:诺伊曼。

俄共:布哈林、斯大林。替补者:曼努伊尔斯基。

德国:费舍、卡茨。

法国:塞马尔、苏姗·吉罗。

意大利:葛兰西、斯科奇马罗。

英国:加拉赫、贝内特。

捷克斯洛伐克：诺伊拉特、什麦拉尔。

青年国际：武约维奇、洛米纳泽。

美国：坎农、佩珀。

保加利亚：柯拉罗夫。

南斯拉夫：米洛伊科维奇。

罗马尼亚：乌尔苏。

波兰：多姆斯基。

芬兰：劳基。

瑞典：弗雷德里克松。

挪威：汉森。

印度：罗易。

南美：科多维拉。

加拿大：莫里亚蒂。

奥地利：菲亚拉。

瑞士：博登曼。

匈牙利：库恩。

乌克兰：斯克雷普尼克。

西班牙：伊巴涅斯。

荷兰：温库普。

共产国际执行委员会东方部的彼得罗夫同志有发言权。

## 3. 争取工会运动统一问题委员会：

主席：洛佐夫斯基，书记：索瓦热。

俄共：托姆斯基、安德列耶夫、多加多夫。

德国：格施克、德列夫尼茨基。

法国：塞马尔、雅各布。

意大利：维奥拉、葛兰西。
捷克斯洛伐克：加鲁斯、海斯。
英国：格迪斯、加拉赫。
美国：多尔斯、桑伯恩。
保加利亚：季米特洛夫。
南斯拉夫：哈季奇。
罗马尼亚：乌尔苏。
希腊：斯格鲁杰奥斯。
波兰：布伦涅维奇。
拉脱维亚：斯图契卡。
乌克兰：斯克雷普尼克。
芬兰：卢米维奥科。
爱沙尼亚：安维尔特。
立陶宛：彼得罗夫斯基。
瑞典：弗雷特林格。
挪威：克里斯坦森。
丹麦：劳尔森。
瑞士：博登曼。
奥地利：科普勒尼希。
加拿大：莫里尔蒂。
爪哇：塞马温。
南美：科多维拉。
墨西哥：阿尔曼萨。
格鲁古亚：茨哈卡雅。
青年国际：许勒尔、多里奥。
西班牙：伊巴涅斯。

荷兰：温库普。

个人：陶西格。

共产国际执行委员会东方部、情报部、鼓动宣传部和组织部各有一名有发言权的代表。

**4. 农民问题委员会：**

主席：布哈林，书记：格列科。

俄共：莫洛托夫、卡冈诺维奇。

德国：卡茨、温特利希。

法国：加香、多里奥。

意大利：泰利尼、斯科奇马罗。

捷克斯洛伐克：博德纳尔、加肯。

美国：多尔斯、鲍尔斯。

青年国际：帕素宁、米哈列茨。

保加利亚：马雷克。

英国：贝内特（替补者：格迪斯）。

南斯拉夫：博什科维奇。

罗马尼亚：乌尔苏。

波兰：布伦涅维奇。

乌克兰：霍普纳尔。

芬兰：曼纳。

周边诸国：斯图契卡。

斯堪的纳维亚：劳尔森。

爪哇：塞马温。

加拿大：莫里尔蒂。

南美：科多维拉。

墨西哥：阿尔曼萨。

匈牙利：兰德勒。

个人：科恩布卢姆、斯米尔诺夫、美舍利亚科夫、东巴尔、瓦尔加、马丁诺夫。

共产国际执行委员会东方部、情报部、鼓动宣传部、组织部各有一名有发言权的代表。

## 5. 捷克问题委员会：

主席：季诺维也夫，书记：塞马尔。

俄共：古比雪夫、曼努伊尔斯基（替补者：斯大林、布哈林）。

德国：费舍、贝尔茨。

法国：多列士、特伦。

意大利：葛兰西、斯科奇马罗。

英国：布朗、格迪斯。

波兰：多姆斯基、雅克。

美国：坎农、佩珀。

青年国际：卡塔雷诺夫、雅各布斯。

保加利亚：柯拉罗夫。

南斯拉夫：西米奇。

罗马尼亚：乌尔苏。

匈牙利：库恩。

芬兰：曼纳。

斯堪的纳维亚：西伦。

南美：科多维拉。

周边诸国：彼得罗夫斯基。

乌克兰：斯克雷普尼克。

奥地利：科普勒尼希。

共产国际执行委员会鼓动宣传部、组织部和情报部各有一名有发言权的代表。

**6. 南斯拉夫问题委员会：**

主席：柯拉罗夫，书记：博古茨基。

俄共：伏龙芝、古谢夫。

德国：贝尔茨。

法国：拉巴特。

捷克斯洛伐克：什麦拉尔。

意大利：葛兰西。

奥地利：菲恩贝格。

罗马尼亚：乌尔苏。

保加利亚：季米特洛夫。

青年国际：梅林。

乌克兰：斯克雷普尼克。

匈牙利：阿尔帕里。

共产国际执行委员会组织部、鼓动宣传部和情报部各有一名有发言权的代表。

**7. 荷兰问题委员会：**

主席：诺伊曼，书记：加拉赫。

俄共：别连基。

德国：希万。

法国：吉罗。

英国：布朗。

意大利：维奥拉。

印度：罗易。

爪哇：塞马温。

挪威：克里斯坦森。

墨西哥：施蒂纳。

美国：威廉森。

青年国际：赖因哈特。

共产国际执行委员会组织部、鼓动宣传部和情报部各有一名有发言权的代表。

### 8. 意大利问题委员会：

主席：曼努伊尔斯基，书记：多里奥。

俄共：索柯里尼柯夫、布哈林（替补者：洛佐夫斯基）。

德国：卡茨。

法国：雷诺。

英国：格迪斯。

捷克斯洛伐克：加鲁斯。

美国：鲍尔斯。

波兰：克拉耶夫斯基。

青年国际：武约维奇。

斯堪的纳维亚：汉森。

巴尔干联盟：弗拉杰季奇。

瑞士：博登曼。

南美：科多维拉。

个人：拉科西。

共产国际执行委员会组织部、鼓动宣传部和情报部各有一名有发言权的代表。

**9. 殖民地问题委员会：**

主席：多尔斯，书记：罗易。

俄共：曼努伊尔斯基、古拉利斯基。

东方部：彼得罗夫、沃伊京斯基。

法国：多里奥（替补者：马蒂）。

英国：加拉赫（替补者：贝内特）。

意大利：格列科。

美国：鲍尔斯。

加拿大：莫里尔蒂。

印度[①]：塞马温。

墨西哥：阿尔曼萨。

青年国际：瓦尔塔尼扬。

德国：韦斯特法尔。

荷兰：温库普。

西班牙：伊巴涅斯。

共产国际执行委员会组织部、鼓动宣传部和情报部各有一名有发言权的代表。

---

① 原文如此，恐有误，似应为"印尼"。——译者注

# 第二次会议

（1925年3月25日）

在进入议程前，主席首先请多姆斯基同志（波兰）发言。多姆斯基对俄共失去了在革命工人运动中功勋卓著的弗拉基米罗夫、米雅斯尼科夫、阿塔尔别科夫和莫吉列夫斯基同志表示哀悼。

多姆斯基同志接着怀念才去世的波兰和国际工人运动老活动家和领袖马尔赫列夫斯基（卡尔斯基同志），简短地勾画了这位去世的勇于牺牲的战士和不挠不屈革命家的光辉面貌。全体代表起立表示对马尔赫列夫斯基同志的怀念。

塞马尔同志以法国代表团的名义提出了一项经全体会议一致通过的决议。决议指出："当久经考验的同志相继离开我们时，共产国际及其各党应更加紧密地团结在列宁的旗帜下，以最大的努力培养接班的青年力量，拓展俄国开始的革命的规模。"

接着由巴什拉科夫同志发言，他是戈梅利省格拉博夫卡村的农民，他代表农村贫民把革命农民送的一面红旗赠给第三国际，并宣读了祝词。

塞马尔同志代表全体大会致答词，指出各国共产党的代表高兴地看到，工农联盟日益巩固，这是世界革命取得胜利的保证。

全体会议进入议程。由季诺维也夫同志作报告。

## 季诺维也夫作《国际前景和各共产党的布尔什维克化》的报告

### 一、我们策略的基本任务

同志们，我们知道，马克思主义，尤其是列宁主义即当代马克思主义给我们提供了世界革命的理论；这个理论经过充分论证，可以成为共产国际整个工作的指导方针。但这个理论有两个问题没有解决，因为这两个问题实质上只能依据历史**经验**才能得到解决。

这两个问题是目前共产国际工作的中心点。第一个问题是关于无产阶级革命的**速度**问题，关于**革命发展的快慢**，总之，关于革命的**期限**问题。第二个问题是关于革命的路径，关于**革命**的政治**地理学**问题。

同志们，我以为不久前的、今天的以及大概不远未来的策略问题可以归结为这两个决定性的问题。

至于无产阶级革命发展的速度、期限问题，不仅共产国际的经验，而且第一国际以及马克思和列宁这样人物的经验都告诉我们，在这方面不犯错误十分困难。我们依据我们现有的经验确信，对待世界革命的期限问题应异常谨慎，由于革命者可以理解的急躁往往很容易犯错误，过于匆忙地确定事态的期限。难怪正是在这方面不仅列宁而且马克思都犯过错误。

现在谈关于世界无产阶级革命的**路径**问题。我想，我们在这方面现在才第一次认识到这个问题异常困难。就拿俄国的社会主义革命来说吧。这次革命对于许多马克思主义者来说十分"意外"，因为社会主义革命恰恰发生在俄国。很少有人相信这种可能性，甚至国际工人运动左翼的支持者也是如此。在俄国革命胜利后，我们大家都认为接下来将轮到德国，革命将从俄国转向德国，然后革命将席卷整个欧洲。只是到现在，也就是在帝国主义战争爆发10年、结束6年之后，在俄国爆发革命几乎8年之后，在我们目睹这些年来欧洲历经多次战斗之后，只是到现在才有一个问题挥之不去，那就是：这个对无产阶级革命今后**路径**的观点是否正确？这个观点把无产阶级革命看做是**唯一可能**的道路，是世界革命唯一可能的地域上的拓展。革命是否只能通过德国推向全欧洲？在评估路径问题上我们会不会犯错误？同志们，我以为我们在这个问题上不能过于抓住过去的观点不放，不要在更大的范围内重犯布兰德勒在小范围内犯过的错误，他曾千方百计想从萨克森来发动德国革命。有可能今后的路径**不是**必须首先通过德国来开始的。应该再仔细考虑其他的可能性。

列宁同志在共产国际第三次代表大会上就国际形势和俄国革命与世界革命的联系谈过这样的观点：

"当初国际革命是由我们来开头的，我们这样做，并不是由于我们相信我们能够使国际革命的发展提前，而是因为有许多客观情况促使我们这样做。我们曾这样想：或者是国际革命将会援助我们，那我们的胜利就有充分的保证；或者是我们将做自己的一份小小的革命工作，即使遭到失败，我们为革命事业仍然尽了力量，我们的经验可供其他国家的革命借鉴。我们懂得，没有国际上世界革命的支持，无产阶级革命是不可能取得胜利的。还在革命以前，以及在革命以后，我们都是这样想的：要么是资本主义比较发达的其他国家立刻爆发或至少很快爆发革命，要么是我们灭亡……

可是实际上运动并没有像我们所期望的那样直线地进展……对于我们俄罗斯共和国来说，我们必须利用这一短暂的喘息时机，使我们的策略同历史的这种曲折发展相适应。"（《列宁全集》第13卷第320—322页①）

因此，首先，列宁早在1921年就指出，欧洲已经建立了一定的平衡，

---

① 参见《列宁全集》中文第2版第42卷第39—41页。——译者注

历史进程将是曲折的,而不会是我们原先出于幼稚,或者由于历史经验不足而相信的那种直线的发展。其次,"喘息时机"原来比我们预期的**更长**。

因此,同志们,我们应该经常考虑到,关于革命的期限和路径问题比我们以前认为的要复杂得多。马克思主义、列宁主义给予我们的太多太多,但不可能取代只有革命**本身**的历史经验才能达到的一切。

从第五次代表大会以来才过去了9个月。在这段不长的时间里总的形势没有发生根本的变化。但是,与以前相比,我们对许多事情看得更清楚了,因此我认为,共产国际执行委员会扩大全会的任务正是总结我们理解更深刻的事态的教训。

首先我们必须哪怕是概括地重新探讨当前世界政治和经济的状况。我们应该这样做,是为了检查第五次代表大会的各项决议是否正确,并且作出决定:如果代表大会的路线是正确的,我们将继续执行;如果这条路线是错误的,我们务必加以纠正,甚至全盘重新加以考虑。我可以肯定地说,我认为第五次代表大会制定的方针出色地证明这个方针是正确的。

我只想在这里重提第五次代表大会各项决议中十分重要的几点:民主和平主义"时代"的进程和结局,现在每个人都确信第五次代表大会所说的观点说是正确的;还有,社会民主党是资产阶级"第三"党这一评价;再有,关于工会国际团结的问题、农民问题、对法西斯主义的评价,如此等等。难道经验没有证明第五次代表大会的评估是正确的吗?

第五次代表大会之后所有这些方面的事态都出色地证明共产国际的观点是正确的。凡是我们的"批评者",只要勇于诚实面对,都不能不承认,错的是他们,而不是第五次代表大会。

## 二、资本主义经济的局部稳定

现在来谈**世界经济形势**。在过去的八九个月中，世界经济形势没有发生实质性的变化。在共产党员和接近他们的人士中经常有两类观点：对一派的代表可以称之为某种资本主义每时每刻"必然"灾难临头的预言家；他们几乎每时每刻都找到资本主义"立即"覆亡的新征兆，在发现自己错了时又陷入相反的极端，开始议论整个行动路线不正确。另一派的代表是绝对相信资本主义已经所谓百分之百的稳定；他们认为这一稳定进展之快令人猝不及防，他们被他们喜爱的稳定的某些表面现象弄瞎了眼睛。共产国际不需要这两个极端。即将灾难临头的预言家和资本主义稳定的宿命论者都错了。真理在第五次代表大会的一边。它的路线是坚定不移的。

不错，资产阶级获得了喘息时机。现在我们看到，资产阶级的喘息时机比我们预测的要长，尽管从历史前景的观点看，两三年或五至十年，都微不足道。资产阶级的经济形势在欧洲和欧洲之外的某些国家里确实有所好转。

许多资产阶级国家成功地稳定了他们的货币。德国目前在这方面没有发生我们在1923年通货膨胀时期见到的情况。仍然有不少例外。如法国、意大利、罗马尼亚和日本的货币问题至今亟待解决。其他资产阶级国家毕竟成功地恢复了货币平衡。这对于资本主义来说当然意义重大。

于是我们看到，我们的"稳定狂"们马上开始喋喋不休，说：瞧，资产阶级手里又有了硬通货，货币稳定了，**因此**，共产国际的路线错了，**因此**，资本主义千秋万世重新站稳了。真正的共产党员首先要问，资产阶级使用什么办法稳定了货币？依靠哪些居民阶层加强了货币？真正的共产党员看到，例如在德国和法国三分之二的纳税重负完全由劳动者承担，因此，货币是通过直接榨取工人阶级的血汗来稳定的。

马克思主义者毕竟**应该**承认货币稳定以及资本主义制度得以某种程度的暂时巩固这一**事实**。

我们还看到国际信贷有某种程度的恢复。不妨提一下，最近一年光北美就贷给欧洲、亚洲和南美12.5亿美元。出现了国际信贷恢复、世界价格确定以至世界资本主义经济所谓统一的恢复的倾向。美国走出了金融自我孤立的状态。在一些国家里出现了工业形势的好转。这一切都是确凿无疑的事实，这不是瓦尔加的过错。① 欧洲已经有好几年没有处于战争状态。资本主义在某些国家里部分地恢复了元气。1924年秋天，如瓦尔加同志正确指出的，在英、美、法、德这些大国里经济形势多年来第一次**同时**有了好转，而在另一些国家——波兰、匈牙利等，经济危机却在持续。

但从最近，最近的几个星期发生的事实来看，形势很不稳定，我们又目击了资产阶级状况的局部恶化。在美国出现了行情重又疲软的最初症状。许多工业部门开始停滞。英国经济报刊充斥关于不久前预测的中欧稳定明显靠不住的述评。法国10年来第一次出现了大规模失业的现象。在其他国家也可以看到失业现象比去年严重。德国煤炭工业危机严重。波兰、奥地利和匈牙利的危机持续不断。简而言之，有一系列症状表明稳定正经历严重的波动。

我们作为工人阶级的先锋队首先应该关心在这一"幸运的"稳定时期工人阶级经济现状的问题。失业在增加。英国失业人数几乎达到200万人，美国失业人数也有这么多，德国失业人数接近100万。意大

---

① 叶·瓦尔加同志研究资本主义国家的经济状况，他在自己的著作中描述了资本主义在某些地方暂时的稳定。

利、捷克斯洛伐克、波兰等国失业现象同样严重,如我已经指出的,在法国是这些年来第一次。几乎在所有欧洲国家,实际工资下降是不容置疑的事实。

我们知道,在所有国家里,战争及其后果引发了各种生活用品价格的上涨。物价上涨打击了工人,因为无产者的工资赶不上物价的上涨。在英国,1924年7月最低生活费用为战前的170%,而同年12月达到181%。可是所有不蓄意缩小的官方数据证明,英国工人同一时期(1924年7—12月)的工资都下降了。

1924年1—6月,英国工人的周工资合计为560900英镑,而1924年7—11月下降至518350英镑。因此,企业主的钱包里除了以前的利润,每周又多了42000英镑。而这一时期各种食品价格都上涨了。

在法国巴黎,1924年7月最低生活费用是战前水平的360%,11月达到396%,而工人的工资没有一点提高。

在意大利佛罗伦萨,1924年7月最低生活费用是战前的533%,而11月达到583%。这一时期并没有提高工资。欧洲各国都可以看到同样的情景。在美国,在这个"资本主义成功"的国家里,6月的最低生活费用是战前的171%,同年11月达到181%,根据最新的统计,1925年1月接近185%。美国最近半年没有提高工资,除了铁路员工的工资有微不足道的提高,许多部门(尤其是纺织工业)工资下降了10%—15%。欧洲甚至美洲实际工资普遍下降。只有俄国是个例外,俄国几个工业部门的工资开始超过战前水平。情况就是如此。

现在所谓的稳定在德国表现得最突出。道威斯计划在德国显示的只是表面现象。毫无疑问,德国的矛盾不久将在新的基础上激化。阶级斗争将再次如火如荼。

国际信贷恢复,货币得到加强,贸易发达。但与此同时开始了资本主义的帝国主义时代无可避免的进程:对销售市场的争夺。这一争夺已经十分激烈。在新的基础上矛盾激化已为时不远。我们没有必要闭口不提资本主义某种程度的稳定或加以掩饰。我们不需要幻想。我们应该直接说出事情的真相。资产阶级的喘息时机来临是事实。但我们仍然面对一个问题：世界大战和第一场布尔什维克革命是否已经给资本主义以致命的打击、沉重的打击，还是只是使资本主义受了轻伤？我们依然坚持如下看法，事实也对此作出了证明，那就是：第一场布尔什维克革命和世界大战给予资本主义以沉重的打击，资本主义"恢复元气"是暂时的、虚假的现象。但我们仍然应该正视这一点，正视资本主义经济暂时"恢复了元气"。

### 三、当代政治形势的基本方面

在世界政治形势方面可以看到许多变化，尤其是在过去的 9 个月中间。甚至从纯表面来看，变化也很大。在第五次世界代表大会期间和平主义民主"时代"方兴未艾。但我们在第五次世界代表大会的决议中强调指出，民主和平主义"时代"只是一个插曲，只是曲折的历史道路的一个阶段。现在大家都明白，我们说对了。在目前形势下，我们当然最关心的是世界的政治前景。对这个问题我想略为详细谈一谈。世界范围内总的图景取决于如下方面，可以分为 12 点来谈：

1. 美国—英国。
2. 日本。
3. 东方问题。
4. 苏联。
5. 英国。
6. 英国—法国。
7. 德国。

8. 巴尔干。

9. 波兰。

10. 意大利。

11. 捷克斯洛伐克。

12. 斯堪的纳维亚。

我略为详细地来谈第一个问题。**英国和美国的相互关系**在某种程度上是我们讨论的中心点。大家可能记得，几个月前共产国际右翼的代表试图以十分夸张的口气来谈英美的接近，并作出结论说，一旦这些结论正确的话，将迫使我们改变我们的整个策略。很久以来机会主义的特点都是，它总是用粉红色的眼光看敌人的阵营，相反，用黑色的眼光看自己的阵营。这在对英美相互关系的评价上表现得格外突出。

美国重又面向欧洲，这一事实当然具有世界意义。没有人怀疑这一点。它们的接近是具有世界历史意义的事实，尽管它是短暂的、一时的。如托洛茨基同志所说，欧洲变成了美国的自治领，这种论断过于夸大。说美国可以供应整个欧洲口粮，这种说法对美欧之间以及欧洲内部的矛盾估计不足。法英的矛盾显而易见。如果不考虑欧洲各国的矛盾，那就会犯把我们的政治策略头脚倒置的错误。

近来我们看到了佩珀和拉狄克在这个问题上的争论。我的意见是，正确的是佩珀同志而决不是拉狄克。我们绝不否定英美的接近是具有历史意义的事实。但与此同时不能无视帝国主义美国和帝国主义英国之间存在矛盾，而且矛盾在激化。

目前的英国和美国有着社会同源关系的政府。英国的保守政府和美国目前的政府有着社会同源关系。如果从对帝国主义矛盾的正确评估来看，这一现象说明了什么？这一现象在资本主义世界里会导致什么？

两个政府的社会同源关系是否等于它们之间友好的相互关系？决非如此。在大战爆发时，1914 年，欧洲各国执掌统治权的政府在社会关系上也都是相当同源的。但是这个同源关系并不妨碍它们开战。美英关系也是如此。帝国主义就是帝国主义。斗争、竞争在持续。这类矛盾不仅存在，而且可能激化，尽管两个资产阶级政府有着社会同源关系。

美英合作确实是确凿的事实。在德国，这一点看得很清楚，这一合作暂时对德国经济产生了重大的实际后果。英美之间的矛盾还是在扩大。这些矛盾大致可以归结为10点，其中每一点都十分有说服力地表明，对英美接近不应加以夸大。这10点是：

（1）争夺世界领导权的直接斗争。世界债主现在不是英国，而是美国。它们之间在这方面的斗争已经激烈，今后还将更为激烈。

（2）加拿大。

（3）澳大利亚。

（4）墨西哥。

（5）石油。

（6）销售市场。

（7）关于军备问题，以统治海洋为目标的公开的军备竞赛。

（8）债务。

（9）原料的进出口。

（10）甚至是道威斯计划问题，这方面恰恰表明了接近，但也存在两国之间的根本矛盾。

正如我前面已经说过的，这10点中的每一点都直观地向我们展示，与接近过程平行的还有一个矛盾增多的过程，这一般来说是资本主义的特点。我们的机会主义者忽视了这个"细节"。我只谈一个对美英关系有典型意义的例子。我指的是加拿大。1913年，英国投向加拿大的资本是美国投入资本的3倍。1923年这方面出现了全面的转折：在加拿大的美国资本至少跟英国的一样多，即25亿美元。而且应该指出，美国对加拿大的投资方式区别于英国的投资方式，美国是把资本直接投入加拿大的企业。因此,英国人正在失去加拿大。加拿大美国化成为事实。加拿大的整个文化都是美式的。加拿大以美元而不是英镑计账。报刊、电影院、剧院、铁路、服装——这里一切的一切都是美式的,而不是英式的。英国和美国都已经在公开谈论加拿大有可能会逐步变成北美的一个新的州。现在英国力图依靠居住在加拿大的两三百万法国人,因为居住在那里的英国人早就都美国化了。不久前《泰晤士报》公开谈到不久失去加拿大的可能性。

不列颠帝国分崩离析的倾向越来越明显。今年 2 月 2 日和 6 日间伦敦的《泰晤士报》刊登了一系列文章,总标题是《自治领和外交政策》。英帝国主义指导性的机关报第一次大声疾呼,说统一的不列颠帝国存在的危险性越来越大。而且《泰晤士报》根据的事实是,没有能开成全帝国的代表会议来澄清全帝国各组成部分对日内瓦议定书的观点;这是因为各自治领对各种代表会议根本持否定态度,会议的结果是它们很可能要承担因可能爆发一场新战争而引发的新的义务。《泰晤士报》的文章引起全世界的关注,各种英文报纸接连几个星期纷纷转载。这里摘引几段文字:

> "战后时期英国最重要的问题是,英国的六个构成帝国全部实力的自治体如何能采取对敌视英国的强国的统一政策。这个问题意义十分重大,因为这个问题接近于帝国本身存在的终结问题。如果不列颠帝国这六个自治体的外交政策不能达成一致,那么它们变成相互独立的国家只是时间问题。它们解决问题的办法只有一个,那就是作出回答:我们是应该同意采取统一的外交政策,还是帝国注定要分崩离析。"

还有:

> "在目前形势下,任何战争或战争危险对于帝国的统一都是最大的危险。如果帝国各组成部分的议会对国际形势的威胁态度一致,那就万事大吉。如果它

们之间不能一致呢？如果英国或其某个自治领与某个强国发生冲突，那么帝国其他组成部分抵制这场战争的唯一办法只能是它们退出帝国联盟。别无其他途径。但战争或战争危险对我们大家来说比我们预计的要近得多。"

新的一篇文章这样说：

"因此，帝国现在面对长期的危险。一方面，帝国由于缺乏一致，外交政策将摇摆不定，而这将威胁帝国的安全，同时也增加了战争爆发的可能性，这样的危险是存在的。另一方面，存在帝国分崩离析的危险，各组成部分有可能要面对两难选择：不是参加它们并不认为该打的战争，就是毁掉帝国的统一来避免参战。"

英国资产阶级感觉到他们将失去自治领。在这10点中，光一个加拿大问题就足以说明英美矛盾越来越激化。关于自治领的问题总的来说越来越尖锐，火药味越来越重。

因此，认定英美接近只是勾画了事情的一个方面。事情的另一个方面是，矛盾同时在加大，逐渐具有越来越激化的性质。

此外，美国力图利用欧洲各国之间的矛盾。现在帝国主义的一切典型特征无疑都存在，而对这些特征的正确认识是列宁的帝国主义理论的基础。

**日本的现实**可能会引发资产阶级的变革，这对东方问题来说意义重大。日本开展的运动某种程度上使人想起1905年的俄国。示威游行，农民运动风起云涌，恐怖活动加剧。大家可能还记得，一个年轻的日本大学生不久前因刺杀皇太子失败而被处决。这一切都是日本运动的特点。但那里的工人阶级与1905年俄国工人阶级相比政治上还很软弱。从人数来说，日本工人也许并不少于当时的俄国无产阶级，但政治上要弱。但资产阶级变革毕竟已经在敲日本的门。在我们的时代，这样的变革无疑应加速东方的解放运动，从而使世界无产阶级革命早日到来。

第三，**东方问题**。这是格外重要的问题，因为东方问题正以我们从前无法想象的速度成熟起来。自第五次代表大会以来的 9 个月间，东方的事态发展异常迅猛。目前，各苏维埃共和国与中国有着共同的战线。这是一个具有世界历史意义的事件，其后果难以估计。在一定程度上同情我们的国民党即孙中山的党的发展，对共产国际来说意义重大。中国、埃及、荷属印度，到处的运动在蓬勃兴起。

今天的《真理报》报道了埃及的扎格卢勒-帕夏的议会被解散的消息，这使英埃关系更趋恶化。同志们，我想请大家想一想，列宁同志在临终前关于东方的论述。他在《宁肯少些，但要好些》一文中说：

"斗争的结局归根到底取决于如下这一点：俄国、印度、中国等等构成世界人口的绝大多数。正是这个人口的大多数，最近几年来非常迅速地卷入了争取自身解放的斗争，所以在这个意义上说，世界斗争的最终解决将会如何，是不可能有丝毫怀疑的。在这个意义上说，社会主义的最终胜利是完全和绝对有保证的。"（《列宁全集》第 18 卷第 2 册第 137 页①）

列宁在他生命的最后时刻最关注东方。他清楚地认识到，东方正走出一支革命预备的大军，革命也许会改变路径，通过另外一扇门而来。我在开头说的话指的就是这种可能性。东方本身，没有西方无产阶级，是没有力量的。只有西方的共产主义运动（尽管它还没有引导工人阶级走向胜利），将赋予东方各民族的斗争以完全不同的比重。

我还想指出，列宁同志早在战前就谈到东方问题。早在 1911 年，在中国爆发革命后，列宁在文章中就谈到**先进的亚洲和落后的欧洲**。

当时许多人感到这样的对比十分奇怪。现在大家都看到，这个对比具有先见之明。在一定意义上，目前确实是先进的亚洲和落后的欧洲。

---

① 《列宁全集》中文第 2 版第 43 卷第 391 页。——译者注

不该忘记，东方有9亿人，占世界人口的多数。不该忘记，这样广大的群众开始行动起来了这一事实的意义。

我们还要提一下，俄国第一次、第二次和第三次革命对东方的发展影响深刻。要是我们想要看到世界形势的全景，我们的目光就不仅要投向欧洲，而是要投向东方。

说明当代政治形势的下一点是关于**苏维埃社会主义共和国联盟**的经济复兴的问题。这方面的情况如何？每一个人都看到，联盟得到加强，它的经济形势和政治形势得到巩固。首先，经济形势好转了，这对于我们最重要。大家还记得，列宁在第四次代表大会上感到十分幸福，因为他可以向我们报告说：我们已经积累了1000万金卢布①，因此，我们可以恢复冶金工业。现在，1000万对我们来说已远不起决定性作用了。大家记得，我们反对派朋友中某些人在共产国际第五次代表大会期间在不同程度上公开声称，等到秋天，"他们"（即苏联政府）的收支就会有4亿赤字，到那时大家就会看到，中央委员会如何焦头烂额。但情况如何呢？我不会说出国家机密，我要指出，我们不仅没有亏损4亿，恰恰相反，我们有可观的盈余。（鼓掌）如果说1923年外贸给了我们1000万，当时认为是重大成就，那么我以为，我提到的盈余是苏联得到巩固的鲜明标志。

其次，莫斯科、列宁格勒等城市许多部门工人的工资最近3个月已经超过战前的工资。这是我国经济形势逐步好转的新证明。目前，农民问题是我们最重要的政治问题。我指的是与农民建立更紧密的联盟，当然，条件是我国政府保持联盟的社会内容。

同志们，大家都知道，我们的敌人逐渐容忍目前的状况，因此达成

---

① 原文如此。列宁说的是2000万金卢布，见《列宁全集》中文第2版第43卷第282页。——译者注

了一系列协定、承认等。我不想以此表明,我们没有任何危险。在经济领域将有疯狂的竞争。苏维埃共和国越是巩固,世界资产阶级转入对我们直接进攻的图谋就越无法避免。国际无产阶级对此应有清楚的认识。很可能会出现这样的形势:正是我们的努力逼得资产阶级构思对我们的进攻计划。

因此,如果我们审视世界政治形势的话,那么英美接近这一点不应使我们晕头转向;我们同样应该充分考虑到东方和我们共和国联盟的现状,苏联在很大程度上也属于东方,或者,说得更正确一些,苏联是通向东方的桥梁。

现在来谈下一点:关于**英国**的现状。这方面也可以发现某些变化。我要先指出,第二国际正逐步把注意的中心从德国移向英国。这是事实。自从第一个所谓的工人政府即麦克唐纳政府成立以来,第二国际的重心就移向英国。同志们,我以为,我们正处在一个时期的开始阶段,世界革命进一步发展的重心这时也逐步开始转向英国。

机会主义者们问道:依你们看,难道强壮的、生气勃勃的保守的英国会害怕革命吗?那些对事物持肤浅看法的人被英国资本主义的生气勃勃给迷住了。但马克思和恩格斯的学生不能不看到,英国资产阶级的实力在三方面有重大危险。第一方面是自治领。任何一个英国和美国的资本家现在都知道,英国正在逐渐失去自治领。第二个方面是工人运动的革命化。最后,第三个方面是东方。

保守主义政府已经不能用自由主义政府来取代。目前英国只存在两大势力:保守党和工党。如果保守党不得不让位于别的党派,那么取代他们的不是自由党,而是工党。因此英国工党的现状意义重大。工党的逐步演变是确凿的事实。工党左翼的壮大同样显而易见。这些情况表明,生气勃勃的保守的英国正处在火山上。英国的现状并未表明越来越稳定的征兆,恰恰相反,它正在不断革命化。

第六点：**英法之间的相互关系**。这方面存在矛盾。正在进行争夺欧洲统治权的斗争。目前这两个国家对美帝国主义都有一定的依赖，美帝国主义正设法利用它们相互对抗，引发它们之间的相互冲突，同时引发它们与其他国家的冲突。法国的现状决不能认为是稳定的。赫里欧政府在政治上已日薄西山。顺便提一下，我们已经在第五次世界代表大会的提纲里强调指出，各民主和平主义政府一部分将被资产阶级推翻，一部分将自行具有法西斯性质。赫里欧政府是将法西斯主义因素纳入得到社会党人积极支持的资产阶级政府中的典型例子。这个政府为了苟延残喘，已顾不上考虑自己生命的意义和内容。法国无产阶级人数有了增长。法国无产阶级的政党壮大了。正开始在做殖民地和农民的工作。

接下来谈**巴尔干**。依我看，在某些巴尔干国家（罗马尼亚、保加利亚和南斯拉夫）存在三个引发革命的因素：（1）农民运动，（2）民族运动，（3）工人运动。这三个因素的相互作用有着异常重要的意义；正是在这里存在这一相互作用。有时有人反驳我们说，斗争过于缺乏生气，这些国家的反革命势力得到了加强。但是历史的辩证法教导我们说，有时，正是在反革命势力看来达到顶点时，革命已为时不远；正是在这时反革命被革命取而代之。至于这些国家的民族运动和工人运动具有群众性，这是不容置疑的。南斯拉夫政府可以宣布60个或80个农民代表资格无效，这从"宪法"观点来看是小事一桩。但这种事情不会不留下痕迹，农民群众的不满只是潜伏在更深处。因此，我们共产党人在评估巴尔干现状时不能为表面现象所蒙蔽。表面上反动势力似乎强大无比。乍一看，似乎政府已经收拾了南斯拉夫的拉迪奇运动。如果往深里看，那么必须承认，巴尔干各国的现状依然摇摇欲坠，根本不像什么稳定。

我来谈谈**德国**问题。我们在这里看到了最大的变化。我们党对道威斯计划的策略是正确的。共产国际赞同这一策略，尽管从一开始就清楚，即使策略正确，我们暂时都无法取得重大的胜利。对我们来说，我们要采取的路线是要告诉无产阶级，从历史发展的前景看，我们的观点是正确的。

目前德国的工人阶级还很看重道威斯计划的"正"面。道威斯计划的"正"面表现为工业复苏、资本流入、货币稳定。但是协约国继续在剥削德国。总有一天矛盾会在新的基础上激化。我们在报刊上公开声明（这好像引起了强烈反响），说现在，1925年，德国不存在像1923年那样的直接的革命形势。同志们，我担心这一论断会引起格外大的误解。无疑有同志会说："总之，没有明显的革命形势。我们应该确认这一点，因此，共产国际和德国党的整个策略是错的。"

应该公开指出实际情况。幻想从来不利于革命。由于现在德国不存在直接的革命形势，我们才要指出和分析这一事实。但这当然并不等于德国已经停止阶级斗争。德国的阶级斗争没有停止，也决不会停止。最近的事态就可以证明这一点。只要提一下发生在哈雷的警察袭击工人的事件。请谈一谈《红旗报》关于哈雷事件引发的示威游行的报道。我们看到阶级斗争上了大街。经济罢工再次来临。因此，德国在继续斗争。而且这已经不是战前的阶级斗争，而是战后时期的阶级斗争，也就是总是带着国内战争的苗头。另一方面，这已经不是1923年的斗争，而是1925年带有其特点的斗争。

德国发生的变化十分突出。道威斯计划过一段时间的后果将是阶级斗争进一步的激化，阶级斗争不会熄灭，尽管这一斗争将延续许多年。这一斗争将在一个个新的基础上一次再次激化。

**波兰**的局势与巴尔干的一样。强大的农民运动，强大的少数民族运动（部分就是农民运动），还有强大的工人运动。因此，在波兰，这三个因素在配合着作用。从表面来看，这里可以认定波兰资产阶级有所改善，但不应忽视上述三个因素。

我再简单谈一下**意大利**。那里还未战胜法西斯主义。几个星期前墨索里尼似乎要完蛋了。但实际上并非如此。但意大利的现状摇摇欲坠，很不稳定，麻烦不断，就是不团结。

现在来谈**捷克斯洛伐克**。那里的资产阶级形势不妙，找不到摆脱已出现的困难的合法出路。联合已四分五裂，越往后，越严重越明显。这里和波兰及巴尔干一样，同样的三个因素在相互作用。不错，这里的农民运动和少数民族运动比上述国家要弱小。但三个因素中最重要的因素——工人运动，在捷克斯洛伐克要比其他国家的强大得多。

至于**斯堪的纳维亚**这些小资产阶级的"幸福"之邦，那里现在仍然由社会民主党政府在掌控统治权，即使在那里，阶级斗争也在激化，这一点很明显。那里的安宁闲适的生活已经完结。我最近看到的斯堪的纳维亚的，尤其是挪威的，不久前还有瑞典和丹麦的激烈的阶级斗争表明，就连斯堪的纳维亚的阶级矛盾也越演越烈。

同志们，这就是我看到的总的形势。除此之外，苏联的吸引力还在不断增加。我们应该承认，在一段时间里，尤其在发生饥荒期间，这一吸引力有所减少。目前出现了相反的情况。向苏联派遣为数众多的工会代表团的运动方兴未艾。是什么吸引外国的社会民主党和无党派的工人代表来我们这里？是认识到苏联开始真正的社会主义建设的下意识感觉。这些代表大致是这样想的：我们过去走与俄国不同的道路，我们过去跟着社会民主党走。我们得到了什么？在经济方面，我们的状况十分糟糕。不错，俄国无产阶级走了一条荆棘丛生的道路、流血和国内战争的道路，但俄国的工人取得了很多成就，社会民主党工人现在已经觉悟到这一点，今后会越来越觉醒。

我来总结一下：我们不应该把德国从总体中划分出去，我们很久以来以为德国会马上发生革命。我们应该分析**整个世界**形势，对实际的情况作出评价。我们是**世界**革命的党，不只是俄国革命或德国革命的党。

因此我们的评价应针对全世界的形势。

因此，我们在作总结时应该说：在个别战区，斗争已不如1923年那样激烈。即使还不存在休战，但与1923年相比，至少某些战区（德国）斗争暂时趋缓。西欧和中欧已不存在激烈的革命情势。至于整个世界形势，它在客观上依然是革命的。东方前进的步伐比我们预料的要坚决得多。共产国际的影响在增大，世界革命的思想在东方越来越普及。英国比我们至今以为的要不稳得多。马克思就认为，没有英国的革命是杯水风暴。要是把英国的现状与德国的现状作比较，再考虑到东方9亿人越来越觉醒，就会发现阻碍革命的因素和促进革命的因素大致相等。

因此，同志们，总的形势依旧要求我们考虑双重可能性：我们今后应该根据第五次世界代表大会各项决议指出的方向制定我们的策略，并根据各个国家的需求有所区别，要考虑到阶级斗争发展速度缓慢、迟滞或加速的可能性。从我们基本目标来看，悲观主义毫无根据。

由于错误评估英美接近的事实而作出悲观结论的同志们，正面临开始修正列宁关于帝国主义的理论的危险。他们往往乐意投票赞成任何决议、以列宁主义者自居，却不愿懂得，当需要**运用**列宁主义时，他们实际上往往走上了修正列宁主义最重要的基本部分的道路。

凡是试图证明美英接近会把欧洲变成美国的自治领并抹杀欧洲内部矛盾的人，正在重弹1915年考茨基关于超帝国主义的老调。我不想在这里过多引用列宁的话，请大家去读一读列宁在《反潮流》文集中的文章以及他在《帝国主义是资本主义的最高阶段》一书中与考茨基的论战。列宁似乎未卜先知，恰恰为我们提供了对右翼分子现在提出的问题的答案。我只引用这本书中的一段话。书中说：

"考茨基胡诌出来的那个臭名昭著的'超帝国主义'论，也具有完全相同的反动性质……

其实只要同那些人人皆知的不容争辩的事实好好对比一下，就会清楚地知道，考茨基硬要德国工人（和各国工人）相信的那种前途是多么虚假。拿印度、印度支那和中国来说吧。谁都知道，这三个共有6—7亿人口的殖民地和半殖民地的国家，是受英、法、日、美等几个帝国主义大国的金融资本剥削的。假定这些帝国主义国家组成了几个彼此敌对的联盟，以保持或扩大它们在上述亚洲国家中的领地、利益和'势力范围'，这将是一些'国际帝国主义的'或'超帝国主义的'联盟。假定**所有**帝国主义大国组成一个联盟来'和平'瓜分上述亚洲国家，这将是一种'实行国际联合的金融资本'。在20世纪的历史上就有这种联盟的实际例子，如列强共同对付中国就是这样。试问，在保存着资本主义的条件下（考茨基正是以这样的条件为前提的），'可以设想'这些联盟不是暂时的联盟吗？'可以设想'这些联盟不是暂时的联盟吗？'可以设想'这些联盟会消除各种各样的摩擦、冲突和斗争吗？

只要明确地提出问题，就不能不给以否定的回答。因为在资本主义制度下，瓜分势力范围、利益和殖民地等等，除了以瓜分者的**实力**，也就是以整个经济、金融、军事等等的实力为根据外，不可能设想有其他的根据。而这些瓜分者的实力的变化又各不相同，因为在资本主义制度下，各个企业、各个托拉斯、各个工业部门、各个国家的发展**不**可能是**平衡的**。如果拿半个世纪以前德国的资本主义实力同当时英国的实力相比，那时德国还小得可怜；日本同俄国相比，也是如此。是否'可以设想'一二十年之后，帝国主义大国的实力对比依然**没有变化**呢？绝对不可以。

所以……'国际帝国主义的'或'超帝国主义的'联盟，不管形式如何，不管是一个帝国主义联盟去反对另一个帝国主义联盟，还是**所有**帝国主义大国结成一个总联盟，都**不可**避免地只会是两次战争之间的'喘息'。和平的联盟准备着战争，同时它又是从战争中生长出来的，两者相互制约，在世界经济和世界政治的帝国主义联系和相互关系这个同一基础上，形成和平斗争形式与非和平斗争形式的彼此交替。"（《列宁全集》第13卷第328—329页①）

---

① 《列宁全集》中文第2版第27卷第429—431页。——译者注

同志们，我们可以用同样的这些话来反驳现在的"预言家们"，因为他们高估了英美的接近，认为这一接近几乎必然会消灭革命。

拉狄克断言，民主和平主义"时代"至今没有过去。不错，麦克唐纳下台了，但拉狄克认为，和平主义依然存在。拉狄克是怎样得出这个结论的呢？因为拉狄克认为，只要没有直接的战争，任何资本主义和平的状态都是和平主义。可是帝国主义需要战争之间的喘息时机；在这些喘息时机策划新的战争。如果目前资本主义和平的现状是没有战争，那么，另一方面，我们看到，这只是伪装了的新战争的策划。对这个问题务必有十分清楚的认识。列宁早在1922年12月就说过：

"要选取目前的冲突，哪怕极小的冲突做例子，并以这些例子来说明，由于英法两国在它们同土耳其的条约的某些细节上发生争执，或者由于美日两国在任何一个太平洋问题上都有小小的分歧，或者由于任何大国在殖民地问题、关税政策以至整个贸易政策问题上争吵不休，如此等等，战争随时都有可能发生。"（俄共中央《布尔什维克》杂志1924年第2期第18页①）

列宁在1922年年底前就对形势作了这样的估计，当时的整个形势已经十分清楚。他认为新的战争可能不仅由于英美之间有大矛盾，而且由于关税政策或贸易政策这样的问题而引发。整个"和平主义"帝国主义的性质就是如此。由于非常微不足道的问题可能爆发新战争。这就是我们必须坚决驳斥修正列宁关于帝国主义的理论的图谋，哪怕是最小心翼翼的和伪装好了的图谋。

我再说一遍，总的**世界**形势客观上依然是革命的，尽管如德国这样的某些国家现在并不存在直接的革命情势。第五次世界代表大会对形势的估计十分正确。我们原来的策略至今依然有效。

---

① 《列宁全集》中文第2版第43卷第313—314页。——译者注

## 四、民主和平主义"时代",法西斯主义和社会民主党

同志们,近来共产国际内部出现的重大分歧归根结底都围绕着对民主和平主义"时代"的评价进行。如纽博尔德、菲力浦斯·普赖斯、霍格伦、罗斯默这样的人在某种程度上都成了民主"时代"垂暮的牺牲品。

他们是如何描绘形势的呢?他们非常干脆地认为,革命已经过去,世界形势已不再是革命的形势。他们说,既然苏维埃政权5年—6年都无法大大改善工人的生活,那么应该给麦克唐纳同样多的时间。这竟然是共产党人说的话!霍格伦则把纽博尔德参加议会选举失败看做具有世界历史意义的重大事件。

近9个月来,正确看待民主和平主义"时代"是我们策略的中心。某些同志疑虑重重,但他们却不敢公开说出来;他们说,总的来说他们赞同第五次代表大会的路线,但实际上他们继续把民主和平主义插曲看做是真正的时代,是一个漫长的时期,是世界历史的新时代。他们认为,因此务必多多少少本着社会民主党的精神来改变我们的整个策略。纽博尔德和霍格伦断送在这种幻想中。其他的人较为谨慎,较为委婉;他们目前只往门缝里伸了一根手指。但这根手指被夹得很痛,因此他们再也不愿把其他几根手指往那里伸了。

这些事实给了我们什么教训?首先是关于著名的"时代"的长短问题。事实证明,民主和平主义"时代",如我们的第五次代表大会决议所预言的,不过是一个插曲。在一定意义上可以说,"民主和平主义"插曲等于是**小资产阶级暂时掌权**。事实上小资产阶级掌握的权力并不完整,是受到限制的。在帝国主义和无产阶级革命时代(这个时代**最不能被称做民主和平主义时代**)小资产阶级不可能独立执政。因此,小

资产阶级不得不充当大资产阶级的傀儡。法国和英国可以成为这种状态出色的历史实例,在这两个国家里可以清楚地看到,在帝国主义时代小资产阶级不能作为一支独立的力量来统治国家。

这些事实还给了我们什么教训呢?教训是麦克唐纳在违心地为我们工作。英国工人阶级内部开始分化,夺取真正权力的意愿在增强。常常提出一个"哲学"层面的问题:麦克唐纳政府实质上是什么?这是否是战后危机的最后阶段或和平主义新"时代"的最初阶段?这样提出问题看起来是高度"辩证的"。我认为麦克唐纳政府既是这个阶段,又是那个阶段。民主和平主义只是1914年前即大战爆发前开始的连续不断的事件链条上的一环。

1924年的民主和平主义"时代"只是帝国主义战争和无产阶级革命酝酿时代的一个插曲。我们不需要"哲学"定义。我们只要考虑如下事实:(1)这一时期是短暂的;(2)即使是工党为代表的小资产阶级也起不了独立作用;(3)目前在英国要考虑的社会生活决定性因素只有两个:工人阶级和资本主义;最后,(4)麦克唐纳政府及其"建设性社会主义"是在为我们、为共产党人、为共产国际效劳。

对法西斯主义的评价与关于民主和平主义性质的问题有关。同志们,大家都记得在我们队伍中关于这个问题发生的斗争。法西斯主义和民主和平主义"时代"互相关联。请看一看德国、英国和美国的选举。我们在那里发现了什么?德国广大的选民投票支持社会民主党,英国——支持工党,美国——支持拉福莱特的党。小资产阶级和无产阶级的广大群众投票支持民主和平主义思想代表的集团,即使其星光已经暗淡时也是如此。"时代"已经过去,而落后的居民阶层依然抓住各种空想和幻想不放,继续表示支持民主和平主义政策。我们不愿意民主幻想主宰共产**党**。但这种幻想继续存在于落后的群众之中。我们过去和现在当然都应该与之斗争。

在民主和平主义"时代"应该区分两种国家：其中一些是这个"时代"的主体，另一些是这个"时代"的客体。英法是主体，德国是客体。顺便指出，我们党在英法取得的成功和我们德国党困难的处境都是由于客观形势造成的。德国和法国一样，充斥着和平主义幻想。但滋养这和平主义的土壤，在德国和在法国是不同的。当饥渴得奄奄一息的人虚弱地躺倒在地，有人答应给他一口水、一口奶或一小块面包来激起他站立起来的希望时，他就会燃起希望和幻想，这是很好理解的。德国的处境就是如此。社会民主党正是利用了这一点。因此，那些是"时代"主体的国家的统治阶级不能给群众提供和许诺任何重要的东西，不能向他们保证改善他们的生活状况，我们共产党相对来说容易取得成功，便不足为怪了。

回过来再谈法西斯主义。1924年拉狄克提出了关于法西斯主义战胜社会民主党的论点。这个论点对吗？在这里"战胜"一词该如何理解？例如，大家都知道，德国资产阶级"战胜"了卡尔·李卜克内西。资产阶级杀害了他，取得了斗争的胜利。这是胜利的一种。在80年代俄国革命运动史上可以看到另一种胜利。我指的是众所周知的革命家列夫·吉霍米罗夫。他也被"战胜"了，但是怎样"战胜"的呢？他自己投向敌人一边，投入沙皇政府的阵营。李卜克内西被德国资产阶级"战胜"，吉霍米罗夫被沙皇政府"战胜"。这是两种不同的"战胜"。社会民主党正是这样被资产阶级"战胜"的，而且是在世界范围内被"战胜"了。社会民主党的领袖们干脆成了叛徒，走上了吉霍米罗夫的道路，投向资产阶级一边。拉狄克忽略了这一小点。他认为，既然社会民主党被"战胜"了，那就应该与他们在政治上团结起来。这就是拉狄克版的"统一战线"理论。他忽视了社会民主党领袖们被资产阶级"战胜"，是因为他们自己成了资产阶级的一翼。因此第五次代表大会的提纲把社会民主党说成是资产阶级的"第三"党，是完全正确的。

在意大利，法西斯主义是资本主义资产阶级和社会民主党的意图的结合，而且社会民主党成了法西斯主义的一翼。第五次代表大会的相关提纲和决议是正确的，因为社会民主党原来得到了与资产阶级同等程度的壮大。广大群众的落后和阶级冲突发展速度的缓慢，在今后也将是各国社会民主党得到加强的结果。问题在于，我们该**如何**对待这种加强。有些右倾的同志认为，由于社会民主党得到了加强，我们应该重新评估一切价值观！我们持另一种意见，我们相信，由于资产阶级将在一段时间里得到加强，社会民主党也会利用这一点，因为今天资产阶级和社会民主党是孪生兄弟。马克思和恩格斯就曾公正地痛斥过**英国**工人运动叛卖成性的领袖们。大家都知道，马克思和恩格斯无情地批判和揭露过英国的工人领袖们。现在我们应该在国际范围内做同样一件事。

一系列的事件有助于我们完成这一任务。我只谈其中的四件事：（1）巴尔马丑闻、艾伯特案件等；（2）匈牙利社会民主党和霍尔蒂的协议；（3）第二国际常设局最近一次会议；（4）艾伯特、布兰亭和龚帕斯的葬礼。不久前我读到了胡斯曼为布兰亭写的悼念文章。胡斯曼认为布兰亭的功绩是，他尽管持共和思想，却是瑞典国王的老朋友和同窗。说得很有分量，难道不是吗？胡斯曼又一次"埋葬"了布兰亭。

我总结一下：拉狄克同志，社会民主党确实被资产阶级、被法西斯主义"战胜"了。但与卡尔·李卜克内西及其追随者不同，社会民主党不是在斗争中倒下的，是在如下意义上被战胜的：社会民主党以其领袖为代表，背弃了作为工人政党的自己，站到了小资产阶级的立场上，成了资产阶级"民主"的一翼。资产阶级暂时得到加强等于社会民主党也暂时得到了一定程度的加强。同时资产阶级的灭亡也将是社会民主党的灭亡。

因此，共产国际的策略是绝对正确的。阶级斗争证明了这一点。国内战争的事件教育了我们，生活和群众运动都说明了这一点。第五次代表大会的布尔什维克的列宁主义路线完全表明这条路线是正确的。

## 五、为工会运动的统一而斗争和英国的工人运动

同志们！在谈布尔什维克化问题之前，我想简单谈一谈工会运动。

我们中的任何人当然都不会否认第五次世界代表大会在这个问题上的总路线是正确的。不错，我们共产国际中的右翼对手曾认为，第五次世界代表大会关于工会问题的决议实质上与大会的其他决议相悖。他们认为我们在这个问题上的正确立场是"偶然的"。他们说共产国际在工会问题上"偶然地"采取了正确的立场。事态已经表明，第五次代表大会的工会决议完全符合共产国际总的策略。因此，在这个问题上目前没有必要进行原则性的争论。我们这次需要的是为各个兄弟党制定切实的指示。

同志们，共产国际提出了最受欢迎的口号，为国际工会运动的统一而斗争的口号。共产国际因此向前迈了一大步。我们应该承认，我们在工会问题上的正确路线在个别国家里贯彻执行时可能有与整个统一战线策略同样的两个危险。在法国和捷克斯洛伐克这一点表现得格外明显，在其他国家里则不够清晰。

第一个危险是把这个策略当做无关紧要的手法，所有事情归结为给社会民主党写公开信，除此之外，一切都应顺其自然。另一个危险是可能走向另一个极端，鼓吹匆匆忙忙无条件地加入改良主义工会，即使存在同样强大的甚至更强大的革命工会的地方也要这样做。这是另一个极端。我听说，捷克斯洛伐克某些地方的某些同志甚至认为，我们的红色革命工会越弱小，工会就越容易统一起来。我们对我们的策略的理解**完全**不同。我们认为，凡是有革命工会的地方，我们应该为争取每一个工人而斗争。此外，应该继续为争取工会运动的统一而斗争。在我们的红

色工会组织与改良主义工会相比力量强大的地方，一下子就解散我们的红色工会是一个大错误。

英俄委员会还没有成立，但最近有关委员会筹备的报道是个好消息。看来，阿姆斯特丹右派对英国人决定要与俄国工会一起召开正式代表会议一事感到有点激动。我们坚持以往的路线，今后仍将为工会运动的统一而斗争，但是不会走向前面提到的两个极端。我们将在各地开展斗争，在存在革命工会的地方也要开展斗争。

我们整个工会运动在历史上是随着英国工人运动的形势而产生的。现在国际工人运动中的新征兆首先出现在英国。促使这些新征兆发生的原因简单地归纳为如下四点：（1）英国丧失了对世界市场的垄断地位。（2）英国的殖民实力开始下降。这两点本身意义重大。第二个倾向尽管刚刚露头，已经对英国整个经济和政治形势产生影响。（3）阶级斗争在激化。（4）工人贵族的特权地位在逐渐消失。

因此，英国工会代表团不久前到访俄国并相对友好地评价我国革命，这一点决不是偶然的。这并不是因为英国工人运动的这些代表个人素质好，他们是好人，这与上述四个因素密切相关。英国工人运动已刮起新风。我以为，麦克斯·贝尔说得对，他在为最近的英国工人运动作总结时指出，对英国工人阶级现状产生影响的，一方面是"旧的经典的工联策略破产了，另一方面，工党过去的斗争手段破产了"。确实是这两点在起作用。旧的工联策略的破产也不是偶然的。不仅因为领袖们的缺点以及他们所犯下的错误，而且因为英国丧失了对世界市场的垄断地位，它对其殖民地的影响遭到越来越大的反抗，这促使英国阶级斗争的速度加快，唤起英国广大无产阶级走向新生活。

由此产生了前程无量的工会少数派的运动。正是这一运动把60万工人集结在共产主义思想的周围（以及官方工会左翼的团结），越来越促成英俄合作的建立。

英国的问题错综复杂。**现有**形式的工党已经很难支撑下去。但最近几年工党的前景还可以。它还指望着农村。目前工党只是一个城市政党。在最近的选举中,它在城市的工业选区193票中获得52票,而在农村中只获得230票中的38票。我以为,今后我们将看到工党中的双重现象:一方面,工党保守的领导层的威望和影响力逐步下降,在少数派甚至共产党中可能涌现新的力量(主要是在工人中心和工业区);另一方面,工党在小城市和乡村选区的影响力会有所增加。

从历史前景来看,工党在小城市和乡村选区地位的加强客观上是进步的。不久前,奥托·鲍威尔在奥地利提出了"到农村去!"的口号。奥地利社会民主党人打算去农村,他们不反对拾起"列宁主义"的唾余。他们声称,列宁坚持与农民联盟是对的。当然,列宁设想的这个联盟与奥托·鲍威尔设想的有所不同。我们知道鲍威尔的"列宁主义"的价值。英国工党如果转而面向农村,在那里打击保守党并在农村居民中扎根,那就在客观上前进了一步。

我们的工会运动是生机勃勃的运动,前景广阔,因为这一运动与英国工人运动内部的进程、与其中发展起来的进步倾向有着鲜活的有机联系。

恩格斯在许多年中寻找解决英国工人运动问题的钥匙。马克思主义没有找到接近英国工人运动广大群众的办法,因为当时的客观形势不利于这一问题的解决。列宁也寻找过这样的钥匙。大家都记得,在第二次代表大会期间对共产党员是否要加入工党问题发生过争论。这不是一个组织问题,我们是在寻找解开英国工人运动问题之谜的钥匙。英国工人运动不仅在马克思和恩格斯时代、第一国际时代,而且在第二国际时代都是一个谜。我以为,第三国际在列宁的指导下找到了这个钥匙。我们亲眼看到英国工人运动出现的新局面,那里终于很快将形成我们共产党变为群众性政党的前提。我们英国同志刚开始出版的周日报的印数已超出我们的预期。年轻的英国共产主义运动在阔步向前。它不断前进，一方面是由于英国客观形势的变化，另一方面是由于英国共产党人走上了正确的道路，他们在这条道路上将争取到英国无产阶级的多数人。

不要以为，我们的工会运动只持续几个月。根据对国际工人运动的评估，应该认为，这一运动将持续很长的时期。

## 六、布尔什维克化的任务及完成这一任务的途径

我们各党开始布尔什维克化的形势就是这样。我关于布尔什维克化问题的提纲写得相当详细，因此我下面讲的只能对提纲略加补充。

首先我想涉及"组织和政策"这一论题。在第五次世界代表大会的提纲发布后，许多同志都把布尔什维克化这个口号当做只是在生产支部的基础上对组织上改造党提出的要求。现在提交给大家的提纲的基础是基于这种思想：布尔什维克化的基本任务是制定和执行正确的政治路线。当然不能把组织和政策相互对应起来。没有正确的组织就不可能有正确的政策，同样，没有正确的政策，良好的组织一文不值。我再说一遍，布尔什维克化的主要实质在于确立正确的**政治路线**，正确处理以下问题：工会问题、农民问题、殖民地问题、青年工作问题、妇女工作问题，如此等等。但也不能贬低组织的意义、在生产支部基础上改造的意义。我坚决要求大家谨防这一点，因为**正确的政策也必须要有正确的组织**。

刚刚开过的组织问题会议意义重大。皮亚特尼茨基同志给了我一些材料，其中2月15日的《红色权利报》上的一则短小的报道引起了我的注意，从组织改造上使党布尔什维克化的问题来看，这则报道有很大的实际意义。我指的是中部捷克一家制糖厂生产支部成员，一位工人的来信。这位工人在来信中说：

"我在决定组织生产支部时,召集3位同志开会,在午间休息时我们一起讨论支部大致的任务。后来我们决定,每人在最近3天内再介绍一位新同志加入支部。这样,我们便有8个人了。

我们的厂里有150人工作,其中32人已经参加支部。但这还不够。我们决定,到1月底前党支部的每个成员应再介绍1位同志加入支部,介绍人为被介绍者担保。我们选举了支部委员会,对支部大会提出了许多建议。6位同志负责在参加其他党和工会的工人中散发我们党的和工会的报纸,以此向他们证明他们的报纸谎话连篇。4位同志负责提供愿意订阅我们机关刊物的人员名单。目前我们正在收集材料出版第一期墙报。

生产支部的工作有一些实际困难,因为同志们习惯于老的组织形式,而生产支部需要的是吸收所有的同志投入工作,支部本身一直在工作,而且每个成员都负责一定的党的工作,并接受支部的监督。"

同志们,大家会发现这里讲的都是十分简单的事情。中部捷克的这位工人告诉我们的一切,就是真正的布尔什维克化。正是应该这样行动。问题不在于撰写长篇提纲,而是要从最简单的事情做起:根据这位工人的办法,先吸收4位同志,再又吸收4位同志,然后分一下工。这便是实际组织工作中的列宁主义。

我想给大家提一下列宁同志在1902年写的一封信,当时我们的运动还非常年轻。这封信中包含了组织计划。列宁在20多年前把这一切介绍给俄国工人时,俄国无产阶级运动才刚刚开始,现在,在另一种形势下,在大得多的范围内,工人们自己主动地在工人运动已存在多年的另一个国家里在做同样的事情。我们在组织问题上还应该这样干,一步一步前进。我们应该告诉工人说,我们不需要只参加盛典的共产党员,不需要用来摆排场的共产党员。每个真正的革命者都应该把新同志、普通工人吸引到党的一边来,吸收他们参加党的工作。这项工作应该持续不断地干下去。

重组不能刻板地进行。这一点现在已经十分清楚。在布尔什维克化的道路上有着许多障碍，部分是由于工人们还没有摆脱社会民主党的传统，部分是存在纯客观性质的障碍。在开展布尔什维克化运动时，我们应该把工作重心放在生产支部上。要是没有正确的组织能把这份提纲带到群众中去，使提纲变得明白易懂，受到欢迎，那么再好的提纲也一文不值。除了要执行正确的政策，我们还应该构建正确的组织。

在我们当前形势下布尔什维克化意味着什么？首先千万不要忘记一句深刻的谚语："活到老，学到老"。对布尔什维克化来说，这就是："活到老，布尔什维克化到老，学习列宁主义到老"。以为几个月就可以实现真正布尔什维克化，或者以为对布尔什维克化可以规定一个期限的想法，都是自欺欺人。思想的、党的、工人运动的真正的布尔什维克化，是一个不断的过程。

不应该忘记，不能**机械地**把俄国经验照搬到别国去，首先是因为资产阶级也用自己的方式在学习"十月的教训"。这一点决不能忘记。我们在俄国革命后以为，其他国家的革命会大致和我国的革命一样发生。现在我们大家已经明白，其他国家的革命将略为不同于俄国的。大家不要忘记，资产阶级也在吸取十月革命的教训。例如，我们从前认为，其他国家也将经历一段克伦斯基执政时期。现在已经明白，在其他国家里，克伦斯基执政时期未必会采取同样的形式。我们不妨回想一下不久前汉堡或雷瓦尔国内战争的几个插曲。这些插曲表明，可以预期在这些国家里会发生任何事情，但决不可能简单地重新照搬我国的克伦斯基执政时期。

布尔什维克化是，从俄国的经验中，同样也从其他国家的斗争经验中吸取最重要的教训，把这些教训同某个国家的具体条件和要求结合起来。我们首先应该考虑到这个国家的社会构成和分化情况。最近找到了列宁同志一份尚未发表的意义重大的手稿。这是关于无产阶级专政问题的草稿。其中有一点很有新意。他作了如下区分：在不同国家里确定无产阶级专政基本原则时首先必须考虑到这些国家社会构成的特点。应该清楚，无产阶级、小资产阶级和资本家的比例，小资产阶级内部的分化情况，等等。列宁举例说：假设一个国家中无产阶级占51%，小资产阶级占40%，而资本家占9%；另一个国家中无产阶级占20%，小资产阶级占75%，而资本家占5%。那么，无产阶级专政面临的情势是完全不同的。如果再考虑到小资产阶级内部的分化又会具有不同的性质。例如，第二个例子中30%为贫农，30%为中农，15%为富农，这便需要更精确地确定某种情势的特点。如果说第二个例子中社会构成大致与俄国革命的基础相似，那么恰恰相反，第一个例子中的国家无产阶级明显占多数，这有点像德国。

同志们，大家看到，首先必须作初步的社会分析。迄今为止，我们并非在各地都学会了做这一预备工作。例如，我们以为，美国、保加利亚和德国在这方面的条件是一样的。决不应该忘记，正确的政策要求有区别对待的能力，能考虑某一阶层的特点和某一国家的特殊性质。

我很不好意思说，我遇到过的"领袖"在回答你们国家有多少农民这个问题时，他有点尴尬地说：我无法确切地告诉你。我提到的这位同志来自农民人数众多的国家，他是脱离工会反对派后入党的。大家看到，我们中有些人对这样一个起码的但又是重要的问题竟然无法回答。在这方面任何关于布尔什维克化的提纲都帮不了忙。这样的人枉然自称布尔什维克。请他们首先学习一下本国的社会统计学，否则关于布尔什维克化的提纲对于他们来说仍是一本难解的书。要是大家不清楚自己国家的社会构成和人数比例的话，那就不必装什么布尔什维克。你们至多仍然可以是工人阶级一个英勇的战士，但要领导革命、争取农民并把他们吸引过来，那就无从谈起。

现在要争论的不是一般情况下布尔什维克该是怎么样的，而是在当前,在世界革命速度放缓时期这一具体形势下的布尔什维克该是怎么样的。我们兄弟的德国党的中央委员会在今年1月的提纲中有过出色的表述。我想给大家念一下:

"正是在这样的时期(发展速度缓慢),每个共产党员都应该认识到对一言一行的责任。批判分析得具体、积极和尖锐,对一切改良主义领袖无所畏惧、刻骨痛恨和理智冷静,对一切持不同见解的工人耐心再耐心,组织能力,吸收未加入者参加工会以加强共产党人的影响,能简单、准确、符合实际情况以书面形式讲清正在发生的一切的本领,清除一切行会市侩习气,这就是党在这样的时期对每一个党员的要求。"

我认为这段论述十分精彩。我们当前确实格外需要这些素质。当列宁撰写《怎么办?》这本"布尔什维主义圣经"、奠定布尔什维主义基本原则的书时,俄国工人运动正经历一段发展的童稚时期。当时列宁就领悟了任务的全部内容,指出我们既要为工资增加1戈比又要为达到我们的最终目标而斗争。除了做微不足道的日常工作,我们还要孜孜不倦地致力于我们伟大目标的实现——这就是我们的任务;这个任务既包括为微小的改良而斗争,又包括策划武装起义、选择时机、加以实施以及工人阶级在夺得政权后加以巩固。

同志们,应当认定,目前我们许多党所处的时期格外需要他们学习战前时期的布尔什维主义。我们在1917年后取得的经验当然依旧是全世界各个党真正的宝贵财富。但是我们的党的某些人现在正进入如下的斗争和发展阶段:掌握1917年前时代布尔什维主义政治、策略和组织的原则具有特别重大的意义。

我们在工会、农民工作和殖民地方面都取得了可观的成绩。我认为开始在农村工作是特别重要的事。但是应该把自发的农民运动与共产党有计划地在农村主动工作区分开来。在各个不同国家里都可以看到自发的农民运动，那里发生农民运动往往并不是由于共产党人的主动工作。经常发生相反的情况：有些国家中已经存在共产党在农民中工作的苗头，但还是没有自发的农民运动。共产国际对这种吸收农民群众参加的最初尝试寄予厚望。应该说，坚冰终于被打破。我们从言语走向行动。我要提一下法国共产党的农民代表会议。在德国也是如此。德国共产党也做了类似的预备工作。应该指出意大利共产党在这方面也取得了成绩。在捷克斯洛伐克也可以看到开始有计划地做农民工作的尝试。

柏林、汉堡等地的工人现在往往利用周日去农村。他们坐着卡车去郊外的村子，分发党的书刊，组织农民开会，等等。这样做意义巨大。我们俄国布尔什维克也这样做过。1917年前俄共是一个"城市"党。1917年它才开始深入农村。首先这得益于工人派出代表团去农村；派遣代表团的费用通过在企业募捐来解决。

由于开始了这样的工作，把这一工作集中起来的口号有着巨大的意义。第五次世界代表大会理解和阐释的"工农政府"就成了这样的口号。凡是还没有提出这一口号的地方，现在都应该通过广泛宣传把它提出来。只是因为布兰德勒和拉狄克贬低了这个口号便加以拒绝，是错误的。这一点并不说明口号不对，因为布兰德勒和拉狄克试图贬低我们所有的口号。布兰德勒未必会把一个农民吸引到我们方面来，但贬低口号却是他能办到的。我们则除了把农民吸引过来，还致力于普及革命意义上的这一口号。

我现在来谈统一战线的策略。这一策略不仅与布尔什维克化不抵触，反而是布尔什维克化重要的组成部分。没有这一策略，也不可能有布尔什维克化。布尔什维克首先是一个群众工作者。要成为一个群众工作者，必须与工人群众，包括与社会民主党群众和非党群众不断保持联系。

同志们，我认为，我们只是刚刚**开始**正确运用统一战线的策略。英国发生重大的社会进步，关于统一战线的问题吸引了一个又一个工会投入讨论，在这样的时代必须明确地、坚决地、革命地、布尔什维克地运用这一策略。

我再简单谈谈各个党在日常领导工人斗争时提出的局部要求的问题。这个问题也属于布尔什维克化的问题。

不要以为我们认为正是现在我们在步入改良的时代；我们很清楚，革命发展放缓的时代决不会促使改良的推行。以为阶级矛盾激化的速度放慢和阶级斗争激烈程度减低，就等于是改良大行其道，那是大错特错了。

这样的时代有利于改良主义，而不是改良。我们现在开始患上"右倾病"。相反，我们没有发现有任何重大的改良。

难道大家认为，我们可以迫使现在的资产阶级改良？我不这么想。但这并不意味我们应该拒绝在这一基础上提出局部的要求。改良是革命斗争的副产品。当斗争消退时，改良主义幻想就会增加，但决不是真正的改良蒸蒸日上。我们还是应该提出局部的要求。正是在现在这样的时代，我们有责任执行正确的、合理的、有计划的、经过深思熟虑的局部要求的策略，但不要离开革命斗争的框架，不要用改良主义的水来稀释布尔什维克化。我们应该始终如一地把普通工人从日常的琐碎问题提高到重大问题、时代问题的高度。我们应该直观地向他们证明，用他们亲身经历的事实说服他们，使他们相信借助提出琐碎的要求不能使他们摆脱贫困的现状。因此，局部要求在目前正是我们策略不可缺少的组成部分。

### 七、共产国际中"右倾病"的危险

我已预见到，在我们公开承认德国不存在直接的革命情势后，必然会有种种歪曲和篡改我们真正观点的说法。右的倾向将活跃起来。某些"共产党员"由于从来不懂得布尔什维主义，曾认为革命在两三年内必定会成功；要是最近不爆发革命，那还是投向社会民主党人为好。这些英雄现在会告诉我们说，瞧，我们说对了。开始从"极左派"转向右派，博尔迪加同志就是这样的。

博尔迪加同志的经历是证明我说的话的极有教益的实例。同志们，请看看博尔迪加现在写些什么，请研究一下他的"世界观"，好好想一想造成他这样变化的原因。这种变化的根源是博尔迪加不懂共产党在革命发展速度放缓时期的作用，不懂在这样的时期日常的、微小的、琐碎的又是布尔什维克的工作的意义，不会把统一战线策略、局部要求等在我们追求终极目标的伟大活动中结合起来。因此他才从"极左派"跳向（我希望是暂时的，我希望他能回到共产国际的立场）右派。

但我们还有更危险的右派，他们现在已经要我们作出根本性的转折，执行"新"策略。我已经引用过一份是对布尔什维克化正确理解的样板的文件。现在我来从捷克斯洛伐克党生活中引用完全不同性质的论述，以此来表明，不应该如此来理解布尔什维克化。在引用这些文字前我先要说明，我决不打算预测将在大会作报告的捷克问题委员会会作出什么决议。我不去涉及捷克共产党内在组织路线上的斗争、中央委员会组成的问题以及左右两派的斗争。

布隆的同志们给我们寄来了打印的关于捷共内部分歧的提纲，这很值得赞扬。其中有许多令人趣味索然的东西，许多琐碎的事情，个人的摩擦，等等，我们将在另一个地方来谈。总之，无论捷克斯洛伐克党内斗争的结局如何，我想告诉你们，我们至今还有一些什么样的共产党员。布隆的同志们在他们备忘录导言中指出了布隆早在第二国际中的巨大作用。我不打算质疑布隆工人过去（和现在）的革命经历，但我要说，布隆的同志们应该派他们的一些领袖进入列宁主义学校，然后再想想,他们是否合适担任领导人。这一提纲中有一章称做"革命的方针",其中把反对物价飞涨的示威游行混同于革命。

提纲这样说:

"例如,所谓的左派要求在布隆的我们去挑起冲突,即使在我们只能用200来个工人去对抗强大的警察值勤队的地方也要这样做,要求我们即使流血牺牲,也在所不计。"

接着又说:

"所谓的左派中有些同志坚持认为,我们应该不断地'实施革命'。我们则认为,共产党的任务不是通过这样或那样的办法来挑起革命运动,而是正确利用已经出现的革命运动并将革命进行到底。共产国际第三次世界代表大会的提纲我们还没有贯彻执行,十分重要的是现在的捷共中央应在事后研究清楚第三次代表大会通过的关于策略的提纲。派鼓动员去工人中间,命令他们天天掀起新的革命纯属我们上面所说的幻想主义者的政策,而幼稚地以为可以用绝食示威时砸碎玻璃窗的数量来判断某一时代革命性程度的想法也同样是这种幻想主义者的政策。在反对物价飞涨的示威游行时根据中央的命令砸毁小店铺的行为与饥饿的群众不顾高层领导的劝说砸毁小店铺的行为是完全不同的。前者是付出众多牺牲的浪漫主义行为,后者是革命时代确凿的征兆。"

好极了,令人无话可说!我都不清楚,砸碎玻璃竟然是"付出众多牺牲的浪漫主义行为"。

同志们,我们必须在这里直截了当地指出:这每一句话里都竖起了社会民主党驴子的长耳朵。不妨好好想一想。竟然要求可怜的布隆人,天天实施"革命",而且是用砸碎玻璃的反对物价飞涨示威游行这样可怕的形式。真的,不能对有着如此聪明的布隆工人表示祝贺。这篇文字的导言抱怨强迫布隆同志派来莫斯科的代表团清一色由工人组成,说什么有着"蓄意事先排除"理论家的秘密意图。其中还表示担心,派去的工人不能以必要的清晰和理论的论证来向共产国际陈述一切需要报告的问题。因此我们才有幸读到上述备忘录及其精彩的"理论"论述。(笑声)

我得承认,我与其跟这些文字的作者、"理论家"们谈话,不如跟这一提纲作者认为的理论修养上不足以与我们争论的布隆工人谈话。与这些文字的作者争论是白费力气的活。

请注意,这一文件的作者们还不知道我们在这次会上确认目前德国不存在直接的革命情势。唉,要是他们听完了这些话,那他们将不满足于光是议论一下浪漫主义行为,他们肯定会夸夸其谈地说,现在正该投向社会民主党了。(笑声)

同志们,我们应该预见到这种"转折",现在正该反击这些同志。目前在西欧确实不存在直接的革命情势。但是难道因此就该放弃布尔什维主义、对社会民主党让步、把反对物价飞涨的示威游行等同于革命吗?恰恰相反。正是由于我们不得不经历艰难时刻,有的人退缩不前,有的人感到疲惫,社会民主党重又抬头,正因为如此,我们自己尤其应该执行目标清楚、坚决明确的路线,我们尤其应该成为决不妥协的布尔什维克。请布隆的同志们把这一点牢记在心。

同志们,我们现在为我们的党制定的道路决不会导致布尔什维克化的速度放缓,相反,这条道路意味着我们各兄弟党布尔什维克化的过程加速。真正的革命者,真正的布尔什维克正是在艰难的、缺少轰动效应的情势下展露其本色的。列宁同志不断地强调过这一点。只要革命重新走向高潮,尤其是重新取得胜利,大批新的革命者便会向我们涌来。1920年,当德国出现革命情势时,我们在这个大厅里见到了克里斯平先生和迪特曼先生。只要革命一胜利,便会有许多人,甚至资产阶级分子转到我们这边来,资产阶级军官会参加红军,如此等等。当工人阶级胜利时，这是常有的事。对于我们重要的是，正是在**现在**把我们的党变为布尔什维克的党，正是在目前相对低沉的时期用列宁主义精神滋养这些党。

我想简单地谈谈党的领导人的问题。不错，在党组织领导人的会议上提出选拔领导人的问题，有时是一个微妙的问题。但事情不涉及问题的主观方面，对个别人的评价，而是涉及客观地对待这个问题，因为这个问题在布尔什维克化方面也构成一个重要部分。布隆炮制的文件这样说：

"为了取得胜利，不仅将军，而且首先是群众，都应有斗争的意志。"

伟大的发现，深刻的理论智慧！真可惜，我们不幸未能在这里见到这些布隆的"理论家"，我们因此损失不轻。

但说笑归说笑。

在第五次世界代表大会后有人写过两篇在一定意义上令人感兴趣的文章，但这两篇文章至今未发表。其中一篇的作者是塔尔海默，另一篇的作者是克雷比赫。就实质来说，两篇文章的作者持同一立场。两篇文章都是对第五次代表大会路线的否定。其中一位作者至今依然声称他绝对拥护第五次世界代表大会的决议，但他同时却忘了一件小事：他的这篇文章直接反对第五次代表大会的决议。我不去涉及整篇文章，只谈谈文章阐述领导人问题的部分。

两篇文章的作者指责第五次世界代表大会选拔像"一张白纸"一样的领袖的新理论和实践。据他们说，许多老领袖被排除在党组织领导人之外，由他们所说的"一张白纸"一样的新手取而代之。新手只会听命于莫斯科，命令他们做什么便做什么，随时愿意签署给他们口授的文件。同志们，大家当然都明白这意味着什么——是十分恶毒的攻击。这场争论没有原则性，但它毒化了政治氛围。

我们应当在这里具体地谈问题。请问：上层领导不更新，不从新阶层中不断挖掘新鲜成员来充实上层领导行不行？我的回答是**不行**。有人断言，我们对拥有丰富政治经验的老领袖不珍惜，这个说法对不对？决不能认为这个说法是对的。决不能！我们所有的党都几乎脱胎于第二国际。俄国党也是如此，直到 1918 年还称做社会民主工党。我们当年也加入过第二国际。我们很清楚，社会民主党人一夜之间变不成布尔什维克。每一个领袖都走过一段或多或少漫长发展的道路。我们大家都知道，来自社会民主党的同志有短处，也有长处；他们的长处是他们积累的政治经验。我们中从没有人想过要断言，必须摆脱老领袖。相反，每一个客观的观察者都不得不承认，我们对老领袖表现出十足的耐性；例如，我们在法国党中做了取决于我们的一切来留住他们。当我们成功做到这一点时，我们从来都十分高兴。我们在其他国家里也成功做到了。

我们这些比较老的工作者（我把自己也列入其中）是否因此就应该不自量力，凡事都亲力亲为，让青年人等在一旁呢？决不可以。但也不应该讨好青年领袖。我们公开地说，他们在政治上还很不够，他们应当学习和提高。我们从来再三告诉他们，"自己要布尔什维克化，要加强修养"。青年人理解我们。我们需要某种合金，老一代优秀代表和战后时代冒光的新一代才能卓著的代表的有机结合。我们绝对需要这样的结合。但并非任何锈铜烂铁都适合冶炼合金，任何人都会同意这个说法。列宁同志曾开玩笑说过，"当一个人年过五十，他必定会成为机会主义者"，因此得出结论，说年过五十的领袖们，都应该在某种程度上放进档案库。我们有时同意他的看法，但要求有例外，即把他本人当做例外。但很多时候会发现不得不作出例外。我们希望情况能如此。至于那些过于僵化，新时代的新风从他们身边吹过，留不下一点痕迹的人，那就请他们靠边吧。但党的上层领导问题可以而且也只能通过两代人的代表有机结合来实施党的领导的办法来加以解决。

"一张白纸"论完全歪曲了问题的实质。这一理论的发明者把事情说成是，我们选拔新的中央委员会成员取决于共产国际执行委员会主席团委员的情绪和随心所欲。事实当然并非如此。领袖更替的原因要深刻得多。起因可以追溯到共产国际诞生之日，第三国际脱胎于第二国际这一点产生了后果。从许多同志不得不与自己以往的社会民主党的残余作斗争这一点就可以清楚看出。让那些教训我们务必怜惜老领袖的人教育教育自己吧。决不能指责我们对老工作人员缺乏耐性。我们对捷克斯洛伐克的、法国的、德国的、意大利的以至所有的兄弟党的许多同志都表现出充分的耐性。要是说该对我们提出指责的话，那决不是指责我们轻率地抛弃党的老一辈同志。指责我们把领导权交给愿意签署塞给他们的任何文件的人，那也是不公正的，是完全不合适的。

因此，我们没有任何根据害怕向工人群众提出关于领导干部的问题。列宁同志从来不害怕公开地提出问题。他同时教导我们，没有自觉走向一定目标、下定决心、遵守纪律的领导干部，就不可能有革命的无产阶级政党。在1917年前，几十年中，第二国际各国都指责列宁有独裁倾向。这是一个十分普遍的指责，是资产阶级和第二国际相当多的人针对列宁提出的。大家都朝他叫嚷："你是独裁者，你想要唯命是从的奴仆，你要把自己的意志置于组织的意志之上。"当时列宁还没有被公认为国际无产阶级的领袖。社会民主党也附和这种叫嚷。我们可是知道，没有实行集中制的、守纪律的领导人，也就不可能建立起革命的工人政党。

今天，在革命发展速度放慢时，这一论点比任何时候都更适用。同志们，因此我们决不害怕提出这个问题。共产国际执行委员会决不会这样处理问题：你犯了错误，因此就得诛杀你的九族。我们会这么说：既然你是机会主义者，那我们要跟你作斗争，直到你承认错误为止。有人往往把事情说成这样，似乎我们力图消灭同志，要求他们认罪："我的确错了。"我们从来没有这样要求过。克雷比赫在他的文章中问道：要求犯错误的人自我毁灭，这是什么样的习气？他的指责荒唐之极。世界无产阶革命政党不可能要求自我毁灭。没有人提过这样的问题。

在我们的关于各党布尔什维克化的提纲中，有几处强调了党内民主的必要性。但是我们需要的这一党内民主并不适用于机会主义者，适用于从资产阶级利益出发要求"批评自由"的人。我们将把这样的人当做明目张胆的敌人，同他们作斗争。我们要求给予和我们在探索革命真理的事业中并肩前进的所有同志以批评自由。

如果我没有记错，还是在捷克斯洛伐克，有人把我写给青年的一篇文章看做是新理论。有人硬说我们只想从青年国际中吸收领袖。看来老领袖中有人不得不问问自己："我是否该加入共青团？"（笑声）我们尊重共青团。共青团建立了巨大功勋，在有些地方促进了我们党的布尔什维克化。在正常情况下是党教育青年，而不是相反。党应该帮助青年布尔什维克化。总之，请那些以为共产国际执行委员会只想从青年国际中为党"选拔"领袖的人放心。

## 八、马克思主义和列宁主义

同志们，我们把整个布尔什维克化的问题置于列宁主义的基础之上。什么是列宁主义，列宁主义用哪些新结论丰富了整个马克思主义理论，这一点我们在我们的提纲中已有相当详细的论述。

我不得不指出，不是所有的同志都正确理解马克思主义和列宁主义的相互关系。我手中有一位常常开玩笑自称是法国唯一的马克思主义者的法国同志的声明，我指的是沙尔·拉波波特，是指他在法国党最近一次代表大会上的发言中的一个说法。1月19日那号《人道报》对此作了转述。

拉波波特说："许多同志不懂得布尔什维克化的实质。"报纸又补充说："他对出现用列宁主义取代马克思主义的倾向表示遗憾。"

拉波波特为"用列宁主义取代马克思主义的倾向感到遗憾"！总之，这位"法国唯一的马克思主义者"认为，我们想用列宁主义取代马克思主义。我们不久前在弗里德里希·阿德勒的口中也听到过同样的话。阿德勒说，共产国际中越来越少提马克思主义、越来越多谈列宁主义的倾向正在增强。弗里德里希·阿德勒把这一点看做是我们背离马克思主义的证明。当阿德勒这样饶舌时，对我们触动不大。但我们自己的同志这样说，则令人十分痛心。但我应该公开承认，我们俄国某些单枪匹马的马克思主义者也跟"法国唯一的马克思主义者"沙尔·拉波波特一样说出了类似的想法。

我认为，扩大的全体会议将弄清这一问题。全体会议明白我们强调列宁主义意义的原因。没有马克思，不可能有列宁。列宁是马克思的学生。列宁主义是我们时代真正的、未经歪曲的马克思主义。在第二国际把马克思主义歪曲得面目全非、玷污马克思主义的旗帜后，真正的马克思主义只活在列宁主义中。我们在提纲中阐述了这一点。我们今后在理论和实践中都要加以贯彻执行。我们决不打算背弃第一国际的光荣传统，甚至也不背弃第二国际许多真正宝贵的传统。决不容许法国共产党员会不知道盖德和拉法格，而俄国布尔什维克只知道普列汉诺夫是机会主义者，却不知道普列汉诺夫当年是列宁的导师；决不容许德国共产党员忘记了社会民主党在其活动的早期即革命时期作出的宝贵贡献。我们决不会把"反社会党人非常法"时代的威廉·李卜克内西和倍倍尔让给现在的社会民主党人。对波兰老的民主派的革命传统中真正的马克思主义的东西，我们也要作为十分宝贵的历史遗产小心地加以保存。对于斯巴达克联盟同样如此。但是如果认为所有的斯巴达克派成员都是现成的领袖，却不该去问问他们对"萨克森"政策和1923年十月事件的看法，那就犯了根本性的错误。同志们，这样做是不行的。我们不能根据老的委托书对斯巴达克派的所有成员都授予"全权"。但任何人都不应该扬扬自得，说"谢天谢地，我们不是斯巴达克派"。我们珍视德国独立党左派作出的贡献。独立党左派带领群众加入了我们的党。（座中有喊声："十分正确！"）但另一方面，他们有着十分严重的弱点，只有经过许多危机后才得以克服这些缺点。我们应当学会在革命马克思主义的旗帜下把当年斯巴达克联盟和独立党左派给我们留下的宝贵遗产汇聚在一起。

每一个青年工人都应该认识到，共产主义运动是靠以前的几代人推动才壮大起来的，而这几代人都有着优点和缺点。共产国际诞生并非突然的，共产国际站在以前几代革命者构筑的基础上。马克思最伟大的学生列宁认真学习了老的几代革命者的理论和实践，教育年轻一代要崇敬那些为共产国际打下基础的人的历史功勋。列宁始终不渝地给我们指出在我们之前斗争者的成功和失败为我们提供的教训。共产主义并非始于1919年，并非始于共产国际成立之日，共产主义有着更早的光荣而丰富的过去。应该熟悉这一过去，应该加以研究，而我们往往忽视这种熟悉和研究。在这方面，革命发展速度放缓也有好处，我们也可以利用历史给予资产阶级的喘息时机。喘息时机有利于工人阶级，因为将被用来加强自我学习，虽然这时我们的大学是监狱。通过培训班、党校、小组等有计划地学习在当前也具有重大意义。我们利用这一喘息时机不仅为了更完善地建设我们的组织，而且为了学习、为了自修，我们利用喘息时机来把自己培养成真正的共产党员，像列宁同志认为的那样的共产党员。这是布尔什维克化的任务之一。

我把上面说的归纳一下。同志们，我们不得不承认许多不太令人高兴的事实，我们应该发现自己的许多缺点和不足。我们应该正视真相。我们应该承认，对关于革命期限的问题应进一步探讨。过去我们有时用月来计算，现在我们不得不用年来计算。

我们应明确地说，现在在某些国家里不存在直接的革命情势。我们应该认识到，我们正进入**长期的**、顽强的使我们党布尔什维克化的工作阶段。列宁主义对我们的党来说不是天上掉下来的现成东西。

我们要进行反对右倾危险的严肃的斗争。布尔什维克化的口号就是在反对右倾的斗争中产生的。这个口号今后主要是用来反对右倾，当然也要用来反对极左倾，反对我们有些地方出现的意志消沉倾向。就拿布隆来做例子。也许其他国家也有类似的现象。这一点正是目前应该料到的，因为革命发展速度已经放缓。我们许多党中多数人来自社会民主党的组织。现在在捷克斯洛伐克，这一情况及其后果表现得格外突出，捷克斯洛伐克73%的党员是前社会民主党人。我想，德国党内的比例也一样。我们许多其他党的比例都是如此。我们当然可以为砸烂了社会民主党、吸收了它的工人而感到骄傲。我们今后还将从社会民主党那里夺取工人。但光是吸收他们加入他们党是不够的。要对这些工人再教育，把他们变为革命者——真正的列宁主义者、布尔什维克。

革命速度放缓了。但不能从这个事实中寻找为我们自己的错误和缺点、我们思想上不求上进作辩解的根据，为尚未战胜社会民主党的传统这一事实作辩解的根据。离开社会民主党、加入共产党的工人是出色的无产者。布隆工人中肯定99%的人绝对忠于共产主义和共产国际。但是实质上依然是社会民主党人、把砸碎玻璃窗与革命混为一谈的人腐蚀了他们。我不得不指出，要是我们不得不去这样的机会主义者家里"砸碎两块玻璃窗"的话，我们会很乐意去砸。

同志们，我在结束时要指出如下一点。我们的路线总的来说依然和从前一样，正如我们自己依然和从前一样，永远忠于我们的事业。在忠于马克思主义的同时，适应新的情势，这决不是机会主义。这是共产党人的革命义务。取得胜利的道路还长。世界革命的道路漫长。我们从前以为，五年之后我们将达到目标。我们动身上路，很快就明白，这条道路遍布沙砾、荆棘丛生，比我们起初以为的要艰难得多。我们不得不拣走石砾，拔除树根，克服一个又一个障碍，有时还要后退，就像要跳而要助跑一样。我们相信，我们还得克服很大的困难。但我们能够做到。而道路的方向依然和从前一样，我们的意志不屈不挠，我们伟大的目标同样坚定不移。我们能清除前进路上的石块和树根，我们一定扫清道路，我们一定达到目标，这个目标使我们的斗争具有深刻的意义和精彩的内涵。我们一定实现共产主义！（暴风雨般的掌声）

# 第三次会议

(1925 年 3 月 26 日)

会议开幕时宣读了红色体育运动国际执行委员会的贺词,之后由鲁特·费舍同志作副报告。

## 鲁特·费舍代表德国支部作副报告

同志们,德国党在反对右倾的斗争过程中,在反对由于 1923 年十月事件引起的对德国党的破坏的斗争过程中,走向布尔什维克化这一口号。为了正确理解布尔什维克化这一口号,共产国际内部务必从 1923 年十月事件中吸取许多教训。德国党应采用不同于兄弟的法国党的另外一些方式方法来贯彻布尔什维克化这一口号。德国党不得不在运动出现某种停顿而不是发展的情势下来贯彻这一口号。

引起我国形势变化的最重要的政治和经济事实,首先是通过实施道威斯计划来消除鲁尔危机,保持通货稳定和工业有所振兴。与 1923 年相比,工人阶级的处境发生了什么变化呢?首先工人阶级目前手中有了稳定的货币,尽管工资还菲薄,但工人阶级有可能充满信心地量入为出,而这又改变了工人阶级的情绪。不应该认为无产阶级群众已完全处于改良主义幻想的影响之下。这样的估计不符合实际情况,因为德国无产阶级经历了过多的战斗和过多的失望,决不会轻率地沉湎于改良主义情绪,不加批判地醉心于种种幻想。绝望和气馁在 1923 年 10 月不仅工人阶级有过，而且中等阶层也有过，使无产阶级一部分人中不再抱任何民主幻想。

与此同时，中等阶层的处境发生了重大变化，而这些中等阶层构成了法西斯战斗组织的主要后备军。目前这些中等阶层中充斥着安于现状的心理，他们忠于资产阶级政府。民族主义运动的解体无疑与**中等阶层这一新的处境**有关。但我们看到，与中等阶层安于现状不同，今年小农和部分中农经济状况相对恶化，我们第一次可以认定资产阶级对农民问题有所不安，缺乏信心。我们为了正确评估这一点，应该记住，农民中的骚动是由于德国许多地方歉收引发的，农民运动变化无常。现在德国的土地运动的性质就是如此。

德国形势的特点是没有直接的革命情势，但同时又决不是如旁观者有时以为的那样阶级斗争方面出现归顺投降。确实，从1924年5月起，我国未曾出现大的经济冲突。最新事态表明，在"平静的"德国仍然可以发现矛盾比工人运动日益高涨的捷克斯洛伐克更为激化。如哈雷和柏林枪杀工人事件，在我们德国是阶级斗争中寻常的事，尽管局势稳定，这些事实表明德国资产阶级处境十分困难。对于德国革命运动发展的可能性不应抱有幻想。我们面对新形势提出了艰巨的新任务。资产阶级依靠社会民主党和工会得以巩固。但这一巩固对资产阶级来说现在和将来都会带来许多困难。尤其是外交形势困难，迫使德国资产阶级不得不在东西方之间看风使舵，穷于应付，而且显露出利用东方对付西方的倾向。但德国资产阶级政府的主要困难是在内政上。资产阶级的巩固是由于大资产阶级向其小资产阶级支持者作出了许多民族性质和经济性质的承诺。在这方面，对有价证券的重新估价很能说明问题，德国民族主义分子下决心这么干，是为了争取中间阶级和部分农民。尽管局势稳定，但不能履行自己的承诺，使作为统治阶级的德国资产阶级处境异常困难。

对道威斯计划的幻想正在消失，尽管过程缓慢。铁路罢工是道威斯计划带来的希望逐渐消失的征兆。资产阶级对工人阶级革命力量新的觉醒的恐惧，在协约国使德国殖民地化的同时如何控制住无产阶级的问题，不愿放弃增加自己的利润——这一切造成了许多纠葛，越来越大的困难，越来越多的冲突。

说是对评估我们党形势和实现我们任务十分重要的新因素有两点。第一点是德国资产阶级也许是战后第一次在某种程度上得以避免与无产阶级发生严重冲突，组成能进行统治的政府。有人对现在的政府作过预言，说它长不了。这不符合实际情况。我们的党不相信这种说法。在我国某些地区当然完全可能发生政府的新危机。但路德政府善于有步骤地实施自己的计划，例如用从3月1日起某些工种实行八小时工作制这样的措施来迷惑工人阶级。它给我们造成了重大困难，不过现在困难正逐渐变小，这是重要的第一点。路德政府这一小心翼翼的见机行事的手法有着重大的经济意义和政治意义。

第二个事实是1925年社会民主党和工会官僚的新策略。尽管有间断，但社会民主党在过去时期在不同程度上都是资产阶级的共同执政者。在许多年里它一直奉行联合政策，并且还竭力向工人阶级灌输说，这一政策危害最小；在许多年里它一直反对革命，反对苏维埃俄国，打着联合政策符合无产阶级利益的口号。现在社会民主党并非自愿地被资产阶级排除在政府之外。资产阶级目前自感很有力量，足以独自对付工人阶级。同时资产阶级坚信它在任何时候都可以重新把社会民主党拉过去，如果需要采取反对工人阶级的重大措施的话。这一情况表面上似乎赋予社会民主党的政策比较坚强的性质，实际上恰恰相反，它削弱了社会民主党的政策。不错，社会民主党在最近一次选举中获得大量选票，社会民主党目前是一个最强大的党。但把选票多少等同于社会民主党的内部实力，那就大错特错了。它获得这些选票，是拜至今在工人阶级中仍占主宰地位的小资产阶级幻想之赐，拜小资产阶级本身的幻想之赐。社会民主党如今内里虚弱。这不光是鼓动性的口号，这是事实。整个社会民主党的政策建立在参加资产阶级政府这一原则之上。当它被排除出政府后，它便失去了纲领。

社会民主党现在披上了"阶级斗争党"的外衣。但这是在玩火，这是反对路德政府的行动，对社会民主党和工会来说，这种假惺惺地承认阶级斗争是一个艰难而又危险的手法。

第二个困难是工会领袖不管愿意与否不得不侈谈阶级斗争。他们认识到，作为耍手腕，必须向资产阶级举起拳头，但只是出于党派利益的考量，并没有真正向资产阶级施压或表示与之斗争的任何意愿。工会头头知道，在德国这种情况下，这种游戏，如果不违背领袖们的意志，不吸引工人阶级投入真正的斗争，就不能没完没了地玩下去。我们看到，工会报刊已发出警告，反对过于激进，因为在存在共产党、形势趋于紧张时，这种调门是十分危险的，会惹出大麻烦。

目前社会民主党内局势的第三个特点是"帝国旗帜"组织内部出现的麻烦。夸大参加这一组织的人数，是由于社会民主党领袖们散布了错误的情报。"帝国旗帜"组织明显是魏玛联合政府的机构。它首要的目标是开展选举，它不得不考虑选出一个可靠的共和派分子来取代艾伯特。由于社会民主党目前的策略，这个组织已落入危险的处境。一些地方小组即将瓦解。信奉社会民主主义的无产阶级中出现了强大的反"帝国旗帜"运动，这个运动甚至在卡塞尔和布雷斯劳表现得更具整体性。

"帝国旗帜"组织出现这些麻烦是由于（这是社会民主党内部形势严重的第四个原因）党内派别众多。我们在这里，为了先截断通向各种幻想的道路，不得不声明，在"左翼"领袖中根本没有政治反对派。这批领袖从来没有像现在这样齐心协力地支持中央委员会的政策。他们是道威斯计划和民主和平主义时代卖力的喉舌和捍卫者，目前决心支持中央委员会反对工人阶级的政策。但他们试图利用党的严重形势，首先是出于党内政治的目的利用对欺诈丑闻的揭露来搞反对中央的阴谋，而中央已被巴尔马丑闻和给工人阶级造成强烈印象的艾伯特案件搞得声名狼藉。十分明显，这些左翼领袖从来没有有组织地行动，这对我们来说并不意味着在争取信奉社会民主主义的工人方面的前景有所改善，而是有所恶化，因为这一反对派的存在正是社会民主党的一大优势。但在信奉社会民主主义的无产阶级中也出现了反对派，这一反对派具有向现在所谓的"红旗"派回归的倾向。工人阶级早就厌烦黑、红、金三色的魏玛联合政府，厌烦与资产阶级调情，厌烦萨克森联合政府式的联合政策。我不得不指出，我们党的弱点之一是党不善于充分利用信奉社会民主主义的无产阶级内部的这种情绪，不善于抓住这种情绪并从组织上加以巩固。还应该指出，社会民主党目前对资产阶级所持的反对派路线不利于共产党。当社会民主党待在政府里公开反对工人阶级时，同它斗争起来容易得多。假如枪杀的命令是社会民主党的警察总监给中尉下的，而血洗普鲁士的罪人是社会民主党的部长，那么，哈雷事件就比较容易利用。这个新的困难是存在的，我们不应对此视而不见。但这一困难存在的时间不会长。随着资产阶级政治经济困难的增多，社会民主党将再一次被吸收参与执政，再一次向所有人暴露其真面目，暴露其资产阶级第三党的面目。社会民主党现在还能重弹旧社会民主党关于阶级斗争的老调，似乎它愿意搞阶级斗争，因为还不存在大的冲突和运动。随着资产阶级经济政治形势日趋严重，社会民主党就越来越不可能这样做。

我们德国出现了一个十分重要的问题：不久的将来工人阶级的战斗将具有什么样的性质？这个问题对于我们起首要的作用，我们应该懂得，近期行动的出发点应该是企业和工厂直接的经济问题，将起十分重要作用的工时长短的问题，关于提高工资、反对税负斗争、反对政治反动、争取大赦、反对禁止示威游行等问题。

同志们，不应该认为德国的形势是各个部门全部有所发展。这样的理解是错的。部分工业甚至正在经历危机。但总的来说，我们应该确认，与过去相比，工业的成就、技术设备的完善、剥削手段的强化在无产阶级生活中还将起巨大的作用。

我们得知汉堡工厂爆炸的消息，由于这次爆炸又有6名工人遇难。这是继多特蒙德和中德惨祸之后的第六次无妄之灾。这些惨剧都与对工人阶级加强剥削、采取榨取血汗的新手段、延长工时有密切关系。这就是开始斗争的基础，就是我们开展斗争的出发点。

我们的党在这一形势下有着全新的任务，我们相信，德国党的布尔什维克化首先要使党明确认识到它工作所处的条件。多年来我们总希望明天或后天将取得胜利。这种认识自1918年以来，尤其是在1923年10月在我们党内占统治地位。十月事件后这种认识让位于广大党员中出现的十分强烈的沮丧情绪。同志们，一部分决不是坏党员的人死抱住幻想不放，指望在未来几个月中再度出现革命情势，在这种情势下一切都得以补偿，一切错误都得以纠正。党十分艰难而缓慢地领会到，1923年十月事件不可能很快得到纠正，党有着艰巨的新工作要做；党十分艰难地领会到，它应该完全以事实为依据。这种情势使德国党的工作困难重重，这一点从关于工会工作的争论中就可以清楚地看出来。我们花了大力气来解决这个问题，因为这个问题事关德国工人运动的未来、革命运动的前途。我们在这个问题上坚决揭示了实际的前景。

昨天季诺维也夫同志说，帝国主义观起着十分重要的作用。我们德国党认为布尔什维克化十分重要的一点是共产国际全面贯彻列宁的帝国主义理论。

不掌握列宁的帝国主义理论，不用全面的帝国主义和世界革命观教育共产党干部，当前就不可能实行真正的革命政策。我们德国党内的毛病就是对帝国主义问题认识不清。我国工人阶级中有两类人：（1）幼稚的剧变理论家，他们无节制地吹嘘罗莎·卢森堡的积累理论；工人工资一有降低，他们就认为是资本主义发生剧变。与他们截然相反的，是幼稚的稳定理论家，他们认为民主和平主义时代千秋万世，因此他们走向机会主义。我们认为，一切机会主义倾向，尤其是在德国（我们在这里要强调季诺维也夫同志报告中的论点），都归结为对世界革命和德国革命过程的认识模糊。当民主和平主义时代盛极一时时，我们党内出现了来自工厂的某种动摇。

掌握列宁的帝国主义理论问题与俄国革命问题密切相关。共产国际不仅应该本着鼓动的精神，怀着对苏维埃俄国同情和兴奋来解释俄国革命，十分重要的是，我们能把对俄国革命的理论认识真正传输给群众：俄国革命是如何爆发的？它是如何策划的？它在当前具有什么样的性质？我为了具体说明对于我党队伍中发生动摇具有某种典型意义的"左派"社会民主党对俄国的认识，我举保尔·莱维写的一个前言中的几句话为例，莱维担任德国党领导人已有多年。莱维在谈到托洛茨基主义问题时说：

"与这个问题有关，布尔什维克还因为历史问题和德国问题争吵不已。同时他们把自己的事业放在一边不管。我们以为，布尔什维克运动在一定程度上重又向其源头回归。我们大家此前对俄国运动都接触不多。俄国运动采取了与欧洲运动不同的形式。俄国运动是在封建专制主义的基础上发展起来的。在资产阶级民主的基础上、在议会、工会、报刊、党派、合作社的基础上发展起来的欧洲其他工人运动的表现形式对俄国运动来说几乎是甚至完全是格格不入的。俄国运动生存在地下，主要以出版物的形式发展起来的：不算1905年事件，俄国运动发展的里程碑是一项项决议和在这些决议基础上的一次次分裂。除了俄国人，任何一个欧洲工人都不会明白决议引发的分裂。"

保尔·莱维的这些论点不仅对于左派社会民主党是典型的。我们本国的运动中也有某种模糊之处。明确提出帝国主义问题，从而导致对俄国革命的正确阐述，这将使我们避免在理论和实践上从一个倾向走向另一个倾向。

德国党面临的第二个任务是在工会中开展工作。多年来德国党在这一方面概念混乱，造成混乱的历史原因繁多。对工会运动问题中的这些错误应该作历史性的阐释。但第五次世界代表大会的功绩是大会通过提出工会统一的问题来推动对工会工作问题作全面的阐明，党的法兰克福代表大会已经为此开了头。

工会问题的争论十分激烈，席卷全党，各个支部，整个组织。这场争论导致许多不愿接受工会问题决议的工人被开除出党。我们没有统计材料可以说明有多少工人由于不遵守决议而被开除，但大致统计表明，他们达几百人之多。开除无疑是必要的，否则工会工作无法进行。我们只有在工会工作中严格纪律，才能前进，没有这一纪律的话，我们至今还会原地踏步，一部分工人会参加改良主义工会，另一部分工人会参加自由工会。我们不得不开除的工人中有在工人运动中工作了20年的无产者，失去他们，我们感到十分惋惜。我们希望这些工人会重新回到我们的队伍中来。今年头几个月中，一些工人已经回归。在汉堡审判案后，其中许多人重新加入党。但目前不仅我们，而且我们的兄弟党，对工会问题和工会工作都仍然有某些模糊认识。首先必须指出，我们第一次做到让每一个党的工作者（如历次党代表大会决议所要求的那样）和每一个工人都积极参加工会工作。这是布尔什维克化的十分重要问题之一。现在80%—90%的工人参加工会组织这一事实是我们布尔什维克化前进的保证。第二个任务是目前刚在工会中开展的工作。工会章程规定，只有参加工会1—2年的人，才能承担负责工作，这当然是某种障碍，这种障碍现在已经能明显感觉得到。同样必须理解工厂委员会运动中的新政策，即我们现在提出统一的名单，企业的多数工人并非总是持反对派态度，工会中当选者并非总是共产党员，有一部分是社会民主党党员。因此，表面上工厂委员会的选举结果不总是令人满意的，但我们的政策是有利的，因为这一政策会加强我们在工会中的工作。

我们现在使党切实参加了工会工作。当时好几百个工人声称他们重返工会是因为共产国际、共产党作了决议，他们是服从纪律才加入工会的，加入之后就待在一旁，什么都不干。现在我们面临的问题是，切实引导工人积极开展工会工作，把工作做得比现在好。

布尔什维克化的第三个任务对我们来说是，阐明关于局部要求的问题。原则上任何人都从来未曾拒绝过提出局部的要求。可以用统计数字来证明，所有的同志，即使是极左的同志，原则上都认可提出局部的要求。布兰德勒不仅在直接意义上危害了党，他还在意识形态上给我们造成危害，因为他的政策给党员队伍造成极大的混乱，使我们很难跟党员解释清楚如下几点：争取局部要求的斗争与最终目标联系起来时，这种斗争与布兰德勒的主张毫不相干，过渡阶段论已经失效。

在关于局部要求的问题上的困难也同样出现在关于工农政府口号的问题上。我们中任何人以及老反对派中任何人（这一点我们有文件为证）从来不反对执行委员会在1922年和1923年提出的口号。恰恰相反，我们立即接受了这个口号并加以贯彻。但我们处境的困难在于我国没有农民运动，至少没有大规模的农民运动。我们在农民中的工作刚开了一个头，我国没有推动我们前进的农民运动，相反，我们的农民工作存在许多困难。

其次，目前没有向工人阶级具体提出政权问题。但现在德国工人阶级比任何国家的工人阶级更清楚地认识到只有通过斗争，通过反对资产阶级的武装起义，才能夺取政权。由于目前德国工人阶级没有希望直接向资产阶级提出政权问题，对这个问题群众仍然是不清楚的。

当然，执行委员会的历次决议说得很清楚，我们将通过介绍和运用这些决议来尽量使德国工人减少这方面的怀疑。但我们要公开声明，某些困难是不可避免的，这是右倾产生的混乱造成的。

我们布尔什维克化的第四个任务是清楚地阐明社会民主党的性质。这个问题得到了相对好的解决。阐明社会民主党的性质和我们党的性质实质上是我们近几个月来所做的主要工作。

实际上，在企业和工会中要灌输这一认识目前还异常困难。在这个问题上，如同在其他各个问题上一样，我们动摇于两类人之间。一类人是思想局限、不够灵活的同志，他们不懂得该如何接近企业的工人；另一类人冲在前面，打着展开的大旗奔向社会民主党。需要做大量工作，才能使很不灵活的人变成真正的共产党员，做出确实有利于革命的工作，使动摇不定的反对派分子被彻底清除或从根本上得到改造。

在关于我党作用和关于社会民主党作用的问题上格外重要的一点是**国家理论**，对待资产阶级国家的问题。我可以完全公开地表明，我们做过艰巨工作、积累很多经验的德国党，在这一点上还存在很混乱的认识。关于对待国家的问题，正是在目前情势下对于我们党意义重大，尤其是考虑到资产阶级将在德国进行十分明确的君主制宣传。正是现在，在两场革命之间的时期，这个问题成了亟待解决的布尔什维克化的问题。

我认为，在这五个布尔什维克化的重大任务中，我们做得最成功的是阐述工会工作基本原则的问题。我想再涉及一个我们党的工作和第五次代表大会决议提出的问题。这就是**支部工作**。我们在支部工作中组织上取得了很大成绩。但我们同时犯了与其他方面一样的错误。我们不得不在一定程度上与党内那些完全否定支部的观点作斗争。目前这一观点已被彻底肃清。现在全体党员都坚信，在企业中没有支部什么都干不了。我们过去犯的第二个错误（现在这一错误也已完全改正）是认为支部是党布尔什维克化的唯一手段（如同季诺维也夫同志在他昨天的报告中所强调的那样）。这个看法对我们危害很大，因为我们最重要的任务是切实使支部活跃起来，用政治内容充实支部的工作。有了支部还不够。我们通过实践知道，可以建立起支部，但支部如果不做政治工作，如果不成为我们党真正的骨干，不始终如一地投入工作，那很快就会消亡。只有支部切实去做政治工作，才能说，支部是我们组织的基础。尽管我们有几千个支部和支部办的报纸，我仍不得不公开承认，在支部政治积极性问题上我们还处在这一工作的最初阶段，我们还有许多工作要做。在我们德国可以看到一种我们称之为"不显眼的共产党员"的现象。"不显眼的共产党员"是那种不能以共产党员身份在企业开展活动和担心企业主会把他赶走的工人。我们强化支部的艰巨斗争在于使同志们活跃起来，走出消极状态，在企业承担起一定的具体任务。

我们的工作越深入，我们越能发现，**夸夸其谈是真正革命政策**最大的敌人。说我们应该开展反对路德政府的运动还很不够；说应该开展争取大赦的运动还很不够，务必使在企业策划这些运动的工作具体化。不使各个支部的工作具体化，就无法在布尔什维克化道路上取得成绩。

目前我们主要的工作是有计划地提出我们党的口号，把这些口号推向整个组织，从党的上层到党的基层。同志们，如果认真地审视我们的工作，必须指出最大的不足是口号不够深入人心。共产国际推出的精彩口号，党的精彩决议没有传达到每一个党员的心中。在这种情况下，既然连党员也不是人人都认识清楚，难道这些口号能深入到群众中吗？

我们在这方面经验不少。我想举几个例子。几天前柏林举行了一场大规模示威游行。根据最清醒的估计，参加人数有12000人。我们设想这次示威游行不仅是抗议哈雷的血腥屠杀，不仅是争取大赦或纪念巴黎公社或悼念3月的牺牲者，我们还设想这是反对路德政府、争取八小时工作制的示威游行。我们派了情报部的一位同志去向10位职位高低不同的党的工作人员提问，3月18日工人是为什么举行示威游行的。结果发现，10位中有9位不知道这次示威游行是在表示对路德政府的抗议，示威游行提出的要求之一是实行八小时工作制。

这个小例子表明，口号深入人心的问题是目前工作的基本问题之一。

现在来谈**农民工作**问题。在这方面我们刚刚起步。

（1）我们举办了一些会议，其中一部分办得很好。但我想消除这方面可能产生的幻想。这些会议只讨论了最起码的农民问题、抵押和税负问题、应向议会提出的建议，等等。

（2）广泛组织工人携带妻儿和各种鼓动材料乘坐汽车去访问农村。

（3）目前我们议会党团里有一位农民，他迄今还与农业有密切关系，对农民具有广泛影响。现在农民常去议会听取发言，这也是联系农民的手段之一。

总之，党的许多方面的工作表明，还有很多不足。

民族宣传问题具有历史意义和现实意义。由于所谓的施拉格特运动，这方面存在很大的混乱认识。但我只谈几个基本问题。

我想谈一下在第五次代表大会后我们党是如何工作的，它现在的面貌如何，它以前的面貌如何。我以为应该一次再一次地强调指出，德国党在法兰克福代表大会之前已分裂成两半。内部裂痕之深，是我们兄弟党的同志们无法设想的。斗争有时极其激烈，不仅导致思想上的分裂，而且导致组织上的分裂。当法兰克福产生了新的中央委员会时，分裂尚未得到弥合。同志们，甚至出现了部分代表示威性地离开会场的局面，我们不得不劝说他们返回。要是我们在党代表大会后允许相应的组织脱离，我们就会面对与党代表大会前截然相反的形势，而这种形势同样危险。

我在这里想简单谈一下我们党的领导性质，因为我以为这个问题对我们兄弟的捷克党有现实意义。在法兰克福代表大会前，德国党内利用了各不同地区之间的冲突。中央委员会并没有把联系和协调各地区工作当做自己的任务。中央委员会靠中德、汉堡和柏林之间的分歧来支撑。同志们，再也没有什么比这种政策更罪恶的了。（喊声："说得对！"）

　　这样的政策必定会毁灭党。我们得到一个印象，目前捷克斯洛伐克的民族矛盾起了我们当时柏林和中德的矛盾同样的作用。我们只能制止同志们这样提出问题。这在德国是一个传统，这个传统好到竟然在各地支持分区和郊区之间的矛盾。不错，我们承认，我国至今仍有这种病症的残余，需要经过许多年的斗争才能结束分区间的战争，这场战争滥觞于社会民主党时代。不错，这全都是简单的问题，但依我们看，各个党布尔什维克化成功与否在很大程度上取决于这些简单的问题是如何解决的。在法兰克福代表大会和第五次世界代表大会上德国党统一了。第五次世界代表大会费了很大劲来恢复党思想上的完全统一。目前，对党员的思想教育是德国的主要问题之一、基本任务之一。在这方面我们遭遇如下情况：德国党的历史还从来没有遭到如此的批判分析。毫无疑问，我们要再三再四地强调指出，要是我们想在我们党员头脑中抹杀党的历史、抹杀社会民主党的好传统，那就错了，那就大错特错了。社会民主党的好传统我们当然应该当做我们的传统来接受，并且我们应该更加充分地接受斯巴达克联盟，这个唯一反对帝国主义和社会民主党的团体的革命传统。这是毋庸置疑的。但这样做并不应妨碍我们去摧毁某些神圣的神话和拒绝某些关于历史的甜言蜜语。要是我们在保持对我们历史宝贵遗产的爱护的同时，不去批判地检验历史的话，我们的党就不会恢复健康。现在来谈第五次世界代表大会前后和法兰克福党代表大会前后党内工作的性质问题。德国党根本没有党的生活。党员从不讨论任何理论和实践问题。这种情况有某种可以谅解的历史性理由，因为工作忙得没有时间去讨论。有些党员就这样经历了这一时期，却并不清楚党内发生了什么。

我只举一个例子。

1923年6月，只有一个组织禁止讨论像萨克森政府这样重要的问题。因此，这不是全面停止讨论，不是经过充分研究问题后结束讨论。也不是讨论结束了，接着要付诸行动的问题。不，一个组织未经任何讨论便禁止讨论了。我们这样做了，也不得不这样做，但这表明，党内有多么严重的问题被掩盖了。

同志们，我们采取了许多措施来进行我们党的思想教育。我不引用统计材料来说明全国组织起多少个小组、我们举办了多少个情报通报晚会等。在议会选举后，我们计划举办25个情报通报晚会，来说明选举的意义和后果，这些晚会都举办过了。我不去谈为加强州一级和全国一级同志之间的联系而频繁举行的党的代表会议。

法兰克福代表大会提出了对党员进行思想教育的问题，把它当做布尔什维克化的十分重要的问题之一。如果关于布尔什维克化的提纲中纳入关于党员教育和研究党内问题这一点的话，我以为党会完全赞同的。早在1月11日的提纲中，我们在论述德共任务时，就在第五条中以如下方式谈到了党的统一和纪律问题：

"（b）为了一方面防止形成小集团，另一方面防止把问题简单化和庸俗化，在这样的时期党内生活应提到**较高的**水平；增强党的工作人员的知识，**每个党员**参加学习，每个支部，即使是最小的支部，都无条件地参加对党的**各种**政治问题的讨论，这是使党避开这些危险的唯一手段。"

总之，我认为，我们已充分认识到并仔细研究了这个对党员进行思想教育和开展党内讨论的问题。当然这个工作远没有结束。而且我们在提出关于我们党的历史，关于反对右倾集团、反对布兰德勒、反对拉狄克理论余毒的思想斗争问题时有着巨大的困难。而这场思想斗争对我们党恢复健康无疑是必需的。我们还要同布兰德勒时期德国党内就存在的错误作斗争，同卢森堡主义的错误作斗争。因此我们赞同关于布尔什维克化的提纲中谈到卢森堡主义的那一条，认为这一条对我们党格外重要。表现为自生性理论等等的卢森堡主义的错误至今对德国的运动还有影响。因此我们对托洛茨基主义问题也有某些经验。当然不能把任何倾向都称之为托洛茨基主义，但我敢断言，要是不加共产国际执行委员会或党的前言，就在德国散发托洛茨基的《1917年》一书的话，那么这本小册子所说的就是我们成百上千党员所想的，他们认定十月失败的原因是领袖们错失时机的过错。所有这些情况我们在推行布尔什维克过程中都加以考虑和认定了。这些情况有着历史意义。这些情况在一定程度上是卢森堡主义理所当然的产物。我们应该认定这些错误，同时不走向另一个极端，不要无视我们的先驱者、斯巴达克联盟伟大的革命功绩。

我们德国党内没有小集团和派别。我们在实践中、在公社政策、工会问题上有一定的右倾。我们有按派别组织起来的右倾小集团，他们试图对党施加思想影响，但他们没能成功。现在他们试图把统一战线的策略用来对付德国共产党和共产国际。他们声称，他们什么都同意。他们高兴地欢迎我们最近一次中央全会的提纲，我相信，他们会同样高兴地欢迎扩大的全会关于布尔什维克化的提纲。

这是重新挑起党内斗争的新方法，依靠这个方法他们试图在工人中引起混乱和瓦解。我不去详细谈右派的这些手法。这些手法有合法的也有不合法的。现在他们采用新策略。他们与德共、与共产国际组成统一战线，只提出关于领导干部的问题。因此，我以为，从德国共产党来看，现在必须就这一问题谈一谈。

党确实不能只依靠1918年和1919年入党的党员来组建。我们没有什麦拉尔那样的统计数字，什麦拉尔说他们73%的工人过去都加入过社会民主党。我国大部分优秀的党的工作者都来自战前的社会民主主义运动。另一部分是在战时入党的。我们的工会工作者大部分在工会运动中干了几十年。要是认为我们不能把这批老的党的工作者和党员同较晚入党的新党员结合起来,那就大错特错了。在工会工作中这一区别很明显,甚至可以说,把斯巴达克分子和独立党人这两批人团结起来的过程至今尚未结束,在各个群体中至今尚能看出明确的色彩。

但是,同志们,这个新老骨干团结、愿意为党工作的所有人的团结问题,我们在党的历次会议上都提过,如果执行委员会现在重提这个问题,我们对此表示欢迎。但这一条无疑将被右倾集团用来强调他们对世袭的领导地位的要求。有一些人以为,他们天生适合担任领导人,即使党不愿承认他们,即使党不愿委托他们做大大小小的工作。对于这一点我们得好好考虑。

其次,关于**党内民主**的问题也是提纲提出来的。无疑我们德国目前需要紧张的党内生活。但必须指出,在党内民主问题上,我们德国党内也会产生麻烦。例如,我们只有坚持机械地执行决议,才能在工会问题上达到一定成果,而且也达到了。否则就不行。我们的党缺少的不是民主,而是纪律。我们实践的大不足是什么?是共产党员说不同的语言,每个党的工作者各说各话,必须对这种众说纷纭加以协调。这是我们的基本任务之一。即使这不是格外重大的任务,那至少也是一个基本任务。要是党在向工人阶级阐述某个问题时出现五种、六种甚至七种说法,那党永远也不会取得正面成绩。我们的运动中依然还留有某些社会民主党的余毒,我们务必与之斗争。关于普遍选举、关于工作者调动权的问题给我们制造了不少困难。但目前我们已经越过了这个阶段。

我以为,在党的思想教育和批判介绍我们历史的问题上,我们尚处于我们称之为布尔什维克化的初级阶段。

我要强调指出,我们非常清楚地认识到,我们还有许许多多不足需要去克服。我相信在共产国际的帮助下,我们在实践工作中一定能加以克服。

我们清楚地认识到,最近一年前进了一大步,德国党在布尔什维克

化的道路上将继续前进。(鼓掌)

## 关于兰楚茨基案件的通报

**主席：**

请塞马尔同志作临时发言。

**塞马尔**（法国）：

同志们，波兰议会议员兰楚茨基同志经普尔热梅什尔法院判决无罪。这是共产国际、党和波兰无产阶级开展的鼓动运动取得的胜利。但我们得到消息，说兰楚茨基同志依然被关押在监狱中，又向他提出了其他的指控，要求剥夺他的议员豁免权。演出这场新闹剧无疑是为了掩饰第一次起诉的破产；它表明波兰法西斯主义没有放下武器，因此，各国共产党应一如既往支持波兰共产党反对白色恐怖的斗争。

执行委员会扩大的全体会议向兰楚茨基同志和英勇的波兰共产党致以兄弟的敬礼，坚决抗议再次关押兰楚茨基同志，在全世界无产阶级面前痛斥格拉布斯基白色恐怖政府的无耻。（暴风雨般的掌声）

**主席：**

下面请特伦同志作副报告。

## 特伦代表法国支部作副报告

同志们，在谈到法国党为布尔什维克化所作的努力之前，必须简单分析一下法国的政治形势和经济形势，因为我们的布尔什维克化不是抽象的，我们不是不务实的，而是处在十分确定的处境中。

由资产阶级激进党人和社会党人组成的左派集团执政已经近一年了。正如党和共产国际所预见的那样，由左派集团、由赫里欧政府执政，没有改善形势。不仅如此，资本主义制度在法国制造的困难和矛盾发展得比以前更严重，目前在我们法国，十分严重的经济危机的威胁已迫在眉睫。

这一危机的根源是什么？根源应该从与国际形势密切相关的许多因素中去找：德国工业由于鲁尔占领而陷入停滞，现在在很大程度上已摆脱这一状态；德国工业开始越来越开足马力；美国工业曾只有一半生产能力开工，现在已达到80%的生产能力；因此，法国越来越感到工业大国的竞争。

法国资产阶级和法国工业面对现有形势，感到困难重重。

去年法郎不断下跌，法国工业出口量上升，法国的纺织品与英国的纺织品竞争获得成功，即使在英国市场上也是如此。法国货币的虚假稳定，再加上工业大国重又展开竞争，使我国资产阶级直接面对经济危机，而且起作用的不仅是国内因素，而且还有殖民地因素。资本主义剥削殖民地越来越困难。这只会加剧法国的危机威胁，而且不仅共产党员，甚至连资产阶级经济学家都作出了危机的预言。不是别人，正是资产阶级经济类报纸编辑罗米耶早在几个月前就预言法国资本主义在1925年春天将发生经济危机。面对这一危机，资产阶级只能在两个极端决策中选择一个：其中之一是通货膨胀，这有利于出口，但无疑会导致无产阶级贫困化和对中间阶层真正的剥夺，我们在德国马克狂跌时期见到过这种情景。

法国资产阶级以前拒绝采用这种反危机的手段，这很好理解。与德国资本家政策相类似的政策对于法国资产阶级的统治要比在德国危险得多。不要忘记，法国在这种情况下受到贫困化威胁的中间阶级人数要比德国多得多，他们中还存在革命传统，而德国的小资产阶级没有这样的传统。上面提到的那位资产阶级经济学家清楚地估计到这一危险。柳辛·罗米耶在他不久前出版的《我们时代的诠释》一书中是这样说的：

"只有人民运动和小资产阶级的不满联合起来，法国才会爆发革命。"

如果不考虑术语（因为术语很不确切），这一思想的实质无疑符合列宁主义，当然，资产阶级从这一分析中吸取教训并寻找使小资产阶级与无产阶级分开的方法，正如我们寻找把小资产阶级吸引到无产阶级运动方面来的方法一样。

总之，法国资产阶级拒不争取上述手段而采取了另一种手段。他们已不鼓吹绝对稳定，而是尝试某种中间的手段：轻度通货膨胀，随之而来的是稳定时期。这意味着，我们在法国直接面对无产阶级在相当广阔的范围内开展斗争的前景。这种形势，这种危机的威胁已经使某些一年前给左派联盟投信任票的劳动群众、工人群众大失所望。这并不是说，劳动群众，甚至无产阶级群众已经不再抱有幻想，但这些阶层已开始失望，因此正在产生的、正在组织起来的**法西斯主义**和继续坚持自己事业的共产主义之间的斗争不可避免地会加剧。我们的党早在一年前就预见并预言了这一点。在第五次代表大会后的这段时间里，法西斯主义在法国出现和发展无疑是最大的事件，不错，法国的法西斯主义形式上与意大利的和德国的法西斯主义有所区别。法国的法西斯主义有其特点。

在法国，法西斯主义不是后来被大资本主义纳入囊中的小资产阶级的自发组织。在法国，法西斯主义具有小资产阶级组织和小资产阶级群众的特点，其组织是在大资产阶级的直接影响下、领导下建立的。

在法国，1100万工人中有300万外国工人，其中近100万意大利人，近50万波兰人，几万西班牙人、捷克人和许多殖民地工人。大资产阶级、法国企业主试图利用他们之间的竞争，挑动法国工人和外国工人争斗；用民族主义的毒药毒害法国工人阶级，法西斯主义试图形成有利于其自身发展的思潮。

现在法国资产阶级采用的复杂的斗争形式也是新颖的。如果我们党和共产国际的各个党局限于反法西斯主义的斗争的话，那就大错了。法西斯主义只是资产阶级斗争手段之一，而资产阶级利用各种复杂的斗争手段，按照往往精心策划、考虑周详的计划来行动。

随着阶级斗争加剧和社会民主党逐步蜕变为真正的法西斯组织，出现了反对无产阶级的斗争与社会蛊惑宣传相配合的复杂过程。甚至在阶级斗争异常激烈的工人区也可以看到这一现象。

社会民主党的法西斯化过程在有些地方已越来越远。这一过程在法国各个地区得到加强，资产阶级使法西斯主义和社会民主党相互配合，采用了十分复杂的手法。资产阶级还利用无政府主义运动：在过去几个月中，在勒阿弗尔和利摩日用军事纪律纠集起来的少数无政府主义者起到了为左派联盟效力的真正的白卫军作用。资产阶级国家机器也参与了这一复杂的游戏。我们在研究法国资产阶级的策略时发现，资产阶级正致力于使各种不同的势力配合动作，利用它们来反对工人阶级。这些势力配合行动的方法十分复杂、五花八门。其中有法西斯主义、资产阶级民主派、社会民主党、资产阶级国家机器，这一切都被用于蒙骗工人阶级并出其不意地给予致命的一击。

在我对形势作了简单分析后，现在来谈谈我们党所理解的布尔什维克化。如果有些党和有些同志完全从在工厂支部基础上重组党的角度来看待布尔什维克化这一口号的话，法国党则并非如此。在法国，共产党布尔什维克化的口号产生于反对右翼、反对1923年12月末和1924年初出现的新形态的机会主义危险的斗争过程中；在这种形势下，我们不仅从党的内部重组的角度，而且首先从正确的政治路线和反对机会主义倾向斗争的角度，来看待布尔什维克化这一口号。

早在1924年4月，我们党在一度不知所措后坚定地表明支持布尔什维克路线、列宁主义路线,我们党的提纲已规定了布尔什维克化的基本任务。我们认为,使党布尔什维克化就是给予党的战士以正确的理论、列宁主义的理论,规定正确的政策,以相应的方式教育全体党员,不仅限于理论学习,而且还要吸引党员投入反对资产阶级的斗争和党内反对机会主义倾向的实际斗争。只有正确的理论是不够的。只有正确的政治路线和对党员的教育也是不够的。为了使党真正布尔什维克化,务必使党和群众在反对资产阶级斗争的过程中、在各种各样的政治形式的斗争中切实联系在一起。这些政治斗争中有:无产阶级提出局部要求、无产阶级在捍卫这些要求的同时在这一斗争过程中锻炼革命组织,不断告诉斗争中的工人,只有建立第五次代表大会所倡导的工农政府,即无产阶级专政的工具、无产阶级共产主义革命的工具,问题才能得到彻底解决。联系群众就是组织上联系无产阶级;这就关系到党的重组。联系群众,这也是联系一切能成为无产阶级同盟者的劳动阶层——农民、被压迫的殖民地人民。我们认为,使党布尔什维克化,就是使党具有必须坚持斗争的觉悟,锤炼党内铁的但又不削弱主动性的纪律。

现在我想指出我们党在这方面做了什么。在第五次代表大会前后,我们进行了反对共产国际内和我们党内的各种倾向的斗争,尤其是我们进行了反托洛茨基主义倾向的严肃的思想斗争;这不仅对于法国,而且对于整个共产国际,法国党内肃清托洛茨基主义倾向这一事实都有着十分重大的意义。

托洛茨基同志在法国有着十分巨大的威望。在战时,他与我们当时的革命战士并肩斗争,对我国刚诞生的共产主义运动影响深远。从那时起以及在我们党加入共产国际后整个发展过程中(从图尔代表大会起),托洛茨基同志一贯代表共产国际积极帮助我们克服出现的困难。这是他在我们运动中有崇高威信的原因。当然我们中有人曾因对托洛茨基的同情而产生过动摇,但我们党只要摆脱了情感的干扰,站在从思想上审视学说的立场上,就极容易认清并肃清托洛茨基主义的错误。在情感上比较接近托洛茨基的国家里,却很容易地肃清了托洛茨基主义,这一事实对于共产国际来说证明了托洛茨基主义在共产主义运动和无产阶级运动中是没有前途的。

我们还不得不进行反对我们右翼的斗争,右翼在力图利用托洛茨基主义的同时,本身还存在更严重更不应有的倾向。

随着我们右翼的扩展(右翼是一个不由共同思想所联结的联盟,其中除无政府工团主义残余外还有老机会主义的残余),右翼由于其发展逻辑所决定,越来越热衷于走上公然反革命的道路;例如,我们看到,被第五次代表大会开除的苏瓦林本身走上并力图拉着他在党内秘密纠合的集团走上公然反革命的道路。在我们党最近的一次代表大会上我们宣读了苏瓦林致罗斯默的一封信。这封信中有两点值得注意。当党在工厂支部的基础上进行改组时,苏瓦林写道:"党要得救,就要建立确实能认清形势并能拯救法国党的知识分子的中心。"(顺便提一下,知识分子并没有遭到什么危险,相反,其发展条件良好。)我准备在这里引用的第二点也很能说明问题。苏瓦林在谈到苏联的形势时写道:"将俄国革命置于危险之下的危机才是得救之途。"因此,我们发现,我们的右翼越来越公然站在反革命的立场上;应该指出,右翼虽然在党内和整个工人运动中毫无影响力,也没有得到一个党组织的支持,却拥有一张小网,其人数不过数十人,他们决心千方百计破坏党的列宁主义路线。加入这一派别的有反对共产党的共产国际成员和工人运动参加者。这一派别不仅公开活动,而且试图在共产国际内部搞地下活动,我们有证据表明,右翼不仅在法国活动,而且拥有国际分支机构。我们不夸大我们面临的危险,也不认为这个危险是致命的,但我们应该警惕正在发生的一切。我们应该直截了当地指出,每一个工人党员都应该依据共产主义的主要原则自由发表意见,让每个人都说出自己的动摇和疑虑;我们相信，我们面对工人，从来都能引导他们走上布尔什维主义的道路；我们面对党和共产国际不肯悔改的敌人，应该让他们失去支持，无情地把他们作为无产阶级的敌人、革命的敌人逐出我们的队伍。

同志们，我们为了坚持我们党的正确路线，也不得不与某些左倾作斗争，尽管左倾在我们党内尚未广泛发展。在英国大选时，有些同志坚持要让英国共产党员抵制选举的宣传。我们不得不在《人道报》编辑部里与这些同志划清界限。可以大胆地说，法国不存在严重的左倾，而来自小小的右派（与总的形势相结合）的危险更严重，虽然这一危险还很小。

我们还培养我们的干部，努力提高党员的水平，向他们提供政治理论方面充足的知识。在第五次代表大会后开设了许多讲座，举办了区、大区一级的党校。我们花了大力气在巴黎区成立了列宁主义学校，两个月中来学校听课的有60位同志；现在他们已成为党的一批优秀工作者，帮助我们克服由于缺少必要的骨干而产生的危机，缺少骨干当然在某种程度上妨碍了法国党的发展。必须指出，我们在这一培养工作中始终努力把理论培养和实践结合起来。我们列宁主义学校的学员同时还在巴黎大区工厂支部里工作。与此同时，每当党内发生困难、必须开展反对党的某一层面的某种倾向的斗争时，列宁主义学校的学员便前来帮助党中央开展这一政治工作。

至于与无产阶级的联系，我们同时在政治上和组织上建立这一联系。政治上是在我们开展反对道威斯计划的运动过程中去做的：我们努力把每一个这样的运动与日常的生活需求，与争取提高工资、八小时工作制、反对失业和失业威胁的斗争联系起来。我们揭露不断投票赞成秘密拨款、军事审判、反对因罢工被解雇者复工、反对给官员增薪（这必然会导致给工人加工资）的社会党人的背叛行为。我们不止一次在议会发言中和在议会外（在全国）揭露资产阶级国家预算的阶级性质。我们直截了当地提出了格鲁吉亚问题，这个问题不仅对苏联有意义，而且有国际意义；这个问题引起法国无产阶级的强烈关注，我们在议会讲坛和群众中提出这个问题，我们可以大胆地说，这一切增加了同情党的人数，他们越来越坚决地挺身而出，反对改良主义者的背叛行为，站到了共产党员的一边。我们还积极干预许多罢工——鲁昂罢工、码头工人罢工、博里纳什罢工（那里罢工支持我们比利时的同志）、杜阿尔涅兹罢工（党在这里与法国总工会并肩推动运动）。这是全新的现象，尤其是要记得，不过两年前还在争论党是否有权干预无产阶级的罢工运动。我们还开展了广泛的支持工会统一的运动；这个运动也许开展得还不够广泛，但还是产生了好的效果；我们在这一运动过程中指出了两种可能产生的危险：（1）由于极其急躁，妨碍了工会实现统一；（2）相反的倾向，不惜一切代价，甚至放弃共产主义意识形态来实现工会的统一，这会导致共产党员绝对不能接受的自我消灭。

我们还从组织上实现了与无产阶级的联系。我们全党几乎都已经在工厂支部的基础上重建了。目前我们巴黎大区各地老式组织已完全消失，到处都是工厂支部。在其他的工业区（北方区、里昂区）情况也是如此。可以大胆地说，党已经重建，在尚未完成重建的地方，一切也都在正轨上。

由于企业支部的工作，我们加强了与无产阶级的联系。我们在许多地方成功地成立了无产阶级团结委员会，着手完成工厂委员会面临的迫切的首要任务。我们在改良主义工会组织里也同样做工作，加强其中统一的左翼，通过我们的工作使某些省的例如默尔特-摩泽尔省的联合组织并入英俄委员会。我们成立了许多工会党团，可以大胆地说，在许多地方共产党员和法国总工会一起组建了许多新工会。我们还和在法国的外国无产阶级建立了更紧密的联系；我们加强了我们在波兰、意大利、西班牙工人中的工作。可以说，这方面的工作还不够有力，但工作已开始与党的重组同时开展。我们继续积极地吸收党员。我们的党员人数去年底刚达到 50000 人，现在已超过 75000 人，即增加了一半。当然，吸收党员的工作必须与加强对新党员的教育工作同时进行。

为了使党能完成它所面对的一切任务，必须加强中央和重要工业区的党的机关。总之，我们尽可能全力以赴，在各区建立起我们党的机关。

我们还努力与无产阶级的后备军首先是与农民建立联系，开展我们农村支部的工作。

至于在殖民地的工作，我们已改造了我们的殖民地机关。我们在巴黎召开了殖民地工人代表大会，引起了各殖民地巨大的反响。

我们开展了许多有生气的运动来支持摩洛哥、中国、埃及被压迫人民的独立。我们的党举行了许多政治示威游行，使在法国的外国工人接近我们党，这些游行同样引起了包括殖民地在内的热烈反响。

我们的妇女工作也有进步。我们重组了妇女工作的中央机关。我们不放弃在家庭主妇中的鼓动工作，同时格外关注工厂的妇女群众，加强在这方面的鼓动。我们的《工人报》发行量从 3200 份增加到 7500 份。我们举行了许多集会，如在巴黎扎皮中学召开的支持给妇女以选举权的集会；在参加这次集会的 6000 人中有 2000 位妇女。我们决定利用即将进行的市政局选举来提出妇女在选举权及其他权利上的平等问题，而且在党有把握取得多数的选区，我们推出能在选举运动过程中加强鼓动的妇女候选人。

最后，我们使我们的议会党团和市政局党团成为党的机关的一部分，而且真正服从中央委员会的领导。法国党迄今为止最大的毛病是，我们的中央报刊特别是《人道报》成了党内之党，有着执行自己政策的倾向。在第五次代表大会后的时期，我们经过短期的危机，终于使中央报刊真正从属于党中央。当然现在这方面仍有弱点，编辑部往往不能胜任，编辑部需要经过锻炼，但如果说以往党的政治路线往往被搞得模糊不清，有时还遭到一部分编辑部成员的蓄意抵制，那么现在《人道报》的每一个工作人员都诚心诚意地努力贯彻党的政治路线。另一方面，我们已开始建立《人道报》工人通讯员网。巴黎大区在这方面已采取初步措施。我们将在全法国建立这一工人通讯员网，这将有助于中央报刊和工厂无产阶级之间建立强有力的联系，而且不仅是从工厂向机关刊物的信息流动，还有从机关刊物向工厂的信息流动。这保证了我们能从工人通讯员中招收优秀的工人记者，而且可以用这种办法整顿我们的报纸编辑部。

目前我们有发行量为 25 万份的 5 份日报，还有发行量为 12 万份的 23 份周报。

现在我简单谈谈我们还要做什么，并且强调指出我们遇到的困难，我绝不是为了用这些困难来吓唬人，相反，是为了集中全力来克服这些困难。

我们用几个月的时间就迅速重建了我们整个的党；当然，支部、党的机关和各种机构还协调得不好；某些纪律涣散现象尚待克服，才能使我们党的机制有能力迅速开展工作，做到上下一致，灵活机动。

至于工厂支部，它们很活跃，收取党费（这就是支部存在的证明）并在工厂开展工作，巧妙地利用地方的需求开展宣传，但总的来说，工厂支部在政治上还弱。我们在党内提倡严格又灵活的纪律观的同时，务必要努力使我们工厂支部真正的工人党员积极参加政治生活。

我应该指出，初期取得的成绩已经不错。我来谈一下我们支部政治积极性的程度。目前最大的工厂支部已经对党的每一项措施都积极开展批评。结果怎样呢？每一次右派试图利用支部和党内这一批评来反对党的政治路线、反对列宁主义时，曾善意批评我们的同志们便站到我们这一边，万众一心地把武器瞄准右派。

今后同样还应该结束如下不正常的状况：我们在省里的组织的水平和对群众的影响力要比巴黎的差得多。我们巴黎的组织前进得比全国快得多。如果不结束这种不正常的状况，我们有可能要经历某种类似巴黎公社的挫折。

我们应该加强我们争取工会运动统一的斗争和我们的工会工作。还必须大力开展反法西斯主义的斗争。我们的反法西斯主义斗争应与争取局部要求的斗争齐步并进。只在报刊上提出八小时工作制和反失业斗争是不够的，全党机关都应该在这方面有计划地协调一致地进行工作。我们的议会党团在议会外提出这一口号的同时，应该旗帜鲜明地向议会提出相关的法案。党所掌握的一切手段都应被用来支持我们的口号，做得比以前更出色。要格外重视外国无产阶级的问题。我们在转向农民时，应避免重犯过去犯过的错误，尽管这些错误并不具有原则性的意义。至今参加我们农民代表会议的只有农民共产党员和同情者的代表。

至于我们的殖民地运动，应该肯定在这个问题上的正确政策和共产党在殖民地群众中享有的政治威望，但同时还应该承认，与殖民地民族革命运动组织上的联系不够至今仍然是我们运动的弱点；党应该在这方面进一步努力。

最后，我要补充一句，只要满怀共产主义精神的人尚未全部加入共产党，那么我们党的布尔什维克化还不能说是全面的。面对飞速发展的情势和即将来临的宏伟斗争，现在应该更有力地把一切革命力量团结起来。现在应该吸收法国总工会中所有满怀共产主义精神的积极战士加入共产党。只有当站在列宁主义立场上的先锋队的全部力量都齐心协力地在统一的党内工作，才会有真正的布尔什维克化，我们相信，未来的时代将是一切受到列宁主义精神鼓舞的力量团结在我们共产党队伍中的时代。（鼓掌）

# 第四次会议

(1925年3月28日①)

基尔施同志（法国）关于梅伦巴赫矿难的发言。——赫鲁施卡同志（捷克斯洛伐克）、斯科奇马罗同志（意大利）、武约维奇同志（青年国际）和加拉赫同志（英国）关于党的布尔什维克化的副报告。

## 关于梅伦巴赫矿难的通报

主席请基尔施同志（法国）发言，他报告了摩泽尔矿区梅伦巴赫5号矿发生的矿难。基尔施同志指出，骇人听闻的矿难导致遇难者众多，矿难的发生是资本家的责任，他们追逐巨额利润，既不采取预防措施，也不维修矿井。

他号召各国矿工支援法国矿工，最后他提议全体会议向遇难工人家属致电表示慰唁。

**主席：**

请赫鲁施卡同志就第一项议程作副报告。

---

① 原文为"23日"，有误，现根据目录改正。——译者注

## 赫鲁施卡代表捷克斯洛伐克支部作副报告

同志们！捷克共产党政治局已向本次大会政治委员会提交了关于党所关注的所有问题的报告。我在我的发言中只稍作补充。

尽管捷克斯洛伐克国只有1400万居民，我们决不能低估它对中欧的意义。我们捷克斯洛伐克至今尚未发生灾难性的经济危机和金融危机。捷克斯洛伐克资产阶级同其他国家的资产阶级一样，力图通过剥削无产阶级来维持资本主义的稳定。捷克斯洛伐克的无产阶级对国家独立自主充满幻想。现在他们由于资产阶级民主制度和联合政府的教训已放弃这些幻想。共产党现在的工作应格外仔细认真。如果我们变成纪律严密、政治路线坚定的强大的党，那么党就能起到工人阶级领导者的作用。

捷克共产党尚未达到这一水平。捷共确实是优秀的无产阶级政党，但它还应实现布尔什维克化。这意味着，它应该摆脱右倾和社会民主党传统。第五次世界代表大会批评了捷共。捷共的政治路线、农村工作、革命地利用民族问题、对工会问题的解决、在生产支部的基础上重组、提高党的积极性、议会行动和群众行动相结合——它在所有这些方面的活动都受到了批评。由于第一次党代表大会的机会主义错误而遭歪曲的党的政治路线，在党的第二次代表大会上得到了理论上的纠正。但这条路线尚需在党的各个机关、报刊和全体党员的头脑中得到纠正；这是一项艰巨的任务，因为党受到机会主义影响的危害。必须指出，从党代表大会起，就开始在群众中做思想工作，党内树立了新风气。党刚着手布尔什维克化，但尽管有机会主义和取消主义情绪的同志的对抗和破坏，党仍在前进。肃清取消主义者和机会主义者是进一步布尔什维克化的基本前提。

至于重组，我们不得不同一些同志斗争，因为他们散布社会民主党的反对意见，不愿承认生产支部的作用，不愿看到生产支部给党带来了新风气。这些同志往往还是负责工作人员。布拉格大区被开除出党的布勃尼克千方百计破坏党重组支部的工作。

但重组工作还是在向前开展，我们有 800 个生产支部，这并不多，但这是进一步工作的良好基础。

工会中的党团工作也只处在发展的初期。

至于工会工作，这方面的问题不只是理论上承认世界代表大会各项决议的文字。我们为了争取群众，应该到群众中去，即到多数改良主义工会中去。由于我们过去的工会工作，我们与工会书记们产生了很大的误会。这些误会正在消除。

我们在红色工会运动中遇到了困难：某些从属于红色工会国际的工会尚未与国际总工会联合会合并。所有红色工会和国际总工会联合会的联合具有极其重大的意义，应该克服一切困难，因为只有这么办，我们才能建立起实施统一战线策略的前提，执行工会运动统一的口号。统一红色工会运动的工作应加紧进行。2 月初，德国纺织工人支部召开了代表会议，讨论了合并问题。代表会议没有取得积极成果。扩大的全体会议的工会问题委员会务必就此作出明确的决定，以帮助我们克服在走向红色工会运动统一的道路上的障碍。至于工会运动统一的口号，那么国际总工会联合会应主动向工人阶级展示其本着英俄团结委员会的精神走向联合的决心。捷克斯洛伐克工会（德国工会和捷克工会）的国际联合应是第二个阶段。

在第五次世界代表大会和党的第二次代表大会后，党十分关注农民运动问题。成立了捷克书记处，出版了宣言，举办了将农业问题列入议程的代表会议。我们还有供小农阅读的捷克文报纸《镰刀》，这份报纸初版印数就达 1 万份。

提高党的积极性是党的领导人面临的十分重大的问题之一。党组织了几次行动，其中一次是反对裁减公务员，利用公务员解雇法在公务员中尤其是在已被解雇的公务员中展开鼓动。在最近一次开展反对物价飞涨的行动的同时，布拉格、克拉德诺等地都举行了令人印象深刻的示威游行。共产党是无产阶级唯一的领导党。布拉格的示威游行意义更为重大，因为过去认为布拉格的无产阶级是不关心政治的，捷共布拉格大区的领导人没有一点革命积极性。但2月10日和15日表明，可以认为布拉格无产阶级的机会主义已被肃清。恰恰在这个时候，机会主义者引发了一场危机。我简单来介绍一下党的发展。现在，在党代表大会之后可以发现，少数派不仅不帮助我们，反而从派别目的出发利用客观困难，竭力引起工人对新的中央委员会的不信任。新的中央委员会过去和现在都不愿包庇任何反对无产阶级的人，而少数派却千方百计包庇取消派。任何策略考虑都无法证明这种行为方式是正确的。反对新的党的领导的斗争就是反对共产国际的政治路线、反对第五次世界代表大会路线的斗争。什麦拉尔在其决议中效法布隆和我国其他地方取消派的行径。我们相信，布隆的无产阶级决不会赞同季诺维也夫一语中的所说的辩护士的提纲。工人阶级已革命化。但如果类似的理论家把他们引入歧途，那就会有步骤地使他们远离阶级斗争。我们认为党的第二次代表大会以来的政治路线是正确的，我们愿意与承认这一点的所有的人合作，但必须采取措施来反对那些不管合适不合适都对党捣乱的人，必须保持党的捷克性质，不应该从民族主义角度来曲解这一任务。我们依然是各民族的党，我们将大力反对一切利用民族矛盾的人。我们的党的任务艰巨，它目前还不是革命党，它还背负着机会主义的历史重担。党内有一定的机会主义体系，其代表人物是什麦拉尔同志。什麦拉尔是这个对党十分危险的派别的领导人。属于这一派别的，也有好同志，如萨波托茨基，他为工人阶级作出的功绩应予肯定，但他由于路线不正确，而给党的工作造成了危害。但这个派别中还有些人根本不应该待在党内。

要使我们党的布尔什维克化工作不落在共产国际其他支部工作的后面，形势十分严峻。我们期望，我们党的全体同志在这一纲领的基础上走到一起来，这一前景将有助于我们布尔什维克化，加强我们的组织准备和积极性。

**主席：**

请斯科奇马罗同志作副报告。

## 斯科奇马罗代表意大利支部作副报告

我们先来评价布尔什维克化这一口号的内容和政治意义，特别是因为它已被共产国际作为直接的具体任务提了出来。

共产国际领导中心从一开始活动起便致力于在各国成立布尔什维克党，但直到第五次代表大会，这一工作才十分明确。为了正确评价布尔什维克化口号，必须考虑到共产国际的国际政治形势和内部情况。

世界革命的发展速度已经放慢，但这并不意味着发展已完全停止，这一客观形势造成了机会主义残余开始复活和滋长的局面。共产国际在第五次代表大会上对这一危险采取了十分明确的立场，第五次代表大会的政治决议表明对各种机会主义倾向的坚决谴责。

共产国际的策略提纲的精确表述排除了对其作机会主义解释的任何可能性，机会主义实际上竭力要去除这一提纲的革命精神和内容。党的布尔什维克化口号与第五次代表大会各项决议紧密相连，正是这些决议，使布尔什维克化口号和反对机会主义直至在我们队伍中彻底根除的斗争联系在一起。这里必须明确右翼在共产国际中的处境。我们并没有采取骇人听闻的手段来把犯过机会主义错误的人从党内统统赶出去。布尔什维克化并不要求这样做，它并不意味着凡是不完全同意党的路线的人都要被开除出党。共产国际应始终给予其承认错误并加以改正的机会，共产国际甚至应使这种机会更容易得到。

但共产国际不能容许这样一种状况出现，这就是表现为各种趋向和流派的错误的倾向自由滋长。共产国际不能是各种派别的大杂烩；恰恰相反，共产国际应是单一的组织，尤其从思想观点角度来看是如此。

谁从事派别活动，为党的领导中心的活动制造各种障碍，谁就是在播下新危机的种子，削弱党的行动能力和斗争。谁不承认自己的错误，加紧地下的派别活动，谁就没有权留在共产国际内，谁就应该被开除。

我们在执行委员会扩大的全体会议上要**重新肯定和阐明**第五次代表大会的各项决议。这是在我们这个国际组织中明确思想和建立严密纪律的最正确的道路，思想明确和纪律严密是真正的世界共产党存在和发展的主要基础、主要前提。

我们认为共产国际布尔什维克化是其未来发展最好的保证。

我们对共产国际的布尔什维克化该怎样理解呢？对这个问题已经作了回答，这不是把俄国党的经验机械地照搬到各个党里去，而是在各个党里实行列宁主义的理论和实质，列宁主义是布尔什维主义的基本实质。共产国际应把列宁的革命学说付诸实施。

这是一个漫长的、辩证的列宁主义成熟过程。这一过程由统一的共同的指令来指导；这一过程当然要适应共产国际不同支部的历史条件和特点。

我来谈一下意大利党是如何处理这个问题的。当然必须介绍整个经济情势和政治情势，革命运动发展的整个局面，从而把党的布尔什维克化与目前的具体条件及党的直接任务联系起来。

我只简单谈谈意大利的形势，只指出最重要的经济和政治因素。

## 经济形势

在这方面,首先必须指出工业有一定的复苏,从而扩大了出口。

同时还不得不认定农业危机不仅是由于恶劣的自然原因而且部分还是由政治原因决定的。这一危机表现为耕地总量减少、耕地变为牧场等。

危机导致工业和农业的平衡遭破坏,因此,资本主义经济的内部矛盾加剧。资产阶级通过降低工资、剥夺小资产阶级来使工业部门有所复苏。

1921年平均日工资为18里拉,1924年下降至7里拉。而在同一段时间里物价指数从500上升至620,里拉汇率从20生丁跌至17生丁。

小资产阶级解体和被剥夺的过程表现为破产增多、票证拒付和扣押财产增多、储蓄剧减等。

我们在研究我国金融和其他经济部门时,应该指出如下矛盾:一方面,有许多征兆表明产品增加和经济活动提升,因此,经济形势有所改善。另一方面,与之相反,许多征兆表明经济形势在恶化。如果我们深入研究这些不同征兆的性质和经济比重,就会发现,其中一些只反映了意大利经济生活的某些方面(如贸易差额、工业产品等)。相反,另一些则反映了全面的形势:汇率等。这意味着什么?这意味着经济振兴是在实际破坏国家财富的过程基础上实现的,这一过程比生产增加的规模要大。如果考虑到决定意大利经济振兴的各种原因,这一现象便容易理解了。

这一经济振兴遇到了资本主义制度内部矛盾产生的相当大的障碍。在国内市场方面,工资的下降、工人居民的普遍贫困化极大地减少了他们的购买力。这对工业产生了影响,因为这使工业失去市场和不断发展生产的可能性，工业由于销售减少而面临危机的威胁。

在国外市场，道威斯计划的实施带来了更大的困难。德国工业开始的振兴大大减少了意大利出口的机会。意大利不得不只面向国内市场，而在这里意大利又遇到了我们已经指出过的障碍。

意大利工业总的形势使我们得出结论，意大利即使在国内市场上也遭遇到外国工业带来的严重危险。

因此，工业资产阶级要求实行保护性关税的政策，为它创造与外国竞争的良好条件。如果没有意外的话，应该认为，资产阶级将不得不实行通货膨胀政策，有两个目的：制造与外国竞争的有利工具和把它被迫向劳动群众作的让步化为乌有。这一通货膨胀政策现在正在实行，加剧了疯狂的投机行为，而疯狂投机行为的后果马上就影响到全国的经济。这一通货膨胀政策是金融法西斯主义的一种形式，它取代了以往武装施压的形式；现在这一压力被反动的立法所取代，反动的立法使资产阶级更容易实行对小资产阶级的掠夺政策和对无产阶级群众无止境的剥削。

农民和农业资产阶级的经济利益推动他们要求实行自由化的关税政策，他们反对工业资产阶级的这一政策。这一矛盾在意大利和德国签订贸易协定一事上表现得格外明显。工业资产阶级依靠力图使法西斯主义"正常化"的势力，而农业资产阶级主要依靠法西斯极端主义者。法西斯主义不得不重建队伍这一事实告诉我们，工业资产阶级在这场斗争中战胜了农业资产阶级。

我们看到，工业振兴的事实直接决定了资本主义内部矛盾的加剧，同样在国际领域，欧洲经济通过道威斯计划实行殖民化的图谋造成了国际范围矛盾的加剧。事态迅速朝新的经济危机发展，与资本主义的正常发展背道而驰，危机周期性地有规律地连续出现，这证明，现在的经济振兴具有纯表面的性质，与经济的真正改善没有关系，因此，没有根据可以预测，资本主义将经历长时期繁荣的新时期。

因此，必须指出，当前情势的特点证实了我们上面读到的形势：例如，对小资产阶级的剥夺不是生产力发展的结果。这里不是指较高发展阶段的经济制度吞并了落后的经济形式。财产的增加表现的不是国家财富的增加，而不过是分配越来越不平等。正常资本主义发展时期的特点在目前已不存在。小资产阶级最起码的利益和无产阶级群众的利益一起为大资产阶级作了牺牲。

资产阶级通过损害绝大多数居民共同利益只造成了相对的经济振兴。资产阶级找不到必要的力量来克服危机，同时又维持广大群众过得去的生存条件。资产阶级经济部门只能依靠劳动群众的日益贫困来支撑，这就是资产阶级的弱点。阶级斗争迟早必然会再次爆发，资本主义制度的平衡和它本身存在的可能性将遭到沉重的打击。

如果说反动势力甚至一度成功地控制了群众使之无法动弹的话，那么我们已经发现，从经济角度看，这种状态带来了多么严重的后果：居民购买力的下降使工业不仅不能发展，而且不能较长时间地维持原来的水平。

应该加以考虑的第二个不利因素，是对无产阶级过度剥削和对小资产阶级的剥夺的后果与工业的发展程度完全不成比例。这意味着破坏多于创造，即最终出现实际价值毁灭的过程。

这些笼统的说明就足以使我们确信，资产阶级克服不了危机。今天与昨天一样，存在着广大群众行动起来的客观条件；今天与昨天一样，争取工人局部要求的斗争依然具有纯革命的性质。形势依然是客观上革命的形势。

### 政治形势

在意大利，法西斯主义对于目前局势的形成起了决定性作用。法西斯主义通过完全摧毁一切无产阶级组织和农民组织（工会、合作社、市政局）以及对可以直接或间接传播广大人民群众要求的政治组织的严厉迫害来取得这样的结果。法西斯主义一度曾抑制了一切政治反对派意愿的表达、劳动群众和小资产阶级任何抗议的表达；法西斯主义成功地抑制了群众组织的活动或使之无法存在，但它没能集中和联合大资产阶级和小资产阶级的政治势力。同样它在创办报刊方面也破产了，而报刊是政治意识形态领域组织监督和领导的十分重要的因素。

迄今为止，这种形式存在的法西斯主义，从意识形态和政治角度看，都已完全破产。法西斯主义作为群众性社会运动已日暮途穷。因此资产阶级再也不能把对国家的政治领导权交给法西斯主义，除非它先根本进行改造，抛弃危及资产阶级制度稳定的某些特点。

这就是造成深刻影响意大利政治生活的严重政治危机性质的原因。现在资产阶级正在大力施压，要求法西斯主义稍作改弦易辙，但决不要求消灭法西斯主义。看来资产阶级成功地战胜了法西斯主义极端派的对抗，危机大概将以妥协结束。

这一妥协的政治内容是，法西斯主义放弃它觊觎的垄断的政治地位，政治斗争、资产阶级各集团之间的任何冲突都在通常的宪法机制框架内进行；这一妥协导致与小资产阶级联系的加强，使利用社会民主党的效力成为可能，把群众的一切独立运动扼杀在萌芽状态之中。

这就是当代法西斯主义向保守反动的大党演化的基础，意味着1921年、1922年、1923年存在的那种类型的法西斯主义的终结，但决不等于作为法西斯主义最本质特征的反动军事组织被消灭。

法西斯主义的社会基础在发生变化，党本身的组织正在得到改造。法西斯主义的这一演变是意大利当前政治形势最典型的要素。

我们意大利正向法西斯主义和民主制合流即反动势力合法化的阶段过渡。这是法西斯主义和社会民主党分工的阶段，也是小资产阶级政党—资产阶级左翼的接点。

我们仔细观察意大利的政治全景、正在发展的政治进程，可以确认以下几点：法西斯主义的目标——为了"国家"可以对工人阶级和农民直接施加压力。法西斯主义应剥夺广大群众干预政治生活的机会，它应在社会制度的框架内以自身的分量和影响力压制他们。选举法和军事改革是达到这一目标的手段。此外，还有资产阶级民主联盟，其中包括资产阶级民主派、社会民主党和最高纲领派。这些民主政党的功能是联系与法西斯主义一刀两断的小资产阶级群众。

社会民主党想方设法要把工会控制在手中，以便通过工会来对未加入工会但追随工会口号的群众施加影响。意大利的工会在群众中享有极高的威望，共产党员在群众运动中的表现在工会中也有积极反响，这就是改良主义者提出分裂问题的原因。由于工会组织对群众的影响，共产党人的利益要求不惜一切代价保持统一。改良主义者力图利用工会机制来反对共产党人。如同法西斯主义者利用国家机器反对人民群众一样。

最高纲领派政党的任务是破坏革命无产阶级的一切行动。这个党在为社会民主党的影响开路。目前最高纲领派政党无非是革命无产阶级内部动摇和疑虑的反映。这个党越来越变成社会民主主义性质的政党。它的作用完全等同于社会民主党左翼的作用，尽管它是一个独立的组织。在民主反对派内部，意大利社会党（最高纲领派）现在与改良主义党组成一个联盟（所谓工人联盟），某种工党类型的联盟，这使最高纲领派实际上与改良主义者同污合流，同时又保持独立的表象，而事实上这种独立根本不存在。最高纲领派不在组织上合并，就意味着它有更多的行动自由和机动自由。

我们不准备谈共产党和革命无产阶级作为除正常化的法西斯主义和民主派之外的第三种因素的功能。但我们在这里要指出意大利历史上第一次出现在政治舞台上的一个新因素。这便是在共产党人领导下致力于组成独立于资产阶级和民主派的农民,它在组织上与无产阶级保持着有机联系。保护农民协会是使农民运动能独立表达并有助于农民与无产阶级结合的组织。引发这一运动的原因是:近几年来的经济条件、农业领域的变革以及目前猖獗一时的危机;农民被从土地上逐出,小私有者被剥夺,大部分农村居民被迫移居地方。

另一个有助于工农联合的因素是,法西斯主义为了北方工人贵族的利益毁灭了社会主义运动的一切成果,这在过去是造成北方工人和南方农民敌对的原因。为了理解这一运动的政治意义,应该考虑到,意大利1200万工人中只有400万是工业无产阶级,其余800万是农业劳动者;其中300万是本义上的农业工人,450万是农民,对后者来说当雇工可以挣到外快。还应该注意到,我国的经济地理使得工农关系问题包括了我国南北方关系问题。改良主义者和最高纲领派花大力气反对共产党人组织和指导农民运动的尝试,而这种尝试深深扎根于当代现实的客观条件之中。共产党人建立工农联系以共同进行反对资产阶级斗争的尝试的成功,等于社会民主党力图使无产阶级与资产阶级结盟的政治计划的破产,而这种结盟的前提是农民保持政治上的消极性。

只有综观这些要素,才能正确评估形势,确定发展的前景。

我们已经指出,工业领域由于削减工资从而促进出口,出现了振兴。金融寡头通过对小资产阶级和中等资产阶级的剥夺而得以加强。其后果是:工农群众强烈不满,骚动不断,同时本来与工人阶级最接近的小资产阶级日益左倾。但广大群众尚未组织起来,强大的奴役机器沉重地压得他们抬不起头来。小资产阶级比更低层的阶级自由,他们与法西斯主义断绝关系,转向民主党派。民主政党的这种努力引起相当广泛的工人群众对民主时代的幻想和期望。

但是,如果说经济形势并不排除政权转入民主派手中,那么这种可能性毕竟不大。生产可以保持当前的水平,换句话说,只有在保持工资极低的条件下才能加强出口。民主派,即使在马泰奥蒂事件引发的危机的最严重时刻,都对工人说:我们可以给你们政治自由,至于你们的经济要求,那么我们不能给你们作出任何承诺。换句话说,我们只能给你们一个幻影,而不是任何实质性的东西。这荒唐至极。如果工人阶级得到了最低限度的政治自由的话,他们马上利用这一自由来加强工会和党,扩大自己斗争的范围,更激烈地进行斗争。工人阶级现在要竭力利用工业由于降低工资而有所振兴并吸收了新劳动力这一点,以便恢复经济斗争。意大利三个最重要部门的工人——建筑业工人、冶金工人和纺织工人——开始行动起来。最近冶金工业爆发罢工,一下子有20万工人加入。这是近三年来第一次重大的群众运动。资产阶级十分清楚发生的事态,重又寻求法西斯主义的支持,使它先改头换面,成为更适合时局的反动工具。立宪民主反对派完全丧失了它在议会开幕前、拒绝参与反议会前拥有的影响力。这一反对派变成了资本家监督法西斯主义的某种工具,资本家力图用以使法西斯主义正常化,即使它变成传统意义上的反动保守政党的工具。墨索里尼心知肚明自己的主子——大资产阶级——提防什么:他不再提曾威胁要制造的圣巴托罗缪之夜,而是颁布了新选举法,着手对法西斯党进行激进改造。党的基础不再是国家民警,而是按照彭加勒炮制的法国组织组建起来的"经济利益委员会"。按法西斯军事部长迪-佐治亚的方案改组的民警应成为类似意大利国防军的组织。法西斯主义竭力配合运用法德资产阶级的经验,以形成政治上最为意大利资产阶级能接受的综合体。

在这一政治体制中与法西斯主义共生的还有抱着建立左派政府的民主幻想和期望,同时也出现了酝酿无产阶级革命的过程。这一体制将存在到它完全过时、已无力控制革命运动的发展、资产阶级找到进行社会民主蛊惑宣传和散布关于"真正的彻底的民主"的谎言的最新手段为止。社会民主党是资产阶级的反革命后备军。

但是，即使如此对无产阶级和农民施压，是否能设想无产阶级和农民能长时间忍受奴役呢？一切表明情况恰好相反。群众运动将日益高涨，日益广阔；意大利生活中三个政治要素——正常化了的法西斯主义、民主派和革命的无产阶级——的冲突将日益猛烈和加剧。由于民主幻想将在一段时间里与无产阶级革命的发展过程并存，无产阶级革命将日益成为纯无产阶级群众和小资产阶级群众的旗帜，这些小资产阶级群众在此之前还在寻求资产阶级民主派对他们利益的保护。民主将表现为革命的苏维埃民主，这种民主由无产阶级领导、实行无产阶级的阶级专政。

因此，我们党的中心口号是工农委员会这一口号，在工农委员会中群众将发现这种形式能够保证实现其一切要求，包括迫切的直接要求和极其遥远的要求。工农委员会能够成为推翻工会官僚设置的种种障碍的机构，工会官僚千方百计减弱为提高工资、缩短工作日、反对物价飞涨而进行的斗争。

工农委员会将成为反对反动势力斗争的工农统一战线的基础，成为消灭资产阶级的斗争机构，成为无产阶级国家的萌芽。

这一民主幻想、对左派政府的期待继续与乔装打扮的法西斯主义共生的情势，给党造成了双重危险：有右倾，它受民主派的影响，而民主派又力图以自己的影响控制无产阶级并不让无产阶级独立行动；有左倾，它把对反动派的正面进攻当做唯一可行的策略。

为了使党在这种条件下信心十足、十分谨慎地把握方向，采取行动，利用一切可能加强自身，坚定地走向胜利，党必须做到内部完全统一，统一意志，统一行动，统一领导。这要求我们必须尽快消除内部分歧。我们因此面临我们党思想上布尔什维克化的问题。

## 布尔什维克化和意大利共产党

我们在这里不可能从思想、策略、组织、联系群众、工作方法和鼓动等各个角度全面来探讨这个问题。

党在组织方面已在企业支部的基础上充分进行了改造。党加强并改进了在群众中的鼓动工作；在第五次代表大会后党的影响大为增强；与群众的联系扩大并加强了。现在我们可以说，党在群众中扎下深根，任何反动势力都无法将其消灭。但我们在这里不去谈这一点：我们只谈思想领域，由于博尔迪加集团的立场给我们造成的形势，对我们来说思想领域是党的布尔什维克化问题的中心。

首先笼统地简单谈一下我们党的思想状况。

由于我们党是在进行激烈的反对社会民主党和最高纲领派集中主义的斗争中发展的，机会主义派别，不管它采取什么面目，都不可能存在，更不能在党的队伍中发展。

但是，这并不是说，意大利支部过去完全没有出现过这种或那种倾向，这些倾向将来不会重新抬头。在我们党内出现过修改马克思主义理论经济学基本原理的倾向，尽管格拉齐亚德伊同志提出了相反的看法，但这些倾向在政治领域仍有一定影响。我们中还有另一些人，他们尽管也不赞同格拉齐亚德伊同志的理论，但从他们的心理和观点来看仍应被称做右派。此外，我们党在合并后存在最高纲领派的某些残余，这些思想残余应该予以肃清。例如，有些问题该与塞拉蒂同志争论，这些问题过去使他持反对共产国际的立场，而对这些问题他还没有最新的明确说法。这些右派思潮的发展是由于政治情势的发展引起的，尤其是由于小资产阶群众反对法西斯主义的行动引起的。但至少不容置疑的是，这些思潮只存在于人数有限的同志的小圈子中，得不到党员群众的响应。这些倾向总的性质与第五次代表大会谴责的机会主义倾向是一致的。犯有这些倾向的人政治上和思想上与第五次代表大会称做共产国际右翼的思潮是一样的。

　　党在思想上的布尔什维克化是预防任何右倾危险的最好保险；它使我们有可能容易地清除藏在我们党内的机会主义的某些酵素，尤其是在党同第三国际派合并之后。

　　但如果说我们应警惕地盯着右派的话，那我们不能也不应该忽视，目前我们党最严重最重大的问题是博尔迪加集团立场的问题，其原因有两个：首先，因为这个集团不同于右翼，对党员群众有着实在的影响；其次，因为这个集团的思想面貌与其他党内的激进派别截然不同。

　　博尔迪加同志许多次被指责有工团主义和半无政府主义的倾向；还指出他有唯意志论、哲学上的唯心主义，等等。所有这些指责都与实际完全不符。应该从截然不同的另一方面去寻找推动博尔迪加走向反对派的思想动因。我们只有明确了博尔迪加的思想立场，才能明白，为什么甚至在第五次代表大会各个党左派中的健康力量全都结成反右派的联盟、成了共产国际的轴心后，博尔迪加却反而置身于左派反对派中。毫无疑问，他的立场是背离革命的马克思主义、背离列宁主义的有害的过激倾向；我们党应该根除这一倾向。这是与党的布尔什维克化有关的十分迫切需要解决的课题之一。

　　现在我们比以前更清楚看出我们与博尔迪加同志的分歧。在党的生活的最初几年，我们不存在分歧，现在刚出现分歧；在党的生活的最初几年，我们得以找到了总的解决党的生活和活动问题的办法，尽管我们的出发点不同；对我们来说，这些解决办法是客观形势的结果；对博尔迪加来说，这些解决办法完全是一定的原则性原理的产物。因此，这些解决办法对于博尔迪加来说是任何时间任何情况下的绝对现实。相反，对于我们来说，这些解决办法与当时的客观条件密切相关，随着形势变化是可以变化的。因此，当形势发生了变化，为了解决党面临的问题应该考虑到新因素时，我们之间开始出现分歧。从这时起，我们认为博尔迪加的整个立场是错误的。

## 博尔迪加的策略方法论和列宁主义

我们分析博尔迪加的错误并寻找其根源时发现，这些错误都是同一个原因造成的，这便是他处理政治问题的方法；这一方法过于抽象，如果说不是类似于那也是接近于概念化、形式逻辑，与列宁主义充分展示的并达到发展最高阶段的马克思主义活的辩证法格格不入。

列宁主义方法的基础是辩证唯物主义：它对现象既从其复杂性、总和去分析，又从其局部反映去分析，它联系周围事物、联系整个现实世界及其与这一世界的关系来探讨现象；它在现象的动态中、发展中来抓住现象。列宁在研究和观察政治问题和社会问题时使用这一方法。他借助这一方法分析出现的不同形势，在此分析基础上确定党的路线。他不局限于确定特定历史时期最本质的特点，不只分析它的总的发展阶段，而是一步一步地注视事态的展开，不厌其烦地深入这一过程每个时机的具体的历史本质。他确定从一个发展阶段向另一个发展阶段过渡的时间点，以便对党的策略作出相应的结论；他竭力在每个特定时间点分析出代表这一形势的本质的、典型的和独特的东西，在这个基础上构建党在当前的策略。

与此相反，我们看到博尔迪加过多地局限于分析问题的形式和表面，只从一定的固定观点来加以探讨，而不从整体的总和中抓住问题；抽象地思考，他抓现象时脱离其周围环境，把现象孤立起来，然而在僵化的形式逻辑的概念里确定现象的固定地位。

博尔迪加在分析政治形势时广泛采用综合方法，忽视对特定具体发展阶段的分析，不注意从一个阶段向另一个阶段过渡的时间点，没有发现每个情势下独特的、可以据此来制定党的具体策略的东西。他描绘笼统的前景，并据此来拟出党的政治总路线。但这还不算什么。更糟的是，他在确定党的策略时不考虑情势发展的某一时间点的特点。他的错误根源就在这里。他不否定表达无产阶级眼前经济利益的局部口号，但否定只适用于一定历史发展时期的政治口号（并不是适用于漫长时期的鼓动宣传口号）。

我们不否定必须确切地给群众描述整个发展总的前景及在此基础上党的总的政策。但我们说，这还不够，除了提出用于整个发展时期的泛泛性质的口号外，除了提出表达劳动者眼前经济要求的口号外，党还应该提出只考虑当前时局、只具有一时意义的政治口号，当然不能与基本口号相抵触，否则就会落入机会主义中去。必须联系基本路线，把广泛的笼统的口号与符合具体时局的口号结合起来。

我从不久前意大利共产党的经历中举一个具体例子。我是指具有笼统意义并适合整个运动发展阶段的工农委员会这个口号。相反，党提出的建立反议会的建议只说明一定的情势时机，具有严格局限于一定时间点的意义。博尔迪加赞同前一个口号，但不同意后一个口号。他错就错在这里。

博尔迪加的策略方法使党失去了任何的机动能力，它使党僵化，成了消极性和政治错误的根源。由于脱离了实际，忘记了过渡阶段，悬在空中，而局势却在不断变化。因此，结果是，党在某个时间点不能完成工人阶级自觉的先锋队的任务。其后果就是革命斗争中的障碍和困难更趋复杂化：不仅体现在客观方面，这关涉到情势及其革命是否成熟；也体现在主观方面，这关涉到无产阶级进行斗争的准备方面。

## 党及其与群众的关系

与这一方法密切相关并与之适应的，还有博尔迪加对党的作用及其功能和任务、与群众相互关系的理解。这一理解与布尔什维克和列宁主义的观点截然对立。

他确实把党看做是某种独立自在的机体，这一机体虽然与工人阶级有联系，但并不是工人阶级的有机部分。按照博尔迪加的看法，党独立于工人阶级内部事态造成的各种思潮和情绪，他认为的党仿佛过着独立的生活。党存在于阶级之旁，甚至存在于阶级之上，而不是阶级革命觉悟和意志的具体直接的表达。

与此相适应，对党和阶级相互关系性质的理解也有了改变；这种关系更多被看做是局部和整体机械的联系，而不是二者的有机的联系。因此，博尔迪加对在工厂支部基础上重组党并无多少好感。

博尔迪加对党的功能的见解也很独特。如果我们想用几何学方法来表示这一理解的话，我们可以把工人阶级的生活和革命运动的发展用一条时而上升、时而下降的线来表示，而党的生活则用一条直线来表示，这条直线与前一条线只在最高点上相交，在其他时段都是分开的。当革命浪潮把群众推上党的高度，党才与广大工人群众相接触。相反，真正的布尔什维克的党即使是在大消沉时期也应与工人群众保持接触。党应是工人阶级自觉的先锋队，成为每一个特定时期的领袖。党不应坐待时机，等待群众的自发运动把群众提高到革命自觉的高度，等待夺取政权的斗争已提上日程。

博尔迪加说，"我们可以也应该等待群众"。这一论点是错的，与列宁主义完全背道而驰，这是错误的自发论的余音，自发论的源头是博尔迪加总的世界观极为典型的极端保守的、机械的经济决定论。

这一观点也表现在他对组织问题和党内领导问题的态度上。

由此无疑可以看出，博尔迪加的观点不符合列宁主义。他接受列宁主义原则性的总的论点，但抛弃了革命策略方法论和对党的作用、功能及与群众相互关系理解方面的许多实质性的要点。但列宁主义是一个统一的有机的体系，把列宁主义分割成一个个组成部分，那就是对它的毁灭。博尔迪加同志应该明白这一点。

### 博尔迪加的形式逻辑和共产国际的策略

我们概括描述的策略确定的方法上的分歧和对立，在博尔迪加对共产国际策略提出的总括性的反对意见中表现得格外突出。

博尔迪加说，共产国际在策略问题上缺少完整的理论。共产国际没有连续的指导路线。共产国际持折中主义。博尔迪加认为完整的策略理论是规定各个党在各种可能的情势下的行为规范的"定义总和"。

令人惊讶的是，博尔迪加在第五次世界代表大会之后至今尚未抓住共产国际策略的基本路线。这条基本路线不仅有，而且十分清晰。如果对博尔迪加来说这条路线不存在，那是因为他是别有所指。确凿的事实是，问题不出在共产国际没有指导路线，而出在博尔迪加对这条路线及确定路线的方法持否定态度。事实上他提出了一条与共产国际截然不同的策略路线，一条完全用另一种方法论得出的路线。这方面明显反映出博尔迪加对党的作用的理解以及他本人的策略理论。博尔迪加说，任何策略问题都取决于原则性问题。这个说法是对的，但还不够。同时应该考虑到另一点：党要行动时的具体的客观情势。对这一情势的分析不仅有着如博尔迪加所断言的融合和检验党的纲领各个论点的意义，而且对于确定党的策略具有决定性的意义。应该从这种对客观形势意义的估计不足中来寻找博尔迪加的批评错误的原因。

由于他把这一意义化为乌有,几乎完全从任何形势变化下都颠扑不破的学说原则和党的总的纲领中推导出党的策略,他当然倾向于认为可以并且必须不仅先验地确定总的指令,而且不管情势如何,先验地确定提出党的具体策略的"定义总和"。

由于我们不仅根据原则,而且直接联系变化中的客观情势来探讨党的策略,博尔迪加的方法便不合适,因此也是无益有害的。可以先验地提出的只是保证遵守基本原则和规定党的策略应保持的限度的总的路线。再往下就走不通了,因为不可能预先确定在历史过程的某个时间点的特点。而如我们所看到的,特点是在确定党的策略时的重要因素。

具体形势以及党的策略都是由无数因素决定的。这些因素中有工人阶级斗争的决心、党的战斗力、资产阶级的政治觉悟程度、中间阶级的情绪和辨别能力、资产阶级内部的冲突、经济衰落或振兴的程度、国家机器的强度、各方面的军事实力,如此等等。

但并非所有这些因素分量都一样。这方面是按分量层层递进的,因此这些因素的重要性千变万化、变幻莫测。这些因素没有确定不变的数值,它们的相互作用和相互依赖关系决定了它们的重要性。

任何人都不能断言,可以预先先验地确定和预见在未来的某一时间点这些力量的变化结合情况及其重要性,而在制定党的行动计划时不得不对千变万化的各种因素都加以考虑。只可以在特定的具体时间点作这样的考虑,具体规定党的行动纲领和策略的细节。博尔迪加则认为这只是一种倾向并称之为"情势决定论"。

因此共产国际的策略是灵活的;博尔迪加却以此来指责共产国际,说共产国际没有连续性,表现为折中主义。

这是博尔迪加形式逻辑的表现之一。他在形式联系和定义对比中寻找策略的连续性,而不是把每一个特定口号与提出口号的实际情势生动地联系起来。这一联系体现了共产党策略辩证的连续性。我们求教于列宁的著作，根据这些著作来观察俄国布尔什维克党的全部历史和活动，会发现许多似乎相互矛盾的地方。但这是纯形式性质的矛盾，这种矛盾掩盖了我们大家熟知的、俄国党生活和工作特有的革命行动深刻的辩证统一。博尔迪加主张的形式上的一贯性与他鼓吹的以考虑总的前景和忽略连续的发展阶段为根据的策略方法是有联系的。这与布尔什维克排除形式主义和简单化而又不倾向于折中主义（这是博尔迪加毫无根据地硬加给共产国际的）的策略是相抵触的。

共产国际的策略怎么会是折中主义策略呢？折中主义确定策略时依据的是把情势的两个或几个要素任意混合，不分析情势的多样性和统一、情势的不断发展，不把它与形成情势的整个环境联系起来。博尔迪加根据什么文件认为他有权对共产国际作出这样的指责？

折中主义要求采取与纲领依据的原则截然相反的行动。实际上并没有这样的矛盾，因为共产国际的策略方法依据的是列宁主义辩证法。而这却被博尔迪加称做折中主义。保证策略与纲领不相抵触，因为存在领导中心，但是如列宁所指出的，这个领导中心不可能把策略准则简化为一个并加以规范化。而博尔迪加却要这样做，他坚持制定严格规定的策略准则，并指责领导中心力图保持确定策略方法时的无限自由。

决定共产国际采取策略方法界限的是共产主义学说的原则和共产党的纲领。但不能先验地把策略方法局限在这一范围里。策略方法的多样性取决于某一时间点形成的情势的多样性，取决于革命斗争的要求。先验地拒绝在我们上面指出的范围内改变策略的自由就是拒绝列宁主义，而列宁主义才是真正的现实主义，要从革命行动的观点对现实从质和量上作出评价。

要走上正确的道路，只抑制折中主义是不够的。应摆脱形式逻辑的束缚，博尔迪加成了形式逻辑的俘虏，形式逻辑和折中主义一样决定了研究方法以至行动方式的局限性，这有碍于开展真正共产主义的和革命的政治活动。

列宁认为策略任务要在运用共产主义总的基本原则时善于适应特定的客观历史时间点的特点。列宁猛烈抨击任何机械地阐释策略准则的尝试。他不断摸索和区分每个情势中决定性的独特的东西，摸索和区分必须抓住的环节，以便为向下一个环节过渡做准备，从而主宰整个事态的发展过程。这与博尔迪加同志是格格不入的，因为博尔迪加的方法是先验地提出策略定义的总和。这种处理策略问题的方法与马克思主义是根本抵触的。

马克思主义是历史分析和政治定向的方法，而不是先验地规定解决办法的总和。在党的生活每一个时间点，在制定活动计划时不是要翻寻一堆先验地制定的定义，从中找出现成的答案和对当前问题的解决办法，而是要从过去积累的经验中推导出符合特定时间点的解决方案。

列宁的特点是，他面向过去只是为了从过去的错误中吸取教训；定义对他来说之所以重要，是因为定义是遵循共产主义基本原则的保证。他勇于深入生活，抓住实际存在的生活，从中寻找对获取胜利必要的力量，探索走向胜利的途径。综上所述，我们认为博尔迪加目前的立场是向弃权主义思想的回归。表面上它为了适应新情势改头换面，实际上仍然是由于我们当前面对新的政治问题而再度泛起的同一种思想沉渣。

如果说过去对弃权主义理论上不能肯定，但政治上可以理解，因为它是对机会主义的一种反动，是同机会主义斗争的有效方法。从这个意义上说，弃权主义在当时意大利社会党内还没有代表健康的共产主义革命思潮的反对派时，是有益的。但在我们今天，共产党已经存在，弃权主义思想余毒在党内是有害的，是党和革命运动发展的严重障碍。

博尔迪加另一方面的思想倾向表现为他在托洛茨基主义问题上所持的立场。确实很有特色的是，托洛茨基主义的追随者在其他党里都属于右翼，而在意大利却打着极左派的旗帜。这不是偶然的。托洛茨基主义和博尔迪加的思想立场很接近。我们说接近，而不说等同，因为二者之间确实还存在巨大的区别。等这个问题成为讨论的话题时，我们再来详细谈一谈。应该清楚地看到使托洛茨基主义和博尔迪加总的观点接近的环节。还必须确认，在托洛茨基同志的立场中没有一点是博尔迪加可以据以来要求全面修改共产国际策略的。

目前我们只限于提出问题，希望指出布尔什维克化对党提出的任务：从党的队伍中肃清托洛茨基主义。

在党内深入进行列宁主义教育工作的过程中克服这一切困难，是意大利共产党真正布尔什维克化最重要的前提。这一工作应与无情地反对一切还可能出现的机会主义倾向和右倾的斗争同时开展。

我们就是要通过这样的途径使我们党的队伍在共产主义理论的基础上使思想明确起来。

## 党内派别和纪律

通过什么样的途径来使建立党的思想统一的过程得到发展？我们不走派别斗争的道路。只有在齐心协力的革命活动的基础上我们才能达到我们的目标，而正常的革命纪律是齐心协力革命活动的保证。我们在这方面遇到了务必不惜一切代价加以克服的严重障碍，这些障碍是博尔迪加集团在党内所持立场的结果。同志们拒绝进入党的中央委员会，因此党内开始滋生派别习气。我们并没有说，这种拒绝本身在不存在其他因素的情况下就足以产生派别，但这种拒绝滋生了派别习气，如果我们提供空间任其发展，它最终会成为危害党的活动的严重障碍。这最终会导致派别的形成，而这种派别完全是人为制造的，革命运动的客观情势并没有为此提供理由和根据，这种派别完全是由于原则性的理论错误造成的，因此这种派别的形成没有正常发展的基础，由于缺乏创造力对党和革命运动都危害极大。

我们的章程规定，共产党内不允许存在派别。但不应该从纯机械和纪律的角度来处理这个问题。如果派别产生有现实的根据，那任何形式上的禁止都不能妨碍派别的形成。对这个问题应从马克思主义的角度去看。从这个角度出发，我们断定，意大利党内不存在产生派别的客观根据，换句话说，派别的产生不是由任何革命运动的现实需求所促成的。

下面必须从全面的角度来探讨这个问题。

共产党由于其社会基础——工人阶级（党体现了工人阶级长期的历史利益）——的统一而基本上是统一的。党内可能产生的分歧不是为争夺对某一阶级和对立社会利益的影响的斗争的反映。这只有在党如同实现了无产阶级专政的俄共一样垄断了国家的政治生活的条件下才是可能的。这时党本身的内部矛盾可能产生并成为社会各阶层利益矛盾的反映和表达。在无产阶级专政还没有实现、所有社会力量都有可能通过自己的政治组织表达的国家里，共产党情况则完全不同。

我们在老的社会民主党内部曾是坚定的派别分子，因为这个党不是一个统一的工人阶级政治组织。在这个党内无产阶级的影响与小资产阶级劳动阶层、工人贵族、农民的影响发生冲突。党是不同社会阶层的政治组织，没有统一的政治路线，这十分正常。不管实行多么严格的纪律，要阻止党内产生派别是做不到的。

我们曾是"分裂主义者"，致力于组建独立的无产阶级政治组织，这个党政治上要独立，这是阶级斗争必要的前提。

我们成立了共产党，做到了这一点。在共产党内没有产生派别的现实根据。这绝不是说党内不可能存在思想分歧以至对立的思潮。这与最严格的革命纪律是相符合的，但这类分歧的性质与派别斗争完全不同。由此产生的小集团并不具有长期性质，它们不是确定的特殊意识形态的结晶。

基本原则依然是统一的，因为分歧并非环绕基本原则展开。分歧是由于对方法、时局等的评价不同而产生的。在具体的问题上出现不同的观点，但只要在特定问题上争论结束，这些小集团便会解散，不会定型成长期的核心。在另一时间点、另一些问题上产生的小集团可能与此前的小集团有根本区别，因此产生派别的危险性并不存在。而我们党内的危机情况并非如此。我们在我们党内发现，分歧继续存在，有可能定型成长期的确定的相互对立的集团。这是什么原因呢？这是由于构成分歧基础的是原则和方法的不同，而这种不同几乎在所有争论的问题上都有所表现。这些分歧不是暂时性的。它们不限于确定的具体问题。

这是两个根本不同的观点的矛盾。我们认为，博尔迪加同志走在错误的道路上，他的立场是直接的明显的背离列宁主义的倾向。党应该明白这一点，我们也衷心希望博尔迪加本人明白这一点。党的中央委员会为了尽快达到这一目的，认为有必要让博尔迪加集团参加中央委员会，进行合作。

但同志们本人坚决拒绝这样做，博尔迪加本人一贯拒绝做任何与党中央合作的工作。这具有政治性质和意义，对此不能闭口不谈。而党中央和共产国际认为，冲突可以通过共同工作在整个党积累革命经验的过程中加以消除，而博尔迪加却认为，要通过截然相反的途径，通过派别斗争来求发展。博尔迪加没有这样说，但对他的行为客观上可以作这样的解释。必须正视事情的根本。博尔迪加的立场与国际政治形势和革命速度放缓有关。他的立场依据的是党和共产国际发生机会主义蜕变的前景，这一前景必然会导致共产国际各党内产生和形成派别。

我们对共产国际未来的看法截然不同。我们决不赞同这种悲观主义。这当然不是信任问题。尽管我们绝对信任俄国党，但历史问题也与被资本主义国家包围的苏维埃共和国联盟的无产阶级专政所处的国内和国际客观条件紧密相连。博尔迪加的立场不仅为形成派别减少困难，而且从根本上来说是以必然导致组建派别的发展前景为导向的。

我们不会无视在目前这样的时代很容易发生的"右"的危险。季诺维也夫同志在他的讲话中已经指出了这一点。但这与博尔迪加的前景毫无共同之处。我们至少认为，革命者应留在自己的岗位上与机会主义危险作斗争，而不是脱离工作，为机会主义危险腾出场所。至于博尔迪加，他拒绝担任党中央的任何职务，是因为这样做使他不得不放弃自己的观点，而他又不愿放弃，或者他不得不在工作中违背共产国际的指令。这证明，分歧已不是表面性质的，也不是由局部问题引起的。这证明他认为共产国际已右倾并走上了机会主义的道路。

他的行径表现出对党和共产国际的根本不信任。

因此博尔迪加的行径遵守形式上的纪律，却与真正共产主义的、革命的、起积极作用的、不限于遵守党章规定的纪律要求相悖。革命纪律不排除意见的交锋，相反，要求进行批评，同时要求当决定作出后少数真心实意地、自觉自愿地服从多数。不这样做，就没有意志和行动的统一，而这是共产党的基础，没有了意志和行动的统一，就没有党，没有纪律。博尔迪加同志的行径与这一要求相悖，有碍于实现真正的意志和行动的统一。

可是党不得不行动、斗争并为进行最艰苦的革命斗争做准备。党愿意前进，而不是原地踏步，党不可能容许这样的状态没完没了地存在下去。意大利事态的发展和党内现状要求我们尽快消除这一不正常的状态。

因此我们十分明确地提出这个问题。

博尔迪加同志在不久前写的一篇关于托洛茨基主义的文章（我们还将谈到这一点）中表明，他认识到必须表明态度，他公开持斗争的立场，声称所讨论的问题事关重大，使得他放弃舒适和内心安宁的考虑。令人有点不解的是，博尔迪加这样的同志哪来的这样的纪律观念。共产国际是斗争的组织，不是操心和平安宁问题的小资产者联合会。共产国际要其成员作为义务遵守铁的纪律，是正在进行的革命斗争的根本要求，与舒适问题毫不相干。

博尔迪加同志的上述文章谈到机械的、令人窒息的纪律。我们暂不对这种说法作出评论，因为这种说法使我们想起我们反对其他敌人的斗争，我们永远不愿在这些敌人的行列之中有博尔迪加同志的名字。

他应该明白，他不愿放弃所持立场的态度将会导致什么后果，共产党不可能长期对此容忍。

博尔迪加的问题当然不简单是个纪律问题。这是个要大得多的问题，是个政治问题，这个问题向我们提出了积极开展反对思想倾向的斗争直至在我们队伍中加以完全肃清的任务。与此同时，还必须进行反右倾机会主义的斗争（同样坚决的斗争），现在右倾机会主义比任何时候都泛滥。党只有在这一斗争过程中，作为列宁主义政党进行自我教育。

法西斯主义只会加速布尔什维克的教育，从这个观点来看我们得感谢法西斯主义。我们的党是在国内战争过程中诞生和发展的。它在反对反动武装匪帮的血腥斗争中得到了战斗的洗礼，取得了布尔什维克在地下和恐怖时期工作的宝贵经验。现在党应该通过反对理论倾向的斗争在思想上布尔什维克化方面有所前进。列宁主义是照耀我们道路的明亮的灯塔；我们党在这条道路上将变成真正的布尔什维克党，从而为无产阶级革命取得胜利提供唯一的有效的保证。

**主席：**

请武约维奇同志代表青年共产国际作副报告。

## 武约维奇代表青年共产国际作副报告

同志们！季诺维也夫同志在他的提纲中指出，青年共产国际的任务是争取整个年轻一代的工人，我认为，所有的党员对如下一点不会产生怀疑：布尔什维克党没有从属于它的群众性的共产主义青年组织是无法存在的。如果我们想在这里、在共产国际执行委员会扩大的全体会议上谈论青年组织布尔什维克化的问题，那首先应该强调指出，务必一劳永逸地与我们队伍中曾有过的老的社会民主党方针决裂，这个老方针表现为多数共产党过去和现在都不够重视青年运动。

同志们！我们在青年共产国际第二次和第三次代表大会上提出了我们运动的任务是在各国组建群众性组织。如果现在说，布尔什么维克首先是一个群众中的人，那么我们在这个意义上早就提出了我们青年团的布尔什维克化的问题，那是在共产国际第五次代表大会提出与布尔什维克化口号有关的群众工作问题之前。

由于某些国家还有人断言，青年共产国际把布尔什维克化首先看做是在工厂支部基础上的重组，那么我们不得不在这里确认，我们的主要口号是：到群众中去，建立群众性的共产主义青年运动！青年共产国际过去和现在都认为我们青年团的重组只是一个必要的基础，在此基础上我们才能完成青年共产国际第二次和第三次代表大会给整个青年运动提出的群众工作的任务。我们的这一组织任务过去和现在当然仍然与我们青年团面临的各项具体任务、与改善劳动青年经济状况的工作、与早已成为我们日常工作一部分的争取局部要求的斗争紧密相连。同样，一切组织问题都是农村工作、工会工作、资产阶级军队工作的问题以及其他各种形式的群众工作。

总之，同志们，青年共产国际三年来致力于在各国建立群众性的团组织。现在我们该向共产国际作出我们三年半工作的总结。

我们并不想用粉红色来描绘我们团的现状。我们十分清楚，老实说，我们的群众工作，直到现在，在三年半之后，仍只在苏联有群众性的工人青年组织，即我们在我们俄罗斯列宁共产主义青年团中团结了大多数无产阶级青年和多数农民青年。但是同志们，对于共产主义青年来说，群众性组织不仅意味着在共青团中组织上团结起大多数工人青年，而是如列宁在共产国际第三次代表大会上谈到党时指出的那样，还要把我们战斗的、起领导作用的工人青年组织的影响扩散到大多数劳动青年中去。我们现在可以确认，在这方面，在把我们的影响扩散到工人青年中去方面，我们在某些国家已取得可观的成果。

我们青年团在法国无疑是唯一的工人青年组织。我们在法国，由于我们团的工作，已经在多数工人青年中扩散了我们的影响。在许多其他国家里情况也是如此。在意大利、保加利亚、美国，我们已经有了群众性的团组织，即我们的同志成功地与工农青年群众建立起联系并巩固了对他们的影响。在许多国家里，在德国、捷克斯洛伐克、英国，我们已经可以认定这方面的初步成绩。但应该补充一句，即使现在，我们也还是才在向群众性组织转变的道路上迈出了第一步，青年共产国际还应在这方面做巨大的工作。

但我们许多团的工作和成就说明，青年共产国际第二次和第三次代表大会采取的群众工作方法是正确的。许多团已找到了必要的群众工作的方式方法。这使我们抱有信心，我们在不久的将来，在党和共产国际的帮助下，将在这条道路上取得累累硕果。

但是，同志们，必须确定我们青年组织发展成群众性组织的困难在哪里。共产国际和各国共产党接过了第二国际的群众组织传统。如列宁同志在他的《共产国际及其在历史上的地位》一文中所说："第二国际是为这个运动在许多国家广泛的大规模的开展准备基础的时代。"① 在第二国际时代不仅找到了把工人阶级大规模地组织进工会的形式,而且在同一个时代在一些国家里还建立了群众性的党。

共产国际依靠在工人阶级中群众性组织的传统开展工作。而我们的情况如何呢?我们是否接过了社会主义青年国际的任何群众性组织传统呢?没有,恰恰相反。社会民主主义青年国际在战前未能组建群众性的(数量上的群众性)工人青年组织,未能把自己的影响扩散到工人青年群众中去。另一方面,社会主义工人青年团在战前没有在加入工会的工人青年中做群众工作。当然,这主要归罪于改良主义的社会民主党,它们竭尽所能阻碍工人青年的工会组织,也阻碍工人青年成立自己的群众性组织,因为第二国际的官僚们明白,在青年团中聚集着革命分子,积蓄着革命力量,这些力量在适当的时刻会起来反对第二国际改良主义的背叛政策。在战时这一点得到了证明:青年团是第二国际中第一批反战组织之一。

同志们,战前情况就是如此。青年共产国际在工人青年中,在过去的社会主义青年团中没有找到群众性组织、群众工作的传统。

战后,我们各国青年团在其活动的第一个时期的工作实质上首先是政治工作,首先是反对社会民主党的斗争,而在第二个时期(成立共产国际后)团的工作最主要的内容是协助在各国成立共产党。这个时代我们应该拥有坚强的、团结的、革命的青年团,以便成功地在从前的社会民主党和新成立的共产党中反对一切改良主义分子。因此,在这一时期(我们称之为青年运动先锋队时期)我们不能成立大型的群众性的青年组织。直到共产国际第三次代表大会后,直到这个各国成立和清洗共产

---

① 篇名应为《第三国际及其在历史上的地位》,引文见《列宁全集》中文第2版第36卷第291页。——译者注

党的第一时期结束后（在这一时期我们在多数国家里有了相当大的共产党），直到这时共产主义青年才能较多地做开导千百万工人青年群众的工作。在此之前是不可能做的。在这时，在第三次代表大会后，尤其是在去年，在我们拥有相对巩固的共产党、不会由于改良主义和机会主义产生新危机的地方，青年共产国际才能展示其善于在群众中开展良好工作或者朝这个方向努力的能力。就拿法国来说，法国共青团在近几年人数增加了一倍，美国共青团也是如此。在意大利，自从我们有了坚强的党中央后，我们的同志取得了巨大成功。在其他国家里也是如此，只要那里有巩固的、团结的共产党。当然，在那些我们还得在自身队伍中反对改良主义者、还无法充分做群众工作的国家里，我们应该提出的最重要的任务是促使纯洁的共产党定型。如果什麦拉尔同志在克拉德诺的几次讲话中试图讥笑我们，说我们只有 12000 个团员，说组织很小，那么我们得回答什麦拉尔同志和什麦拉尔分子说，这正是**他们**的罪过，因为我们的团近几年来不得不进行其他国家好几年前就已结束的斗争。现在我们捷克斯洛伐克青年团的民族构成使相对多数的捷克青年工人入了团，但捷克共青团中现在没有一个组织跟着党内的什麦拉尔集团走。我认为，这是一大成就，这也是捷克斯洛伐克共产主义青年布尔什维克化的成果。捷克斯洛伐克党几乎有一半党员跟着什麦拉尔走，而捷克斯洛伐克共青团中却没有一个组织跟他走，即使在捷克的几个地区也是如此。发生在布隆的一件事是最好的例子：布隆的党干脆把共青团从大楼赶到了大街上，而且是用暴力赶的。我不知道，这件事是否表现出布隆的什麦拉尔分子的改良主义浪漫精神，还是这出于布隆的"理论家们"对布隆青年的愤怒，因为布隆青年始终忠于共产国际。我们进行的反机会主义者的斗争至少使我们没有可能去开展充分的群众工作。

各国共产主义青年团过去和将来都用不同方式进行反对改良派的斗争。什麦拉尔同志和他那一派的其他同志可以放心，在各个国家，只要党内还存在改良主义和机会主义的余毒，共青团为自己提出的首要任务就是进行反对这些余毒的斗争。党越布尔什维克化，我们青年团就越快发展成群众性组织，越坚持自己党的政治路线，越致力于在工农青年中的实际工作。

同志们，当然，由于我们没有接过社会党工人青年的群众组织传统，我们在组建第三国际的初期也不能形成群众工作的传统，在我们的组织中仍有着某些宗派主义思想余毒。这种情况还将持续一段时间。同志们，这是为什么呢？这是因为青年，尤其是近几年来，有着与某些党打交道的不快经验。需要做几年实际的革命工作，才能完全信任党并全身心地从事青年运动工作。情况就是如此。共产主义青年团至今没有成为群众性组织的客观原因就是如此。我们在反对旧思想、开展群众工作的斗争中已经做了大量工作，我上面提到的成果表明，在这条道路上已迈出了头几步，我们不会偏离这条道路。

同志们，现在的问题是，如何把共青团布尔什维克化同季诺维也夫同志在会上描绘的总的政治经济形势结合起来。这里要指出的是，第一，就是革命速度放缓。青年从中应吸取什么教训？教训是，青年现在应该做更多的工作，青年应更多地开展反对各国资本进攻（表现为延长工时、降低工资等）的斗争。因此，在争取改善工人青年经济状况的斗争方面的局部要求的问题比任何时候都更是共青团十分重要的具体任务之一。三年前，我们不得不克服相当大的困难。但现在我们可以说，在青年共产国际中每一个团都认识到局部要求和争取改善工人青年经济状况斗争的必要性和重要性。

我在这里只需举几个各国实际工作的例子就可以了。几天前，法国青年邮电工人大罢工刚结束。不仅在青年共产国际的历史上，而且在整个青年运动的历史上，共青团第一次成功组织了席卷几千青年工人的群众运动，共青团不仅在一个城市组织了这场运动，而且把运动推向全法国，并且使这场运动取得了胜利。这表明，我们的工作方法是好的，我们的青年团真正在为改善工人青年的经济状况而斗争。另一个例子：法国、德国、美国、意大利和英国的共青团在企业中开展各个生产部门工人青年提要求的运动。这项具体工作是青年团现已走上正确道路的标志。这些例子表明，我们在一些重要国家中已找到正确的工作方法，成功地适应了劳动青年的需求。我们应把我们在德国、法国、英国、意大利和美国积累的经验运用到其他国家中去。这是目前这个时期共产国际十分重要的任务之一。这是共产主义青年团布尔什维克化的一个方面。

第二个说明目前形势的事实是争取工会统一的斗争，这是布尔什维克化的共青团十分重要的任务之一。它与共产国际面临的任务分不开。

这一任务应与我们在改良主义工会中提出并导致布尔什维克化的要求紧密结合起来。遗憾的是，在一些国家里我们还得与第二国际的遗毒作斗争，为反对阻碍劳动青年加入工会的措施作斗争。现在，如果我们要开展布尔什维克的工作，就得加入工会并在其中开展争取工会运动统一的斗争。

我们现在就争取工会运动统一的行动提出的口号是：不仅全体青年工人共产党员加入工会，而且**全体**青年工人加入工会，并在其中为工会运动的统一和工会保护劳动青年的特殊利益而斗争。

同志们，因此首先必须开展我们党团的实际工作，我们应该承认这项工作还十分薄弱。不错，我们在法国等国做了大量工作。我们迫使意大利的改良主义工会在其代表大会上提出了青年工人问题并通过了支持我们要求的决议。因此，已经做了一些工作，但在工会中青年党团工作方面目前能确认的成果很小。我们没有党团便无法动员加入工会的青年工人投入争取工会统一的共同斗争，无法加强我们对他们的影响。

第三点是战争的危险。这是资产阶级反对苏维埃俄国的战争准备，这是爆发冲突和战争的可能性。这些事实现在要求格外加强我们已经做了多年的工作。但今天我们要特别提出：第一，我们要求党的领导和支持；第二，我们已明确了组织方面的问题。另一方面，我们同时不得不认识到，各国对爆发新的帝国主义战争危险的宣传重视不够。我们只需提一下列宁同志对前去参加热那亚会议的代表团的指示，便会明白，这个问题对于共产主义青年团和对于党多么重要。问题是要让不了解战争的新一代工人懂得工人和农民在欧洲四年大屠杀中经历的一切。我们应该开展大规模的鼓动和宣传来动员广大工农青年群众投入反对帝国主义战争和保卫第一个工农共和国的斗争。

我们应把这项工作和在农村的农民青年中开展的工作紧密结合起来。我们在这方面才迈出了头几步，知道在这条道路上我们还有大量工作要做。但在目前形势下，农业危机在欧洲肆虐，许多农业国里农民青年的生活条件恶化，此外他们还受到新战争危险的威胁，我们应该而且可以竭尽全力更大规模地开展在各国已开始的工作。必须把俄国同志、保加利亚同志、芬兰同志以及最近意大利同志积累的经验运用到其他国家去。总的来说，我们的团对农村工作的重要性和必要性尚重视不够。青年共产国际和我们的团近期十分重要的任务之一是使各个团都对这一工作的必要性和重要性问题有一个明确的认识。意大利同志的经验最近证明格外有用的方法是举行一系列代表会议，几百个意大利农村代表参加这些会议，会上提出农民青年的一系列局部的实际要求，激起了意大利整个南方农民青年的巨大兴趣。我们应该把这些方法运动到其他国家中去。

最后，我们在东方的工作。季诺维也夫同志在他的报告中明确指出，在世界革命发展的现阶段东方工作十分重要。

最近几个月来，青年国际和共产国际一样，十分重视东方国家。

中国的团，其团员人数超过共产党党员人数，做了大量的农民青年的工作。现在我们的任务是在其他已建立团的国家里加强工作，尤其是要使青年团把其影响扩大到组织之外去，把其影响扩大到各国革命民族运动广大参加者中去。

这些具体任务的完成将使青年共产国际和青年团在工人运动发展的现阶段布尔什维克化。我再一次强调指出，青年共产国际面临的所有任务只有在我们彻底做好我们已发展良好的组织工作之后才能完成。这一工作的完成是各方面群众工作的基础。

我们青年运动有哪些其他的薄弱方面呢？

我们不得不认定：

1. 我们在各重要国家的团的社会构成还相当不适宜。我们只有很少的团拥有无产阶级多数，车床工人多数。

2. 我们不得不指出，我们的团至今不善于组织支部和小组的工作，使每一个团员都完成共青团一定的任务并因此感到自己与运动的紧密联系。

3. 应该承认在个别吸收方面工作薄弱。这一点是因为我们的同志尚有一定的旧工作方式的余毒，同志们尚未完全认识到不应该存在青年工人同情者，要让所有受到我们影响的人都加入我们的组织。

由于这一点，由于我们一些重要的组织取得的成绩，由于为我们团的工作创造相当良好条件的目前形势，青年共产国际提出如下口号：今年内团员人数翻一番。我们想通过这样的办法首先与旧思想的最后余毒决裂，因为这些旧思想余毒与群众工作格格不入。我们每个团员都应承担起共青团日常工作的任务，在工厂、农村以至哪怕只有一个团员的地方个别吸收入团的工作应得到加强。

这就是青年国际目前的任务，我们青年国际和青年团布尔什维克化将取决于这些任务的完成。

同志们，我得特意把这一点即列宁主义教育工作作为一个任务单列出来。并不是因为这个任务与其他任务无关，也不是我们认为列宁主义培训工作与我这里谈的实际任务毫不相干。不，我把这一点单列出来谈，是因为现在，在中欧革命运动速度放缓的目前时期，我们应把对共青团员的理论培训任务当做启蒙工作方面最重要的任务，因为这一任务能保证反对可能的改良主义倾向危险的斗争取得成功。

我们青年团一贯积极参加共产党和工人阶级的各项斗争。我们的人都十分明确地认识到不积极参加党和工人的斗争，就不可能有任何教育工作。我们所有的团都通过今年的实践活动出色地证明了这一点。

但我们这方面的工作有哪些弱点呢？

首先，由于我们的骨干忙于日常斗争，必要的深入开展对他们的理论培训工作实际上时间不够。在革命速度放缓时期这些客观困难不会消失，反而会加重。但我们的团已经相对巩固，足以提出这一任务，此外，机会主义倾向的危险在我们的队伍中现在有可能大到使理论培训工作成为我们团生死攸关的问题。

近几年来我们格外有力地宣传列宁同志在俄国共产主义青年团第三次代表大会上的讲话中的意见，这些意见正是涉及共青团组织教育工作的这两个方面：

列宁说：

"如果说，学习共产主义只限于领会共产主义著作、书本和小册子里的东西，那我们就很容易造就出一些共产主义的书呆子或吹牛家，而这往往会使我们受到损害，因为这种人虽然把共产主义书本和小册子上的东西读得烂熟，却不善于把所有这些知识融会贯通，也不会按共产主义的真正要求去行动。"

但另一方面，列宁同志又说：

"如果我们只求领会共产主义的口号，那就更危险了。我们若不及时认清这种危险，不用全力来消除这种危险，那么50万至100万男女青年这样学了共产主义之后，将自称为共产主义者，这就只会使共产主义事业遭到莫大的损害。"①

同志们，如果我们要说实话，那我们应该指出，不仅在共青团内，而且在共产党内，近几年中，老实说，只求掌握共产党和共产国际口号的同志越来越多，他们几乎没有或者很少认真研究过这些口号。我们党内的许多危机表明，对理论培训和列宁主义研究很不重视。因此我们认为，目前世界革命发展时期共青团的布尔什维克化也就是对它进行理论培训，没有经过这一培训，那就不会成为一个布尔什维克，不会成为一个列宁主义者。

同志们，我们正是因此才把一般的列宁主义培训问题，尤其是理论培训问题作为青年共产国际执行委员会扩大全会的中心工作。这在不远的未来都将是我们最重要的任务，各国的中心任务。

同志们，我们很清楚，好的革命者只能在斗争中培养。但我们还明白，不学习列宁著作，不学习俄共党史，不学习俄国革命的历史和方法，也成不了优秀的列宁主义者。我们现在要把这项任务当做最主要的任务。同志们，这是一项很艰苦的工作，如果说我们至今不能很好地完成这项工作，那首先并不是因为共青团中对这项工作重要性不够自觉，而是因为我们没有物质条件。

同志们，我们在西欧尽可以大谈特谈布尔什维克化，但只要共产国际和青年共产国际不能为一些重要国家的工人们提供必要的列宁主义出版物的话，我们就无法在我们团员中充分开展教育工作。因此，首先必须用重要文种出版列宁著作和必要的列宁主义出版物，其形式应符合我们工人青年总的水平的要求。我们的团如果没有共产党的大力支持，大概在这一工作中不会取得很大的成功。出版著作和培训团员，这是第一

---

① 《列宁全集》中文第 2 版第 39 卷第 294、297 页。——译者注

项任务。

第二项任务是要开办许多团校,我们在其中要努力培训共青团工作的新骨干。在这方面我们取得了一些成绩。我们在法国的团校已经有所成就。在不久的将来,我们将在德国、捷克斯洛伐克、意大利等许多国家开办团校。我们青年共产国际将竭尽全力来做这方面的必要工作,但我们要再一次强调指出,为了开展这项工作,共青团无疑需要我们共产党提供日常的、实践的物质和精神上的支持。

同志们,这些任务的完成就等于在目前具体形势下青年共产国际和我们的团的布尔什维克化,我们相信,在共产国际和各国共产党的支持下,我们一定能完成这项工作。这样我们便能真正完成提纲给我们提出的任务,便能赢得整个青年一代,使青年一代与成年的工人农民结成一条钢铁战线,用列宁主义精神教育青年一代,在共产国际的各国共产党的领导下带领劳动青年与成年工人一起投入伟大的斗争,直至取得世界革命的胜利。(鼓掌)

## 加拉赫代表英国支部作副报告

当共产国际提出各国共产党布尔什维克化的口号时,我们许多同志问,布尔什维克化实质究竟是什么。我们许多同志集中精力要掌握马克思主义理论,却没有弄懂列宁主义理论,至今也没有懂。他们不明白(我们中只有很少人明白)究竟要求什么。我们应该懂得布尔什维主义应贯穿我们整个工作,要使我们所有的党能完成面临的任务。

布尔什维克化要求认真制定正确的战略和策略来与资本作斗争。只有共产国际各支部掌握了革命战略,学会运用革命策略,只有这时它们才能成为布尔什维克党。战略要求我们熟悉与我们作斗争的有组织的力量,能够联合、团结我们自己的力量,在敌人最痛处给予打击。因此承认社会民主党的老方法错了还不够，应该为领会共产国际提出的新方法做准备。我们党内应该普遍有十分明确的认识。但为什么布尔什维克的策略和布尔什维克的组织是对的呢？我们永远不要忽视，我们永远都应记住资本主义的战略强项，只要形势需要，只要有可能，我们永远都要准备摧毁或夺取这些强项。

我们应该懂得什么是"工人阶级革命先锋队"的作用。我知道，我们在我们党内，在我们党的各级组织中都愿意宣称，我们是工人阶级大军的革命先锋队，但我们是否知道，我们的党员是否知道，这意味着什么？革命先锋队应该能够带领和引导工人投入反对资本主义的持久斗争。我们只有懂得了"革命先锋队"的实质，才能摆脱除俄共之外几乎我们所有的党都存在的、组织问题上的社会民主党余毒。我们不厌其烦地一再重复"革命先锋队"、"民主集中制"，但我们的党远不是严谨的、纪律严明的、为真正成为革命先锋队所必需的组织。严于律己才能造就真正的布尔什维克。

我们不仅应该懂得民主集中制的意义，而且应该懂得作为我们党的基础的工厂支部组织的意义。党的生产支部是我们布尔什维克组织的重要组成部分。我们在生产支部基础上建设党的同时，应该培养我们进攻资本主义堡垒的力量。在这个时期，在企业中建设支部、瓦解资本力量、开展真正的布尔什维克工作规模并不宏大，并不令人瞩目，但却是必要的工作。在当前时期我们应提高自己，以免在危机来临时手脚无措。如果捷克斯洛伐克的同志将一如既往那样随波逐流，那么一旦危机来临，但愿什麦拉尔等人有所准备，而不是惊慌失措。我们应该勤奋地做好准备。欧洲战争，为"结束战争"而进行的战争结束了，但在目前和平时期相互竞争的帝国主义者是否不再准备进行战争了？不。在和平时期他们恰好在做新战争的准备。我们同样应该做准备。布尔什维主义是长期的、顽强的工作，如我所说过的，在这项工作中没有任何引人入胜的东西。但一些同志不做布尔什维克化要求的艰苦工作而选择了过舒适生活，他们将走上与丑类为伍的道路。脱离布尔什维克阵营的人无疑迟早会出现在敌对阵营里。

我们不仅应该在工厂里建立支部，尽全力摆脱资本的压迫，而且还应该不断地向资本主义经济进攻。我们应努力给资本的处境制造越来越大的困难。我们有些同志说，我们正处于稳定时期，但布尔什维克的义务、布尔什维克党的任务是使这种稳定无法保持下去。我们应团结和组织失业者，推动他们前进，提出越来越多的要求。我们应该在加入组织的工人中开展鼓动，我们的工会党团应为提出越来越多的新要求、提高工资、缩短工时等等开展鼓动。应不断开展这项工作，反对资本主义的战争不应停下。但有些同志说，工会领袖、工会官僚腐败透顶了，我们应反对他们。他们说，我们的党员仇恨工会官僚，无法说服他们待在工会里。但决不能容许我们党员的仇恨或我们对工会官僚的感情决定我们的行动。工会是工人阶级在斗争中产生、由于斗争需要而组建的大军，务必不断把这支大军用于反对敌人的斗争。我们对官僚的立场、我们对官僚的攻击、我们对官僚行径的批判，都应加大反对资产阶级斗争的强度。我们决不应攻击工会官僚或批评他们以致削弱了反对资产阶级斗争的强度。我们在支持工会和失业者的斗争、提出解决住房问题的要求、支持左翼运动的同时，应该不断给资本主义制造越来越多的困难。

捷克人说，该是提出局部要求的时候了。布尔什维克应始终愿意提出局部要求。但这局部要求应有两个不同的方面：第一，局部要求应促进工人的团结并深入推进反对资本主义的斗争；第二，应削弱资本主义，使之破产。这才是我们在进攻资本时应坚持的路线。东方各民族能在反对资本的斗争中起到重要的作用。

我们越有力促进被压迫的东方各民族组织起来，就越容易在他们中间进行鼓动，就越容易吸引他们投入反剥削的斗争，因此，也就越容易摧毁资本主义制度。因此，对殖民地人民的问题不能从感情的角度去看，不是因为我们相信殖民地人民有抽象的自由权（我们当然对这一点也是相信的），而是因为我们十分清楚，只要帝国主义者还在压迫和剥削东方各民族，欧洲工人就得不到解放。如果我们想推翻资本政权，那么我们就应促进东方各民族运动的发展，我们就应帮助他们，支持他们的反对资本主义的斗争。这就是我们布尔什维克对东方各民族问题应持的态度。

但是还有一个问题需要谈一下：必须懂得、弄清楚反对我们的国际势力。我们应研究国际战略问题。我知道，当我们英国人来到这里时，我们总想努力弄清楚德国的形势，法国、捷克斯洛伐克的形势。我们相信，德国、法国、捷克斯洛伐克以及其他国家的同志都很关注英国的形势。国际战略问题是我们反对资本主义斗争中异常重要的问题。扩大的全体会议、共产国际都应将这个问题提出来。

我们知道，自从战争结束后，共产国际和整个工人阶级的生活中发生了许多重大事件。但欧洲工人阶级亲眼目睹的一个十分重大的、一个十分突出的、一个十分实质性的事件却没有受到注意，没有受到重视。

我们对德国三月行动的失败议论很多，批评很多；我们经常讨论和十分关注保加利亚的局势；我们对1923年10月德国党的失败也谈得很多。这一切都已多次讨论过。请看两三个月前由于另一件事而写的文件，从中可以摘引一段与这一问题有关的话：

"正如大家所知，欧洲的反动势力越来越残酷。经常有人指责德国同志去年秋天的失败，但我们认为真正的、重大的失败是在1919年，当时英国工会运动没能利用十分有利的机会给予资本主义以决定性的打击。这种无能给英国资本主义提供了喘息机会，英国资本主义充分利用了这一喘息机会，开始削弱全欧洲的工人阶级，制止革命战争的爆发。这使英国资本主义能帮助处境危急的其他国家的资产阶级政府，把它们从工人阶级的进攻中解救出来。英国在每一次革命的失败中起了一定的作用。"

现在我想尽可能清楚地表明，1919年12月英国工会的失败是制止欧洲革命浪潮的决定性因素，从这时起全欧洲工人运动普遍开始退潮。但保加利加事件、德国十月失败仍然显示了某些积极的特点。德国的退却十分成功，大军得以挽救。而1919年英国一支团结一致、战斗力强的大军被推上战场，后来又应敌人的要求从战场撤走，注定走向瓦解和失败，而敌人却不断整合其队伍投入进攻。1919年底，工联代表大会在社会民主党领袖们的领导下决定放弃反对资本主义的斗争，以使资本主义有可能保持稳定。当发生这一切时，英国资本主义本来这时处境已异常艰难，终于长出了一口气，开始将其影响扩散到全欧洲。英帝国主义在意大利、保加利亚、捷克斯洛伐克和德国都大显身手。1923年秋，德国同志们不得不顾忌英国人有可能从科隆地区发动进攻以及英国舰队有可能进入汉堡港。他们相信，德国资产阶级不是唯一的敌人，在德国边界上还有另一个更危险的敌人，必须加以重视。我们党因此组建了"不准干预德国工人"委员会。因此，我们看到，英国干预大陆的所有事态。我们因此应该研究英国工人阶级失败的问题。这一失败是十分重要的事件之一。它比其他任何失败（不管是德国的、保加利亚的，还是意大利的）都更清楚地说明改良主义领袖在工人运动和工会中的作用，如果我们能全面研究当时发生的一切，如果我们能收集关于这些事实的材料，那这些材料目前对我们来说无比可贵，因为现在英国工人重又联合起来开展斗争。现在工人阶级的力量正在团结起来，工人们开始向英国资产阶级提出越来越多的要求，而1919年出卖工人的领袖们又将设法出卖他们。但如果我们研究了那个时期的全部材料，如果我们能将材料提供给英国工人群众，那么我们将得到最有效的武器来揭露叛徒们。

不仅英国工人开始提出要求，开始再一次团结自己的力量，而且殖民地的被压迫民族也使帝国有解体的危险。同时，正是现在，当被压迫民族站了起来时，那些在1919年出卖无产阶级的工人领袖被派往殖民地安抚骚动的群众。工人领袖们、社会爱国主义者、工人运动的帝国主义分子将再一次被用来遏制殖民地风起云涌的暴动浪潮。

我的建议是，全会要提出关于全面研究1919年英国工会运动失败的问题。我再一次强调指出，这一失败是决定性的转折，它标志了向革命速度放缓的现阶段的过渡。我们自己在英国也应更关注这一事实。这一点我清楚。但我们党1920年开始工作时困难很多，从它诞生起，我们就不得不为反对各种不利条件而斗争。但我们应着手抓住这项工作，我建议共产国际委托拉狄克同志做这项工作，再派几个同志帮助他，给他以相应的支持，使得这项任务完成后能给整个共产国际带来有价值的成果。

革命浪潮再次高涨。它席卷大陆，但现在，正是现在，它在英国高涨，在殖民地也可以看到这种场面。革命浪潮将越来越高涨，直到达到顶点，直到我们亲眼见到各国发生革命危机。当危机来临时，我们和其他人都面临一个必须弄清楚的问题。人们问我们：你们有没有一支引导工人前进的、有组织有纪律的革命先锋队？你们是否已在工厂、矿山和车间扎下深根？你们是否把欧洲工农和东方各被压迫民族团结成牢不可破的长期联盟？你们是否采取了必要措施来阻止敌人集结援兵？如果我们能肯定地回答所有这些问题，那我们也就能克服危机，战胜资产阶级。为了能对所有这些问题作出肯定的回答，必须实行布尔什维克化。不仅不能忽视布尔什维克化的问题，而且要在这一时期千百倍地加强布尔什维克化。因此我们英国代表团赞同关于布尔什维克化的提纲，保证做到：英国党会竭尽全力、全神贯注于自身的布尔什维克化。

# 第五次会议

(1925年3月28日下午)

## 讨论季诺维也夫的报告

**多姆斯基**（波兰）：

依我看，季诺维也夫同志说得完全对，他警告要防止对稳定的盲目崇拜。很清楚，我们已进入某种稳定时期，但断言稳定是持久的说法是错的。

我们在十月失败后就已明白（因为我们正视真相），资产阶级制度的稳定是不可避免的，在无产阶级大失败后不可能不如此。如果拉狄克、布兰德勒等人当时以为法西斯主义胜利了，即重又出现资产阶级解体的现象，那对他们来说这十分正常。他们想掩盖如下事实：他们通过自己的策略导致革命运动的失败，帮助资产阶级挽救形势。

接着和平主义民主时代来临。这个时代过去得如此快，即使最大的悲观主义者也没有料到。这当然表明资产阶级不仅得到加强，而且意识到自己的加强并指望已经可以完全不要各种小资产阶级和民主阶层的帮助，完全依靠右派专政的手段来进行统治。如果乍一看德国的情况有所不同，如果我们在最近的12月选举中看到中间党派和社会民主党有所增强，那么实质上这方面并无矛盾，并无实质性区别。法西斯主义者在柏林的12月选举中失败决不是重工业党的失败，相反，这是**右派的胜利**。右派政党摆脱了法西斯主义，成了有能力进行统治的政党，在法西斯主义失败和中派得到加强后，德国出现右派政府绝不是偶然的。资产阶级直到现在，在路德政府时期，才敢独立实施"可完成的政策"，同时不求助于社会民主党和民主派。资产阶级执政不仅抛开社会民主党人，而且开展反对他们的斗争。我们看到到处都是大致一样的情景：资产阶级感觉自己强大，在政治交易所里行情始终坚挺。我们没有任何理由去分享资产阶级的幻想。如果资产阶级重又放下心来，把他们的统治推到极致，那他们必然因此要为革命冲突提供新材料。这首先涉及殖民地和半殖民地国家。如果人们说漫长的稳定时期，那这只是从欧洲的历史视野来看。正如季诺维也夫正确指出的那样，如果考虑到国际形势，那情况又有不同：冲突必然会爆发，尽管没有人知道是在什么时候爆发。

波兰召开了党代表大会。我们在关于政治形势问题的决议中指出，资产阶级得到了加强，他们经历了几个阶段的稳定，但我们指出了资产阶级的这种稳定会引发新的矛盾。货币稳定、通胀期结束导致严重危机。抵制通货膨胀，就得使税负压力比通胀期重得多。这在农民群众中形成革命紧张态势。波兰的农民群众正处在1918年以来未见过的动荡过程中。不久前成立的"独立农民党"由于边疆地区农民的大量加入而得到壮大，更不说乌克兰族和白俄罗斯族各州了。那里的革命运动规模很大。我们的党代表会议，秘密的代表会议能在距离布列斯特只有几公里的农村中举行，而且有武装农民的保卫，这本身就说明这些地区的革命动荡。波兰的例子当然没有普遍意义。波兰是个穷国，法国和协约国各国给它提出的任务超出了它的政治实力和财政实力。波兰三分之二的国土是抢占来的，波兰发生危机是正常的不可避免的现象。

革命因素很多很有力。值得注意的是，我们在我们代表大会的决议里指出，群众是消极的。决议印好了，但已经不正确了。决议已经不符合实际。群众变成积极的了。严重的经济危机使他们觉醒。群众走上街头。我们为兰楚茨基案开展的运动在华沙引发了大规模的示威游行，游行队伍被政治警察驱散后又集合起来，尽管十分危险。但这种纯粹出于政治动机的现象已很久没有见到了。

另一个意义重大的现象——栋布罗瓦30万人的大规模示威游行。

工人运动重新活跃的这些征兆不是个别的，也不局限于波兰。捷克斯洛伐克近来也发生了反对物价飞涨的示威游行，多年不见的群众街头示威游行。这里有人说稳定时期给了我们时间，布尔什维克化应慢慢推行，因为捷克斯洛伐克社会民主党人还占73%。按照我们的理解，党应该100%由共产党人组成，而不是共产党人只占27%。如果有人说，我们有时间，捷克斯洛伐克、欧洲革命情势尚未来临，那么我们要指出：革命时期的共产党里有强大的机会主义一翼，那太糟糕了。如果这发生在革命时期，那共产国际就不得不及时有效地进行干预，使捷克斯洛伐克共产党摆脱社会主义一翼。也许我们还有时间，可以指望通过思想斗争来结束这种状况。但这一斗争、这种杜绝问题的做法是不可避免的，斗争应是沉重的、无情的。

德国和波兰的事态表明，机会主义带来的危害有多大。一直有人说，左派会把党变成宣传机构。同志们，我们看到，正是右派把党变成了宣传机构。

我们在党代表大会上坚决与过去的政治方针决裂。我们通过了明确具体的提纲，指出了新的路径。这一提纲不是光说空话，提纲指出，联系群众的问题是事关生死存亡的大问题。提纲提出，应该鼓动，应该斗争。

如上面说过的，我们可以在波兰看到群众日趋活跃。这不仅在我们国家发生，而且在其他国家也发生。党在拥有左派领导核心后不仅不是无所作为的，相反，党成了有所作为的党。党正在布尔什维克化，党应该不再去考虑73%的社会民主党人了。我们表明，只要有革命口号，便可以动员起整个栋布罗瓦地区。这告诉我们，开始布尔什维克化的党能吸引群众，引导他们投入斗争。

**库恩·贝拉**（共产国际执行委员会）：

我的任务是说明共产国际思想上布尔什维克化的问题。列宁在俄国工人运动初期在他第一篇重要著作中引用了老李卜克内西的话："学习，宣传，组织"①。总的来说，共产国际的道路就是学习、宣传、组织的道路。共产国际从几个宣传小组变成了世界性的列宁主义政党。在共产国际第四次代表大会上（当时世界革命的速度已明显放慢），列宁十分明确地提出了学习问题，指出我们大家都应该学习，我们认真学习以后，便能更好更清楚地理解世界革命的前景。政治工作随着共产党变成群众性政党，偏离了理论问题，对党内教育进行的宣传工作日趋减少。"更接近群众"的口号和共产党布尔什维克化这一任务不是偶然地使我们紧贴理论问题、党内教育问题。"通过共产党布尔什维克化**更接近群众**"这一口号首先是在反对共产国际内部机会主义危险的斗争中产生的。共产国际内部机会主义路线的特点首先是，反理论习性、崇拜最舍本求末的实际活动方式，如当年列宁同志描述伯恩斯坦主义和修正主义的特点那样。机会主义在这方面的第二个特点是随波逐流的政策，即否定理论上经过论证、理论上深思熟虑的革命战略计划。机会主义的第三个特点是**否定党的作用**，否定党是工人阶级和资本主义社会其他被压迫被剥削阶层各种斗争组织的自觉领导者。关于布尔什维克的提纲正确地提出，应该在某种程度上把与右倾危险和"左"的机会主义倾向截然

---

① 《列宁全集》中文第2版第4卷第169页。——译者注

不同的布尔什维克化理解为恢复党的主要作用、党的历史权利；因此，在布尔什维克化的过程中应给予马克思列宁主义理论、马克思列宁主义的宣传以应有的地位。马克思列宁主义理论的地位、宣传工作的地位是由党的作用来决定的，用列宁的话来说，这是确定"自发和自觉之间相互作用"的因素。没有革命的理论，不仅没有革命的运动和布尔什维克的政策，而且没有布尔什维克组织的布尔什维克化；没有认真的马克思主义和列宁主义思想的宣传，便没有我们各共产党布尔什维克式的结合。没有党员至少在党的实践中产生的各个问题上进行宣传学习，便不可能有保证布尔什维克式地贯彻执行布尔什维克政策和布尔什维克政治口号的布尔什维克组织。这便是党的作用综合观中的党内教育工作的作用。

对各共产党的政策深入的理论研究和列宁主义宣传的客观必要性还由其他一些具体情况决定的。这次扩大的全体会议，以及稍早的第五次代表大会一再指出，在革命运动两次高潮之间的时期，每一个国家总的形势的特点是存在一系列复杂的新现象。这些复杂现象的实质尚未被认清，但这些现象很容易导致迷失方向。

同志们，我认为，布兰德勒政策的根子部分地应从这种迷失方向中去找，这些同志部分地由于不会在局部要求政策产生的新条件下定向而被抛向右边。布兰德勒主义的理论基础是与列宁主义相抵触的错误的国家理论。我们大家都还记得布兰德勒著名的关于利用第48条来实现另一种形式改变的论点；这一论点揭露了布兰德勒与社会民主党联合政策的内情，即他的错误的国家理论。在法国右派立场中起了大作用的法西斯主义问题这样复杂的问题上迷失方向，有可能把整个运动和个人推向右派或推向"左"的机会主义即所谓极左倾向。在我们正经历的世界革命速度放缓时期，不仅在共产党内而且在社会民主党内都出现了许多如英国鼓吹的"建设性社会主义"之类的新理论。这一理论有许多追随者，不仅在英国，而且在欧洲大陆。第二国际的奥地利学派也与建设性社会主义有内在联系。第二半国际的英国领袖们不仅成了第二国际的政治领袖，而且在一定程度上成了第二国际的理论领袖。建设性社会主义的问题可能很容易把我们队伍中的某些人也搞糊涂了。我们党所面临的巨大任务决定了对工人宣传员的客观需要，从目前已成为整个法国无产阶级起领导作用的群众性政党并已直面新的革命问题的法国党这一例子上就可以清楚看出这一点。英国共产党也同样如此，英国共产党所处的时期正是英国历史上自发的左翼群众运动第一次加速走向共产主义的自觉性。我们各党的内部状况要求深入钻研理论，并在我们党内党外（广大的工人阶级阶层中）开展广泛宣传。

我已经提到过，在过去的一段时期里，由于种种客观原因，革命宣传日趋减少。德国就是一个例子，布兰德勒及其同志们在那里把与无产阶级当前的迫切问题相结合理解成与工人阶级的幻想相结合。在这种情况下，正如列宁在他那本被季诺维也夫同志称做布尔什维主义圣经的著作《怎么办？》中所说，出现了"对自发性的崇拜"①、"对工人阶级原始性的崇拜"②。但目前我们各党正经历在生产支部的基础上迅速重组的过程，而且党的工作方式、各个党员的任务都在发生变化。这也要求深化宣传工作。在共产党老的组织形式中，党主要重视组织群众集会、示威游行。与群众的联系没有现在这样紧密，更没有未来要求的那样紧密，因为我们活动的重心已向企业转移。现在我们将向各个党员提出比过去更高的要求。对于党的工作人员同样如此。

关于工作人员的问题，是要求党的宣传工作深入的第四个问题。在许多党内，德国党内、法国党内，我们失去了相当多的从前起领导作用

---

① 《列宁全集》中文第2版第6卷第32页。——译者注
② 列宁在《怎么办？》中没有这句话，疑为发言者引证不准确。——编者注

的社会民主主义力量（在德国）、小资产阶级工团主义力量（在法国）。新的、广大的年轻工作人员骨干正在成长，他们需要接受列宁主义教育。

德国的同志们以为，这不过是一些关于"职业革命者"的泛泛空谈。"职业革命者"的提法解决不了新的工作人员骨干的培养和教育问题。这些工人工作人员新骨干，就其社会出身和思想根源来说，往往是"一张白纸"，而有时沾染了许多小资产阶级的思想偏见。他们需要接受扎实的列宁主义学习。对政策深刻的理论论证的必要性决定了布尔什维克化的其他特征，是布尔什维克化所有派生物的基础。我们在布尔什维克化的过程中第一次开始懂得土地、农民等问题的重大意义。几乎每一个党理论上都未涉及这些问题，而即使有所触及（如南斯拉夫党），那也不曾尝试用列宁主义理论来加以解决。其他许多党的情况都是如此，土地理论对它们有着巨大意义。许多同志至今还有着"奥地利马克思主义"旧理论的毛病。

许多同志说，布尔什维克化是把俄国的经验移植到别国去。这种说法在一定程度上是对的。移植和运用俄国三次革命的经验是布尔什维克化十分重要的组成部分。但我以为，只有真正布尔什维克的即列宁主义的、马克思主义的、辩证的而不是机械的传授和运用俄国经验，别的国家才能有效地利用这一经验。由于有些同志为了容易完成布尔什维克化的任务并试图通过造就职业革命者或提出笼统的公式的办法来完成布尔什维克化的任务而寻找唯一的救命良药、某种笼统的公式，我认为有必要从我提过的列宁著作中再摘引一段话。

1902年列宁写道：

"社会民主主义运动就其本质来说是国际性的运动。这不仅意味着我们应当反对民族沙文主义。这还意味着在年轻的国家里开始的运动，只有在运用别国的经验的条件下才能顺利发展。但是,要运用别国的经验,简单了解这种经验或简单抄袭别国最近的决议是不够的。为此必须善于用批判的态度来看待这种经验,并且独立地加以检验。只要想一想现代工人运动已经有了多么巨大的成长和扩展,就会懂得,为了完成这个任务,需要有多么雄厚的理论力量和多么丰富的政治经验(以及革命经验)。"①

列宁写下这段文字时,对于俄国来说,领会和运用德国革命和法国革命的经验问题已有十分迫切的意义。这里不仅指出了如何运用布尔什维克的经验,而且还指出了如何传授布尔什维克的经验。我得承认,对于我们这些在共产国际中负责做宣传工作的人,这个问题最为困难。列宁在第四次代表大会上就涉及过这一点,他说,组织提纲在某种程度上将妨碍共产党的重组。总之,列宁早就提出过这个问题;遗憾的是,这个问题当时没有得到解决。

但有些同志说得对,他们说不能通过简单地翻印布尔什维克的著作来向西方国家传授布尔什维克的经验。六个月来调整宣传工作最宝贵的教训是弄清了这样做不行。机械地翻印列宁的著作达不到目的。这个问题必须区别对待。列宁著作应该出版,如列宁在他的一封最近有可能发表的信中说的:专门用于一个国家或至少专门用于一类国家。

共产国际第五次代表大会第一次指出了宣传对于加强马克思主义和列宁主义思想有着特别重要的意义。列宁在第四次代表大会上谈到了学习的重要性,遗憾的是,在第四次代表大会和第五次代表大会之间这段时间里这方面的工作做得很少。即使现在,在第五次代表大会之后,深化我们党的宣传工作、宣传列宁主义的工作遇到了巨大的困难,可以说是在勉强前进。在第五次代表大会后一些党已认识到马克思列宁主义宣传的重要性,有些党,首先是法、英、德等国的党,已经采取组织上的

---

① 《列宁全集》中文第 2 版第 6 卷第 23 页。——译者注

预备措施，目的是为广泛开展这一宣传工作创造前提。但总的来说，列宁主义宣传事业仍处于第一阶段——为列宁主义宣传作鼓动，现在的问题是，如何从这一阶段转入第二阶段——真正广泛地宣传列宁主义。

在过去的六个月里我们取得了两个对于进一步宣传列宁主义意义格外重大的成就：法国成立了中央列宁主义党校，更早一些时候成立了法国共青团党校。这是造就为宣传列宁主义所必需的、经过严格理论培训的宣传干部事业中第一首创行动。这些创举中的许多东西当然有待批判，但有一点是确凿无疑的：这是值得赞扬的严肃的创举。另一个值得赞扬的创举属于我们的英国同志。英国共产党尝试让所有的党员都参加初级培训班；在每一个地区成立一所普通的政治文化学校，每一个新党员，老党员也一样，都得上这所学校并在那里毕业。挪威、德国也有许多列宁主义小组，那里也作了几个值得赞扬的尝试。几乎所有国家在开展宣传时都会遇到相同的困难。多数党以及共产国际都尚未找到把列宁主义宣传和当前迫切的政治问题、当前迫切的斗争以及党的组织任务结合起来的方法。并非总能判定哪些当前紧迫的问题可以与列宁主义宣传结合起来。在从按住地建立的组织向企业支部过渡的时期很难找到相应的宣传组织形式，因为党支部的工作尚未充分展开，还难以依据这一组织形式来展开整个宣传工作。缺少翻译成多数欧洲文字的列宁著作和列宁主义出版物是第二个障碍。这个问题一部分是出于财政原因，一部分出于技术原因（翻译问题）。但我认为，我们至少能用德文、法文（部分著作还能用英文）加快出版列宁的著作。许多党内没有宣传工作的领导机构是第三个障碍。许多党至今尚未建立鼓动宣传工作的领导机构，即使有的党已建立这样的机构，那它们尚处于萌芽状态。多数国家没有必要的宣传骨干，许多党不仅没有这样的骨干，而且没有能物色到宣传干部加以登记并正确使用的党的机关、机构。

这就是过去的六个月中在列宁主义宣传工作中显露出来的三个主要

的障碍。我简单来谈一下克服这些障碍的办法和列宁主义宣传的基本任务。在列宁主义宣传方面共同的任务是：普及列宁主义是第一要务。我们的宣传工作不能做到像第二国际那样，理论成了领导干部垄断的东西。因此我们必须推动宣传事业前进，建立大规模的宣传工作。首先必须严格培训广大工作人员骨干，此外，还要培训全体党员。

此外，还需要对工作人员和骨干进行高水平的培训。这就是组织局和主席团推动的并即将解决的关于中央党校的问题。组织局和主席团指示五个大党（法国党已经做到了）必须在今年成立中央党校。我指的是：英国、德国、意大利、美国、捷克斯洛伐克和法国。

在莫斯科这里成立一所容纳60—70名学员的国际党校则是近期的最高阶段；这所党校不应按普通学校模式来建立，党校招收的是有一定实际经验积累和一定理论素养的高水平的党员同志、领导工作人员；在他们上布尔什维克党校时应由理论知识渊博和实践经验丰富的同志来对他们指导。这个问题非常重要。我们有了这样的党校，不仅能深化马克思主义教育，而且也许还能为英、美部分也为法、意这些国家解决马克思主义出版物的问题，这些国家里马克思主义的历史不够丰富，没有老的马克思主义党校，只有像拉法格和茹尔·盖德这样的马克思主义者；我们依靠这样的党校将能解决这些国家进行马克思主义教育的问题。

再简单谈一下在扩大的全体会议后每个党必须加快解决出版列宁著作的问题。对于使用德文和法文的、部分还包括使用英文的大党来说，这个问题可由中央来解决。但以为可以由中央解决用其他文字出版著作（为较不重要的国家）的想法纯属幻想。正是这些国家需要把列宁主义当做指导性的土地理论，正是这些国家里民族问题最具迫切意义，我们应尽一切可能来加速出版列宁著作。

顺便提一下，这是布尔什维克化宣传工作十分重大的任务之一。我还得再一次强调，布尔什维克化是领会列宁主义理论的第一要务。没有领会列宁主义，布尔什维克化就是机械的、局部的和表面的。斗争，真正反对第二国际、反对资产阶级的布尔什维克斗争，应从三方面开展，恩格斯这样教导我们，而恩格斯之后列宁也这样教导我们。

列宁有一次摘引了恩格斯的话说：自从存在工人运动以来，斗争就在三个方面进行：理论方面、政治方面和实际经济方面——有计划地、有联系地、协调一致地进行。共产党领导工人阶级在所有这些方面开展斗争。但他们只有把政治、经济和理论这三种斗争结合起来，才能成为真正的工人阶级斗争的领导者。这种所谓的集中进攻，便是共产主义运动和共产国际的力量，是其不可战胜性之所在。（鼓掌）

**瓦尔加**（俄共）：

我只谈经济问题、资本主义稳定问题和经济发展的前景。我认为这是必要的，因为**我以为，我们队伍中有人对资本主义的稳定程度及其持续长度略为估计过高**。同志们，我可以放心地这样说，因为未必会有人认为我患上了共产主义左倾幼稚病。我可以这样说，因为在某些代表大会上我承担了一项令人不快的任务，要我驳斥来自左派的十分尖锐的批评，这种批评依据的观点是，既然提纲指出资本主义无疑会很快崩溃，那这肯定就会发生。同志们，我想，根本不存在"左"的和"右"的分析、"左"的或"右"的前景，只存在**正确的和错误的**分析、准确的或错误的前景。大家也许允许我指出，有些同志，例如在第三次代表大会上千方百计坚持认为前景激化、预言资本主义将在不久的将来崩溃的人，现在却站在极右翼，当时指挥这场攻击的人之一，恩斯特·弗里斯兰特先生现在正是《前进》周刊的主编。

同志们，我认为，我们应该十分仔细、毫无偏见地分析资本主义已出现的稳定究竟达到了什么程度。我想指出如下一点：毫无疑问，目前不存在激烈的革命情势，也就是任何国家都不存在直接的夺取政权的斗争，直接是指历史意义上的直接即过几个星期或过几个月之后便会发生。毫无疑问，工人阶级，不仅工人阶级，而且所有非统治阶级自发的骚动，1919—1920 年出现过的骚动，即具有必须构筑街垒以防止非革命分子混入共产国际这种后果的自发的骚动，——**这一自发的骚动已经不存在了**。资产阶级在**社会**方面得以使自己的统治保持稳定，资产阶级本身完全相信自己能长期维持统治，另一方面，广大工人群众再一次相信，资本主义统治还能维持很久。

我想补充一句，资产阶级十分自觉、十分明智、十分成功地尽力分裂无产阶级，从而削弱其战斗力。我们发现，资产阶级在完全不同的方向自觉地鼓励分裂无产阶级的队伍，分裂工作者和失业者，分裂熟练工人和非熟练工人，自觉地**加深熟练工人和非熟练工人的工资差距**。例如，我有一份几个支部受柏林政治局的委托填写的调查表式的柏林大金属加工工业的统计报告。例如，柏林机修工最高的包件工资 1 小时为 1.6 马克，而同一家企业的非熟练工人 1 小时只能得到 50—60 芬尼。接着我们看到**职员脱离无产阶级**，职员队伍本身分裂，较高职员阶层工资收入比其他人高得多。我们看到工人分裂成**本国人和外来移民**，资产阶级自觉地使二者对立，利用本国工人充当工人贵族来对付外来移民。这在美国和法国表现得格外突出。这一切当然大大削弱了无产阶级的战斗力并加强了资产阶级的优势。

因此，如果说我们**完全承认资本主义已实现社会稳定**，那这并不意味着**经济稳定也达到如此高度，可以认为资本主义在经济上也能把目前的稳定程度保持相当长时间**。我们在观察资本主义这一稳定在经济上表现最为突出的地方时发现，这是在资本流转领域。正如季诺维也夫同志正确指出的那样，是通货广泛稳定，国际信贷恢复。

资本流转领域的这一稳定在国际范围来看有什么意义？十分明显，英国资产阶级和美国资产阶级带着他们谋求大发横财的多余的资本来援助中欧资产阶级，制订了道威斯计划，提供了大量贷款，以暂时消除无产阶级革命的危险。正如1919年资产阶级到处实行八小时工作制一样，决不让从前归来的士兵无工可做，各地都招收他们进入企业，正如现在资本主义报纸公开声称的那样，以保证资产阶级能避开社会危险。许多英、法报纸都在这样说：八小时工作制是避开社会革命的保险费。但直接的危险过去了，现在可以摆脱八小时工作制了。与此相同，向奥地利首先是向德国提供援助，是有利可图的投资，同时又是避开革命的保证。资本主义的**社会**稳定和资本流转领域的广泛稳定就是依靠这样的办法实现的。

但是，同志们，决定稳定强度和长度的，不是资本流转领域，而是生产领域。我认为，在这方面并未达到像资本流转领域那样的稳定，我们没有太大把握，这一稳定能持续好几年。同志们，对于这一点当然很难说出具体的肯定的看法。

我认为，这方面可以探讨三点：第一，**西欧局部的经济危机**；第二，**关于土地危机的问题**；第三，**道威斯计划的成果**，这样才能比较具体地谈稳定问题。

至于西欧（我说的西欧是指欧洲的工业国即英国、法国、比利时、德国和捷克斯洛伐克）的局部危机，则这一危机暴露得相当清楚。造成危机的原因是**在所有这些国家里工业生产设备远远超过了销售潜力**。由于殖民地工业化、苏维埃俄国退出欧洲市场以及土地危机，销售潜力减少了。同志们，我想谈一下英国，因为它是这一发展格外典型的、最能说明这一发展的国家，因此我来引用一些数据。

我们在英国发现了什么？据资产阶级的统计，英国的产品按乐观的看法现在为战前的95%，按悲观的看法为83%，而人口增长了将近10%。因此，我们看到现在和战前的负担相差20%。一方面有大量生产资料，另一方面有一支失业大军，失业者已四五年没有能找到工作。

这方面还没有这支失业大军消失的明显趋向。恰恰相反，同志们，**现在英国的失业人数比去年同期多了 107000 人**。我们同样可以用百分比来表示。至于绝对数字，据最新数据，现在有 120 万领取救济金的失业者，其中近 100 万人是男子。我说的是**领取救济金的人**，因为此外还有几十万失业者没有领到救济金。这是未上保险的生产部门的工人，即未受过训练的城市工人和农业工人，四年前被抛向劳动力市场还从来没有获得工作因而也无权领取救济金的整整一代青年工人。不同的资料以不同的方式确定他们的人数。最近伦敦主教在上院就这个问题发了言，他指出，青年失业者人数达到 20 万，即从 14 岁到 18 岁年龄段的青年工人人数。此外，还有相当多的半失业者。最新的数据只统计了采煤工人。最近一周的情况是：20 万人少上了一班，44000 人少上了两班，12000 人少上了三班，1000 人少上了四班，也就是他们一周不是工作六天，而只工作了两天。此外，众所周知，英国的纺织业已经多年没有满负荷开工。目前纺织工人一周只工作 35 个小时。同志们，如果我们探讨了这一切，就不得不问：难道这就真的是持久的稳定吗？已经四年，已经四年多存在一支人数达百万的失业大军，同时又没有一点明显的改善的迹象。

同志们，请允许我引用几个数字来说明英国资本家自己对目前形势是如何评价的。

最近，3 月 18 日，英国大工厂主团体代表团 F. B. I. 去见首相，向他报告说：

"如果说某些工业部门显现改善的迹象，那么在我们许多主要的工业部门状况依然十分令人沮丧。在许多情况下，维持生产不能给工厂主带来真正的利润，往往只会造成更多的亏损。这种状况难以为继。"

英国大工业家、政坛上也是著名的英国自由党的金主阿尔弗莱德·

蒙特对矿工说：

"我们大家都为我们工业失去市场而担心。其他商业国家由于其工业实力、通货和低工资现在提供了过去由英国提供的商品。"

2月28日出版的最近一期《经济学家》在社论中大致说了如下的话：

"对乐观主义者来说每个新年都是节日。他们满怀希望看来年，认为一切都将很好。但这一希望现在又落空了。我们看到近几年来英国工业的个别部门有所增长，但**所有工业部门一下子全都增长**的事还从来没看过。"

今天俄国报纸报道了英国贸易大臣肯利弗·李斯特尔的谈话，他简短地说：

"……虽然我不是悲观主义者，但我认为近期的前景不妙。如几个月前预测的那样世界贸易全面改善的希望落空了。"

我只简短地谈一谈其他国家的形势，但是，同志们，我认为在这里可以略有保留地引用马克思的话：**英国的当前形势反映了欧洲其他工业国家的未来。**

看来法国出现令人关注的征兆，法国的经济状况是所有欧洲国家中最好的，已经有10年没有失业现象，但几个星期前在北部失业者举行了第一次示威游行。

再拿**德国**来说，这个国家可以被看做是**新**稳定的典型。同志们，1923年10月无产阶级遭到的失败显然大大有助于德国资本主义保持稳定。但大家都不该忘记，如果在半年这样短的时间里从外面向一个国家注入10亿或15亿或20亿金马克的贷款，那在这个国家里当然会出现稳定和工业繁荣。

同志们，可是我们看到了什么呢？德国也有超过 100 万的登记在册的失业者，也许甚至是 150 万人。我们看到德国重新增加产量造成的后果，已经出现某些危机现象。我们看到鲁尔地区 900 万吨煤（一个月的产量）堆积如山，采煤工人越来越经常停班。比利时和捷克斯洛伐克的重工业也有这种现象。莱比锡春季交易会（德国行情重要的晴雨表）肯定失败了。如果我们来看奥地利这个小国，它是供西方列强作试验用的兔子，人们试图在**奥地利**通过贷款来稳定资本主义，而我们却看到了史上未有的大危机大失业。

大家知道，在这个微不足道的国家登记在册的失业者有 24 万人。对于一个 600 万人口的国家这是闻所未闻的大比例，即使在资本主义国家中人们都不再掩饰奥地利的稳定岌岌可危这一事实。

同志们，**美国**的情况当然有所不同。美国的资本主义还是健康的，有别于欧洲的资本主义，它无疑正在发展。但是我们看到，**美国并未形成持续走好的经济趋势**。去年这时，3 月，经济趋势曾迅速崩溃，我认为有权断言，美国目前的经济趋势正迅速见底。第一批征兆已经出现。最近几天铁价每吨下跌 1.5 美元，因为已经查明，需求不能按原来的价格吸纳目前的产量。我不想用数字来使大家厌烦，只想指出，美国权威性经济类报纸对美国经济趋势今后的发展十分悲观或者至少是态度十分谨慎。

现在我来谈谈稳定的"门面"。**这就是农业危机被假的克服**。同志们，大家都知道，我们在第五次代表大会的提纲中认定世界范围内存在农业危机。这一农业危机的经济基础是农产品和工业品的价格悬殊，即所谓的"剪刀差"，而危机已于 1924 年秋消失。于是许多资产阶级的和社会主义的政治经济学家把这一事实说成是资本主义根本稳定的可靠征兆。我持与这种论断完全不同的看法，在我的以详尽的数字材料为依据的几个报告中提出了一个观点：今年农产品价格提高并不意味着危机被克服,这只是由于去年歉收引起的短暂的插曲,这个插曲带有暂时性质,一旦收成正常,农业危机马上就会再次出现。

同志们,我现在可以说,这一预测已经获得证实。不仅最近几个星期谷物价格开始迅速下跌。美国的谷物价格在几周中比最高价下跌25%。"**剪刀差**"**已经出现**,交易所牌价已预测秋季谷物会出现"剪刀差"。我只举一个数字。去年这时在美国芝加哥交易所可以用112美分买到一蒲式耳的9月份的小麦。当时"剪刀差"很大。现在同样的小麦可用131美分买到。如果假设交易所正确估计秋天价格的走势,那么"剪刀差",因而也是农业危机已经存在,交易所已经考虑到秋天的走势。如果现在秋天小麦的价格是正常的,那么美国已出现农业危机,我们应该为1925年再次出现1923年的现象(农民破产、美国农场主逃进城里,等等)做好准备。

同志们,我不是说这一农业危机将永远持续下去。我不是说农业危机根本无法被克服,但问题是如何来加以克服。80—90年代克服农业危机,是因为欧洲资本主义正处在上升阶段,剩余的农产品首先依靠城市上升的购买力来出清(部分地在不同国家里实行征税)。现在,在资本主义现阶段,用这样的办法即上升阶段的办法是不可能解决农业危机的。农业危机现在和将来只能依靠**下行阶段的办法**,**即通过压缩生产来加以解决**。不是需求量增加,而是产量压缩,不自觉地压缩(许多生产者破产了,农民离开农场)或者自觉地压缩(调节产量,如美国计划通过有组织地压缩耕地面积来实现,这一过程必然会异常加剧阶级矛盾)。

同志们,现在来谈个新问题:**道威斯计划的成果**。我在这里首先要谈如下一点:道威斯计划至今在世界范围内尚未有充分表现。为什么?无非是因为德国至今尚未偿付。它今年该偿付的,它已经从美国和英国以贷款方式获得,而且还超过了许多亿。德国为了执行道威斯计划应该有很大的贸易顺差，因为它只有输出的商品多于输入的商品，才能偿付。实际上，自从执行道威斯计划以来，德国有着惊人的贸易逆差，即输入的商品比输出的商品多得多。这十分正常，因为那些巨额的国际贷款就意味着商品输入的扩大，因为输入德国的贷款不是自然形态的钞票或黄金（输入的黄金数量微不足道），而是以商品的形态输入德国，首先缓解了德国流通资本的缺乏。这一事实，即德国由于借债而产生可观的贸易逆差（仅1月份一个月逆差即达6亿金马克）意味着国际范围内德国之外的其他国家的经济趋势由于能向德国销售而有所改善。这不会永远维持下去。情况应该有变化。德国不会每年都得到15亿金马克的贷款。恰恰相反，它不久将开始支付这些贷款的利息。于是整个情况便将发生变化。于是不仅不能往德国销售商品，不仅卖给德国的商品不能多于从德国购进的商品，相反，德国应输出多于输入，才能向国外偿付。从常理来说，德国只有**多输出工业品、工厂的成品**，才能扩大其出口，因为它没有多余的粮食或相当数量的多余的可供出口的原料。德国不得不输出工厂成品：这意味着当德国想输出大于输入时，我前面谈到的西欧工业国家的局部危机便会极度加剧。这意味着这些国家的相互竞争会扩大到巨大规模。在这里我要提一个引起德国报界尤其是英国报界轰动的事实。一家英国的大造船企业向德国订购了6艘大型机动船，因为德国造一条船的价格比英国低6万英镑即低100多万金马克。这意味着什么？这意味着德国、英国、法国和美国工业之间开始疯狂的竞争，这样的竞争今年不仅在欧洲而且在全世界达到了巨大的规模。我们有来自美国的情报，美国出现了来自比利时、法国、德国的铁，这些铁的价格都比美国低。我认为，如果今年这种竞争加剧，那么明年这就会引发国内资本家和工人之间以及世界范围内各资本主义国家之间的大规模冲突。

请允许我从麦克唐纳内阁前卫生大臣约翰·惠特利的讲话中摘引一

段。他在苏格兰左派机关刊物格拉斯哥的《先锋》周刊写道："**不是英国工人不得不满足于欧洲大陆工人的最低生活费用，就是我们不得不推翻我们的经济制度。**"

接着他说："现在煤炭工业发生了什么？我国矿工实行七小时工作制。他们的德国同行工作9小时。德国的进口煤从多特蒙德到格拉斯哥的运费等于矿工半小时的工资。因此，苏格兰工厂主用同样的价格可以买到8.5吨德国煤或7吨苏格兰煤。苏格兰资本家当然宁愿要8.5吨德国煤，而不要7吨苏格兰煤。在这场竞争中苏格兰煤炭工业不得不败下阵来。不是苏格兰煤矿停工，就是苏格兰矿工得干9小时，拿与德国矿工一样多的工资。"

同志们，我认为，惠特利的算法不完全对，这个算法为了鼓动而被夸大了。但我们亲眼目睹的事实是：英国、法国、比利时、捷克的资本家都提到德国工资低，而工作时间长。近日，英国造船厂主和矿主同他们的工人开会，为的是"同他们讨论局势"，即敦促他们同意领取较低的工资，在现行的工作日里更紧张地劳动或者延长工时。英国报界围绕向德国订购船只一事掀起的喧嚣部分地正是为了说服英国造船工人，向他们表明，如果他们不让步，如果他们不拿德国的工资，那将丧失全部订单，英国造船工业将彻底完蛋。

同志们，如果现在，在道威斯计划真正开始产生效果之前，在德国开始向国外偿付之前，问题便如此尖锐，那么我们不得不考虑一下，一两年后，当德国真的尝试或至少为了做做样子开始偿付它的债务时将会发生什么。我说，为了做做样子，因为我认为，德国资本家永远不会全额偿付的。他们将暗中捣鬼，利用马克再度贬值，并以不断威胁马克贬值来扭转情势。他们用这种办法迫使协约国资本家同意在战争赔款上作出新的让步。这是德国暂时摆脱困难的出路。

但大家不妨想一想，这对法国意味着什么，因为法国在财政上完全指望德国的赔偿。德国少赔的款项就是法国的直接损失。中欧新冲突正在酝酿之中。

同志们,由于时间有限,我无法谈得很细很细。我想指出一点:

**我认为,对既有的稳定的程度和长度不能估计过高。**我并没有说今年就会大祸临头。我毫不怀疑目前不存在现实的革命情势这一基本论点的正确性。但是,同志们,正如我们当年正确地评估形势,劝说"左派"同志对革命前景不要估计过高一样,正如这样,我认为,**我们现在应该略为谨慎地评估稳定的强度和长度。**也许我说错了。世界形势现在极为复杂,很难作出诊断。但我总以为,从我们方面来说,**现在就容忍这一稳定将保证持续许多年的状况,就是犯了错误。我认为情况并非如此。**我认为,正如季诺维也夫同志也说过的,我们应该考虑两种可能性:稳定多少维持长时间存在的可能性和稳定在最短时间里再一次导致资本主义经济上和政治上新危机的可能性。

当我们意识到我们还将好多年不能考虑革命的可能性时,不应该就此便进入所谓的梦乡。(鼓掌)

**美舍利亚科夫**(俄共)①:

同志们!这里谈了很多各党布尔什维克化的必要性;这里许多发言者的讲话都准确地指出各党的布尔什维克化是目前最主要的任务。但当我们谈到布尔什维克化时,应该知道,党的布尔什维克化不仅是领会理论原则,不仅是相应地改造组织,而且是领会布尔什维克的实践。

大会上所有的发言都没有触及对我们西欧同志意义重大的一点:这就是各国都出现的物价飞涨。我引用几个数字来说明西欧各国物价飞涨

---

① 译自法文。

的程度。

英国1924年1月至1925年粮价上涨了45%。

法国1924年4月起批发价格指数涨幅如下：

|  |  |
|---|---|
| 4月 | 459 |
| 5月 | 475 |
| 6月 | 474 |
| 7月 | 491 |
| 8月 | 487 |
| 9月 | 496 |
| 10月 | 507 |
| 11月 | 514 |
| 12月 | 518 |
| 1月 | 525 |

物价逐月上涨。

捷克斯洛伐克1923年价格变动如下：

小麦：$\begin{cases} 217 \\ 255 \end{cases}$

燕麦：$\begin{cases} 139 \\ 154 \\ 163 \end{cases}$

大麦：$\begin{cases} 210 \\ 257 \\ 272 \end{cases}$

物价上涨不仅因为瓦尔加同志所说的经济危机，而且还取决于其他原因，如军国主义化的加强要求有巨额支出来维持军费及其技术装备的需要。军事预算增加，为了弥补预算而开征了新税种。物价上涨取决于辛迪加和托拉斯的政策。过去反对物价上涨的斗争是反对小店主的斗争，而现在则是反对执掌政权的大辛迪加的斗争。偿还国家各种债务也迫使开征新税种，这些税都落到消费者的头上。我们反对局部现象的斗争逐渐扩展为普遍政治现象，因为只要不消灭资本主义，目前的物价飞涨现象便消灭不了。

还有一点值得注意：资产阶级政府为了与物价飞涨现象作斗争成立了各种工作委员会，似乎想做点什么，其实只是在欺骗消费者。我们应该参加这些工作委员会，不应该害怕参加，正如俄国布尔什维克不害怕参加第三届和第四届杜马那样；我们应该在这些工作委员会里工作，擦亮工人阶级的眼睛，让他们看清资产阶级编织的那张欺骗的大网。我们在这一反对物价飞涨的斗争中应该**制定出特别行动的纲领**。物价飞涨牵涉到广大群众，例如，我们在捷克斯洛伐克所看到的情景。为提高工资作斗争还不够，不能让提高的工资化为乌有，不能让资本主义通过投机式地提高消费品价格来把提高的工资收回去。应该研究德国的经验，1923 年德国成立了行动委员会。各国都应该不仅吸收在工厂劳动的工人投入斗争，而且还吸收家庭主妇投入斗争；不仅工人参加工会开展的提高工资的斗争，可以而且需要吸收广大群众，不仅工人而且还有他们的妻子参加反对物价上涨的斗争。党的布尔什维克化要求我们吸收广大群众投入运动，通过其他途径很难吸收这些群众投入斗争。

需要认真开展反对物价上涨的斗争。各国都需要成立行动委员会。需要在工会中、在合作社会议上、在消费者和家庭主妇的特别会议上积极提出物价上涨的问题。当然每个国家必须依据不同的时间和地点条件来具体解决这个问题。但必须吸收广大群众投入斗争。应该吸收已有的工人阶级组织投入这一运动，例如吸收合作社，合作社现在为我们的敌人所掌握，他们利用合作社来欺骗工人。西欧的合作社有 1500 多万工人家庭参加，这是一支已组织好了的工人大军，但这支大军的领导权为我们的敌人所掌握。我们应该争取这支大军并使其投入反对生活中物价飞涨的斗争。我们还应该吸收至今尚未组织起来的家庭主妇投入这一斗争。可以把反对物价飞涨的斗争变为巨大的革命运动。

# 第六次会议

(1925 年 3 月 30 日)

### 继续讨论季诺维也夫的报告

**通德尔**（捷克斯洛伐克）：

我不详细展开来谈，只指出捷克斯洛伐克共产主义运动发展的局势。捷克斯洛伐克属于战胜国这一事实，在工人阶级中制造了与民族解放相关的幻想。共产党不得不为反对这些幻想而斗争。这些幻想给党的工作制造了很大的困难，因为我国地道的爱国主义者给人民尤其是无产阶级许诺，说民族解放将给予他们很多东西。我们告诉无产阶级，正是无产阶级上了这一欺骗的当这个事实，导致反对未履行承诺的资产阶级的斗争失败。因此，共产党应向劳动群众解释清楚，他们如果耽于与民族解放相关的幻想的话，将会遇到巨大的危险。

法国的局势与捷克斯洛伐克的局势有点相似，因为法国民族主义者也给劳动群众许诺，说欧战的胜利会给法国无产阶级带来较高的生活水平。

同志们，对于德国无产阶级来说，思想上的道路要清楚些，因为德国工人也得到了胜利的承诺，并且作为胜利的结果，生活水平将会提高，而当战争得到了毁灭性的结局，当这些空洞的许诺全被事实揭穿了时，德国无产阶级明白了资产阶级的叛卖行为。

我们工人应当关心的是要采取坚定的路线，要在顽强的工作过程中心无旁骛地去成功夺取胜利。

同志们，我们一定能胜利，但这只有在一种情况下：我们不经常在党内制造纷争。同志们，我们决不允许任何个人问题给党的利益造成损害。无产阶级将保持党的纯洁性并全力为反对危害党的人（不管他属于哪一派）而斗争。各国共产党的工人应警惕地注视这一切。

同志们，我还得补充一句，由于党的个别代表的动摇，试图竭力把自己个人的看法强加于别人，几次精心筹划的反对企业主的行动一再失败。由此而来的是许多负面现象——由于争论和分歧，个人仇恨越来越深，对党的事业十分有害。于是个别人认为造成失败的原因是不同意他们的意见。

同志们，这种状况应该结束。无产阶级对此无法容忍，因为无产阶级关注的只是，通过真正的诚实的工作来夺取胜利，为社会革命做准备。

我们致力于这一目标时，决不能容许党内掺杂个人斗争的因素。我们应该大力维护党的纯洁和团结，如果我们能做到这一点，我们一定胜利。

**佩珀**（共产国际执行委员会）：

同志们，我担心扩大的执行委员会对共产国际现在应予解决的问题关注不够，我担心这是党员同志不仅在身体上而且在政治上疲惫的表现。产生这种疲惫的根源是同志们在政治上尚未充分认识这个问题的新特点。

只要好好想一想，我们要与之打交道的是全新的世界各大洲，是共产国际、马克思主义至今尚未完全面对的新问题。

共产国际的**第一个时期**可以称做**中欧时期**。共产国际关注的是中欧：德国、奥地利、波兰、匈牙利等，期待那里爆发革命，那里，如德国和匈牙利，也真的爆发了革命。

共产国际的**第二个时期**最明显的特点是我们成功地把很大的一个新地区即**远东**纳入共产国际关注的范围。

自从第五次世界代表大会以来，对我们中某些人来说甚至在第五次代表大会之前，就已经清楚，我们应该把新地区纳入到共产国际关注的范围。**我把这个新地区称做远西**。英国、美国、拉丁美洲越来越多地、越来越确定地在共产国际的政策中占有位子。这就是现阶段的新特点：我们不得不把远西纳入我们的政治考量中，不仅在制定国际政策时，而且在制定党的政策时，都要把它和中欧或远东同等看待。

如果我们想用统一的提法来概括远西主要的政治问题的话，那我们可以说，这便是**工党问题**。工党是远西的特殊问题，正如民族革命运动是我们远东运动的特殊问题一样。我曾尝试在第五次代表大会上提出工党问题，显然没有太大成效，因为自从第五次代表大会以来在这方面做出的新成绩很少。

但是在英国我们有了一些新东西。有两点新的：首先，是**少数派运动**，这一运动自第五次代表大会以来发展成了群众运动；第二，必须指出的是在工党内部形成了左翼。少数派运动没有引起争论，在这方面我们意见一致。但工党中出现左翼却成了争论的对象。部分英国同志在这个问题上表现出强烈的对抗。这部分同志认为，工党内部左翼的发展首先是个不良现象，其次是个不能容忍的现象。可是，同志们，事态表明，积极主张左翼可以而且需要发展的共产国际是对的。首先，工党左翼有着很大的影响力，其次，左翼存在下来了。左翼当然不是共产主义之翼，它几乎在各方面都不是革命之翼。但这个左翼反对麦克唐纳的斯诺登的一翼，在许多重要问题上甚至执行独立的单独的政策。我要提一下英国议会中两次表决的情况。第一次是在王储出行的花销问题上，左翼不仅反对政府，而且反对工党的领导人，反对工党的右翼。第二次是在防空问题上的表决，左翼不仅投票反对政府，反对批准政府的措施，支持立即裁军，而且还投票反对工党掌握领导权的右翼的决定。英国几乎每个星期都在创办新的左派报纸。左翼开始在政治上、思想上甚至组织上逐渐与右翼划清界限。这是个十分重要的事实，它表明，共产国际的政策及其对英国共产党的指令是对的、符合实际的，完全得到后来事态的肯定。共产党究竟应该怎么办？共产国际告诉共产党说，共产党应该加入工党。工党中央委员会想开除共产党员，但这个决定成了一纸空文。实际上我们的党由于斗争成功，没有让工党开除共产党员。少数派运动的出现及其具有群众性，也许是共产国际的思想和政策在英国更大的胜利；但问题仍未解决：共产党怎样才能在所有这些运动中发挥和保持指导性的影响力呢？四五千人的一个党不可能对事态起决定性的影响。应该估计到，我们在英国的情势与德国、法国或意大利的情势完全不同。自从宪章运动以来，英国无产阶级根本不知道有以个人入党制为基础的群众性政党，现在英国无产阶级还不知道以个人入党制为基础的群众性的共产党，而且只要工党以现在的形式存在，便不可能有这样的共产党。这一点值得重视。不能用德国的标准或大陆的标准来衡量英国的工人运动。但英国共产党应该成长。可是所有的吸收党员周都没有取得重大成果。我以为，英国党和共产国际最近最重要的任务是找到能使英国党壮大的专门方法、**英国独特的方法**。我感到十分惊讶，加拉赫同志在他关于布尔什维克化的发言中只字未提英国独特的问题，甚至没有尝试提出这个问题，更别说加以解决了。他从理论上谈了布尔什维克化问题，却没有提最重要的一点，也就是在英国具体的局势下，在特定的历史条件下，当存在掌控整个英国无产阶级的工党时，当还没有建立在个人入党制之上的群众性的共产党时，如何实施布尔什维克化。用什么手段可以把英国党变成群众性的无产阶级政党？

我们的党善于强有力地利用工会运动问题，我以为，我们英国党在这方面可以成为其他党的样板。但英国党在利用政治问题方面却不够强有力。它没有掌握或者没有十分迅速地掌握政治问题上的主动权。例如，它在君主制问题上很少利用情势。工党的右派和左派在君主制问题上的分歧表明，反对君主制的斗争在一定程度上受到欢迎，这场斗争在工党内部得到反响。君主制和上院问题，尽管涉及面窄，却左右着无产阶级对国家政权问题的注意力。我认为，这些问题应该在英国共产党最迫切重大的任务中占一席之地。

工党问题具有迫切意义的第二个大国是美国。如果考虑到工人运动的现状，美国在政治上是比英国甚至比任何一个欧洲国家落后的国家。这指什么？是指美国尽管有强大的工业无产阶级，尽管发展了最集中最先进的大工业，却还没有组织起来的、群众性的无产阶级政党。我现在不想谈决定这一切的历史原因。我只想谈如下一点来说明目前的状况：目前在美国，美国工人阶级主要的问题、中心的问题是在政治上、组织上与老的资产阶级政党、拉福莱特的小资产阶级政党划清界限。拉萨尔和倍倍尔最早在60年代的德国就提出了无产阶级在政治上、组织上自决的问题。俄国在80年代也提出了同样的问题。英国则更晚，直到90年代快临近1900年时才提出。工党作为英国无产阶级的群众性政党成立了。

但这个问题直到战时和战后时期才在美国有了迫切意义。美国工人阶级直到1918年才迈出了组织群众性政党的第一步。总之，德国在60年代，俄国在80年代，英国和美国直到1918年。

美国的无产阶级还面临一个任务：与资产阶级划清界限，取得政治上的独立。政治上的，这是无产阶级最初步的阶级任务。共产党的任务是变成一个群众性的政党。这两个任务之间显然有道鸿沟，需要有座桥加以沟通。这座桥便是工党。工党在思想上和组织上是无产阶级最原始的组织形式。要比社会民主党的或共产党的组织形式原始得多。工党构建在集体入党制的基础上，工会以整个集体的方式加入工党，这与社会民主党和共产党构建在个人入党制基础上、工人阶级最先进分子加入党的情况截然不同。在政治上这显然有巨大区别。以个人入党制为基础构建的党与工党的集体形式相比显然是较先进、较自觉、较积极的形式。但由于许多历史原因，英国、美国、加拿大、南美、澳大利亚甚至比利时的工人运动演化为工党的形式而不是社会民主党的形式。主要原因当然不在于英国和美国的盎格鲁-撒克逊性质（比利时的例子证明了这一点），而在于**国家的历史发展和由此决定**的**工人阶级结构**。我们发现**帝国主义**很早**发展**、工业得到垄断发展的国家中成立了工党。而在帝国主义较迟发展的国家中则社会民主党类型的工人政党得到了发展。为什么？因为一个国家的帝国主义发展很早便将工人阶级分裂成两个部分：工人贵族和真正的无产阶级。于是发生了什么？工人贵族很早便组成工会，从而取得某些物质成果。政治上这些工人贵族并未组织起来。他们不需要政治上独立于资产阶级的政党，因为他们的利益在许多方面与资产阶级的利益相吻合，因为他们得到了帝国主义时期超额利润的一部分，因而他们被收买了、被腐化了、被资产阶级化了。恩格斯和马克思所说的"资产阶级化了的无产阶级"是什么意思？这是指作为阶级的工人贵族没有意识到自己不同于资产阶级的特殊利益。

现在来看真正的无产阶级，愚昧的、被压迫的、被剥削的和非熟练的工人群众，他们没有得到一点帝国主义资产阶级的超额利润。形成的状况使他们既不能组成工会，也不能组成政治团体，因为正是剥削、压迫和愚昧十分严重，因为工人贵族的分离使他们失去了最能干最有学识的分子，会谈会写、能读报并能担任组织者和讲演者的人。这些人已投身资产阶级阵营。真正的无产阶级失去了自己天然的领袖。

弗里德里希·恩格斯把由于历史发展进程失去了自己的领导阶层、自己的贵族和资产阶级并且只由最低阶层、农民和无产阶级构成的民族称做是没有历史的民族。我们可以把这一由于帝国主义发展而失去自己最高阶层的愚昧无知群众组成的真正无产阶级称做没有历史的无产阶级。英国无产阶级就是这样的没有历史的无产阶级，他们没有能力建立工会和政治团体。几十年来英国工人运动的状况就是如此。最高阶层投身资产阶级阵营，最低阶层不能掌握历史的主动性。这种状况常常使马克思和恩格斯陷入绝望，使他们认为在一定时期里这种状况毫无希望。马克思和恩格斯指出，只有动摇英国工业的世界垄断地位才能改变这种状况，在英国造就新的革命运动。事态证实了这一预言。90年代英国工业垄断地位第一次动摇首次引起英国无产阶级状况的重大变化。发生了什么呢？英国资产阶级已不能掌控以前那样大量的超额利润。它已无法向工人贵族提供如此多的特权。它不得不一而再地向工人贵族及其工会发动进攻。由于资本的这一进攻，工人贵族被卷入政治。自从英国工人贵族部分无产阶级化，他们便同时也政治化了。起先他们在工会中组建政治事务委员会，后来便组建了以工会为基础的工党。

同时我们看到英国非熟练无产阶级广大群众深层中的另一进程。英国越来越成为集中的机器工业的国家。非熟练工人群众集中在大工厂和工业市镇中，此前拥有特权的工人贵族被投入无产阶级生活底层，这一事实第一次为非熟练的无产阶级组织起来创造了历史前提。90年代英国开始了新工联主义时期，新工会运动时期，千百万非熟练工人第一次参加了这一运动。爆发了强大的罢工运动，涌现了许多新领导人。总之，工人贵族的特权缩小了，工人贵族在无产阶级化，同时非熟练的无产阶级开始组织起来，争取更高的生活水平。工人阶级中这两个进程几乎同时发展，由于这些进程，工人阶级两部分人之间的鸿沟至少暂时开始消失，第一次为建立英国无产阶级群众性政党创造了历史前提。同志们，不应忘记，无产阶级政党反映的正是无产阶级共同的最根本的利益。当无产阶级分裂到其一部分根本不能组织起来而另一部分投身资产阶级阵营时，不可能组建群众性的无产阶级政党。英国无产阶级群众性政党只有在一部分（工人贵族）表现出对运动的兴趣、另一部分（真正的无产阶级）处于略为好的生活条件时才能组建起来。对工党的产生还应考虑到一个因素——一个小小的、有政治觉悟的、以个人入党制为基础构建的群体的作用。英国独立工党成了工党诞生的助产士。这是一个机会主义政党，染上粉红色的社会主义的代表。但它即使以这种面目出现，与当时工联主义的思想相比仍是一个历史进步的因素。

作为工党发展的历史规律可以断定，工党没有有觉悟的、有纪律的和思想或多或少进步的、即使人数不多的政治集团的协助，就组建不起来，工会无法独立胜任这一任务。对于我们兄弟的英国党和美国共产主义政党的前途来说，极为重要的是要研究这种有觉悟、有纪律的小集团的作用。我们看到，独立工党成功地掌控了由工会组成的工党，而且至今保持着对它的影响力。独立工党的政治家显然通过工党来影响工会，而不是群众以为的那样是工会影响了独立工党。英国工党在1900年（它成立的那一年）有成员37万人，而独立工党集团只有2万人。比利时的比例也是如此。强大的比利时工党的成员不少于70万人；加入工党的有工会和合作社，换句话说，它建立在集体入党制的基础上，但领导它的是建立在个人入党制基础上的小小的社会党——王德威尔得的机会主义党。这个有觉悟的小政治集团只有1.4万名党员。尽管如此，它成功地占据了所有的战略地位，成了加入工党的群众威望极高的领袖。

同志们，现在来谈美国。我们在研究了英国这个古典帝国主义国家、第一个工党国家的与工党有关的问题（大会正应该研究这些问题）后，分析美国这一问题就来得比较容易。美国越过工人运动的革命时期，正如英国经过宪章主义一样。但后来的历史发展抹去了这一时期留下的一切痕迹。直到美国成为帝国主义国家，在美西战争之后，才开始了工人运动的第二阶段。

帝国主义发展分裂美国工人运动比英国更深。民族差异深化了社会分成阶层的过程。美国的工人贵族由说英语的美国人构成，他们享有公民权和选举权。承担薪酬低的艰苦肮脏劳动的非熟练工人都是外国人。他们从欧洲移民过来，不说英语，不是美国公民，没有选举权。真正的无产阶级分成56个不同的民族集团，他们相互不理解，居住在特别的民族居住区。工人贵族掌管着强大的工会，最封闭的工会，这些工会以蓄意傲慢的态度拒绝非熟练工人加入工会的任何尝试。非熟练的无产阶级群众在世界大战前没有组织起来，至少没有大规模组织起来。工人阶级这两部分人的生活水平比世界上任何一个国家的更悬殊。工人贵族生活得与欧洲资本主义国家的中等资产阶级一样，而真正的无产阶级生活得比德国或其他先进国家的工业无产阶级差。

**世界大战——伟大的革命者——完全改变了这一情景**。两个新因素登上舞台：首先，美国由于战争有了一个官僚化的、军国主义的中央集权政府。美国由48个主权州组成。但这些州的主权被世界大战的炮火摧毁。资产阶级为了进行战争和把无产阶级控制在确定的范围内不得不建立中央集权政府。我只举一个例子：80年代末美国官员不超过1.3万人，而战时官员人数增至90万人。应该指出，没有中央集权政府是一个重要的反革命因素，是美国不能发生群众性政治运动的十分重要因素之一。大家还记得，几十年前考茨基和桑巴特就提出一个问题："为什么美国没有社会主义？"但是他们回答不了这个问题。他们说，自由土地的存在起了阀门的作用，但这个说法在90年代之前是对的，他们引用的是关于民主制的泛泛之论，但资产阶级民主制在其他国家也存在，却同时存在着强大的无产阶级群众运动。他们看不到没有中央集权政府（中央集权政府在形成工人的阶级觉悟中起了十分重要的作用）

的基本原因,因为考茨基主义忽视了马克思主义的国家理论。直到我们由于列宁的指点发现并研究了马克思主义的国家理论之后,直到美国在战时成立了强大的中央集权的国家政权之后,我们才得以正确地提出并回答没有解决的老问题:为什么美国这样有着强大无产阶级的高度发达的工业国家没有社会主义?

新的中央政府在发生任何经济冲突时不得不干预工人的日常生活并充当中间人和镇压者的角色。政府及其军队、官员、法院对工人贵族及其拥有特权的工会发动一次又一次的进攻。因此,资产阶级及其中央执行委员会——新的中央集权的国家政权——甚至把工人贵族的工会也卷入政治。因此,工人阶级的高层第一次被迫开展独立于资产阶级的政治活动,首先是在军事需要的借口下特别受压制的铁路员工。这是一个因素。

另一个同样重要的因素是:我们看到,与此同时工人阶级内部出现了新的进程。什么样的进程?由于战争,非熟练的工人群众的分量大大提高,军事工业需要大量非熟练工人。同时形势使得无法从欧洲输入新的劳动力。普通的非熟练工人的价值因此异常提高,他们的生活水平也提到前所未有的高度。战时和战后成立了第一批非熟练工人的工会。我们第一次看到千百万非熟练工人组织起来了,由于战争和军事工业,这才有了可能。

于是我们看到,在工人贵族的工资与过去相比提高不多、工会贵族的特权发生动摇的同时,另一方面,非熟练工人的工资水平和生活水平却得到提高。

因此,工人阶级两部分之间的鸿沟变小了,美国历史上第一次出现了发展群众性的无产阶级政党的前提。

现在又出现了最后一个因素,在工党诞生时一个有觉悟的小政治集团的作用。我们看到,在这方面工党发展的同一个普遍规律在起作用。

但美国的状况比英国复杂。我们看到美国有**几个有觉悟的集团**——社会党、所谓的菲茨-帕特里克—芝加哥集团、拉福莱特的小资产阶级集团以及共产党。它们都试图起到英国独立工党的作用，把自己的影响扩散到尽可能多的工会去并领导工党。

这对无产阶级是否有好处，那是另一个问题。但重要的是历史事实本身：不是一个有觉悟的政党，而是几个有觉悟的政党致力于组建工党。如果说我们从捷克问题委员会的讨论中得知捷克斯洛伐克每个政党都有自己的工会运动这一令人感兴趣的事实，那么在美国，每一个现存的无产阶级小党都有自己的工党。关于这一倾向可以争论，但这一倾向是存在的。

美国共产党在这一时期这一形势下有什么样的任务？这方面的路线是明确的。在目前形势下的历史任务应该是在无产阶级的历史任务（必须在政治上和组织上与资产阶级划清界限）和党的任务（变成群众性的共产党）之间架起一座桥梁。因此，这意味着必须在组建工党一事中掌握主动权：凡是发生赞成工党的运动的地方，都要介入这一运动，推动运动前进，使之受到共产党的影响。

同志们，我国就美国这一问题发生过争论。一派（"多数派"）说我们不应该继续开展支持工党的斗争，另一派则断言我们应一如既往地遵循这一发展的历史路线。

我不想详细谈这场派别斗争的细节，我已经受够了，关于这个问题谈得已经太多。我只想在最后说：关于布尔什维克化的提纲务必指出美国党的这一基本政治任务。我们希望，这一愿望将得到满足，这个问题将由政治委员会讨论。

同志们，我涉及的问题也与加拿大、南美和澳大利亚有关。

正如大家知道的那样，连荷兰也出现了工党思想，这个问题不能用关于机会主义的泛泛议论来回避。我们目前对工党这个问题理论上研究还不够，但我希望将来能做好。

同志们，我还希望那个我称做远西的大地区的问题，这个十分独特的问题不要用处理中欧的现成模式去解决。这样做不符合马克思主义，这样做既有害又办不到，正如我们用德国、法国和意大利的模式去解决远东问题一样。在这样的层面上无法讨论远东问题和远西问题。必须明白，如果法国、捷克或德国党提出我们是无产阶级唯一阶级政党的口号是完全正确的，那么把这一口号用于英国就错了，把它用于美国就更错了。我们既然不得不参加工党并承认工党依然是工人阶级的群众性政党，那我们怎么能在英国提这个口号呢？因此，这个口号就提错了。我们反对工党，却要加入进去。

美国也是同样的情况。工党如果在美国出现，那当然是一个机会主义党，而不是无产阶级的革命阶级政党。尽管如此，不仅还得参加工党，并且还得在创建工党过程中发挥主动性。只有这样共产党才能成为群众性政党，条件是无产阶级已经拥有一定程度的阶级觉悟。当无产阶级政治上、组织上还处于资产阶级阵营并直接参加金融资本的大党时，怎么能指望共产党变成一个群众性政党呢！这种指望十分荒唐。有时历史发展过程越过几个阶级，但在美国根本不可能越过整个工人运动的历史。

美国的发展无疑会快得多，需要的时间较短，美国的发展不需要德国那样长的时间，德国从60年代到世界大战才组建了群众性的共产党。为什么不需要？因为美国是帝国主义大国，因为世界充斥危及美国的冲突，因为美国拥有世界上最集中的工业和最强大的无产阶级，如果这样的国家开始发展（已经开始了），那发展当然要比德国或其他任何欧洲国家快上千倍。这是应当加以考虑的。

如果像某些同志那样只看到美国的落后，如果只看到工人阶级的原始处境，如果只看到无产阶级尚处于资产阶级阵营，却看不到其他情况——美国现在是帝国主义世界的领导者,美国今天、明天和后天都会发生冲突,美国每时每刻都可能被卷入战争,美国拥有最强大的无产阶级和最强盛的工业,那当然很难找到解决办法,或者找到的是错误的解决办法。

不应该忘记,由于许多历史条件,由于我们在俄国革命影响下和在欧洲移民输入的社会主义思想的影响下得以在工党出现之前创立共产党,我们从历史上来说所处的局势要比大大晚于工党成立的英国共产党好得多。由于这一切情况,美国共产党有可能起到英国独立工党所起的作用——工党组织者、领导者和思想指导者的作用。通过这一途径,共产党首先可以在斗争和工作过程中与美国真正的无产阶级群众取得联系。其次,它因此可以变成群众性的共产党。第三,它可以唤醒无产阶级的阶级觉悟和空前地加速政治局势的发展。

远西的基本问题就是如此,共产国际扩大的执行委员会应对这些问题多加关注。我以为,只有在不仅英国和美国同志而且共产国际各领导党的同志都去争取的情况下,这些问题才能得到正确的解决,首先是马克思主义素养好的党的同志——俄国人、德国人——来帮助解决远西的这些新问题。

**坎农**(美国):

同志们!美国党的布尔什维克化问题提出了具体的几点:这个问题与党的组织问题密切相关,因为我们刚刚才开始创建共产党。我国的现状与欧洲任何一个国家的现状不同。美国从来都没有群众性的革命运动,我们可据以遵循的传统和经验不多。美国无产阶级人数如此众多,而我们党只有 2 万人,而且其中说盎格鲁-撒克逊语支部只有 2000 人。美国无产阶级政治上十分落后,只能动员他们参加争取最普通最起码要求的斗争。

我们应该更广泛地开展马克思列宁主义教育。在这方面我同意库恩·贝拉同志的看法。我们的党一方面从毫无理论素养的社会党内部发展起来，另一方面从工团主义运动、从"世界产业工人联合会"内部发展起来，而后者同样将理论问题置于次要地位。我们在培养党员工作人员骨干时应尽量不犯错误：应该警觉地关注决不造就脱离群众的党员工作人员骨干。应谨慎使用"职业革命者"这一术语；我们的党员工作人员首先应是来自车床的革命者。党从高层到基层都应具有较多的无产阶级性质。十分重要的是，党应具有较明确的阶级性质，更紧密地把自己的工作与企业和工会工人非常现实的斗争联系在一起。我们应大力反对不求甚解和追名逐利的倾向。

我们有两个基本问题：工会工作和在企业建立党支部。工会工作多多少少受到忽视，因为工会本身的弱点使工作难以开展。但我们的义务仍然是决不容忍这一事实，把工会建设起来。第二个问题——建立支部——也有着异常重大的意义，但解决了这个问题并不意味着就解决了布尔什维克化的问题。

我们不得不与巨大的困难作斗争。首先，我们的党是在高度发达工业国家里的很小的党；其次，美国的工会运动非常弱小；第三，我们的党本身以各语言联合体为基础组建，这些联合体各有各的民族机构，倾向于集中力量解决自己狭小的问题。这一组织形式与布尔什维克组织绝对不相容。只要我们没有建立真正中央集权的组织形式的话，就不可能有布尔什维克化。

现在来谈工党问题。把我国的现状与英国的现状等同起来不太正确。英国工党是个老党。整个工会运动都支持它，而英国的工会运动本身要比美国的运动强得多。美国则没有工党。最近两年一再尝试组建工党，但都以完全失败告终。美国工人还没有充分成熟的阶级觉悟，能建立起以工会为基础的群众性的工党，而别的样子的党我们也不需要。我们不需要完全由共产党员组成的工党,因为它不可避免地会变成脱离群众的小得可怜的集团。相反,以工会为基础的、不仅团结共产主义分子的、真正群众性的工党是前进了一大步。

为了创建这样的党,我们可以从近两年的经验中吸收许多重要的东西。这样的工党首先应当是群众性组织,其次应当以工会为基础,第三应当是工人阶级普遍的、包容一切的运动,而共产党员应在其中工作,同时保持自己的独立性。

在目前形势下在美国组建工党无从谈起。我们的任务现在是在工人阶级重大的具体问题的基础上进行鼓动和宣传,提出无产阶级独立政治行动的要求、独立政党的要求。我们应当唤起工人对小资产阶级思想的对抗。现在就着手组建工党为时过早而且十分危险,因为我们会因此脱离日益壮大的无产阶级群众运动。在最近两年中,我们看到我们党在支持联合的工农党运动中和在圣保罗大会上受到孤立。

我们希望我们在俄国同志的支持下能避免成为这种试验牺牲品的悲惨命运。

占据我们斗争中心的应是具体的问题。美国工人还在追随大资本的政党和拉福莱特的小资产阶级党。我们应该深入群众,吸引他们投入阶级斗争。做到这一点的手段是,在争取实现工人阶级具体的重大要求的统一战线基础上开展斗争。

**库西宁**(芬兰):

同志们,依我看,布尔什维克化任务与共产党的正确领导问题完全相等,可以从以下四点来看:(1)共产党的正确领导其实等于狭义理解的布尔什维克化;(2)正确领导无产阶级广大群众;(3)正确领导无产阶级革命后备军;(4)正确领导反对无产阶级革命敌人的斗争。这一切合在一起就是我们通常理解的共产党的作用和性质。季诺维也夫同志在第二次代表大会上的决议中已阐明了这一点；他现在的关于布尔什维克化的提纲是这些论点的具体化和进一步发挥。我想在这里指出我认为重要的两点。

其中最重要的当然是领导的**方向**、方针。同志们，请设想一个真诚地以共产党自居的、理想的左翼社会党。这样的党能把许多事做好。它甚至在某些领域进行，甚至大力进行反对资产阶级的阶级斗争。对它来说并非必须与资产阶级政府联合。连考茨基当年也表示反对在"正常的"条件下参加资产阶级政府。它完全不必犯严重的机会主义错误，它恰恰会避免犯严重错误，它小心谨慎，它一切做得完美无缺，除了一样：它一点也不做革命斗争的准备。它缺了点什么？缺了点十分重要的东西：它还没有布尔什维克化。它没有布尔什维主义。也很容易设想相反的情景：一个同样丧失布尔什维克性质的革命的或共产主义的宗派小集团。

我们的布尔什维克化的口号，是反对机会主义方向的口号，但这个口号并不对宗派主义倾向有利；宗派主义是机会主义的对立面，但是错误方向的对立面。机会主义和宗派主义在同一条路线上走向对立的两端。列宁主义路线则完全是朝着另一个方向。

同志们，大家都知道，有时出现对机会主义和宗派主义这两种倾向机械的调和。这种例子便是托洛茨基主义，托洛茨基主义是对这两种倾向机械的调和。

有人会告诉我说，路线是一回事，而正确地在策略上、组织上执行路线则是另一回事。这当然说得对，但不应该忘记，首先必须要有一条正确的路线，没有这个前提，一切关于正确执行的高谈阔论都一文不值。为什么正是在这个意义上犯错误，这一点从克雷比赫同志和塔尔海默同志的文章中可以看得最清楚不过。他们的文章反对第五次代表大会的决议，主要是在统一战线和工农政府策略问题上。

对塔尔海默来说，统一战线策略最主要的是实施与社会民主党的共同行动，不仅同社会民主党群众而且同社会民主党领袖们共同行动。对他来说，这便是统一战线策略的战略目标。依我看，这是机会主义。塔尔海默同志称社会民主党，首先是该党的领袖是"搭档"，正如称牌戏的参与者为搭档一样。他坚决想把这些"搭档"拉进共同的活动中来，我们则致力于在每件事上打击这些可尊敬的"搭档"——社会民主党的领袖们。我们当然要考虑可能性。这些"搭档"——社会民主党的领袖们———度可能在行动过程中通过统一战线与我们并肩前进，但我们在这种情况下也准备与他们斗争，揭露他们，打击他们。

工农政府口号的情况也是如此。

克雷比赫绝对不懂这一口号的革命意义。对他来说，不是与社会民主党一起成立共同政府，就是不提"工人政府"的口号。他不明白，我们提出这个口号，是努力向群众提出政权问题。对我们来说，这个口号就是无产阶级专政的代名词。它还是为了群众，为了站在我们党外的落后群众提出的。这些群众尚未成熟到能进行争取无产阶级专政的斗争，因此我们才需要提出这样的口号。

尽管塔尔海默同志和克雷比赫同志称第五次代表大会就工会问题作出的决议是大会唯一正确的决议，但是我担心他们在这个问题上对决议的理解错了并从机会主义的角度来阐释这个决议。他们把整个重心放在实现工会运动的统一上。我们当然也把这种可能性作为现实的可能性加以考虑。我甚至认为，统一将会实现。但如果统一注定无法实现，那我们现在的策略是否错了？完全没错。这个口号应当也被用来使阿姆斯特丹派群众与其领袖分离，尝试使这些群众革命化。这才是我们的目的。

布尔什维克化任务并不是新提出的。据我们所知，许多支部此前已着手做这一工作，尽管规模确实很小；我们多多少少懂得了布尔什维克化的一些内容。但许多内容，而且是最重要的内容还没有被认识或者还没有被贯彻执行。我们的许多支部在学会把积极性集中在最主要的任务上、学会像布尔什维克那样集中精力方面做得很差。在对某些行动的领导上也是如此。直到现在几乎在我们所有的群众性政党中都能看到在领导方面随波逐流的旧倾向，都能看到中央委员会对领导真正意义上的斗争异常忽视以及一种"敷衍了事"的态度。党尚未完全掌握布尔什维克对待群众的方式方法。在这方面这些党在日常实践中往往犯错误，而机会主义者恰恰可能利用这些错误来证明"你们的方向错了"。我们的同志往往会犯策略性错误，如对党员群众发号施令，仿佛这方面也可以用党的纪律来做借口。我还应指出，我们的理论家们应比过去更多研究我们实际工作方法的基本原则，而不局限于简单地转述历史唯物主义的概念。

依我看，最重要的也是我们还不太懂得的是**如何组织日常的群众工作**；为了学会这样做，应当增加和培养我们党的领导骨干。我们在各个资本主义国家里都需要越来越多的**来自车床边工人队伍中的新的组织者**。

这样的培养组织者的工作与支部工作密切相关。当然不应该把这个任务理解为我们应先培养好大批组织者，然后派他们去做支部工作。两方面的工作当然应同时进行。正是在支部工作的过程中造就了组织者：支部、党团的组织者，小组领导人，等等。如果支部有个好的组织者，他会怎么办呢？他看准了合适的同志，作为开头他交给这位同志一份工作，例如办报。那位同志作为开头可以创办一份墙报，写几篇工人通讯，然后他就这些问题与其他同志交换意见，于是，当他吸引同志们参加工作时，他在组织上安排他们的工作。当报纸工作组织者身边形成了一批工作人员后，这些人马上可以着手建立其他小组。于是工作有了分工，一步步往前开展。另一位同志在工会党团工作中以同样的方式展开活动，第三位同志在妇女工作领域，第四位同志在情报领域，如此等等。总之，由于我们不会协调工人党员的日常工作，有些工人至今仍只是"星期天共产党员"，我们应该从他们之中挑选最积极的优秀分子并吸收他们进入党的领导骨干的行列。

于是我们培养出革命的新型党的工作者。有些同志无法理解这一任务。塔尔海默同志和克雷比赫同志没有看到布尔什维主义在这方面的任务。他们说，我们在西方不得不用十分不同的材料来组建党。他们说得当然对，但他们因此作出了西方不需要布尔什维克化的结论。这绝对错了。正因为如此，西方格外需要布尔什维克化。塔尔海默同志和克雷比赫同志说有人想排挤西方共产党的"老近卫军"，想"砍掉这些已经发挥过作用的桥梁"。总的来说，这些同志反对"俄国的方法"。而这一回他们却拥护俄国的方法。他们声称，俄国一贯维护领导工作中的继承性，他们认为致力于更新西方党的领导层是错误和罪恶。但是同志们对这方面的情况理解有误。俄国确实注意领导工作中的继承性。但是说社会民主党人领导了俄国老的布尔什维克党并不完全对。领导俄国布尔什维克党的"社会民主党人"是与西方国家的社会民主党人有所不同的类型的人。他们不是半孟什维克，相反，他们坚决开展反对孟什维主义斗争。而与此相反，在多数西方国家里起先领导共产党的是内心尚未完全与社会民主党传统决裂的同志。因此这样的类比不合适。克雷比赫同志感到奇怪，要求他做的比忠诚地服从还要多。当事关革命的布尔什维克方向时，光是忠诚地服从是不够的，更何况该同志代表完全不同的思潮，在党的中央委员会里这更加不够。（座中有人喊道："说得对！"）

俄国有许多人决不是革命者，却忠诚地服从。他们被当做"专家"使用，但不会让他们进入党中央委员会。（鼓掌）

我们该怎样帮助尚未完全摆脱旧传统影响的前社会民主党人同志"脱胎换骨"，成为真正的布尔什维克呢？这个问题意义重大。这个前社会民主党工作人员"脱胎换骨的问题"与工人无关，因为只要党中央是坚定的、坚强的，那么这个过程对工人来说比较容易，因为无产阶级的阶级本能会帮助他们。对于领导同志，对于老实说是生活在小资产阶级环境中的老工作人员来说，这一脱胎换骨的过程相当困难已经算是好的了。怎样给予帮助呢？我们可以并应该经常为此目的使用的正常方法是什么？什麦拉尔同志在捷克问题委员会中间接提到了这样一个方法，这便是"按摩"。就是这个办法。这是天天都需要的。我认为，这不仅执行委员会需要，而且党本身和无产阶级也都需要，如果从革命历史中得到这一"按摩"，那就更好了。这是使这样的同志头脑革命化最正确的途径。有许多同志的头脑从来没有经历过革命。而这样的革命在某个人从过去的社会民主党工作人员转变为布尔什维克时是需要的。

开除出党当然不是领导党的常规方法。只是在类似捷克斯洛伐克的布勃尼克这种情况时往往需要采用开除的方法。在这种情况下绝对需要党迅速而坚决地进行干预。但有的同志指责我们通常都使用这种方法，这种指责错了。正如战争不是生产方式一样，驱逐出党也不是常规的党的领导方法。

我们在谈到**领导党的方法**时（我们应该谈论这个方法），认为在这个问题上也存在两种倾向：一方面是机会主义的坚持党内的形式民主，不加任何限制，赋予党的各级领导机关以登记机关或代表机关的角色；另一方面是宗派主义地不断行使纪律处分权，只会导致党的领导孤立。还有第三种可能：党的地方机关中的形式民主和"中央政权"的完全专制机械的结合。去年瑞典老党就是一个鲜明的例子。我们应努力做到的**有机的**集中是与机会主义者和宗派主义者所追求的东西直接对立的。他们轻视一切真正革命的领导，一切党的领导机关对党员群众积极的、有力的影响。布尔什维克化就等于党的整个活动中党的领导不断的发展和加强，它要求领导的强度越来越提高，当然是智慧的领导。

如何做到提高领导的强度呢？只有随着党员群众积极性的提高，只有在越来越广泛的党员日常参加党的工作的基础上才能做到。

党的纪律提出的要求的高低当然应当取决于某一时间点斗争总的形势的激烈程度和党的革命发展的程度。在俄国，在军事共产主义时代和现在维护党的纪律的方法是完全不同的。斯堪的纳维亚党与德国党、波兰党相比，现在这种方法当然应该是不同的。但有一点不应忘记：共产党，即使是发展程度很高的党，不应一贯轻视使用党内民主的方法，另一方面，在布尔什维克化道路上才迈出头几步的党一刻也不应放弃发展和巩固自己的领导，但这个党应主要是采用党内民主的方法，通过检查、解释和说服的途径，通过对党员"按摩"的办法来这样做。

最后，简单谈一下**国际领导的作用**。克雷比赫同志和塔尔海默同志在他们反对第五次代表大会的文章中写道，共产国际的俄国领袖们力图把老的独立的工作人员排挤出西方党的领导层，以便莫斯科可以直接控制这些党。因此他们断言，托洛茨基的"个人"问题在第五次代表大会上对确定把谁清除出西方党中央委员会、把谁留下具有决定性意义。我不得不说，这些说法的格调使我们想起过去也读到过类似的东西，具体说是在自由派庸俗小报的杂文里读到的。

两位同志还谈到共产国际危机临近，警告不要向西方国家的党推荐俄国的运动的道路。我以为这两位同志所说的"俄国的"，其实是**"革命的"**。这一反布尔什维克立场对于所谓"独立共产主义"是有代表性的。我们近来在瑞典和挪威见到了这一类型的共产主义。什么是"独立共产主义"？这是自称共产党员、有时真诚地以共产党自居、其实反对共产国际的机会主义分子。斯堪的纳维亚这样的人已自外于共产国际，而我们的队伍也不需要这样的人。

塔尔海默同志和克雷比赫同志建议共产国际的领导首先是共产国际中俄国同志把自己变成多余的人，换句话说，是建议共产国际中的俄国领导人自我消灭。而且他们还引用列宁的话说，俄国运动对国际工人运动的领导是暂时的。这也许说得对。但是,首先,关于取消这一领导权的问题提得有点过早。其次,列宁也从来没有说过,在俄国不再领导国际运动后要把俄国同志排除出共产国际的领导层。俄国同志到那时大概仍将留在执行委员会里。第三,最重要的是,执行委员会到那时也将保持领导作用,因为它只能是布尔什维克的执行委员会。两位同志攻击的就是执行委员会的这一领导作用。他们所说的"俄国的",就是对共产国际的革命的、布尔什维克的领导。

我认为,对执行委员会活动的批评应该得到具体论证。例如,近来执行委员会最坚决地干预第五次世界代表大会后瑞典党的事务。这样做对吗?这样做需要吗?还是这样做是多余的、错的?我们应该回答这个问题。

第二个问题是改进执行委员会和各支部的联系。同志们,大家都应共同来找到更好地建立这一联系、互通情报以至改进执行委员会工作的办法。但决不能向共产国际去布什维克化方向迈出一步。

不久以前,德国党的一位领袖写道,西方国家中"我们的道路"是不同于俄国布尔什维主义的道路……同志们,大家知道,这位领袖的道路通向何方——直接通向地狱。(鼓掌)

**波德沃伊斯基**(红色体育运动国际):

同志们!共产国际、红色工会国际和青年共产国际最近几次代表大会都指出了体育运动组织在阶级的经济斗争和政治斗争中的作用和意义。最近的实践表明,体育运动事业成了工人争取统一战线斗争的重要因素之一,而红色体育运动国际成了工人群众布尔什维克化的前提之一、组织之一。

目前体育运动事业在全世界有近1000万工人和包括大中学生在内的近2000万小资产阶级和资产阶级青年随时保持动员状态。因此,世界上存在一支秘密状态的、组织良好的 3000 万人的大军,这支军队每天都在进行鼓舞士气、振奋躯体的认真训练,每天都在接受相应方向的教育,这支军队训练有素,随时都可以充当资产阶级的战斗力,充当目前为了自己的目的掌握、领导并左右体育运动事业的阶级和组织的战斗力。

最重要国家的资产阶级在战后根据帝国主义战争的经验考虑到体育运动事业的军事意义,把越来越多的财力投入其中。资产阶级在这件事上花费巨资,不仅要打造一支出色的作战大军,而且要在"和平环境"中使大量优秀的军事考官和指挥员骨干保持战斗的紧张状态,让他们作为积极储备担任体育运动工作。

资产阶级为了使这支千百万人的体育运动大军不断受到他们的影响,从千丝万缕的途径把这些使全民军国主义化的体育运动组织与各种经济、政治、军事和文化组织牢牢地联系在一起,以便吸收他们去完成资产阶级总的任务,从思想上感染他们,使他们与资本主义社会的基础和上层建筑团结在一起。主导国家的资产阶级为了实现这一目标在战后建立了领导体育运动事业的专门的国家的或社会国家的领导机关。**资产阶级正是这样使体育运动事业军事化。**

资产阶级使体育服务于军国主义、军事工作、帝国主义战争、沙文主义,还让体育运动事业为其经济利益服务,为剥削无产阶级服务。

近来英国、美国、法国、德国和斯堪的纳维亚各国的资产阶级利用体育运动事业来加强对工人的剥削。这些国家的大企业主在工厂里创办体育运动协会和俱乐部;雇用教练按专门的计划用专门的方法来培养工人提高为本工业部门所需的专门的熟巧。每一个工业部门都为自己的体育协会制定特殊计划,推行其工业所需要的特殊的训练制度和自己的运动项目;选拔专门的教练。因此资产阶级把体育运动协会和俱乐部变成了培养、提高有关工业部门的工人专家的私立学校,把青年在其中的训练和他们在机床旁的学习结合了起来，资产阶级有步骤地把体育运动事业变成了手艺。**于是资产阶级根据自己的经济利益来左右体育运动事业并使之工业化以加强对工人的剥削。**

近几年来资产阶级异常强化地把体育运动事业和体育运动组织用于其反对工人阶级的政治斗争中。

他们把体育运动组织当做反革命、沙文主义等的堡垒用于其各种政治行动中，将体育运动组织当做法西斯主义的基础，变成为反革命行动和恐怖行动汲取力量的源泉。

资产阶级在与无产阶级进行剧烈经济搏斗时把体育运动组织投入与无产阶级的直接斗争，借助这些已变成技术支持机构的体育运动组织来破坏工人的罢工，借助它们来对罢工者施暴和殴打，等等。

资产阶级把体育运动与无产阶级工会运动对立起来，用体育庆典和比赛、运动狂热来诱惑工人群众，用发给各种奖品、创造纪录和追求其他体育运动理想来欺骗觉悟不高的群众。

**总之，资产阶级把体育运动事业变成了反革命的工具。**

"资本主义清楚地认识到体育运动的巨大意义，体育运动可以强化对工人的剥削，使他们服从资产阶级思想，脱离政治活动和工会活动，变成军国主义和沙文主义的拥护者。因此，资本家为了本阶级的利益推动体育"，红色工会国际第三次代表大会是这样描述资产阶级掌控的资本主义国家体育运动事业的作用的。

共产国际第五次代表大会也在其决议中用如下的话说明了体育运动事业的同一作用：

"几乎在所有国家里体育运动成了群众性的现象。资产阶级把体育运动用于其阶级目的并千方百计地支持资产阶级的和国家的体育运动。这些资产阶级体育运动组织的主要任务是为资产阶级军队培养青年，通过相应的培训激发他们的民族主义和沙文主义并把他们当做战斗骨干用来反对无产阶级。法西斯运动得以在这方面利用该组织来充当军事掩护。"

因此，我们看到世界3000万运动员大军听命于资产阶级，既纪律严明，又组织良好，"民主"集中地受到控制，支持资产阶级国家和协会的资本主义制度。

剥削阶级为了组建听命于自己的3000万运动员大军，花了几十年来做理论工作和组织工作，利用其前辈在这方面的上千年的经验。

我们敌人的体育运动事业的情况就是如此。资产阶级为了自己统治的利益在工人农民中促进体育运动。

现在，各国无产阶级和农民的体育运动事业情况又怎样呢？工人和农民是否为了自己，为了自己的阶级利益，为了反对资产阶级而促进体育运动呢？他们又是如何促进的？他们在这方面给自己提出了什么任务？他们为了工农体育运动群众的革命化、为了团结和组织这些群众做了什么？还将做些什么？

工人和农民从建立苏维埃政权后才开始认识到体育运动事业是组织群众最好的手段之一，是社会教育训练首先是相应的军事教育训练的手段之一，是培养群众进行斗争以及进行生产活动和文化活动最好的手段。

为了使国际无产阶级和农民认清劳动者体育运动活动的意义，1920年成立了红色体育运动国际，其任务是：**把世界现有的一切工农体育运动组织团结成统一战线，使这一战线思想上、纲领上和组织上与工农的革命斗争及其工会组织和政治组织联合起来；把比赛和整个体育运动事业变成组织和吸收近东和远东不积极的、怠惰的、分散的工农群众参加劳动者革命斗争的手段。**

共产国际第五次代表大会考虑到红色体育运动国际在国际革命中的

作用，号召各支部"配合共产主义青年团和红色工会，特别重视体育运动，将其用于革命目标的实现"。

我向共产国际执行委员会扩大的全体会议、向与会的红色工会国际和青年共产国际的成员提到摘引自决议的这段话，是为了提醒大家，共产国际各支部通过了这一决议，就是承担了对红色体育运动国际的承诺。我现在不想要求超过共产国际代表大会认为必须在国际工人体育运动事业做到的东西。

我想在这次格外认真研究革命力量现状的全体会议上强调指出，每一个新加入红色体育运动国际的体育运动组织不仅增强了红色体育运动国际的力量，而且增强了战斗中的无产阶级的力量，每一个新参加红色体育运动国际的组织都使无产阶级革命统一战线变得更有能力、技术上更善于斗争，因为体育组织首先培养人们格斗。

但是，同志们，没有正确的思想，无法掌握群众。因此请允许我谈一谈这个问题。**为了掌握宏大的体育运动群众，工农体育运动事业必须要有明确清晰的革命阶级思想**。提供这一思想是红色体育运动国际的也是所有革命无产阶级组织的首要任务。

资产阶级在一切阵地上丧失了对无产阶级的思想影响力，为了把体育运动群众控制在自己的思想影响之下而召唤社会民主党人给予帮助。社会民主党人在体育战线上也充当了与在工人运动史上同样的资产阶级思想和影响传播者的角色。

社会民主党人帮助资产阶级蒙骗工农运动员。**在红色体育运动国际从工人运动员中培养为世界十月革命奋斗的战士大军的工作中，在巩固和扩大统一战线的工作中，红色体育运动国际期待一切与巩固统一战线利益攸关的无产阶级组织提供宣传鼓动上的、组织上的和物质上的帮助。**

红色体育运动国际目前在无产阶级革命的旗帜下团结了除苏联工农

运动员外近 50 万各国工人运动员。红色体育运动国际把最积极最有觉悟的体育运动群众团结和组织起来,应在革命组织的帮助下把他们变成体育运动事业革命阶级思想自觉的、坚定不移的传播者。红色体育运动国际只有把这第一批队伍变成革命的旗手、掌握群众十分重要工具——阶级思想——的拥有者,才能继续前进,才能开展真正的群众性活动。

我们把我们所指出的红色体育运动国际的壮大看做是生长期的壮大。各国运动界群众,即使是最有觉悟的、已投向我们的,也还认识不到体育运动事业的阶级目标和任务,他们给红色体育运动国际带来了民族主义、沙文主义、资产阶级军国主义和分离主义的遗毒,削弱了红色体育运动国际,要是革命思想战胜不了资产阶级思想的话,就有可能葬送了这一国际。

捷克斯洛伐克、美国、德国、法国、英国、斯堪的纳维亚和巴尔干等国的共产党如果帮助红色体育运动国际肃清工农体育运动组织中的小资产阶级的遗毒,将加速建立统一战线和革命无产阶级斗争布尔什维克化的进程。这项工作要求各革命组织从纲领上和组织上研究与把体育运动事业变为革命阶级事业有关的各种新问题。

在体育运动领域思想方面,首先应该做的是肃清无产阶级养成的把体育运动看做目的本身、看做超阶级的和非政治的中立事业的庸俗观点。

改良主义者和资产阶级至今用体育运动事业中立来欺骗工人,实际上却把体育运动事业用做向体育界群众、向为数更多的迷恋观看资产阶级组织体育比赛、庆典和奥林匹克运动会的工人灌输资产阶级思想最出色的传播者。

革命工人组织应剥夺资产阶级这一影响群众的手段。**体育运动事业为无产阶级和农民的革命阶级斗争服务**,这一思想应成为一切革命无产阶级组织的战斗号召。

许多工人和他们的革命领导人至今仍把体育运动看做娱乐、消遣，至多看做健康的休息、保健的手段。至今体育运动比赛令千百万工人瞩目，是因为场面壮观，而不是因为这是体育运动组织教育训练的成果。

资产阶级灌输并得到改良主义者支持的这一关于体育运动的观点，导致体育运动事业保持"阶级中立"，导致狂热、追求创纪录、职业化、戏剧化、把人分成积极的演员（运动员）和消极的观众、分成英雄和群氓，必须养成取代这种观点的无产阶级的阶级观点，揭示体育运动事业的社会政治意义，即体育运动是在世界无产阶级革命时代完全有条件成为锋利的阶级斗争武器的组织和教育群众的手段。

"变体育运动事业为阶级革命斗争的工具，集中工农的注意力于体育运动事业，因为这是他们阶级组织和斗争的最好手段、方式和工具之一！"这一号召将把千百万工农运动员群众从保卫资本主义利益的工具变为保卫工农利益的工具，条件是围绕这一号召构建起革命的、政治的和职业的工人组织有计划有步骤的工作。

给每个工农运动员提供工农体育运动事业的革命阶级思想，这一思想将帮助他们认识革命阶级的体育运动事业的目标、任务、内容、纲领、方法和组织原则，把这一思想变成群众真正的财富，这是红色体育运动国际的首要任务，也是一切为工农革命统一战线、为建立战斗的工农联盟以及为培养工农走向全世界胜利而奋斗的组织的十分重要的任务之一。红色体育运动国际四年的实践表明，应当把1000万工人运动员变为革命战士的工农体育运动事业的革命阶级思想，没有一切革命无产阶级组织的帮助是树立不起来的。革命组织越是大力完成这一任务，工人阶级的叛徒通过这条战线给他们带来的危害也就越小。

从前改良主义者否认体育运动事业中的阶级思想。但当他们看到红色体育运动国际吸引了群众、向群众展示体育运动事业中的革命阶级前景时，他们开始并且应该说不无成功地用混乱的思想欺骗工人。

现在请允许我来谈谈组织问题。

**在革命无产阶级斗争的旗帜下团结并组织体育界的群众**,是红色体育运动国际的第二项任务,这一任务同样也只有依靠一切无产阶级革命组织的帮助才能完成。

资产阶级近来创办并利用他们在工厂创办的体育运动协会来控制工人在工作时和闲暇时的思想情绪。把这些体育协会变成体育界工人群众革命化的出发点是红色体育运动国际和一切革命无产阶级组织的**首要**组织任务。把工厂体育组织和工厂整个无产阶级的革命组织、政治组织和工会组织联系起来应该是这一工作的第一步。应该这样从最底层来开始在纲领上、组织上和策略上把体育运动事业和无产阶级一般政治运动、工会运动和共青团运动结合起来。随着对体育界群众的深入掌握,无产阶级革命斗争中的一大障碍将被清除,因为从事体育运动的千百万工人在满足于取代各种无产阶级社会活动的这些运动项目时,实质上成了反对无产阶级的一支作战大军。

工农体育运动事业的革命国际组织与最底层的一切革命无产阶级组织联系在一起,因此是一个群众性组织,有许多条件不仅可以吸收近西和远西的工人和分散的消极的农民,而且还可以吸收东方和殖民地国家的工农,利用东方农民和各民族对比赛、庆典、群众游园会和各种演出的爱好。

远东和殖民地国家正大步走向革命解放斗争。红色体育运动国际对于东方是一个重要组织,它借助体育活动、庆典、比赛能带领工人群众走向革命目标,组织他们投入革命解放斗争,赋予体育活动确定的内容并引导庆典和各种民间比赛活动走向确定的目标。红色体育运动国际在实施这一切时同样期待共产国际各支部的帮助。

同志们,革命无产阶级组织十分重要的任务是**在资产阶级军队中传播革命思想并在其中建立自己的组织**。

革命无产阶级组织为了传播自己的思想，不可能十分接近资产阶级军队去进行鼓动宣传。许多无法克服的障碍使得这些组织难以在这些军队的士兵群众中开展鼓动工作和组织工作。同志们，我们仍然应该重视进入军队的预备阶段，即目前对儿童和青年的体育训练以及与此相关的青年入伍前的军训。

我来谈谈红色体育运动国际的策略。

正如我已经说过的，建立红色体育运动国际是为了在统一的无产阶级革命旗帜下团结体育界的工农群众，依靠一切革命组织的帮助使这些群众与战斗的无产阶级大军联合起来，使体育运动事业成为组织和培养群众投入革命斗争的手段。红色体育运动国际与工农体育运动战线的团结利益攸关，这条战线是与全世界劳动者的整个阶级革命斗争紧密相连的。各国的改良主义者妨碍这一团结，各国改良主义者在体育运动事业中的机关是卢塞恩国际体育联合会。

改良主义者站在叛徒的立场上，思想上无力与觉悟的工人运动员作斗争，便使用生硬的斗争手段——镇压持不同观点者、把他们逐出体育运动组织。他们为什么这样做？为了体育运动事业超阶级性、非政治性的口号，资产阶级利用这个口号把体育运动事业用于实现自己的利益。改良主义者以体育运动事业的非政治性作掩护（这实际上导致与资产阶级结成反对工人统一战线的统一战线），分裂并出卖工农体育运动事业，因为有觉悟的工人运动员不可能与资产阶级站在一条战线上。

改良主义者的分裂政策使得红色体育运动国际采取直接影响体育界群众的策略以建立工农体育统一战线。这一策略得到群众的赞同，因为他们通过改良主义者四年来的分裂活动明白了他们这一活动的叛卖目的。红色体育运动国际的策略得到赞同和卢塞恩国际体育联合会的策略遭到谴责最好的证明，是红色体育运动国际的队伍飞速壮大，和声势浩大的要求邀请红色体育运动国际参加法兰克福奥林匹克运动会（改良主义者拒不邀请苏联的体育组织和红色体育运动国际其他的组织参加所谓的"国际工人奥林匹克运动会")的运动,建议红色体育运动国际在改良主义者不让红色体育运动国际参加法兰克福奥林匹克运动会时举办真正的国际工农体育比赛,由全世界所有的劳动者体育运动组织参加。

红色体育运动国际执行委员会请求共产国际各支部支持它的争取统一战线的运动以及它争取红色体育运动国际的工农体育组织被邀请参加法兰克福运动会的斗争。如果改良主义者拒绝共同举办法兰克福奥林匹克运动会的话,红色体育运动国际执行委员会请求帮助它组织由各国工农体育组织参加的真正的国际工农体育比赛。

由于国际工农体育比赛近来将起巨大的政治作用,同志们,请允许我简单谈一下红色体育运动国际拟定为庆祝十月革命十周年举办的这些国际体育比赛的组织和性质。我们建议把为庆祝伟大的十月革命举办的这项赛事命名为**十月运动会**。

资产阶级和改良主义者举办奥林匹克运动会是为了检阅运动员为他们服务的决心。各国无产阶级和农民的组织在十月运动会上将争夺世界无产阶级革命第一战士的荣誉,夺取**世界十月革命胜利**第一战士的称号。

红色体育运动国际于1927年举办的第一届十月运动会将开启国际体育比赛的纪元,举办这一赛事是为了确定国际工农青年投入夺取世界**十月革命**胜利的斗争的准备程度。

各国共产党、共青团和工会与红色体育运动国际,一样关心为庆祝十月革命全世界工农组织的第一届国际体育比赛在组织、计划和技术方面表现出来的国际无产阶级的全部创造力。因此红色体育运动国际请求一切革命无产阶级组织积极参加十月运动会的组织及其计划的制订和实施。

第一届十月运动会当然应在莫斯科,在无产阶级和农民把十月革命献给全世界的国家的中心举行。

在莫斯科成功举办十月运动会要求尽快建成国际赛事的舞台——修建在列宁山上的国际红色体育场。这一培养十月革命战士的舞台恰好建造在法国农民和无套裤汉曾来到的地方，这些拿破仑军队的士兵为消灭地主手持火与剑走遍半个世界，带来了1789年法国大革命的思想断片。

红色体育运动国际执行委员会和"红色体育场建设者协会"希望共产国际各支部帮助把建造国际红色体育场从苏联无产阶级和农民的大事变成全世界无产阶级和农民的国际大事。

红色体育运动国际为了向全世界工农提供参与建设国际红色体育场的机会，准备把现有的苏联国际红色体育场公司改组为国际性质的股份公司。

同志们，请允许我来谈最后一个问题。革命工农体育运动事业的成败都取决于这个问题，这是关于这一事业的物质基础的问题。

资产阶级在组织和领导体育运动事业时是认真而强有力的。最有实力的企业主用国家的、市政的和教会的钱财建造的体育场馆网覆盖全国，近来又如我已指出的那样从自己的荷包里掏出大把钱来在自己的企业中组建体育运动协会；建设大型体育馆；为加强剥削工人劳动进行对推动体育运动的科学研究；创办体育报刊；指导学校和给专门教练支付报酬。资产阶级为体育运动事业提供了十分强大的物质基础。

资产阶级用于举办本国和国际奥林匹克运动会的开支十分直观地说明了他们用于体育运动事业上物质花销的程度。在这里只需提一下，去年法国资产阶级拨出1800万法郎来在巴黎举办国际奥林匹克运动会。

领导已有几十年历史的工人体育运动事业的改良主义者利用了这几十年来工人用自己的钱为工人体育运动事业建造的物质基础，利用了资产阶级为改良主义者提供的各种形式的援助。德国议会决定由国家支付今年由改良主义者在法兰克福举办的国际奥林匹克运动会的费用以及其他国家议会为参加法兰克福奥林匹克运动会的运动队的训练和差旅费用拨款，都可以确定最近这一援助的程度。

红色体育运动国际还处在早期的组织阶段，它的全部工作都是在吸引体育界的群众，使他们革命化，把他们组织起来。这一阶段要求大量资金，不能把全部开支的重负都让革命的体育界群众承担。这些开支用于在工人体育运动事业中广泛鼓动和宣传革命阶级思想以及群众性的组织工作。

**红色体育运动国际执行委员会请求共产国际各支部帮助红色体育运动国际各支部建立革命工农体育运动事业的物质基础。**

同志们，我期望我所说的一切能得到你们充分的响应，请允许我为了扩大和巩固工人统一战线，为了无产阶级革命运动的布尔什维克化，提出如下几点作为对季诺维也夫同志提纲的补充：

共产国际在争取统一战线的斗争中将得到由红色体育运动国际结成的工农体育运动的支持。

直到最近，千百万工农、小资产阶级和学生都联合在资产阶级体育组织中，这帮助资产阶级传播自己的思想，利用他们来实现剥削及达到政治目的和军事目的。

资产阶级直到最近成功地利用千百万运动员大军来在资产阶级和工农联众中煽动民族主义、沙文主义、帝国主义和军国主义。

体育运动组织受到资产阶级的影响，也在资产阶级与工人阶级的日常斗争中为资产阶级的目标和任务服务。

最近社会民主党通过自己的联合组织——卢塞恩国际体育联合会——掌控了上百万运动员，引导他们为资本主义反对工人阶级革命运动的政治利益和经济利益服务。

红色体育运动国际开始为掌控千百万体育大军、吸引他们参加革命阶级斗争而奋斗。

共产国际各国支部都与争取千百万体育界工农群众摆脱资产阶级和社会民主党的思想影响和组织上对他们的依附的斗争利益攸关。

共产国际第五次代表大会向各国共产党提出了在鼓动上和组织上协助红色体育运动国际的任务。共产国际的扩大的全体会议认定，体育运动组织在争取统一战线的斗争中可以成为吸引消极的工农参加争取他们阶级利益的斗争的初级组织形式。

共产国际全体会议为了国际工人运动的团结支持红色体育运动国际争取工农体育运动事业的统一战线的斗争，建议各支部支持革命体育运动组织争取获得参加法兰克福国际工人奥林匹克运动会权利的斗争，卢塞恩国际体育联合会的社会民主党领袖们拒绝给予苏联工农体育运动组织以及其他各国一切革命组织这样的参与权。

共产国际执行委员会全体会议认为国际工农体育比赛和庆典对争取统一战线的斗争有着巨大意义，一旦卢塞恩国际体育联合会拒绝，则建议其各支部支持红色体育运动国际为庆祝世界十月革命组织第一届国际工农体育比赛——**第一届十月运动会**——的运动。

**克雷比赫**（捷克斯洛伐克）：

对资本主义当前形势的评估应当成为我们做出决议和制定策略的基础。我不得不指出，季诺维也夫报告的这一部分与他的提纲的相应部分相比，给我的印象不太明确清晰。提纲中的论点在讲话中削弱了。对季诺维也夫同志的论点"资本主义受到致命创伤"，只能理解为资本主义由于战争和革命震荡受到了难以治愈的创伤。但这与1920年第二次世界代表大会上列宁所说的话不符，列宁说过：对于资本主义来说没有出路的情况是不存在的，如果它不被无产阶级革命战胜，它将重新为自己找到出路。

从波俄战争开始、经过德国革命的失败而导致道威斯计划的这一时期清楚地表明，不明确的提法十分危险。德国左派在第五次世界代表大会上声称，德国党随时准备发动革命。现在费舍同志说话时却用了完全不同的语言。但正因为如此必须对提纲作出更明确的论证。我已经看到提纲写的和讲话说的之间的分歧。

共产国际中没有人像考茨基那样说，英美合作将模糊帝国主义的性质。

托洛茨基在纪念世界大战十周年的号召书草案中就指出，英美之间的矛盾注定会在将来起到中心作用。考虑到坚持推动走上合作之路的力量，绝对不意味着否认矛盾的存在和看不到冲突的爆发。整个问题在于，是什么注定在最近时期里占上风：是推动走上合作之路的力量，即欧洲破产和殖民地人民起义的威胁加上在中、日、俄问题上的共同利益，还是英、美在其他国际问题上的利益的矛盾。我们一贯认为帝国主义时代的特点是一些帝国主义大国之间、劳资之间、殖民地人民和帝国主义国家之间矛盾的加剧。

世界革命是一个夹着暂时稳定的漫长过程，这还不是失望和灰心丧气的由头。

左派对右派问题解决起来很简单：谁在一切问题上不统统赞同他们，谁就被他们视为右派。左派的整治和压制使我们无法从思想上揭露右派。

我们没有一心向往回到社会民主党去、竭力执行社会民主党政策的右翼。全部问题是，我们的右派没有能力执行共产主义的布尔什维克政策，没有能力进行布尔什维克的政治宣传和鼓动，不善于用布尔什维克的方式来解决党内的政治问题和组织问题。他们因此犯了错误，态度不明朗、消极。不过我不得不承认，所谓的左派在很大程度上同样也没有能力。只有自由辩论和批评才能向群众揭露各种倾向。另一个问题：右派和左派，哪一个更危险？列宁在1907年后同样坚决地与召回派和取消派作斗争。他在第三次世界代表大会上同样猛烈地打击了右派和左派。我们也坚决指出片面斗争的危险性即在反对右派的一条战线上生硬斗争的危险性。我们并不是以分裂相威胁，我们只是提出警告。

我们仍可以怀着内心十足真诚的信念来签署提交的提纲。提纲中有几点是新的：（1）布尔什维克策略的具体化；（2）强调必须不仅在上层而且要通过党内民主和自由辩论来实行布尔什维克化。

至今德国党也好，捷克党也好，尤其是德国党还没有在思想上与极左派和右派作斗争，却竭力借助生硬措施来压制他们，而对广大党员群众来说，这些倾向的思想基础依然是难以理解的东西。

我们是党内民主和自由辩论方法的拥护者，是治疗党内毛病的政委式（笑声）方式的坚决反对者。

要布尔什维克化，就必须具体对待各国现有的情势并采取相应的方式方法。各国代表的发言很少有相应的具体说明。对俄国战前情势与西欧现在的情势相比的特点以及由此而来的各种策略变化应该加以认真研究，否则布尔什维克化将停留在纸上或者机械地用过快的速度得到推行。德国左派在代表大会上称党有决心随时发动革命的声明是很能说明问题的例子。这种布尔什维克化没有内在的真实，完全是在吹牛。这样的"布尔什维克化"等于是各个共产党的分裂，内部的分崩离析。关于领导骨干的问题也起着很大作用。我们和季诺维也夫同志一样希望老人和青年聚合成合金，我们认为旧的锈铁对合金是不适用的。遗憾的是，季诺维也夫同志近几个月来经常在冶炼合金时使用旧的锈铁。德国最近一次选举将对我们提出警告。为解释工人从德国共产党向德国社会党转移的现象，推说群众不成熟、存有幻想，是不行的。关于在革命退潮时期各个共产党必然暂时削弱的肤浅说法也不够。

与德国比起来，捷克斯洛伐克的无产阶级群众不愿尊重和服从权威。

捷克工人是在反对腐朽的奥地利国及其权威的斗争中接受教育的。反对一切权威和纪律的暴动是争取民族解放斗争不可分割的一部分。因此，影响和争取捷克工人，不能光靠从外部用权威的方法，只能通过说服。捷克斯洛伐克的工人的革命性并不差，而我们的党在工人阶级中比德国相对要强大。但是被我们批判的方法给捷克无产阶级带来的危害比任何地方都大。机械地服从权威的道路、依靠政委和代理人下命令和压服的道路行不通，尤其是这些道路不太干净时。

俄国同志们，我向你们呼吁，请帮助我们和党内正直、健康、能干的人，用你们丰富的革命经验、你们广博的理论修养和渊博的知识帮助我们，向我们派出工作中重要的顾问和助手。这样我们才能够把捷克无产阶级中一切革命力量争取过来，这样他们和整个捷克斯洛伐克无产阶级一起将在无产阶级革命中履行自己的义务，他们决不会比其他国家的无产阶级逊色。

**诺伊拉特**（捷克斯洛伐克）：

同志们！共产国际执行委员会在讨论捷克问题时采取了不同于第五次代表大会的另一种办法。在第五次代表大会上先由全会详细讨论了捷克问题，然后再将它交给委员会处理。由于这一次一致决定先由委员会研究问题，然后向全体会议提出报告，所以应该坚持这一程序。委员会的报告将表明，全体大会是否有必要再次展开讨论。既然克雷比赫同志已谈到了捷克斯洛伐克问题委员会的工作，那么他应该不是局限于做些暗示、散播些流言飞语，而是把他准备就捷克斯洛伐克问题谈的统统说出来，或者他应该等待委员会提出报告。

什麦拉尔同志在委员会里就经济形势作了张皇失措的发言，而克雷比赫同志就政治问题在全体会议上作了同样的发言。什麦拉尔和克雷比赫的观点一点也不符合实际情况，也不符合捷克斯洛伐克无产阶级的观点和情绪。季诺维也夫同志说目前没有直接的革命情势,这句话不应被理解为捷克斯洛伐克目前出现了经济政治稳定。这根本谈不上。捷克斯洛伐克资产阶级开始苦于德国工业的竞争,担心出现货币危机。因此它采取了一系列针对无产阶级和中等阶层的硬性的经济措施。税收政策和关税政策、辞退几万名职员、削减失业者补贴,——这些措施都损害工人群众的社会地位,引起无产阶级的不满。捷克斯洛伐克资产阶级所谓的土地改革无非是使由少数民族居住的大片土地捷克化。同时捷克斯洛伐克资产阶级不得不与因其民族压迫政策产生的无法克服的困难作斗争。其次,如果考虑到捷克资产阶级由于其经济形势、政治形势和独特的战略地位不得不为法帝国主义在中欧的利益服务并因此花费巨资用于军备,那目前捷克斯洛伐克的经济政治情势远非稳定就很好理解了。

我想对赫鲁施卡同志的报告作几点补充。对我们来说,党的布尔什维克化当然不是一句空话。布尔什维克化意味着,捷克斯洛伐克共产党应该执行使它能真正建立与社会民主党群众和不问政治的工人紧密联系的策略措施、组织措施和政治措施。重组不仅意味着采取许多机械的行政措施。如果我们要使工厂委员会在共产党的影响下不仅能有计划地监督生产而且时机一到便能领导生产,那么我们应尽快考虑使生产支部的工作充实政治内容并使之成为能在革命斗争关键时刻表现出我们在资本主义企业中的政治实力。

党的布尔什维克化,即与广大的不问政治的和社会民主党的工人群众建立联系,其前提是忠实地切实实施第五次世界代表大会制定的工会策略。捷克斯洛伐克的复杂局势不仅不会使这一策略成为多余的,相反,还会迫使我们比其他国家更坚定不移地执行这一策略。目前捷克斯洛伐克资产阶级正策划给予捷克斯洛伐克无产阶级以新的沉重打击。它照例在俄斯特拉发-卡尔维纳地区开始进攻。大家都知道,参加政府并领导德国和捷克的改良主义工会的社会民主党人,实际上与资产阶级结成了反对工人阶级的统一战线。在这种情况下我们只能有计划地激起参加阿姆斯特丹工会的工人对他们的改良主义领袖的不满,条件是首先要关心阿姆斯特丹工会中广泛的有生气的党团工作。党当然要全力支持红色工会,尤其是它们反对法西斯工会的斗争。我们明白,新的工会策略并非一下子就可以全部实施,但我们认为有必要、有可能也是合乎情理的,是要让我们担任工会运动负责工作的同志真诚地努力与党一起开展工作,为在行动上而不仅是在口头上实施工会策略创造条件。

其次,我来谈谈克雷比赫同志再次提出的(完全徒劳地提出)工农政府的问题。对于我们来说,这一问题已经不存在争议。我们从来不难于(现在也不难于)直观地向捷克斯洛伐克无产阶级证明,联合政府在各种社会冲突中总是坚定支持资产阶级,总是决心使用一切国家施压手段来为剥削者反对雇用奴隶的斗争服务。工人,当然不仅是受共产党人影响的工人,以及为数众多的小农阶层和小资产阶级越来越明白,联合政府的活动损害劳动者的利益,这个政府应被推翻并用工农政府来取代。"工农政府"口号的革命意义对捷克斯洛伐克无产阶级来说十分清楚。目前,如果我们再来研究工农政府是否是做无产阶级专政或无产阶级专政的同义词的话,那是在白费口舌,没有人会感兴趣。

简单谈谈什麦拉尔同志和克雷比赫同志所说的"机械式地执行纪律"问题。我们经常从那些与共产国际发生严重冲突并退出共产国际的人口中听到这一论据,对于这些同志来说,在他们不难于服从纪律之前,纪律看来是个好东西。克雷比赫同志甚至在这里谈到"共产国际的政委和代理人"给共产国际各支部带来纷争,这一点我们当年就听过保尔·莱维的土耳其斯坦版本。克雷比赫同志用这个论据在反对共产国际,换句话说,是在反对捷克斯洛伐克共产党中央的可疑格调的论战中创下了纪录。看来当克雷比赫同志与共产国际的政委们、代理人们和土耳其斯坦人意见一致时,他是喜欢他们的。两年前,克雷比赫同志和我一起与"共产国际的政委们"如库恩·贝拉同志有过密切接触，为反对什麦拉尔同志及其政策而斗争；他进行了激烈的、针对什麦拉尔等人反对"共产国际的政委们"的荒唐论据的斗争。现在克雷比赫同志却同样使用那些破烂不堪的关于土耳斯斯坦人的论据。发生了什么事？为什么有这样的变化？非常简单：两年前克雷比赫同志站在共产国际的左翼，坚决反对机会主义和什麦拉尔主义。而现在克雷比赫同志站在共产国际的右翼，与什麦拉尔同志并肩反对共产国际。不是共产国际改变了自己的政策，或者所谓的"方式方法"，而是克雷比赫同志改变了自己的立场和观点，从极左转向极右。这便是实质所在。

克雷比赫在这里谈到德国党的形势，谈到德国支部近来失去了许多拥护者。他语带讥讽地指出，要是德国党没有在第五次代表大会上通过其代表宣布它决心随时"发动"革命的话，那就好了。没有人在第五次代表大会上说过这样荒唐的话。德国党真正说的而且它现在也能勇敢地重复一遍的话，那就是它决心并能够随时在出现相应的革命情势时带领德国劳动群众投入斗争。在这方面什么也没有改变，完全不取决于在革命退潮时期资产阶级最好的盟友——社会民主党——与资产阶级一起暂时得到加强。克雷比赫为革命情势未得到利用而感到惋惜，对于这一点不仅右派而且左派也都感到惋惜。但是为什么克雷比赫同志没有切中要害？为什么德国十月革命没有被利用起来？正是因为当时党的领导不能利用情势并开展群众性的革命斗争，正是当时的布兰德勒的德共中央的无所作为成了德国无产阶级空前失败的原因。

同志们在这里谈到了未被利用的革命浪潮，谈到了土耳其斯坦人和其他好东西，但捷共中央少数派中的同志们的义务是什么？

他们应该到这里来开诚布公地明确地说出，现在中央的政策中什么使他们不满意，我们在工会、议会活动、在政治行动等方面犯了哪些错误。但同志们一点也没有这样做，他们没有向全体会议和捷克斯洛伐克问题委员会提供一个反对新中央政策的论据。我们将会看到,捷克斯洛伐克问题委员会将带来哪些成果。

最后,我想强调指出,捷共中央多数派决不指望共产国际在捷克斯洛伐克问题上采取"机械性措施",也绝对不需要这样的措施。要是执行委员会经过认真分析捷共中央的工作和政策后谈出对捷共公正的看法,我们将感到十分满意。

中央认为,在全体会议讨论我们的策略后,将完全排除对我们策略的任何怀疑,不管是在工会问题上,还是在以生产支部为基础的重组方面,以及我们工作的其他各方面。在扩大的全体会议后,共产党首先是它的中央委员会不再遇到来自"右"的障碍,应有可能坚决地在各方面继续开展党的布尔什维克化的工作,使共产党在不远的将来切实建立起与广大群众的密切联系并能领导广大群众进行社会斗争。

**克拉拉·蔡特金**(德国)(受到全体与会者掌声欢迎):

同志们,我衷心欢迎大会提出的关于布尔什维克化的提纲。季诺维也夫同志无疑是对的。很遗憾,当前客观的世界形势不具有直接革命的性质,但对共产党来说这决不意味着在某种程度上放松行动的可能性和责任。完全相反,我认为这是对共产党力量和成熟程度的非常考验。我不想隐瞒,我对于社会发展的主观因素,对于共产党的壮大,即使不是悲观地看待当前形势,对此仍然比我们中某些人持略多一些批判的态度。我认为,共产党应在其中起无产阶级领袖作用的日益迫近的艰苦斗争和我们各支部的成熟程度、实力还极不相称。因此我才认为关于各共产党布尔什维克化的纲领是绝对需要的。这并不是说:我认为这个提纲是某种灌输式教学法,共产国际借助它可以一挥而就,把愚蠢变为智慧,把缺陷变成革命美德,但我把提纲看得很高,认为提纲是我们把共产党变成真正布尔什维克的群众性政党必需的手段,我才说,现在是切实实施提纲的时候了。坚定的决心像一条红线贯串提纲之中：把一切真正的革命分子团结在共产党的队伍中，与"右"的机会主义和狂热的盲动主义或"左"的革命浪漫主义划清界限，坚定地团结在统一的思想组织基础上。

费舍同志强烈否认所谓的"右派"有可能支持关于布尔什维克化的提纲。她认为这是某些力图重新挤进德共中央的领袖不正派的手腕。是什么使您有权产生这种怀疑？难道就因为某位被打上右派印记的同志在某些问题上与执行委员会有分歧、采取了与执行委员会不同的立场吗？但就在不久之前左派也在党的生死攸关的重大问题（工会政策问题）上坚持过与执行委员会截然对立的观点。直到最近他们还顽固地拒绝改变自己的观点。如果我们断言，说左派现在观点的大转弯无非是卑劣的手腕，其目的是要掌握党的领导权，而我们党在工会中工作做得不好，是某位同志在工会问题上的信念尚未在工会中牢牢扎根，尚未成为工会工作的动力，左派又会说些什么呢？

当某些"右派"声称，他们十分坚信并完全同意对党的任务和作用的评估，站到了关于布尔什维克化的提纲的立场上时，我们应该相信他们的声明。请大家相信，费舍同志所指的同志们无疑不至于愚蠢到自己骗自己，会不明白在目前具体情势下他们任何的口头宣言都不能有助于他们把自己作为领导人硬塞给党。这是每一个认真观察德国共产党发展的人都清楚的事实。但是我要给我们熟知的所谓"右派"同志的类似声明赋予另一种具体的政治意义。我在这些声明中听到了对许多以右派著称、被开除、被解职或者嘟嘟囔囔退到一边的同志的号召："不要再愤愤不平，不要再生党的气。关于布尔什维克化的提纲打下了原则基础，在这个基础上工作、留在党内，不仅仅是你们的权利，这是你们的责任。"

许多发言人谈到了关于领导骨干以及所谓的"老近卫军"和所谓

的年轻一代之间相互关系的话题；我具体来谈谈德国的情势：我一贯维护年轻一代参与领导工作的权利，认为这是党切身利益所要求的。在老共产党最近一次党代会上，在它与独立社会党左翼合并前夕，我花了大力气反对当时势力十分强大的、把"老斯巴达克派"变为某种"高贵近卫军"、某种秘密组织的倾向。我说过：在与独立党左派合并后共产党员没有新老之分，都是共产党员。我比任何人都更不愿意隐瞒或掩饰斯巴达克联盟思想上和组织上的大缺点。我对此深有感受。我举一个有说服力的例子：在共产党的成立大会上，罗莎·卢森堡、莱奥·约吉希斯、卡尔·李卜克内西等许多懂得革命地利用议会活动必要性的人的立场被吕勒、沃尔弗海姆等诸多家伙的大嗓门和可怜的政治智慧击得粉碎，但我仍然认为斯巴达克联盟有着十分伟大的历史功勋。斯巴达克联盟是德国唯一的进行革命斗争、争取把旧制度的灭亡变成无产阶级革命的组织，它是唯一的为反对议会制国家、争取苏维埃制度和反对资产阶级民主、争取无产阶级专政而斗争的组织。它手持武器进行斗争。同志们，斯巴达克联盟在极其困难的形势下，面对十分巨大的危险，在无产阶级中复活并复苏了反社会党人法时代地下斗争和秘密工作的传统。它还做了不少事。它为德国工人建立了手持武器、不惜牺牲的革命斗争传统。

如果注意到德国工人阶级尊重法律、害怕革命的特点，那这就具有重大的意义。但是我比任何人都更不愿意因此承认老斯巴达克派有权垄断党的领导权。但我坚决反对目前德国党内出现的倾向——把老斯巴达克派说成是"右派"，说成是并非完全合格的党员。我责备中央没有对这一倾向给予足够的反击。无疑在德国共产党内存在这一倾向。这一倾向表现为（我有文件为证）把每一个老斯巴达克分子看做解除党内职务的候补者，甚至是开除出党的候补者。相反，元帅杖却落入那些长期以来以先知考茨基的胡子信誓旦旦并与哈阿兹和迪德曼一起执行模棱两可、口是心非、掩盖艾伯特和谢德曼卑劣行径和嗜血恶狗诺斯克罪行的政策的人的囊中。

费舍同志为了证明中央委员会坚决执行工会政策，指出许多"左派"因工会问题上的立场而被开除。她强调指出，左派中有杰出的革命分子。她补充说，应尽力让这些出色的革命分子回到党内。但我要求对所有被开除者一视同仁。在被开除的"右派"中也有符合费舍同志所提特点的人。其中有多年在第一线战斗、属于共产党创建者和十分得力工作者的革命工人。我要提出不莱梅的戴森和埃勒、雷姆沙伊德的扬纳克（座中有人喊道：首先是这个人！）、埃森的格劳尔、汉堡的戈尔姆和韦斯特曼（座中有人喊道：这一伙人！）等。这些同志被开除是因为违反纪律，因为臆造的派别活动（座中有人喊道：是因为公然的派别活动！）。我所掌握的材料没有证明派别活动确实存在。如果给我举出更有分量的证据，我十分愿意改变自己的看法。至于戈尔姆和韦斯特曼，那么连开除他们的地区委员会都认为，他们只是**涉嫌**派别活动，但无法证实这一点。依我看，对这些事要最认真地审查，我们有义务这样做。除了被开除的人以外，还有许多同志受到开除的威胁，或者作为惩处被解除了多少负责的职务，甚至是很小的职务。我要提到恩斯特·迈耶尔、保尔·弗雷利希，（座中有人喊道：这个人受到了什么处罚？）保尔·弗雷利希给我寄来一封正式的信，要我通过季诺维也夫同志本人转给执行委员会。（座中有人喊道：对！）保尔·弗雷利希抗议的不是解除他帝国议会候选人资格，而是这样做的理由；对于党内同志来说，这个理由极具侮辱性，因此他请求确认这个理由是否正确。依我看，不应拒绝研究这一申诉。

对被开除的同志应提供平反、重新入党和积极参加党的工作的机会，这是指那些最积极的战士。他们在被开除后至今，身在党外，仍严格遵守纪律，坚持第五次世界代表大会各项决议的立场，与党步调一致地工作和战斗。

这些同志确实批评过党中央的决议和措施。我认为批评、讨论党的决议和措施是每个同志包括被开除、被解职的同志不可剥夺的权利和义务。列宁同志在他的小册子《关于我们的组织任务》中写道:"**行动一致、讨论和批评自由——这就是我们明确的看法。……没有讨论和批评的自由,无产阶级就不承认行动的一致。**"① 我们的组织章程有一处与这个精神相似。章程从党的切身利益出发承认讨论和批评的自由。在党积极行动时批评当然应该停止。对此不应有两种意见,否则纪律、党的一致和领导都成了儿戏。

但是试问:这里提到的同志真的有这样的过失吗?首先,将来是否允许开除和纪律处分带有这样机械的性质?通过思想布尔什维克化、思想和政治纲领布尔什维克化来肃清错误观点和倾向是否更正确呢?

从党的现状、从许多事实来看,党需要批评。不分青红皂白地谴责中央委员会,说它都做糟了,当然是荒唐的。它在艰苦的条件下做了许多好事。费舍同志作为中央委员会代表的讲话无疑标志着在工会问题和党的任务问题上前进了一步。但我们听到的与自我批评还相距甚远,而为了党的健康发展自我批评是必不可少的。

党对工会的影响力极其小。这次大会部分地指出了这一点,但对由此形成的形势的困难强调得还不够。

1923年共产党在冶金工会有近400个党团,而今年1月只剩了42个。细木工工会的情况如下:过去那里有200个党团,今年1月只剩了12个。运输工会1923年有100个党团,今年1月只剩下6个。(格施克在座中喊道:"是谁用这样的数字蒙骗您的?")如果愿意,请您不妨引

---

① 《列宁全集》中文第2版第14卷第121—122页。列宁文章的标题是《同立宪民主党化的社会民主党人的斗争和党的纪律》。——译者注

用别的数据。我已经指出,我根据具体材料随时愿意承认错误。

1923年共产党在全国有2700个党团,今年1月只剩下近200个。我引用的数据来源可靠。

但还有另一些事实要求对党的工会工作持批评态度。1924年秋天经济斗争普遍爆发时,领导权掌握在社会民主党工会官僚的手中,这个事实你们是否要反驳?你们是否要否认共产党甚至对纯经济要求的提出都没有施加影响?可是它本可以强化这一运动,把运动的各个爆发点联合起来,从政治上使之趋向激化。考虑到反对道威斯计划的斗争,这本来有着巨大的意义。经济斗争的激化并使斗争扩大规模,本可以消除国外心目中由社会民主党两面三刀加剧的、资产阶级因道威斯计划需要的和安定的幻想。

我们的工会工作,如果像现在的样子,就不是在执行第五次世界代表大会所理解的统一战线的策略。我们的政策在使广大工人群众摆脱社会民主党和工会头子的影响和领导上太不灵活。

我们在其他方面的政策,如在市政自治方面的政策同样如此。我们当然应该从公用事业管理机构中尽可能多地清除社会民主党人,但许多地方采取的机械方法无助于揭露社会民主党,无助于动摇它在群众中的威望。另一方面,这会置我们于与德国民族主义者和"民粹派"简而言之即与君主派资产阶级分子为伍的不体面境地。这个政策包含着另一个危险:我担心共产党人在许多地方会因为市长和城市自治局委员的职务而做交易。市政自治政策是机会主义倾向格外良好的土壤。但进行反对社会民主党及其领袖和领导公用事业管理机构的代表的顽强斗争必须能为群众所理解。排挤社会民主党人必须在群众看来是不可避免的必要的行动,出于广大群众切身利益的需要。

同志们,我们党的政策的毛病是与群众的联系不够牢固、不够广泛。我们因此付出了在去年12月选举中失去选票的代价。5月选举标志了党的巨大成功，A. M. 在德共中央机关报《国际》5月20日第9号上刊登的文章中十分突出地提到了这一点。他把选举说成是"宏伟的历史试验"，其结果证明我们是正确的。他认为"我们在鲁尔区和整个莱茵河沿岸地区完全击败了社会民主党"这一点具有决定性意义。他说："社会民主党在那里被消灭了"，"共产党在具有决定性意义的工业区争取到无产阶级起决定性作用阶层的多数"。"……在工业中心无产阶级起决定性作用阶层投票支持苏维埃共和国，把自己的票给了以现在面目出现的共产党及其现在的中央委员会。"我们拿12月选举来与此作对比，12月选举对我们来说无疑是个大失败，失去了上百万选票再加上社会民主党增加了200万选票。

  如下事实格外令人关注：投给社会民主党的票和投给共产党人的票的数量比发生了极其不利于共产党的变化。5月，在柏林，社会民主党得100票，共产党人得95票。因此，我们几乎赶上了社会民主党人。12月，社会民主党人得100票，共产党人只得到59票。大家也许会解释说，这是因为小资产者又返回柏林的社会民主党阵营。那么在大工业中心的选举结果又如何？在上西里西亚，5月社会民主党人得100票，而共产党人得500票，12月他们只得了180票。在哈雷-梅泽堡、在中德意志这个共产主义的堡垒，上次社会民主党人得100票，共产党人得166票，而这一次共产党人只得了120票。在鲁尔地区失票更多。5月那里社会民主党得100票，共产党人得135票，12月只得到49票。在科隆-亚琛我们从135票降到57票。在德国5月平均社会民主党人得100票，共产党人得62.4票，而在12月只得到34.4票。

  在评估这些数据时当然应该考虑到企业主、司法部门和警察局恐怖活动的影响。我首先同意这里谈到的总的形势的影响、对稳定幻想的复活和滋长、道威斯计划神奇的影响力等，但说到各种形式的恐怖活动时，这些活动在5月选举时也发生过。我还要提一下前面已引用过的

A. M. 在文章中的证言。

从文章中可以看到，5月，最优秀的党的工作者被赶出企业，实际上无法公开工作，只能半公开工作，随时都有警察和当局的袭击。

用来解释12月选举失利的材料还很不够。依我看，影响总统选举结局的还有其他一些尚未查明的原因，在总统选举中共产党人又是几乎比上一次少了100万票。

很遗憾，我们与群众的联系和我们对群众影响力的削弱是肯定的，我认为原因之一是我们党的政策不够积极，党不能总是及时地提出斗争所需要的口号。我不同意所谓的"右翼"反对派就此问题所说的一切，我认为共产党在"打倒道威斯计划"的口号下反对道威斯计划的斗争是完全正确的。我认为用工人的计划（社会化和工人对生产监督）来对抗资产阶级专家的计划是合适的。这不仅做得对，而且必须这样做。但我认为党对道威斯计划的实施没有马上报之以强有力的行动计划是高度政治智慧不够的表现。哥达"纲领"就某一点来说也不坏，但它不够全面。其中没有回答当时上百万人想问的问题：由谁来偿付？目前我们党已对这个问题作出了回答，这便是议会党团的税收计划草案。但是，同志们，我想问大家，为什么在这个问题对群众具有迫切意义时税收计划草案会被认为是机会主义不可饶恕的罪过之一？为什么在政府已着手实施反动的税收计划时这个草案成了大善行？正如已经指出的那样，我们用恢复八小时工作制和提高工资的要求来对抗道威斯协议。这是对的，但这两个要求还不够，需要更多的东西。应该对税收问题作出回答。当然夸大税收改革的意义愚蠢之极。马克思早就指出，在资产阶级制度的框架里即使最激进的税收改革一点也改变不了构成资产阶级制度和无产阶级受奴役的基础的所有制关系。但是，同志们，请告诉我，难道八小时工作制和提高工资能改变这个基础中的什么吗？依我看，什么也改变不了。我们至少在哈雷-梅泽堡为党的工作人员出版的机关报

《布尔什维克导报》第 2 号上看到了十分独特的态度。那里是这样说的：

> "我们在恢复八小时工作制和得到还算可以的工资后，大大损害了资本主义经济的利润率，在去掉给外国资本家的份额后，剩下的企业不足以进行技术完善和资本积累，从而使专家计划失去其赖以构建的基础。"

真的很难想象还有更机会主义的倾向：作者认为通过削减工时和增加工资可以妨碍资本主义再生产，换句话说，可以战胜资本主义。

费舍同志说，"左派"原则上从来不反对局部要求。我不引用文字来反驳这一说法。但我否认，所谓的"右派"特别是布兰德勒同志把局部要求看做是可以取代革命斗争的"过渡要求"。我知道，布兰德勒犯过不少错误。整个的萨克森政府的试验是个大错误。实施试验的方法也错了。我过去也曾指出过。但是布兰德勒在这样做时抱有幻想，认为他靠了萨克森试验可以从萨克森推动夺取全国政权的革命斗争。同志们，局部要求从来不应取代或排除革命斗争。相反，局部要求应加速夺取政权的革命斗争，聚集和组织广大群众，在共产党领导下由无产阶级夺取政权。我们应竭尽全力通过局部要求和局部斗争来在共产党和无产阶级群众、被剥削的受到大资本掠夺的穷人群众之间建立起最密切的联系。我认为这些以动员群众为目的的局部战斗不仅是无产阶级为反击资本总进攻的自卫行动。应采取一切措施使共产党能够大力带领最广大群众投入支持苏维埃俄国的斗争。目前世界资本可观的力量被用于反苏政策，包围苏联、公然和秘密进行军备、公然和秘密结盟的政策，其目的是进攻苏联。西欧各国和美国的无产阶级应通过强大的"不准干涉苏联"运动要求没有承认苏联的国家政治上承认苏联，要求恢复与苏联良好的、正常的经济联系，"良好的"和"正常的"当然要放在引号里，是在资本主义世界可能的程度上良好和正常。共产党的任务是成功地动员无产阶级开展这样的运动并加以领导。你们如果只是一个小而纯的宗派，只会在炉子边上跳舞和一再重复背熟了的革命圣经的话，那就永远也胜任不了这一任务。只有布尔什维克的群众性政党、这个群众运动有思想的头脑、组织核心和左右一切的巨手才能胜任这个任务。争取局部要求的斗争建立起我们和无产阶级劳动群众之间的联系。我们在争取局部要求的斗争中应该像事关夺取国家政权那样拿出全力和决心，反过来，在每次争取细小的局部要求的斗争中我们都应坚定不移地指出手持革命武器、夺取政权这一最终斗争的必要性。这一点我们应该让群众认识清楚，就像我们不是明天而是今天就要夺得国家政权一样。

我认为关于布尔什维克化的提纲最适合于把共产党变为符合历史时刻需求的群众性政党。我认为提纲最适合于在共产党中培养起至今只有俄共充分拥有并保证其有对胜利不可动摇的信心、决心和力量的宝贵品质。我们在领会提纲的同时来学习把考虑到最细小的具体事实的革命政策同不可动摇地面对群众捍卫争取国家政权和建立无产阶级专政必要性的能力结合起来。我们将掌握布尔什维克的灵活性，这种灵活性使我们可以随时奋力前进，同时又坚忍不拔，即使在停滞和革命脉搏跳动慢的时候也能坚持团结的战线，逐步把群众团结在自己周围，联合他们，使他们布尔什维克化。如果我们做到了党的布尔什维克化，那么我们也能够使群众布尔什维克化。依靠党的布尔什维克化的群众布尔什维克化！而布尔什维克化的群众与共产党一起是一支承担起世界革命的、不可战胜的革命力量。关于布尔什维克化的提纲推动我们在这条道路上前进。我们将像布尔什维克那样工作，像布尔什维克那样奋斗！我们一定能力量倍增、日益成熟，像布尔什维克那样带领世界无产阶级走向胜利！

（鼓掌）

# 第七次会议

(1925年4月1日上午)

## 关于韦乔尔克维奇和巴金斯基遇害的通报

**维利科夫斯基**(波兰):

同志们,最近几天在波苏边境上巴金斯基和韦乔尔克维奇两位同志被野蛮地杀害了。波兰法庭判处他们死刑,后来又改判巴金斯基永远服苦役,而韦乔尔克维奇服15年苦役。他们长时间被关在波兰监狱里,条件极其艰苦,戴了镣铐,室内没有供暖,受尽白卫分子的凌辱。由于苏联政府的努力,巴金斯基和韦乔尔克维奇应与两名刑事犯交换,苏联政府把这两名刑事犯交给波兰政府以换取巴金斯基和韦乔尔克维奇。就在快到他们将获得自由的波苏边境时,押送他们的警察队长野蛮地杀害了他们。白卫分子这一新的野蛮行径,无疑波兰政府是知情并同意的。

在扩大的全体会议期间,会议不得不第三次暂停开会来抗议在波兰肆虐的白色恐怖。在全体会议开幕式上主席同志提到了皮利亚尔奇克同志和海奇克同志的名字,他们是在栋布罗瓦煤田死于煤气中毒。这些同志挺身而出捍卫党组织,杀死了一个奸细。资产阶级为卑鄙奴仆的丧命而进行了残酷的报复。扩大的全体会议第二次不得不为对兰楚茨基同志的审判提出抗议。在共产国际领导下在国际范围内开展的保卫兰楚茨基同志的声势浩大的运动迫使资产阶级后退。兰楚茨基被宣告无罪。但波兰政府想要报复。它决定杀害巴金斯基和韦乔尔克维奇,为在兰楚茨基一案中失败而复仇。尽管这一新的野蛮行径的责任完全由波兰白卫政府来承担,但这里不能不指出波兰社会党,第二国际的党,在这一案件中所起的卑劣作用。它与资产阶级报刊沆瀣一气,叫嚷反对交换巴金斯基和韦乔尔克维奇,认为这是对道德和正义的践踏。波兰社会党议员在议会中的发言、它的中央机关报的文章和评论制造氛围,为这一野蛮的杀戮行为准备根据。因此,波兰社会党是那个杀害韦乔尔克维奇和巴金斯基的疯狂的白卫分子的教唆者和思想导师。国际无产阶级为兰楚茨基审判开展广泛运动,使兰楚茨基免于死刑判决,波兰无产阶级和国际无产阶级对白卫分子的这一新兽行,无疑应同样作出强烈反应;政府为这一"胜利"将付出高昂的代价。这些野蛮的迫害摧毁不了我们波兰共产党人。对于我们,这些迫害只会推动我们更坚决地为苏维埃波兰、为无产阶级革命的胜利而斗争。

苏维埃波兰万岁!

打倒白卫法院!

打倒白卫波兰!(暴风雨般的掌声)

**主席:**

请洛佐夫斯基同志作报告。

# 洛佐夫斯基作关于为世界工会运动的统一而斗争的报告

## 一、统一的口号是否被证明是正确的？

自从共产国际第五次代表大会和红色工会国际第三次代表大会以来已经过去了8个月，时间尽管不长，但足以检验我们提出的口号是否正确。政治路线是否正确，由生活、经验来检验。现在共产国际队伍中未必能找到一个不承认生活已出色地证明制定的路线是正确的的人。工会运动的统一成了最受欢迎、最迫切和最吸引广大群众的战斗口号。这个问题使工人们大为激动，不管他们加入了哪一个工会组织。随着反动势力得到加强、发起进攻的资本压力的增大，工人阶级中对统一的要求强烈了起来。统一的口号作为统一战线口号逻辑的结论因此找到了良好的基础。各国工人群众人心浮动，以致最疯狂的敌人都害怕公开提出自己的分裂计划，不得不用关于自己的资历、自己对工人运动功劳的甜言蜜语来掩饰其分裂活动，并恶毒攻击共产党人，说他们是造成国际**社会老板党**极其明智、极其温和政策失败的罪魁祸首。各国资产阶级报刊也在关注统一问题。在资产阶级文字骗子和报刊强盗看来，统一的口号无非是莫斯科的"骗人手腕"，其任务是向健康的西欧工人运动注入瓦解的因素（改良主义报刊完全同意他们的这一看法）。资产阶级和改良主义报刊充当起保护"健康的工人运动不受统一感染"的角色！还能找到比这更出色的说明我们口号正确而有生命力及其深刻革命性质的证据吗？

对第五次代表大会以来世界工会运动中发生的事件匆匆一瞥，便证明我们从统一战线的口号转向工会运动组织上统一的口号有多么及时。

## 二、从第五次代表大会到现在

我们已经说过,在共产国际第五次代表大会后过去的时间不长,可是在世界工会运动的政治景象中发生了相当可观的变化,为了准确确定我们工作进一步的路线,应该对这些变化加以考虑。这段时间里发生了什么新事情呢?(1)英国代表团访问苏联;(2)苏联工会第六次代表大会以及英国工联和苏联工会签订原则性协议;(3)第二国际和阿姆斯特丹国际右翼(布鲁塞尔,1925年1月1—6日)表态反对英国代表团和世界工会运动内部的新气象;(4)阿姆斯特丹国际执行委员会在对待俄国工会的问题上分歧加剧(2月6—9日执行委员会会议);(5)法国、德国、比利时等国许多改良主义工会和卡特尔表态赞成统一并支持英俄团结委员会;(6)英国工联总理事会决定召开由全俄工会中央理事会和英国工会总理事会的代表参加的会议来讨论由于阿姆斯特丹国际执行委员会会议造成的困境;(7)4月2日苏联工会和英国工联的代表在伦敦举行会议;(8)英国代表团发表关于苏联之行的报告,引起广大工人群众深刻的同情及改良主义报刊和资产阶级报刊的攻击;(9)各国开展席卷几百万工人的争取统一的运动;(10)德国和国际社会民主党与投机分子之间的联系得到证实,肯定了我们一再说过的论点:反对工会运动统一的人是资产阶级直接的代理人。

对所有这些事实都必须加以考虑和斟酌,这样才能明白,我们该怎么办。我列举的这些事实有什么政治意义?在发生的这些事件中最令人关注的是:(1)阿姆斯特丹国际内部的思想分歧加剧,这些分歧不仅使这一组织的活动瘫痪,而且更确切些说,是使它不再活动,而且还使阿姆斯特丹国际的各部分公开相互攻击;(2)统一和统一战线的口号尽管遭到国际社会民主党持续的破坏,仍开始形成实际的组织形式。

### 三、阿姆斯特丹国际内部的斗争

阿姆斯特丹国际内部早就在进行斗争，而且直到最近斗争是在基层和高层之间垂直进行的。参加阿姆斯特丹国际的工会中一直有大量不满的工人，他们可以分为两部分——**成形**的反对派和**未成形**的反对派。一部分不满的工人（成形的反对派）是由共产党依据红色工会国际的纲领组织起来的，称做**少数派运动、反对派联盟、党团**，等等。另一部分人（未成形的反对派）反映了群众的不满，但未深入触及阿姆斯特丹国际的策略和政策的实质。在鲁尔被占领后群众的不满加剧了。

由于阿姆斯特丹国际的不作为，这种不满在整个1923年变得越来越大，尤其是在1924年表现得格外清晰，由于经济危机在持续和麦克唐纳主义的教训，当时英国的工会运动掌握在阿姆斯特丹国际的左翼手中。

阿姆斯特丹国际内部开展的斗争的形势极其独特，当时整个英国工会运动不仅成了阿姆斯特丹传统方针的反对派，而且成了在世界工人运动十分本质、极其重要问题上的反对派：**是否与苏联工会结成统一战线，还是继续对革命工会特别是苏联工会采取敌对行动？**在阿姆斯特丹国际的维也纳代表大会（1924年6月）上出现了这个问题，在英国代表团访苏期间这个问题更加突出，而且如大家所知，英国代表团在苏联所作的声明在国际改良主义的领导层中引起了深刻的震动。在阿姆斯特丹国际执行委员会和第二国际执行委员会的联席会议（今年1月初举行）上，弗里茨·阿德勒声称，"珀西尔的发言是对社会主义国际基本原则的威胁。"奥托·鲍威尔表示："英国人的建议极其危险。"巴尔马的朋友韦尔斯号召"尽快行动起来反对这一危险"，而王德威尔得则充满激情地说："英国代表团的声明从政治效果来看应具有十分令人遗憾的（且不说是致命的！）影响。"阿姆斯特丹国际第一副主席莱昂·茹奥安慰激动不已的改良主义者们说："阿姆斯特丹国际不会落入统一战线的陷阱"。英国代表团的言论使改良主义者们大为恼火，许多总工会中心（德国的、瑞士的、波兰的，等等）发出指示信，号召会员反对英国工会运动中出现的倾向。整个国际社会民主党猛烈抨击英国代表团，并请求英国工党和工会运动右翼中的同伙给予协助，以使英国工会运动离开"致命的道路"。在阿姆斯特丹国际执行委员会最近一次会议（2月6—8日）上这一运动才告结束，会上通过了所谓妥协的斯坦久伊斯决议，英国代表团投票反对这一决议。据《泰晤士报》公正的评论说，这一决议是"天才的口头妥协的例子。决议丝毫也不意味着形势有实质改变或国际工会联合会对俄国工会态度有所变化"。报刊一度争论是左派还是右派获得了胜利，而且某些人倾向于把这一决议说成是很像左派决议。但是乌代盖斯特、斯坦久伊斯、茹奥和梅尔滕斯的讲话消除了任何怀疑。乌代盖斯特投票支持斯坦久伊斯决议，因为决议"肯定了老路线"。茹奥从解散支部和停止共产主义反对改良主义的斗争角度评论了决议，而梅尔滕斯在回答为什么阿姆斯特丹国际愿意俄国工会参加谈判的问题时直截了当地说：这将意味着红色工会国际的死亡，这将处死各国的工会少数派。最宽容的批评家也不得不承认，斯坦久伊斯—斯密斯决议是最破绽百出的庸俗手腕。这个决议在政治上意味着右翼对左翼的胜利，英国工联总理事会对此很清楚，它决定与俄国工会召开会议讨论"由于阿姆斯特丹国际执行委员会会议造成的困境"。如果决议是左派的观点，那就不会有任何困境，既然有困境，那这应该认为是右派在这一重大问题上取得胜利。无论如何我们看到了阿姆斯特丹国际高层领导内部存在重大分歧，而且这是无法用花言巧语来掩饰的分歧，何况分歧在斗争过程中还在增大。这里该作出明确的回答：是否与革命工会一起前进？是否继续激烈反对俄国革命？是否认为承认俄国无产阶级在经济战线上的胜利动摇了社会主义国际的基础？可以写出多少油腔滑调、涂脂抹粉的决议，但无法回避对上面的问题给出政治答案。社会民主党人如此气急败坏地反对英国工联，表明俄国孟什维克（3月19日的《社会主义通报》）无耻地反对英国代表团关于赴苏之行的报告。孟什维克在题为《一本不诚实的书》的社论中写道：这一报告是在"自觉地掩盖真相和将读者引入歧途"，说这本书是用"甜腻而虚伪的调子"写成的，书中"充斥着没有分寸的谀词、欢呼，对一切罪过全都宽恕"。《社会主义通报》断言："甚至没有一部共产党炮制的著作对俄国作出如此错误的推介，这是温和的、正派的、稳健的和目光短浅的绅士们在遍游俄国以寻找在苏维埃制度下的真相而写出的最新成果。"俄国孟什维克就用这种口吻来反对其第二国际中的同伙（英国工联通过工党加入了第二国际）。孟什维克们怎么啦？是统一让这些先生心神不定，他们疯了似的扑向昨天还被他们认为是模范民主派和建设性（即小市民的）社会主义的斗士的人。

英国工会运动领导人因其在苏联的言行遭到猛烈抨击，所有社会民主党报刊都对他们恶毒诽谤，因此他们不能不作出答复。在由英国工联总理事会研究部出版的通报《国际工会运动的统一》第一号中，珀西尔写道："大陆国家所谓的社会主义报刊目前不能成为可靠的消息来源（我根据我的个人经验知道，不仅在访俄期间，而且在阿姆斯特丹），不能提供公正的对事实的描述。加上其他国家（有一些值得赞许的例外）工会运动官方代表的立场始终对工联总理事会的建议持异常敌视的态度。这种敌视态度无疑促使他们对我们的工会运动做出欺骗的（tricky）行径，这一点还是公开说出来为好。"只要读一下他们在这个月在阿姆斯特丹举行的国际工会联合会会议后作出的某些决议，对这一点便可深信不疑。乌代海斯特和茹奥（更别说《前进报》了）都十分清楚地表明，他们认为那里作出的所谓"妥协的"建议是为了破坏我们 10 个月来为建立国际统一所作努力的妙招。乌代海斯特（书记）在阿姆斯特丹国际的官方机关报上嘲笑主席的这一言论并声称阿姆斯特丹国际常务局没有责成写这类文章。

这场争论一次又一次证明，阿姆斯特丹国际内部分歧要比许多人以为的严重得多。

## 四、走向统一道路上的障碍

世界工会运动从来没有完全统一，不管是思想上还是组织上都是如此。战时和战后改良主义者对革命运动的政策导致许多国家中分裂并形成两个并行的国际。目前工会**按政治特征**（革命的、改良主义的、无政府工团主义的、自由主义的、民主的，等等）、民族特征（捷克和德国工会、波兰和犹太工会，等等）、**宗教**特征（新教的、天主教的，等等）、**种族**特征（白人工会和有色人种工会）划分。主要的工人群众加入了改良主义工会和革命工会，但共产国际第五次代表大会和红色工会国际第三次代表大会提出的统一问题，使得共产党人不仅面对联合革命工会和改良主义工会的问题，而且面对吸引未加入工会的工人和参加天主教、新教等工会组织的工人投入统一的工会运动的问题。

争取统一的斗争所以遇到困难，是因为整个资本主义世界及与之密切联系的社会党官僚和工会官僚断然决然地反对工会联合，他们十分清楚确立世界工会运动的统一的深刻的革命意义。千方百计要破坏刚开始的统一运动的阿姆斯特丹国际右翼的策略是最大的障碍。破坏的方法花样百出，其中有激化反共产党人的斗争、坚持开除政策、加强诽谤中伤共产国际和红色工会国际的运动、用共产国际可怕的统治权吓唬左翼的尝试、右派领导人摧毁革命工会、涣散其士气的种种诡计。我们如果拿一个个国家逐个来看改良主义领导人对统一运动的反应，便会发现，阿姆斯特丹国际右翼在组织对世界工会运动统一的破坏时多么有创造性。为什么要起劲地反对统一？是因为害怕工会内部积极分子数量增加。对于改良主义者来说，不声不响、交纳会费、毫无怨言地执行指令的群众就是理想。群众的积极性、首创性、高涨的士气，这一切会使算计落空、打算受阻，这一切与国际改良主义的路线背道而驰。工会中涌现大量积极分子无疑是进一步妥协的障碍，妨碍了国际社会民主党的和平存在。因此，在第二国际领导下越来越广泛地开展有步骤、有计划、组织严密的对统一的破坏。因此我们在我们争取统一的斗争中首先应战胜这一破坏，不要忘记目前社会民主党的全部创造精神都用来破坏我们刚开始的运动。最常用最流行的破坏统一的方法，是改良主义者提出无法接受的条件。全苏工会中央理事会建议阿姆斯特丹国际召开会议来讨论关于恢复统一的问题。阿姆斯特丹国际执行委员会用一个决议作出答复："参加我们的组织，然后再谈细节。"德国革命的铁路员工想参加共同的工会，社会民主党回答说：不计工龄个别入会，成立委员会来审查革命工人的职业操守。法国总工会建议召开代表大会来使两个总工会合并，改良主义的总工会全国理事会回答说：只有在无条件放弃建立支部和工厂委员会和所有工人重返改良主义工会的条件下，才能恢复统一。这里不仅要求放弃做任何共产主义工作，而且要消灭总工会和同类的工会，其会员才可以加入改良主义工会，而且还要接受审查才行。南斯拉夫和其他各国一样，工会运动由于社会民主党人的过错分裂了，改良主义者不仅要求加入阿姆斯特丹国际、放弃秘密支部（那里的共产党是非法的）、与莫斯科主义（就是这么说的）决裂，而且要求组建"战前我们熟知的统一的社会主义运动及其各种形式的组织和斗争方法"，也就是共产党要自我消灭。我们只列举了国际社会民主党破坏活动的几个例子，是为了说明，这些可悲的好汉、白里安、拉希奇、霍尔蒂和巴尔马的朋友，是如何对待统一问题的。第二国际是对抗统一的组织政治中心。为什么？原因很简单：**谁捍卫与资产阶级的统一战线，谁就应该反对工人的统一战线**。破坏统一，这是社会民主党为讨好资产阶级和它的代表能进入国际的和国内的阶级合作组织所付出的代价。

### 五、我们队伍中的倾向

争取统一的斗争要求各个共产党鼓足干劲，把进一步反对改良主义的斗争与争取工会运动组织上统一的斗争结合起来。复杂的局势、艰难的斗争、老习惯老传统、缺乏灵活性、不善于作出组织上必要的转变，产生了某些倾向，我们越坦诚地承认这些倾向，这些倾向便越快被消除。有这样一些倾向：（a）组织上的保守主义，（b）把统一的口号看做手腕，（c）不问条件的统一，（d）削弱在工会内部反社会民主党的斗争，（e）主张取消革命工会甚至红色工会国际的情绪。

首先，现有的独立的平行组织有着某些保守传统，某些领导者抓着为组织而组织不放。这样的事实很多，不仅在存在重要的大组织的国家里有，而且在那些只建立了独立的很小的工会的地方也有。大家知道，组织上的保守主义不应当算做共产主义美德，因此我们应该坚决反对组织上的保守主义。如果取消某个独立工会有助于争取群众性组织的事业，那么就应该这样办，因为组织不是目的，而是达到目的的手段。一切取决于局势、共产党人和改良主义者在工人运动中的力量对比。

另一方面，有些同志以为：我们的统一口号不过是一个手腕；其实共产国际并不想要统一，只是装装样子要统一，同时却为统一的实现设置障碍。对这一极为错误的观点应予以坚决反击。共产国际真的想要实现统一，而且它的这一努力是出于十分现实的考虑：工人阶级将更为强大，他们的战斗力将得到提高。不，这不是手腕，而是恢复分裂了的工会运动统一的热切而真诚的愿望。因此共产国际现在和将来都最坚决地反对虚假的争取统一的斗争。我们要求认真的、忘我的和真诚的争取统一的斗争，每一个共产党员都应该永远牢记这一点。

社会民主党顽固抵制统一，使得某些真诚拥护统一的人产生一个想法：是否能通过卷起我们共产主义的旗帜来实现统一。既然社会民主党由于害怕共产主义的宣传鼓动而激烈对抗任何统一的尝试，那么是否可以为了工会运动的统一而**弱化**共产主义反对改良主义的斗争。这是我们的统一运动中最危险的倾向。如果我们在争取统一的斗争中弱化我们共产主义批判改良主义的锋芒，那么取得的统一会反过来反对我们。应该开展坚决的斗争反对缓和和弱化我们的斗争、放弃我们的党团和支部、不用自己的纲领去对抗社会民主党人的纲领等的倾向。当然没有必要向社会民主党官员挑衅，但在确定我们的策略时应该记住，我们争取组织上统一的斗争的任务是为**共产主义**工作而不是为别的什么工作提供更广阔的天地。当法国改良主义的总工会要求法国总工会放弃组织支部时，后者有意答非所问，说革命工会并不组建共产党支部，这是共产党的事，共产党永远不会放弃组织自己的拥护者。

我们还应该注意到，某些同志的统一愿望具有心急如焚的形式。他们以为，日常的有计划有步骤的争取统一的斗争很不够。他们决心用自己在群众中的影响去冒险，只要能把事业向前推进就行。因此产生了许多可能引起我们队伍混乱并给我们敌人抓住不放的提法（我们的工会越多，统一就越困难；不提任何条件的统一；革命工会加入改良主义工会；等等）。这种自我牺牲的情绪从感情的角度看也许很好，但从政治考量来看是经不起任何批评的。统一不能突然实现。要是改良主义者领导核心同意联合，统一就恢复得快；要是违背领导核心的意愿，通过争取群众来实现统一，统一就来得慢。

在这个问题上要考虑的不是几个星期几个月，而是几年，要不急不躁、有计划地坚定不移地去做布尔什维克的工作，这样我们才会成功。

这种急躁情绪也是产生对一切革命工会运动取消主义情绪的原因。但该马上说明一下，在我们的书刊里没有表现出这样的情绪。但有个别同志以为："是否该取消整个革命的工会运动呢？"这必然会导致取消红色工会国际。共产国际过去和现在都最坚决地反对这类情绪。争取统一的斗争并不意味着自我消灭。按日本方式切腹自杀很容易，但共产主义事业因此就会获胜，那就太令人担心了。共产国际是依靠革命工会与资产阶级和社会民主党斗争的先锋队。共产党和革命工会的相互关系就是先头部队和大军的相互关系。因此，不管我们革命大军的某一部分会承担什么行动，都不能提出取消我们大军的问题。在我们看来，取消红色工会国际就是把它融入统一的国际中，但这也要求要取消阿姆斯特丹国际。对于那些具有强大的群众性的革命工会运动的国家（法国、捷克斯洛伐克）来说，问题同样如此。

我们争取统一的斗争中出现的这些倾向，都是由于我们的党尚未完全布尔什维克化。这是因为布尔什维克党最鲜明的特点是在每个特定时刻都善于从开展的运动中取得最大的成果，一步也不偏离原则路线。我们还不够坚韧、顽强、灵活、坚定。因此在执行既定路线时才会产生动摇和计划性不够。

## 六、争取统一的斗争的方式方法取决于本国的特点

黑格尔老人说，真理总是具体的。因此，各国开展争取统一的斗争没有统一模式。斗争方式方法的变化取决于局势、时间和地点。如果说我们在争取国际工会运动统一的斗争方面能提出许多概括性的口号和为各国都同样可接受的建议，那这决不是指每一个国家中争取统一的斗争。每一个国家斗争的方式方法取决于具体的局势和力量对比。从这个角度来看可以把各国分成几类：

1. 有统一的革命工会运动的国家（苏联）。
2. 有统一的工会运动的国家，其中存在强大的革命少数派，平行存在着不大的革命的或反动的工会组织（德国、英国和意大利）。
3. 工会运动发生分裂、改良主义者占多数的国家（捷克斯洛伐克、荷兰等）。
4. 工会运动发生分裂、改良主义者倚仗资产阶级国家的警察恐怖才占多数的国家（南斯拉夫、罗马尼亚）。
5. 工会运动统一但由于政治原因或警察原因没有加入任何一个国际的国家（挪威、芬兰）。
6. 与中央组织并存的还有独立的、反动的和革命的工会，而且整个工会运动都置身于任何国际之外的国家（美国）。
7. 工会运动发生分裂、革命工人占多数的国家（法国）。
8. 与大组织并存的还有小的工团主义和无政府工团主义联合组织的国家。

如果再加上工会组织极其多样化的结构，除革命工会和改良主义工会外还有其他各种工会组织，共产党的比重不一，共产党布尔什维克化进程缓慢，革命骨干缺乏，社会民主党官僚和工会官僚经验丰富，我们一定会明白不可能为各国提供同一个模式。在一个国家里可以有助于群众革命化的办法（例如，在德国小型的独立工会加入大型的改良主义工会），那么在另一个国家里，例如在我们力量较强的法国，就可能导致灾难性的后果。布尔什维主义排除唯理论、抽象化和形而上学。每一个共产党要做的事，是在共产国际第五次代表大会规定的总的原则的基础上，具体制订行动计划，用一切力量和手段争取完成提出的在阶级斗争的基础上联合广大群众的任务。这并不是说我们为统一提出先决条件。不，我们不提先决条件：在平行组织联合后，关于政治路线的问题由简单的力量对比来决定。

## 七、争取统一的斗争的基本类型

我们在争取统一的斗争方面的策略可以归结为几种基本类型——按重要国家的数量来说。我们匆匆来看一看，我们在这些国家里的任务是什么。这使我们有可能哪怕大体勾画出争取统一的斗争的基本类型。

1. **英国**。群众性的、分散的、拥有丰富的保守主义传统的工会运动。同时还存在工联总联合会，它比工联代表大会的会员少五分之四。这里的争取统一的斗争应按如下路线进行：（a）进一步加强少数派运动，（b）反对社团主义和行会习气，（c）为所有工会并入工联代表大会而斗争，（d）为在工厂委员会的基础上组建产业工会而斗争，（e）把总理事会变成领导机构，（f）工会理事会加入总工会代表大会并加大它们对地方组织的作用，（g）坚决支持左翼采取的各种旨在走向统一的措施，（h）坚决开展反对右翼的斗争，（i）与帝国主义对工人群众的影响作斗争，（j）与拖工人运动后腿的工党领导核心作斗争。当然，成功的斗争的前提是，在工会中建立党团，同时像爱护眼珠一样保持统一。

2. **德国**。争取统一的斗争应按照建立和形成反对派少数派或革命少数派的路线进行。应宣布坚决反对开除政策，争取独立工会与改良主义工会合并。这一联合应依靠群众性运动来实现，而且决不能同意改良主义工会提出的苛刻的条件（不接受被开除者，只为革命工人建立荣誉法庭，等等）。接受这样的条件意味着共产党向社会民主党投降。这是因为不管独立工会如何弱小，如何不完善，广大群众仍不无根据地把它们看做共产主义的工会。党的一切努力应用于形成革命反对派和在工会内部结成真正的左翼。这里必须为非集中化而斗争，争取赋予地方工会更多权利，争取工会中实行民主制，争取废除任命制，争取各级组织有按各自的意愿挑选领导人的权利。争取统一的斗争的中心应是企业和工厂委员会。争取工厂委员会的斗争就是争取统一的斗争。

**3. 捷克斯洛伐克**。这里存在几个中央工会组织，在这种情况下，斗争应在企业中进行，争取在工厂中建立统一机构，争取组织对等的混合工作委员会来进行共同的斗争。通过建立工厂统一工作委员会走向召开区级工厂委员会统一代表会议，争取召开全捷克斯洛伐克工会代表大会，参加大会的应代表社会民主党工会、国家社会主义工会和革命工会，既有捷克族工会，又有德意志族工会，决不要害怕在这样的代表大会上成为少数派的前景。在争取统一的斗争中不能从保存自己的机构的愿望出发。如果我们抓住自己建立的机构不放的话，捷克斯洛伐克分散的工会运动永远联合不起来。在这里同在其他国家里一样，真正的而不是口头的争取统一的斗争的必要条件是在各个工会中组建党团，而在改良主义工会和国家社会主义工会中建立和加强同情我们的小组。

**4. 法国**。在法国，争取统一的斗争应以如下方式进行：（a）在工厂和企业建立统一委员会或统一工作委员会（这些委员会可按对等原则建立或由全企业工人选举产生；后一种类型的委员会更好），（b）建立反对物价飞涨、反对法西斯主义等的对等的工作委员会，（c）在统一的口号下召开区级和产业代表会议，（d）与改良主义工会代表大会平行，召开革命工会代表大会，建议两个代表大会在代表比例制基础上合并，（e）决不单独地、按地区和产业分割地与改良主义工会联合，（f）反对无政府工团主义者的自治主张，（g）由法国总工会进行争取统一的斗争，而且党应该在这项工作中对法国总工会给予各种协助。对改良主义者蛊惑人心的口号（革命工会加入改良主义工会）应用自下而上统一的口号作答，即工人在企业中通过建立统一委员会采取共同行动来实现统一。

**5. 美国**。在这里进行斗争的路线应是巩固和加强"工会宣传同盟"、创办必要的报刊、独立工会与主要工会合并。美国必须开展格外激烈的反对叛卖成性的官僚的斗争,揭露他们对资产阶级的依附,组建革命少数派的党团,积极参加地方机构和中央机构、代表会议和代表大会的选举。如果官僚们驱逐地方小组,则不要分散组织,而要保存被开除的组织,为它们一无例外地重返工会而斗争。这里应特别注意不同种族工人的统一并在白人工会不吸收黑人加入的地方组建黑人工会。这里的工人从来不参加国际工会运动,必须花大力气强调指出阶级斗争的国际性质,各独立工会加入美国劳工联合会的必要性,建立统一的工会国际,等等。

我们简短地列举了各重要国家的任务,这表明争取统一的斗争的方法是十分多样化的。这一运动本身有机地与每个国家的工人阶级反对物价飞涨、反对降低工资和劳动条件恶化、反对延长工作日、反对法西斯反动势力日益猖獗等日常斗争联系在一起。

## 八、争取自下而上的统一的斗争

第二国际和阿姆斯特丹国际右翼组织对统一的破坏活动,只有在我们成功地吸引广大工人群众投入斗争的条件下才能被遏制。企业、工厂应是争取统一的斗争的中心。在这里应拆除隔离各种派别工人的壁障。在已建立工厂委员会的地方争取它们,在没有建立工厂委员会的地方组建统一委员会,就能做到上面这一点。这些统一委员会是该企业所有工人联合的初级形式。它们随着它们活动的壮大和影响范围的扩大将变为工厂委员会。在企业中为了属于不同工会的工人共同斗争,可以在建立统一委员会的同时成立由他们组成的混合的对等的工作委员会。另一方面,必须按地区按产业建立工厂委员会和统一委员会之间的联系。互相联系的统一委员会可以在反对改良主义者在许多国家(意大利、比利时等)里继续执行的开除政策的斗争中起格外巨大的作用。法国改良主的总工会最近一次全国代表大会通过的反对支部和工厂委员会的决议，表明改良主义者多么害怕共产党人渗入企业。在这方面，法国改良主义者只是重弹了资产阶级报刊尤其是"重工业委员会"报刊关于支部和工厂委员会的老调。改良主义者和企业主这种心心相通得令人感动的仇恨说明了，恰恰这才是资本主义和改良主义的最痛处。法国改良主义者试图垄断自下而上统一的口号，其实改良主义既不愿意自下而上统一，也不愿意自上而下的统一，因为它们谋求的只是一件事——解散革命工会。这个策略欺骗不了任何人。没有人能比共产党人更热烈地拥护自下而上的统一，因为这样的统一坚不可摧，是工人群众历经磨难才建立的。主要的是要格外注意在上升时期建立统一机构。我们不能放过任何一次冲突，任何一次罢工，每次都要成立工人群众选出的统一机构。当群众投入运动时，最容易把加入不同工会的工人们团结成一个坚固的联盟。企业中自下而上争取统一的斗争不仅不排队，而且要求同时开展符合本国特点的自上而下的争取统一的斗争。

## 九、英苏工会联盟

英国工会和苏联工会第一次会见是在1920年，当时英国工联代表团访问苏维埃俄国。代表团中除了工联成员，还有工党代表，其中有斯诺顿夫人，其饶舌程度与大英帝国的版图成正比。当时一部分英国工联成员就认识到俄国工会是一股强大的政治势力。在英苏谈判时双方在接近的道路上又迈出了一步。参加苏俄外交使团的有几个工会工作者，他们希望能见到作为工人政府外交代表的他们的英国同事。但事实上并非如此。麦克唐纳政府并没有挑选一个工联成员参加谈判，显然它认为工会工作者没有能力也不配代表大英帝国与苏俄谈判。苏俄政府和英国工人政府对工会不同的态度不能不为英国工联分子察觉，他们可以清楚地认识到这个工人阶级政权是什么货色。这不能不使俄国工会和英国工会更加接近。下一步是英国代表团访苏以及他们在现场看到我们的成就。英国人是讲实际的人，他们确信，没有资产阶级工人也可以过得去，他们又进一步确信，我们不仅没有死掉，反而发展壮大起来，孟什维克关于苏联的种种故事全是凭空虚构的。工联分子坦率地谈到了这一点，正如我们在上面见到的，因此引起了第二国际和阿姆斯特丹国际内部气急败坏的风暴。您说说看，阿姆斯特丹国际的主席突然报告了关于俄国的真相！真是叫人发狂和绝望。但这番攻击使俄国工会和英国工会的代表更加接近，英国工会代表通过亲身经历确信，说出真相何等危险。而在这里，在莫斯科，英国工会和苏联工会签订了原则性协议。这个协议的任务是在争取国际工会运动统一的斗争中建立联盟。双方在进行关于共同行动的谈判的同时，没有无视现有的分歧，但双方都十分清楚，如果加入红色工会国际的全苏工会中央理事会和加入阿姆斯特丹国际的英国工联总理事会能建立起联盟的话，那么任何人任何事都不能妨碍统一。资产阶级报刊和改良主义报刊对英国代表团和英国工会运动粗暴的、骇人听闻的、蛮横的攻击证明了这一考虑是正确的。英国工联代表尝试推动阿姆斯特丹国际进行谈判，但没有成功，因为整个国际资产阶级都表示坚决反对。阿姆斯特丹国际右翼得出结论说："宁可什么国际都没有，也要比与革命工会尤其是俄国工会组成国际要强。"因此俄国工会和英国工会有必要举行代表会议。4月初这一代表会议开幕，将讨论如何以共同的力量推动统一的事业的问题。我们暂时还不清楚这次代表会议工作的成果，但可以预先指出，不管英苏工会联盟为了实现统一采取什么实际措施，都会得到各共产党的最坚决的支持。应该认识到，苏联工会和英国工会的接近是有巨大历史意义的一件事。这意味着英国工人运动的指针向左转。尽管向左转得很慢，断断续续，曲曲折折，但重要的是开始转了。英国无产阶级向左转改变了帝国主义和共产主义之间斗争的力量对比，实质就在这里。因此，共产国际及加入共产国际的各个组织将始终如一地关注英苏工会联盟，在争取世界工会运动统一的斗争中给予这个联盟以全面的无条件的支持。

## 十、争取统一的国际的斗争

苏联工会和英国工会的协议是在走向国际工会运动统一的道路上重大的一步。但在这一步之后还应该跟着走出许多步，使在各方面都分裂了的工会运动能聚集成一个拳头。迄今为止在这方面取得的一切成就都违反了第二国际和阿姆斯特丹国际右翼的意愿，它们一想到要建立统一的国际便会歇斯底里大发作。阿姆斯特丹国际十分重要的代表一连几个月不断表示反对红色工会国际第三次代表大会提出的召开**国际统一代表大会**的主张，而且把预言"红色工会国际死亡"、"取消"、"解散"变成了自己的专业。他们把自己的梦想当成现实，在这上面绣出了改良主义的图案，以此表现出他们对红色工会国际的仇视和害怕。这类以预言为主的言论不应使共产党人感到不安。阿姆斯特丹国际右翼对**国际统一代表大会**尖锐的否定态度更不应使我们感到不安。我们不应忘记，我们旨在重建统一的每一个建议都遭到坚决而疯狂的反对，而且不管我们提什么建议，改良主义者总是说我们别有用心。**国际统一代表大会**的遭遇同样如此，关于它的报道至今都相当糟。改良主义者攻击我们的建议，我们是否因此应该放弃这一建议呢？决不能放弃。从中只能得出一个结论，共产国际及加入它的组织应十倍百倍地加强和激化争取建立统一的工会国际的斗争。召开**国际统一代表大会**以及阿姆斯特丹国际和红色工会国际融入一个统一国际的口号依然有效。除了召开每派工会按力量比例选出代表参加的统一代表大会外，确实没有另一个能使分裂的世界工会运动真正联合起来的办法。应该把国际统一代表大会的思想推到广大群众中去，代表大会的召开要以民主原则为基础，自主决定统一国际今后的路线和政策。形形色色的改良主义者疯狂反对国际统一代表大会，是因为他们十分清楚，国际运动通过召开这样的代表大会将前进多么大的一步。正因为如此，各国共产党应格外有力地、坚持不懈地抓好这件事，指出这是组织上克服分裂的出路。阿姆斯特丹国际左派已开始认识到，除了这条路，无法摆脱分裂状态，应该吸引他们投入争取召开国际统一代表大会和争取两个国际在这次大会上合并的斗争。

## 十一、吸引东方、殖民地半殖民地国家的工会投入争取统一的斗争

近东、中东和远东的工会运动近几年来进步很大。战争末期和战后时期在这些国家里诞生的工会运动发展很快，开始在与本国和外国剥削者的斗争中起着巨大的政治作用。只要提一下日本、中国、印度尼西亚、印度和埃及的工会运动，这些国家工会组织的许多罢工，就会明白东西方工会运动结合的重要意义。近东、中东和远东的工会运动相当大的一部分与红色工会国际有联系，但有许多工会组织处于任何国际之外。老的资本主义国家的工会运动至今仍高高在上地看待东方年轻的工会运动。应该彻底抛弃这些可悲的传统，不仅吸引殖民地国家的工会，而且吸引日本的工会加入无产阶级统一的工会大家庭。我们红色工会国际的经验表明，在这方面的组织工作产生了十分好的效果。例如，1924年6月在广州召开的太平洋运输工人代表会议就对太平洋沿岸的殖民地半殖民地国家起了十分巨大的作用。最近，由于太平洋地区冲突频仍，应该筹备和召开太平洋沿岸地区（日本、中国、爪哇、美国、菲律宾等）的工会代表会议来讨论两个问题：（a）帝国主义列强由于争夺太平洋的统治权而即将爆发的军事冲突，（b）这些国家的工会积极参加争取建立统一国际的斗争的方式方法。这里未必还需要证明，吸引印

度、中国、埃及、爪哇、突尼斯、印度支那、菲律宾等工会加入统一的国际将是加强反帝战线的十分重要的一步。但为了争取使这些国家的工会积极参加统一的国际，需要宗主国的共产党和工会百倍地加强自己争取殖民地解放的斗争，并在这个口号的基础上加强宗主国工人和殖民地工人的联系。必须指出，最近一年在这方面做了一些事。法国共产党和法国总工会以及英国共产党最近大大加强了在殖民地国家中的工作，这不能不引起殖民地全体劳动者赞许的回应。必须在这条路上走下去，并把吸引近东、中东和远东工人投入争取统一国际的直接斗争作为当前的实际任务提出来。这方面有不计其数的工作，应不倦地进行工作，而且大部分工作将由红色工会国际和共产国际来承担。

**十二、争取统一的斗争是与资产阶级和社会民主党争夺群众的斗争**

我在前面指出过，第二国际是组织上、政治上破坏统一的中心。我还指出了产生这一现象的原因。只要看看最重要的社会民主党人围绕统一问题所跳的康康舞，便会明白，统一问题的提出对一切改良主义计划和意图的摧毁力有多大。

我们争取工会运动统一的斗争的任务是提高工人阶级反对资本和法西斯反动势力进攻的战斗力。最近两年群众对统一的渴望大大加强了。这是工人对日益恶化的生活状况正常的反应。这一自发的对统一的追求应在我们有力的工作中得到实际的组织上的解决。但散播以为恢复统一是几个星期几个月的事，可以按日程计划来进行的幻想是错误的。这是有害的空想。共产主义的敌人很清楚地懂得，统一的锋芒指向资产阶级及其社会民主党奴仆。因此，国际资产阶级和第二国际及阿姆斯特丹国际右翼对苏联工会和英国工会的接近反应会如此强烈。因此共产主义和革命的一切敌人以无法掩饰的惊慌注视着统一战线明显的成果。他们知道，工人阶级的统一战线只可能针对资产阶级及其代理人。争取统一战线和统一的斗争使革命工人和加入改良主义组织及其他类似组织的工人接近起来，把我们与国际社会民主党的斗争在工人群众中深入开展。与资本主义和改良主义的斗争将不是持续几个星期几个月，而是将持续许多年，各个共产党对此都应有所准备。在这个问题上，和在其他问题上一样，不必惊慌失措，不必心烦意乱，不要以为可以发明一个神奇的口号，统一便可一蹴而就。争取统一的斗争，争取群众的斗争将得到有利于我们的解决，条件是各国共产党将成为本国的一支重要的群众性力量，为此必须一次再次地在本国现有的工会组织中建立自己的支部和党团，加强自己已有的组织，团结一切反对派，在战斗中从改良主义者手中夺取每一寸土地，捍卫自己的阵地，并稳步推进，把我们反对国际改良主义的斗争推向顶点。**工会运动组织上的统一并不意味着与改良主义在思想上接近或休战，相反，这意味着千百倍地加强反对改良主义的斗争。**

## 结论和前景

目前国际工人运动正经历着平静和积蓄力量的时期。当然这里的平静应理解为是有条件的。尖锐的阶级战斗在持续进行，但没有直接的夺取政权的斗争。最近两三年资产阶级得到了加强，正在对工人起码的成果开战。在德国取消了八小时工作制后轮到法国这样做了，而跟在他们之后的是英国等。工人阶级整个生活水平下降，尽管在个别国家的个别行业里状况暂时有所改善。争夺世界市场的斗争直接靠剥夺工人阶级来进行。这不能不引发越来越多的冲突，即使最落后、政治上最不开展的工人阶层也看得很清楚，在经济斗争和议会空谈的狭小框架中这些冲突无法解决。我们可以直观地通过英国工会运动的实例来研究为什么老的斗争方法已无法解决冲突。我们亲眼目睹有着百年传统的老的工会运动正在走下舞台，不错，是缓慢地走下舞台。阶级斗争的形势要求新的、更完善、更现代的工会策略的方式方法，但被国际社会民主党精雕细琢的老的反动习气和传统把工人运动拉向后退。正如这里已指出过的，目前特有的多变的稳定或稳定的多变，也意味着社会民主党暂时得到加强，即工人运动中反动消极倾向暂时得到加强。这些反动倾向与否认资本主义和大英帝国崩溃过程（不错，是缓慢的过程）的革命倾向交织在一起。资产阶级继续学习如何不准革命爆发，应该说他们大为成功。只有法国一个国家里反动派还在用"左"的词句的遮羞布掩掩盖盖，而在其他国家里掌权的都是统治阶级的好斗分子，这意味着社会斗争加剧和阶级矛盾进一步激化。工人群众感觉到雷雨即将来临，加紧走向统一，他们认为统一是防止疯狂的反动的保证。懂得局势的这一特点，善于利用新的一场暴风雨前的平静来组织自己的力量，带着使目前该国群众最不安的问题去接近他们，抓住这些具体的需要和要求引导群众深入开展反资本主义的斗争，这是我们当前的任务。列宁在1918年4月《苏维埃政权的当前任务》中写道："仅仅一般地做一个革命者和社会主义拥护者或者共产主义者是不够的。必须善于在每个特定时机找出链条上的特殊环节，必须全力抓住这个环节，以便抓住整个链条并切实地准备过渡到下一个环节；而在这里，在历史事变的链条里，各个环节的次序，它们的形式，它们的联接，它们之间的区别，都不像铁匠所制成的普通链条那样简单和粗陋。"① 现在必须全力抓住的环节是统一的口号，真正的、真诚的、公道的统一的口号。我们完全公开地向阿姆斯特丹所有左派分子提议公道的联合。有些同志会说："怎么，与没有成型的左派联合！这难道不是机会主义和危险倾向吗？"不，这不是机会主

---

① 《列宁全集》中文第21版第34卷第185页。——译者注

义和危险倾向。这是对待当代十分重大问题的真正的布尔什维克态度。列宁在1922年①写道:"对于一个真正的革命者来说,最大的危险,甚至也许是唯一的危险,就是夸大革命作用,忘记了恰当地和有效地运用革命方法的限度和条件。"② 这两段引文的意思很清楚。必须善于在平淡的日常生活中做一个布尔什维克,才能活到革命节日的到来。必须善于做平常的粗活,否则就不能与群众有机地结合和联系。最主要的是,毫不松懈地、不声不响地致力于争取工会,在这件事上花费75%的精力。为了取得明显的成绩,必须:**把自下而上统一的口号变为我们战斗的口号,在工厂建立起无产阶级统一委员会,为成立工厂委员会而奋斗,在各个工会组织中建立自己的党团和支部,与改良主义工会内部的左派分子公道地联合起来,形成和组建革命少数派的反对派,全力支持英苏工会联盟,加强反对第二国际和阿姆斯特丹国际右翼的斗争,为争取召开国际统一代表大会而斗争,吸引近东、中东和远东工会投入争取统一的斗争,加强和支持红色工会国际**,——如果我们做到了这一切,广大群众将和我们在一起。那么统一是否很快会实现呢?有些急性子的好奇的同志会这样问。最不能说的是什么时间,确定和判定确切的期限。这不仅取决于我们,因为目前工人运动中并非只有我们共产党人,在许多国家里社会民主党人在群众中有着巨大的(甚至非常巨大的)影响力,而社会民主党人打心底里反对统一。在这样的条件下很清楚,我们要进行长期的、残酷的、顽强的、有步骤的、以年来计量的争取统一的斗争,即争取群众的斗争。一切在很大程度上取决于革命事态发展的速度。对于共产国际和各国共产党来说,最主要的是,利用短暂的平静时期通过争取统一的斗争来组织和积蓄力量,以便当暴风雨和猛攻时

---

① 应为1921年11月。——译者注
② 《列宁全集》中文第2版第42卷第246页。——译者注

期到来时，完全能够胜任。争取统一的斗争越成功，使我们远离夺取政权的直接斗争时期就越短，换句话说，争取统一的斗争使我们离社会革命越来越近。这就是争取国际工会运动统一斗争口号的历史意义和作用。（掌声）

**主席：**

在开始讨论前，先请海斯同志作通报。

## 关于摩拉维亚—俄斯特拉发总罢工的通报

**海斯**（捷克斯洛伐克）：

同志们，今天我们得到来自捷克斯洛伐克的消息，说在拥有20万工人的最大的工业区摩拉维亚—俄斯特拉发爆发了总罢工。族际工会为这场斗争筹划了整整3个月。我们采取了一切措施来扩大这场斗争的规模。爆发斗争是为了要求提高工资和签订新的集体合同，因为老合同已期满。改良主义者反对这场斗争。我们举行了全民公决，摩拉维亚—俄斯特拉发90%的无产阶级主张罢工。因此追随社会民主党人和改良主义者的工人也主张罢工。如果参加罢工的有接近90%的工人，那么罢工人数接近18万人。我们与之对抗的不仅是大资本，改良主义领袖和政府也反对我们。改良主义领袖至今对无产阶级还有巨大影响力。但我确信，族际工会和共产党会竭尽全力使斗争结束时革命工会和党将取得胜利。斗争将是顽强的残酷的，因为改良主义者禁止其成员参加罢工，因此不能指望工会向罢工者提供物质援助，族际工会未必能向所有罢工者提供援助。不排除改良主义者扮演工贼角色的可能性。我们目前还不能提供其他消息。

## 捷克斯洛伐克代表团的声明

**加肯**（捷克斯洛伐克）：

请允许我以捷克代表团的名义宣读如下声明。

捷克斯洛伐克共产党参加莫斯科共产国际扩大的全体会议的代表团得到消息称摩拉维亚—俄斯特拉发爆发了罢工。

代表团全体成员一致支持这场罢工，特别是欢迎如下事实：俄斯特拉发无产阶级团结**一致地**参加罢工，不屈不挠地一起斗争一起胜利。

这一现象格外令人欣慰，因为连阿姆斯特丹国际的社会民主党爱国主义者新的背叛行为也不能破坏俄斯特拉发无产阶级在斗争中的统一。

社会爱国主义者和阿姆斯特丹分子的领袖们再一次表明他们是**资本的奴仆**。捷克斯洛伐克矿工联合工会代表会议的决议（不参加斗争）是公然的工贼行为和背叛行为。

我们确信，尽管如此，在摩拉维亚—俄斯特拉发企业里结成的无产阶级战斗阵线是捷克斯洛伐克共和国全体无产阶级的榜样，将使全捷克斯洛伐克无产阶级结成统一战线来增援在摩拉维亚—俄斯特拉发矿区开始的斗争。

全共和国无产阶级斗争的统一战线万岁！

艰苦的斗争必将成功并取得胜利！（鼓掌）

［扩大的全体会议一致赞同这一声明。］

## 讨论洛佐夫斯基的报告

**主席：**

现在开始讨论洛佐夫斯基同志的报告。请加拉赫同志发言。

**加拉赫**（英国）：

目前我们在英国工会的形势异常好。在过去两年中做了大量宣传工作，建立了许多同情者小组。矿工工会南威尔士分会作出了加入红色工会国际的决议。分会尝试由英国矿工联合会来通过这一决议，但没有成功，暂时只能留在阿姆斯特丹国际中。许多工会群众的情绪都明确对红色工会国际有好感，但同样很难赋予这种情绪以组织形成。不把工会运动中的左翼运动组织起来，就不可能成功地进行反对工会官僚的斗争。还应该指出，这些工会官僚一贯强调，如果个别工会决定单独参加红色工会国际，那它将被孤立于总的英国工会运动之外，由于英国工会通过工联代表大会总理事会参加阿姆斯特丹国际，它也将被孤立于这个国际之外。英国工会不能单独参加红色工会国际，因为它们因此必须退出参加阿姆斯特丹国际的总理事会。这就是造成英国工人群众同情苏俄和俄国无产阶级的情绪与英国工会不加入红色工会国际这一事实之间表面上矛盾的原因。

1923年少数派运动开始采取确定的形式。英国共产党从一开始便积极参与少数派运动的发展，因为它认为少数派运动具有极大的意义，取得的成果完全证明这一策略是对的。1922年9月举行了少数派运动的全国代表会议，有270名代表参加。代表会议开得很成功。在会上成立了代表英国主要工业部门的各个全国工作委员会。在这次全国代表会议后，在各区，在伦敦、格拉斯哥、利兹、设菲尔德、伯明翰等城市都召开了代表会议。过了不长时间，在1925年1月，在伦敦召开了统一代表会议。尽管时间很短，但与会的有613名代表。这次代表会议表明，少数派运动成了英国工会运动中相当强大的因素。

我们格外重视矿工工作，在这方面我们组建了强大的运动。我们还在冶金工人、铁路工人和运输工人中开展了很广泛的运动。

我们还开展了有力的争取建立工厂委员会和以个人身份加入少数派运动的活动，在工会和工厂中扎下相当深的根，吸引了英国工会运动所有的积极战士。我们的这一策略十分成功，我们准备今后坚持这一路线。

现在来谈谈英国的经济形势。英帝国主义为保持稳定竭尽全力。但尽管它与美国达成协议，对法国使尽种种外交手腕，对德国一贯两面三刀，对东方各国用尽种种残酷的压迫手段，但稳定始终没有实现。失业问题没有得到解决，工业受到来自德国、美国和英国各自治领日趋激烈的竞争的威胁。唯一摆脱现状的出路是进一步降低工资。但工人们不愿承担这种稳定行将破产的资本主义的办法的影响。

无产阶级在1921—1922年失利后表现出对资本主义的对抗，以积极得多的态度在1923年大选中投票支持工党。其后果对资本主义来说极为严重。资本主义唯一能做的是让工党掌权，如果可能的话，利用工党来保持稳定。大家知道，麦克唐纳做了他能做的一切；他忠诚地为资本主义服务，但仍落得工人运动迫使他违心地对抗资本家，于是他被抛弃了。鲍德温、邱吉尔、伯肯黑德、劳合-乔治等人告诉他，只要他不能做到工人不再顶撞资本家的话，他就不会被允许两次掌权。

当麦克唐纳当上首相时，工人群众对他期望很大。他们期待能向好的方面发生大转变，但他们的生活状况不仅没有变好，反而不断恶化，物价飞涨，当他们一再尝试通过罢工争取提高工资时，政府便用武力进行威胁。码头工人罢工和电车工人与企业主发生冲突时都出现过这种情况。接着是出现了道威斯计划。这个计划的后果一下子就显现出来，矿工们开始攻击麦克唐纳，少数派运动开展了反对道威斯计划的行动。在工联举行赫尔代表大会时工会运动积极分子失去了一切希望，不再指望工人政府会为工人阶级做什么事。这次代表大会的全部注意力集中在重组工会运动的问题上。总理事会的权力得到扩大。它在伦敦召开了重要的工会卡特尔代表会议。这是英国工会运动史上前所未有的一步。

英国工人群众中占主导地位的赞同与苏联革命工人联合的明确情绪，迫使麦克唐纳部分地承认苏俄。这一事实导致邀请俄国工会代表团参加赫尔代表大会。俄国代表在代表大会上的出现激起了巨大的热情。代表大会的这一热情变为总理事会派代表团访问苏俄。代表团领导人珀西尔和本-蒂利特开始认识到阿姆斯特丹国际反动到了极点。他们看到，阿姆斯特丹分子全神贯注地竭力利用阿姆斯特丹国际来为德国资本主义的稳定效劳。共产党和少数派运动的任务是巩固英国工会和俄国工会友好的相互关系。我们务必千方百计防止在这方面出现任何降温。众所周知，降温扼杀了宪章运动、1919年运动以及其他许多运动。这一事实的意义也促使英国代表团建议全体会议认真研究战后的英国工人运动。

反对统一的力量巨大，但更巨大的力量则联合在争取统一的斗争的旗帜之下。少数派运动在其指示信中要求组建冶金工人、矿工、铁路工人和运输工人联盟，英国矿工工会已倡议召开这四个工会的代表会议。J. H. 托马斯在这次代表会议上问道："左翼是否在领导英国矿工联合会？"托马斯、克莱姆普、克莱因斯及其一伙无疑将反对统一。他们的任务是团结、巩固大英世界帝国。相反，其他的领袖认识到使行将崩溃的帝国复活的尝试是无足轻重的。

反动的领袖们不敢公开反对统一。工人们越左倾，托马斯、克莱因斯及其走狗们越靠近资产阶级，他们越右倾。这一事实为少数派运动提供了广泛的机会，使它能扩大群众和改良主义领袖之间的鸿沟。

近来十分重要的事件之一是创办《星期日工人报》。这份报纸使左派工会工作者和少数派运动更密切地接近。我们应继续大力在这方面开展工作,直到左派工会工作者彻底加入少数派运动。《星期日工人报》在这方面将给我们很大帮助。这份报纸帮助工人运动左翼成熟起来。事态的进程将迫使工党左翼提出明确的政治纲领。我们应把这一左翼与少数派运动联系在一起。

因此,我们是少数派运动飞速发展的目击者。我们看到在工会官僚中建立起左翼的倾向以及工党左翼的加强。这一切因素促进了统一,《星期日工人报》便是这些因素的表达者。党支持与它们的密切接触,把它们变为与帝国主义斗争的强大武器。必须使共产国际的每个支部都十分重视英国的形势。你们大家都应该帮助英国党的工作;大家都应该帮助它成为**群众性的政党**,以摧毁英国资本主义这一国际帝国主义的核心。党在1923年采取的政治路线导致工会的团结,导致英国工人运动左翼的加强和党的巩固,党的任务是将英国工人阶级锤炼成能给英国帝国主义致命一击的大锤。

**加鲁斯**(捷克斯洛伐克):

战后捷克斯洛伐克的工会运动开始飞速发展。在某些工业部门,例如在玻璃业工人中,几乎所有工人都加入了工会。但是这种情况持续的时间并不长。资产阶级在政变后夺回了影响力,而工会开始投降。

当俄国革命的回声传到捷克斯洛伐克时,甚至连改良主义工会也站到了它的一边。但这种情况持续的时间也不长。工人依然站在俄国革命的一边,但改良主义者持敌视的态度,因为他们发现俄国革命对捷克斯洛伐克工人运动产生了革命化的影响。

改良主义者鼓吹"工会中立论";我们当时很难反对这个口号。改良主义者叫嚣说共产党人利用工会来贯彻其党的政策。捷克斯洛伐克工人们越来越相信，工会的斗争不可避免地会转变为政治斗争。尽管造成了分裂，但改良主义者用这种办法并未能争取到群众，工人们已经明白，改良主义者鼓吹的工会中立论实质上就是反对工会运动革命策略的斗争。

统一的口号在捷克斯洛伐克已扎下深根。主要是因为当前的事态、反对物价飞涨的艰苦斗争等推动了捷克斯洛伐克工人走上革命的道路。工人们不是像改良主义者那样，而是像共产党人那样来理解统一的口号，因为他们不仅想要组织上的统一，而且想要同时保持红色工会的革命策略。

工人对资产阶级和改良主义者策略的反抗随着共产党的壮大日益增强。共产党决不应放弃对红色工会的影响，相反，斗争越激烈，党对红色工会的影响就越有力。因此工会中的党团问题有着十分重要的意义。

机会主义者提出"摆脱莫斯科影响"的口号。工会独立的口号与这个口号相呼应。

同志们，共产党在捷克斯洛伐克应学会在工会斗争中使用其武库中现有的一切武器。

同志们，应该结束党内有些工作人员理论上同意党的主张、行动上却破坏党的决议的局面。我想举一个例子。有一个小地方有1.5万个分散加入各个工会的工人，招收了15个人组成了族际工会的分会。没有一个工人会相信我们是拥护统一的，因为我们理论上在鼓吹这个口号，而实际上却在建立小得可怜的工会。把心给工会和党各分一半是不能容许的。共产党应该在这些问题上施加决定性的压力。

**维奥拉**（意大利）：

同志们，自从1921年我们共产党成立以来，我们很重视工会运动问题和反对在劳动总联合会中起领导作用的社会民主党人、反对把共产党党团开除出劳动总联合会图谋的斗争。法西斯主义摧毁了意大利的工会运动，我们在1924年初才得以重新开展重组工会运动的工作并在其中开展革命工作。

在马泰奥蒂遇害后工会工作变得更有必要，工农群众表现出重返阶级组织的倾向。我们的共产党员同志继续进行重组工作，但社会民主党人、意大利工会组织领袖们和最高纲领派分子不是去领导工农群众，号召他们重返阶级组织，反对法西斯主义和企业主，反而依附于资产阶级和法西斯主义，参加了议会反对派委员会。他们实行不准工人阶级积极行动的政策，阻碍政治危机的解决，阻碍工人阶级在工会工作中提出的要求得到满足。

1924年底举行了劳动总联合会代表大会。共产党人很早就要求召开这次大会。组织中的老骨干已经离开，新骨干尚未成熟，但劳动总联合会的领袖们对此漠不关心。他们与社会民主党官员沆瀣一气，召开了代表大会，但限定大会的任务只是修改总联合会章程，以便他们能彻底改变整个结构，改变阶级组织的目标。代表大会的选举按照1923年的办法进行。

我们也在农民中开展工作。在党的农业分部的倡议下，成立了保卫贫农协会。我们的党团提出关于工会运动统一问题的决议得到了3.5万票。这个决议说：

必须确立工会运动的统一——在全国范围内，通过退出劳动总联合会的各组织重返总联合会，召开工会成立大会；在国际范围内，通过支持英俄委员会进行争取工会国际——阿姆斯特丹国际和红色工会国际——联合的斗争。

达拉贡纳站在阿姆斯特丹工会国际的右翼，也就是他是工会统一的反对者。最高纲领派很少参加辩论，不想理会与英俄委员会的联合，主张继续留在阿姆斯特丹国际中。

我们争取工会运动统一的斗争的具体成果是，过去一直追随"人民党"组织者尼利奥利的伦巴农民小组加入了工会联合组织（劳动总联合会）。劳动总联合会并不致力于成为广泛的群众性组织，并试图通过开除无产阶级中非熟练工人和把产业工会变为只联合工会贵族的狭小工会的办法来限制其会员构成。据我们的材料，劳动总联合会的领袖们采取了与法西斯联合会领袖接近的措施，力图与后者在全国范围内统一。

在意大利，尽管困难重重，社会民主党进行破坏，无产阶级仍显示出进行斗争的决心。不久前伦巴第冶金工人的罢工很说明问题。意大利有人已经在议论，说不存在阶级的工会运动，一切都已遭法西斯主义破坏，但过了三年，在这次冶金工人的罢工中工人群众显示了自己的意志。在根据法西斯工会自己的倡议，这场冶金工人的罢工爆发后，社会民主党人指示伦巴第、皮埃蒙特和威尼斯加入自由工会的冶金工人参加运动。但当罢工普遍取得胜利时，社会民主党人却开始阻止斗争进一步激化和扩大。他们这一次一如既往地扼杀了罢工。

社会民主党人反对成立工厂委员会，威胁要把加入这一委员会的会员统统开除出工会和党。

工厂委员会应成为加强工会并吸引工人群众投入斗争、揭露劳动总联合会中社会民主党领袖分裂政策的手段。

工厂委员会的活动的指向不是反对工会组织的，而是反对工会运动官僚的叛卖政策的。

社会民主党人阻碍不了我们继续开展工作。我们将继续工作，反对有步骤地开除共产党组织和共产党员。他们采取的反对我们的措施将引起工人群众的有力反击。

在没有加入劳动总联合会的组织中，我们要在内部和外部进行工作，争取其多数成员加入总联合会，目的是真正实现工会运动在全国范围内的统一。我们相信，我们依靠工厂委员会不仅能使工人群众重返工会组织，而且能在争取工会运动统一的斗争中争取他们支持共产党。

共产党将吸引工人群众投入革命斗争，争取工会在全国和国际范围内实现统一，遵循党提出的口号：成立工厂委员会和农民委员会，开展反对法西斯主义、夺取政权和建立工农政府的斗争。

**维利科夫斯基**（波兰）：

我们的代表在共产国际第五次代表大会和红色工会国际第三次代表大会上无条件地毫不动摇地支持争取世界工会运动统一的斗争策略。

共产国际和红色工会国际近几个月来在争取工会统一的斗争中所取得的成就直观地证明了这一策略是正确的。

我们的党在这一工作中对红色工会国际的帮助不大。**波兰工会运动正经历着危机**，不仅由于白色恐怖肆虐波兰，而且主要是由于改良主义的叛卖活动猖獗。波兰社会党掌握着各大工会的中央委员会。工会的改良主义领袖在上西里西亚、罗兹等地经济罢工中的所作所为告诉广大群众，工会由于为这些先生所掌握，不是成为工人阶级的工具，而是成为资产阶级的工具。

共产党当然对社会改良主义者的这一策略不会坐视不管。

我们在两方面作了努力：首先，在争取工会方面；其次，在适当时机成立能领导群众性工人运动的机构方面。

在我们未能争取到工会的地方，改良主义官僚在反对我们同志的斗争中使用了最极端的手段。他们开除我们最优秀的同志，而且改良主义者还和暗探局并肩行动。因此，毫不奇怪，工人们都感到失望，开始离开工会。应该指出，凡是我们和改良主义者冲突最激烈的地方，工会目前是经历着最严重的危机。例如，冶金工会目前只拥有数量少得可怜的工人；被开除出中央联合会的地方工会则继续独立存在，不断进行争取重新联合、争取工会统一的有力斗争。

矿工的情况同样如此。

我们不倦地进行争取群众重返工会的运动。我们最近一次党代表大会详细地制定了我们的工会运动策略。我们得出的结论是首先必须建立有助于我们与最广大群众联系的机构。工厂委员会就是这样的机构。

我们完全不考虑利用工厂委员会来对抗工会。工厂委员会是工会的机构，但由于目前工会运动的上层还掌握在改良主义者的手中，我们应该争取群众，我们应该努力在工作地点联合群众并在那里建立领导群众斗争、成为争取工会的斗争据点的斗争机构。我们的党已经在工会运动中夺回了许多阵地，我们曾经被人借助警察和官僚的手段排挤出了这些阵地。改良主义者不假思索地摧毁了许多工会区级联合会，为的只是想把我们排挤出各个阵地。但是，同志们，当我们被挤出某个工会时，群众不顾我们的劝说也退出了这个工会。

波兰除了所谓的阶级工会外，还存在改良主义工会、基督教黑色工会和由"人民工人工会"领导的黄色工会。此外，波兰还有犹太工人和德意志族工人的独立工会。我们的党争取所有这些工会都联合起来，却遭到改良主义者疯狂的抵抗。

大家都知道，波兰工会中央委员会在阿姆斯特丹国际中附和德国工会上层反对英国代表团立场的抗议。波兰改良主义者在阿姆斯特丹国际中与德国改良主义者组成了反对左翼的统一战线。

一切工会联合起来的口号、为争取在波兰和国际范围内工会运动统一的斗争的口号以及争取工厂委员会的口号，这就是获得最广大群众响应的口号，是我们能使群众重返工会的口号。

我们的党代表大会努力具体制定了我们党的斗争形式。尽管警察恐怖前所未有地猖獗，我们仍希望在不久的将来通过自己的工作取得明显的成果。（鼓掌）

# 第八次会议

(1925年4月1日下午)

## 继续讨论洛佐夫斯基的报告

**塞马尔**(法国):

季诺维也夫同志在第五次代表大会上说:应该在提纲中强调指出,共产党75%的精力应用于工会统一的问题上。红色工会国际第三次代表大会使工会统一的口号更确切了,指出可以通过召开两个国际——莫斯科国际和阿姆斯特丹国际——的代表大会来建立统一的国际。

工会国际统一的口号在不同的国家里尤其在法国获得了广泛的响应。十分明显,这个口号是最有效的手段,可以使工人摆脱改良主义领袖的影响,但整个来说,从听取的报告来判断,对这个口号还没有花足够的精力,还没有足够的重视。在某些国家里,这个口号甚至被曲解成了产生各种倾向的原因。

我们在这次全体会议上必须再次斟酌工会统一的口号,不是为了采取某种新策略,而是为了尽可能使第五次代表大会通过的策略更确切,使之适应当前的需要,采取措施使这一策略在不同国家里得到相同的理解和协调一致的运用。我要指出我们在某些地方遇到的或在某些同志的声明中流露出的对抗统一策略的尝试。这一对抗首先表现在某些革命工会工作者身上，他们现在在他们成立了红色组织后倾向于过于公开地捍卫自己的组织，例如我们的海斯同志就是这样做的，他谈到了工会的大楼和金库，仿佛工会统一的策略有什么威胁到了这些工会大楼和金库。

统一的进程还不十分快，并非现在就已经可以谈论结束革命组织并利用这个稻草人来反对工会统一的口号。必须在各国花更多力气来宣传统一，更多关注改良主义工会组织和独立工会组织中为统一而奋斗的左翼的发展。我们工会统一的策略和口号，只有我们在改良主义工会中有了可以依靠的左翼后才会产生效果。我不属于那些认为可以通过上层协商达成统一的人；统一不是在与改良主义组织领袖结盟后自上而下地实现的，而是自下而上实现的。当前最重要的任务是，要在所有国家里共产党和加入红色工会国际的革命工会在改良主义工会内部组建自己党团方面开展最有效的工作，并为这些党团提出确切的口号和明确的纲领——纲领的共同要求是，在实现工会组织上统一之前要为建立统一战线提供可能。如果在各个工厂里共产党人都能提出包括工会统一口号在内的具体斗争纲领，如果它们同时能依靠在改良主义工会中争取统一的党团，如果这些党团将帮助它们在工厂会议上通过它们的纲领，那么它们显然就能成功地摧毁改良主义领袖们的影响力。工人们将发现，只有共产党人和革命工会工作者能在企业里提出包括工会统一口号在内的、确实符合他们需要的具体要求纲领。

因此，我们应该在决议中确切规定党团的工作并要求党团不仅成立在纸上，也就是要求所有共产党都积极参加在改良主义工会内部成立党团的工作。我要强调指出，这一工作主要应在法国、英国、德国和捷克斯洛伐克这样的国家里进行，主要在这些国家里，因为大家知道，由于实施道威斯计划，这里将爆发许多危机和阶级大冲突。

我不谈法国在这方面所做的一切工作。我们自第五次代表大会以来在改良主义工会中做了大量工作，我们迫使茹奥及其朋友们在法国工人阶级的心目中处在十分不利的地位，提出了许多我们将为之捍卫到底的具体建议。我们迫使工会领袖们就这些具体建议表态；他们当然否定这些建议，而我们利用他们的拒绝来告诉工人们，唯一反对工会统一的人是改良主义领袖。当然像德国这样社会民主党影响十分强大的国家需要格外长的时间来对统一的口号进行宣传和鼓动。我以为在最近几个月中一切精力都应集中在这个口号上，因为让德国工人脱离社会民主党绝非易事；务必向他们证明，共产党人在为争取他们的直接要求所作的斗争不比社会民主党人少。

许多年来社会民主党的宣传把共产党人说成是只致力于革命，不考虑捍卫工人直接利益的人。务必告诉这些工人，我们共产党人捍卫无产阶级的一切要求，正因为如此我们在一切阶级冲突中始终站在前列。我们在研究捷克斯洛伐克的形势及其五光十色的工会组织时，发现两个强大的联合会加入阿姆斯特丹国际：德意志族联合会和捷克族工会联合会，我自己问自己：为什么我们还没有成功地建立针对这两个联合会的反对派，使相当多的工人群众脱离这两个联合会？我们应该为统一的工会中央委员会而斗争。为什么要有捷克斯洛伐克中央委员会、德意志族中央委员会、国家社会主义中央委员会？我们红色分子务必要求组建统一的中央委员会并不倦地在企业中进行这方面的宣传。

我们应该利用俄国工会与英国工会的接近。有人说，英俄委员会的建立遇到了某些困难。看一看吧。目前提出了一个建议，我们应加以支持。即使英俄委员会建不成，这个口号仍然是在各国围绕英俄委员会开展广泛鼓动的起点。如果资产阶级报刊赋予这一运动如此大的意义的话，那么我们务必懂得这个意义，务必向工人阶级解释，为什么这会使资产阶级如此紧张，为什么各国资产阶级都为反对工会统一而斗争。应该指出，资产阶级十分疯狂地攻击我们在法国提出的一切建议，攻击共产国际就工会统一问题提出的一切建议。我们应该像资产阶级一样猛烈开战，利用资产阶级的论据来向工人阶级证明实现工会统一的必要性。必须在最近几个月里开展比过去更广泛的鼓动。

法国的资产阶级和改良主义报刊在反对统一的斗争中利用了同样的思想武器；资产阶级和改良主义者表示要反对共产党及其支部，他们指责共产党及其支部才是统一的障碍。我们迫使茹奥断然声称："你们实现没有我的统一吧。"我们把他逼得说出了实情。阿姆斯特丹国际右翼领袖们拼尽全力来反对红色工会国际和英国工人运动左翼提出的一切建议，这对任何人来说都已不是秘密。

我认为，对工会领袖搞分裂的意图利用得还不够。根据全体大会上所作的报告来判断，这方面的鼓动不够有力、不够坚决。

我们的捷克斯洛伐克同志在这里谈了一个真令人惊讶的意见。他们说党的左翼干了很多蠢事，支持消灭红色工会。**我们反对消灭红色工会**，但不应利用左派的错误而完全不进行争取统一的宣传和鼓动。必须反对左倾，但同时要根据第五次代表大会的决议进行争取统一的斗争。

现在再谈重要的一点。

在我们的队伍中有几个同志持机会主义倾向，认为为了实现统一我们不应与改良主义领袖论战，反对他们。同志们，这是十分危险的。他们中的一个人跟我说："**如果你们把改良主义领袖称做社会叛徒，那今后就很难向他们提出关于统一战线和工会统一的建议了。**"同志们，毫无疑问，如果今天把茹奥称做社会叛徒，明天又去找他，提出关于工会统一的建议，他会回答说："你们跟社会叛徒有什么统一可谈呢？"但这个问题提得太简单化了。问题并不在于反对某个改良主义头子，而在于进行反对明确倾向的斗争。如果我们在某篇文章中只是说：某某叛变了，某某是社会叛徒，如果我们不从政治上解释清楚，为什么他是社会叛徒，如果我们不拿出证据（证据有很多很多），证明社会民主党许多次的叛卖行为，那使用这些形容语就毫无益处。应该说明加在某个领袖身上的形容语的根据，只有在提出明确的论据后才能使用这些形容语。但我无论如何不能同意有些同志的看法，他们说我们如果要想实现工会统一，那就根本不应该抨击改良主义领袖。

我认为这是臭名昭著的机会主义，这是社会民主党的语言，如果我们要求停止对改良主义领袖个人攻击的话。我不认为这一观点会在共产国际中占上风，我认为这些要求是个别人提出的。

改良主义领袖们说：你们停止对我们的侮辱，那我们也停止对你们的侮辱。不，同志们，改良主义领袖永远也不会停止对共产党人的攻击。我手头有一篇改良主义工会著名活动家迪布勒伊的文章。他在联系俄国问题谈到工会统一时说：

"很清楚，必须解除某些人的职务，他们像季诺维也夫那样染上了某种明暗而病态的侮辱狂，看来只有当他们浸透毒汁的笔将对社会叛徒极其挖苦的辱骂丰富了他们古怪的词汇库时，他们才会心满意足。"

好吧，可以要求停止辱骂，但改良主义领袖永远也不会停止对共产党工作人员的侮辱。改良主义领袖和革命者之间正在进行殊死的斗争。任何人都知道，目前改良主义在各国是资本主义最好的支撑。我们应该抛弃停止揭露和反对社会叛徒的斗争的想法。相反，我们应该加强进攻，但要精确地加以论证，让工人明白，我们不仅借助毫无内容的形容语进行斗争，从来都有能力证明这些形容语与真实情况完全吻合。

改良主义领袖的想法是解除革命工作人员的职务，实现与革命工人的统一；我们则反对他们，正是要排除他们。他们异口同声地回答我们说，他们将只和革命工人实现统一，但他们提出一个条件，要共产国际从地球上消失，要季诺维也夫不再领导共产国际，要洛佐夫斯基从红色工会国际中消失，要蒙慕索不再领导法国总工会，等等。

同志们，如果我在这个问题上多花了点时间，那是因为法国提出了这样的建议，我们在这个问题上进行了激烈的辩论。务必使共产国际在更坚决进行争取工会统一的宣传时期能更确切地判定，应如何进行反对改良主义叛徒的斗争。

**格施克**（德国）：

同志们！共产国际第五次代表大会和红色工会国际第三次代表大会关于工会运动统一的决议在德国共产党代表团内引起了担心，最近几个月的状况已经表明，这种担心并非毫无根据。现在我们可以说，尽管相当多的这些担心已成了现实，但我们在走向工会运动统一的道路上已前进了一步。我们在企业里开展了扎实的支持工会运动统一的宣传。很快我们便发现，社会民主党开展了反击运动，在反对德共和红色工会国际的斗争中采取了一切手段，甚至散布无耻的谎言和诽谤。我手中有社会民主党汉诺威组织2月1日给工会的一封信。其中说：

"但是为了反对来自右边的主要敌人的斗争取得成功，**首先**必须尽量削弱德国共产党。"

总之，社会民主党的全部精力、改良主义工会官僚的全部精力都应用于反对共产党的斗争。我可以举出许多例子来说明德国社会民主党和全德工会联合会在企业里开展的反击运动。但现在我来谈我们在独立工会甚至是自由工会中遇到的对抗。大家都知道，我们在有些地方的改良主义工会中有着相当强大的党团。另一方面，相当大比例的我们的同志已被开除出改良主义工会。在布兰德勒中央存在时期，这便导致成立独立的反对派工会。我们不得不开展斗争，反对这些独立的反对派工会中的某些组织，舒马赫、凯泽尔和魏尔派分子在第五次世界代表大会上发言反对工会运动统一，他们就是这些组织活生生的化身。许多工作人员被开除出共产党，因为他们拒绝遵循党的口号并支持反对这些口号的斗争。我们无情地反对这些同志，其中也有一些很好的革命同志。在研究德国党开展的运动时应该考虑到这一点。

支持工会运动统一的运动分散了力量，但它本质上促进了党的真正巩固，党员群众开始注意到有一个铁腕在引导党走向明确拟定的目标，对党中央的信任在增强。中央委员会明确制定了工会问题上的路线。克拉拉·蔡特金同志也是强烈批评德共的同志中的一个；他认为自己有责任指出，工会中的党团几乎被消灭殆尽。我可以证明，而且无须数字材料就能明白，关于我们在德国运输工会中只有6个党团的说法是错的，即使是针对西北大区来说也错了，而这些材料看来是从西北大区获得的，因为我们在运输工会中党团不少，这个工会可尊敬的领袖——社会民主党人舒曼才对我们的党团开展了最猛烈的斗争。要是我们没有党团，他为什么还斗争呢？

我们可以认定，哈雷老的矿工工会1924年12月1日共有6500名会员，在共产党人的压力下，依靠共产党党团的工作，这个工会会员人数到1905年① 2月15日达到23000人。如果需要的话，我愿意随时提供许多此类材料。

现在来谈工厂委员会的选举问题。如果注意到在选举期间开展了支持工会运动统一的运动，那就会明白，选举的结果不可能出色。同志们，例如，请考虑一下在改良主义的冶金工会中担任负责职务要求有一年工龄，甚至三年工龄。是否能够要求我们在存在这些障碍时取得出色的选举结果呢？我们显然在地方自治机构选举中也没有出色成果可以夸耀。但我依然认定，在过去这段时间里，共产党在地方自治机构改选中失去了35个地方自治机构，但又夺得了52个。不管怎样，增加了17

---

① 原文如此，似有误，应为1925年。——译者注

个地方自治机构。这与共产党的"朋友们"或它的客观批评者们所断言的有所不同。

自从社会民主党被剥夺了帝国政府和省政府中的部长职位后,它开始巧妙地扮演捍卫无产阶级利益的反对派角色。这帮助它把相当多的工人吸引到它的旗帜下;它通过蛊惑手法和高明的随机应变确实成功地在德国无产阶级中制造了敌视共产党的情绪。《前进》周刊上评论季诺维也夫同志讲话的一篇文章在这方面十分典型。文章指出,世界革命、苏维埃俄国、革命前景和共产国际整个来说已化为乌有。贯穿这篇写得很老到的文章的红线便是如此。

目前,尤其是在英国工会访苏代表团的文章和报告发表后,我们可以认定,工人们对《前进》周刊和德国社会民主党已经不像从前那样轻信。工厂里已出现支持派遣代表团访问苏俄的思潮,目的是通过切身感受确信,究竟哪一个人对——是《前进》周刊、珀西尔、本-蒂利特,还是共产党。德国支持工会运动统一的运动遭到很大的困难。但是由于领导坚定明确,党今后将继续坚持既定的路线。我们指望,英俄现在在伦敦举行的谈判将为我们提供新的机会,成为今后在群众中开展更有力、更成功的鼓动的新起点。总统选举、路德政府对群众的立场、整个政治形势和经济压力将促使运动成功,但务必考虑到尚待我们加以克服的巨大困难和障碍。(掌声)

**多尔斯**(美国):

同志们!我想请扩大的全体会议注意美国工人运动的一个因素,即注意越来越重要的美国劳工联合会。这个组织虽然相对来说不大,但仍然有着巨大的战略意义,是世界上最大资本主义国家的工人运动中心。我们看到,美国资本主义重又登上欧洲舞台,美国劳工联合会效法自己主子的榜样,重又关注起欧洲的工人运动。

美国劳工联合会是美国资本主义深入中美和南美十分重要的工具之一。在这个组织最近一次代表大会上,该组织的一位活动家,塞缪尔·龚帕斯的右手梅修·沃尔声称:

"这次代表大会表明的最重要的事实是美国、墨西哥和南美的工人运动的紧密结合,这一结合很快就反映在这些国家的政府和人民的相互关系上。我已经预见到工人阶级的某种门罗主义。我指的是这些国家的工人阶级对外国资本**或工人阶级**在美洲大陆上定居的任何尝试的对抗。"

这是美国劳工联合会作用的特点。对加拿大也实行同一政策,美国资本把它的爪子伸进了加拿大。

当美国资本家认为借助国联积极干预欧洲政治符合他们的利益时,美国劳工联合会便成了国联的强烈拥护者。塞缪尔·龚帕斯前往欧洲,在几个月里参加了支持国联的运动,目的是要欧洲工人支持国联。当美国资本家放弃了自己的计划时,美国劳工联合会也不再支持国联并退出了阿姆斯特丹国际。但现在美国资本主义认为重返欧洲舞台是符合时代需要的,正如我们在道威斯计划这个例子中看到的那样,美国劳工联合会又关注起阿姆斯特丹国际了。因此我们看到劳联最近一次代表大会上在这方面迈出了几步。现在正在进行谈判,一切都表明,在未来两三年里美国劳工联合会将重返阿姆斯特丹国际。

对欧洲工人运动来说,特别是对于筹划应把整个工人运动联合起来的世界代表大会的今天,美国劳工联合会重新投入阿姆斯特丹国际的怀抱有着头等的意义。可以担保说,美国劳工联合会将提出条件,积极支持阿姆斯特丹反对派反对苏联工会的斗争。共产国际和红色工会国际不应忽视这一些。

这不是一个容易解决的问题。依我看,我们应该在美国劳工联合会内组织左翼运动。在这方面可以取得一定成绩。加入美国劳工联合会的有各种不同的人,其中包括所谓的进步派,他们对苏维埃俄国态度或多或少友好一些,不完全同意龚帕斯分子的反动政策。我们应尝试把他们组织起来。

正如我在工会问题委员会里所说的,英国工人运动的左翼领袖应十分重视这个问题。他们可以唤起美国劳工联合会中对龚帕斯机关的强烈对抗,从而有助于促进反对阿姆斯特丹国际的斗争。我还不会天真到以为美国劳工联合会会在支持国际工人运动统一方面创造了纪录。我们可以期待的最主要的一点是,我们得以削弱反动官僚的活动。而反动官僚同样是阿姆斯特丹领袖和美国资本家的工具。

我只想请扩大的全体会议注意这个问题,因为我认为这个问题极为重要。我确信美国工人阶级的使命是将来在国际工人运动中发挥巨大的作用。

**主席:**

请特伦同志作临时声明。

## 关于韦乔尔克维奇和巴金斯基遇害的号召书

**特伦**(法国):

同志们!今天早上我们从波兰同志处得知白色恐怖政府犯下的新罪行。我简单提一下事实。这里说的是两位同志:巴金斯基同志和韦乔尔克维奇同志。两位都是无视统治波兰的政府,敢于加入共产党的波兰军官。其中一人是化学家,前程远大。他们俩被判处死刑,根据的是一名奸细的指供,完全没有其他罪证。

这两位同志在监狱中关了一年,狱中的条件说得好听点是波兰的条件:拷打、饥饿、虐待犯人。

之后苏联政府提议交换人犯，这件事将在几天后进行。我想请大家注意杀害我们两位同志的场合。杀害是由押送我们两位同志的警察队长事先周密策划，当着波兰警察局长和波兰外交部特派员的面，在火车上完成的。

应该指出，实施罪行的氛围是通过反对交换人犯的运动事先酝酿好的；不仅波兰资产阶级，而且还有社会民主党人，在报刊上和议会里开展了这一运动。我们控诉第二国际及其波兰党为这一罪行张目并为这一罪行酝酿了舆论。

我们代表执行委员会建议向共产国际各支部和各国工人发出号召，谴责波兰政府的罪行，声援我们的同志努力，动员各国无产阶级起来反对波兰的白色恐怖。

同志们，我建议通过如下号召书：

## 号召书

致各国工人和农民

致各国军队的士兵

同志们！沾满鲜血的波兰政府刚刚犯下新的罪行。波兰政府在用毒气杀害两位栋布罗瓦的工人后，在克拉科夫判处向士兵分发共产党传单的士兵谢加利死刑后，又杀害了巴金斯基同志和韦乔尔克维奇同志。巴金斯基同志和韦乔尔克维奇同志是在与两个波兰罪犯（其中一人是波兰天主教教士乌萨斯，他被指控犯了卑劣肮脏的罪行将在列宁格勒受审）交换、即将跨越波苏国界时被波兰警察野蛮杀害的。

在波兰政府不得不放弃通过"法律"途径消灭巴金斯基和韦乔尔克维奇后，我们的同志被违法地（甚至是违背了资产阶级法律）杀害了。两年前这两位同志受到华沙法院审判，罪名是他们身为波兰军队军官，竟敢于与资本主义政府决裂，站到无产阶级的旗帜下。根据密探们炮制的虚假罪名，他们被判处死刑。

甚至连资产阶级刽子手也不敢执行根据奸细的捏造作出的判决。死刑被改判为永久服苦役。波兰共和国的狱吏已经给其受害者筹划缓慢的死亡。他们两年来戴着镣铐，待在潮湿阴暗的地下室里，受到饥饿的折磨，逐渐走向死亡。

当苏联政府的干预迫使狱吏们释放其受害者时，资产阶级策划了新的阴谋。押送我们两位同志的警察在途中杀害了他们，决不让这两位无畏地站到无产阶级一边的军官获得释放。

同志们！波兰资产阶级卑劣的罪行完全应由波兰社会民主党人负责。他们蓄意帮助警察，在报刊上和议会里开展了疯狂反对释放和交换这两位革命战士的运动，以自己的罪恶言论调唆卑劣杀害巴金斯基同志和韦乔尔克维奇同志。被害的共产党人的鲜血将成为第二国际这个党可耻的污点。

同志们！全世界无产阶级刚刚阻止波兰政府第一次（大概也不是最后一次）判处兰楚茨基同志死刑的尝试。波兰资产阶级新的罪行是对表示全世界无产阶级与兰楚茨基团结在一起决心的示威游行的答复。这是对波兰工人群众反对用毒气在栋布罗瓦杀害我们的同志海奇克和皮利亚尔奇克的抗议的答复。这是对苏维埃共和国联盟——无产阶级和农民的堡垒——的猖狂挑战。领导波兰资产阶级国家的匪帮践踏其承诺，只是为了发泄其对两位革命者的仇恨。

全世界无产阶级再一次以加倍的力量大声地表达自己的愤怒和对波兰刽子手卑劣行径的憎恶。抗议的巨大浪潮将席卷世界各国。我们要把这些称做波兰社会党人的奴仆、刽子手和施暴者送上无产阶级（包括目前还追随第二国际的无产阶级）的法庭。波兰工人和农民将提高嗓门，抗议资本家和小贵族政府背信弃义的卑劣行径。波兰工人和农民在这场斗争中将得到全世界工人的援助和声援。

打倒白色恐怖！
波兰无产阶级和农民的革命斗争万岁！
国际无产阶级的团结万岁！
为革命牺牲的战士永垂不朽！

**主席**将号召书交付表决。号召书在全场暴风雨般的赞同声和呼喊声中通过。有人高呼:"打倒杀害工人阶级的嗜血成性的波兰刽子手!"

**主席:**

发言结束。请洛佐夫斯基同志作总结发言。

## 洛佐夫斯基的总结发言

我们的讨论证明各国共产党代表的观点绝对一致,我作发言,只是为了再强调一下我的报告未涉及或一带而过、但各个党的代表在这里发言时指出了的许多问题。

第一个极其重要的问题是,各个共产党在用什么方式、什么方法、通过什么样的途径来开展有关国际工会运动统一的宣传鼓动和组织工作。需要统一,这是大家都知道的,但**如何**达到统一,如何进行我们的组织政治工作,却并非大家都知道。

我必须指出,并非所有的党都利用阿姆斯特丹国际和第二国际的形势来向广大群众灌输我们对统一的观点和我们对两个改良主义国际作用的观点。我们在宣传统一时应公开地指出,我们要争取统一是为了什么;一旦工会运动统一,我们将怎么办;统一了的工会运动将采用什么办法来反对我们的阶级敌人。在这里我们涉及共产国际是怎么一回事,它与国际业余爱好者协会有什么区别。这个问题应该在我们的宣传中占重要地位。为了认识到共产国际不该成为什么样子,只要看看阿姆斯特丹国际就行了。

如果拿阿姆斯特丹国际存在六年以来的活动来看,一步一步观察其决议以及其对当代重大问题的态度(国联、战争危险、赔款、道威斯计划、占领鲁尔、俄国革命等),我们便会确信,阿姆斯特丹国际与国联一样被相同的矛盾搞得四分五裂。被称做阿姆斯特丹国际的国际工会联合会并不是我们所理解的国际，因为这个国际联合会有着并非国际的特点。需要让每个工人（法国、德国、捷克斯洛伐克、英国等国的工人）都懂得，他所参加的那个国际改良主义组织只是形式上的国际。这个组织没有开展过一次国际运动，没有组织过一次大罢工，没有同时在国境两边举行过一次活动，除了参加国际劳工局和国联的各个委员会之外。难道工人们在创建国际时期望的是这样的组织？难道国际只能充当事件的记录员和正在展开的斗争无力的旁观者吗？显然不是。请每一个工人想一想，我们不是为统一而统一，而是为了有一个**统一的国际战斗组织来领导国际反对资本的斗争**。总之，统一的工会运动应建立在阶级斗争的基础上，只有这样它才能履行自己的历史使命。

资产阶级和社会民主党随着争取统一的斗争加剧，加强了它们对革命工人的迫害。在法西斯反对派控制下的意大利有许多事实证明改良主义者不仅力图削弱工会，而且还排挤和开除表明自己政治路线的共产党人。随着我们在改良主义工会中影响的增大，被开除、被迫害的人数将越来越多。在此前的开除个人之后，将开除集体，即将发生一系列分裂。社会民主党人在走老路。我们要是无视这一危险，将是太天真了。只要回忆一下莱昂·茹奥在最近一次法国改良主义的总工会全国理事会上的讲话，便可以知道这样的危险是存在的。茹奥强烈反对统一，在声明最后说，如果有人想去做这件事，那就在没有他的情况下去做吧。意思很清楚：莱昂·茹奥难道打算一个人离去吗？这是在统一派占多数时，威胁要再次分裂工会。许多阿姆斯特丹国际右翼领导人都有这样的情绪。宁可再一次分裂，也不要统一，——这是他们的政治纲领。必须理解这一点，才能采取措施去反对新的开除、新的分裂等。

到目前为止，我们争取统一的斗争有什么缺点？缺点是在某些国家里这场斗争带有过于抽象的性质。所以从早到晚反复说"我们支持统一"是不够的，需要更实际更深入地抓好这件事。我们应做得让工人有力的手参与这件事,而为此必须把统一问题与反对物价飞涨、税收政策的日常斗争、与企业**内外**使工人不安的各种实际问题联系起来。如果这样务实地对待问题,我们的统一运动将席卷千百万参加和没有参加工会的人。多一点务实,我们的统一运动与日常需求多一点联系,我们便能使我们面对的共同问题与工人的日常需求有机地结合起来。这次全会上有人谈到必须为争取局部的要求作斗争时,指的也是这件事。当然争取把工资提高几戈比有着巨大的意义。但问题的中心并不在这里。实质是我们在争取局部要求的斗争中将组建起一支为反对整个资本主义制度而斗争的大军。即使争取改良也有各种办法:有按改良主义的方式,也有按共产党的方式。列宁不止一次讲过写过,改良是革命斗争的副产品。

我们在为局部要求斗争时,把这些要求与我们面对的共同任务联系起来。争取到一点,便站到夺下的阵地上,一步一步往前走去。

因此,在最近一段时期里,各国共产党都面对一个实际问题:如何参加日常的经济斗争,如何把经济斗争与我们争取统一的斗争联系起来。为了对如何斗争的问题作出切实的回答,我们在这次全体会议上,除了总的统一决议外,还为每个党分别拟定了详细的指示:如何斗争,怎么办,怎样把争取统一的斗争与日常斗争联系起来,等等。我们为每一个党分别作出切实的决议,使争取统一的斗争方法适合于共产党和红色工会开展工作所处的环境。我们的任务是在明确具体的纲领基础上把最大多数的工人联合起来。如果组建成统一战线,那么事物的逻辑将推动工人继续左倾。为什么?因为任何一个为反对资产阶级而斗争的人,不管其主观感受如何,客观上都是我们的人,最终将和我们在一起。因此社会民主党人才抵制我们的所有建议。为什么改良主义者如此强烈地排斥我们统一战线的建议?他们十分清楚,与我们建立的统一战线只能建立在阶级斗争的基础上,只能开展反对资产阶级的斗争。但工人们的想法不一样,正因为如此我们应该把统一战线和统一建立在具体而实际的行动计划的基础上。

阿姆斯特丹国际的改良主义活动家想要使工人们相信，统一是我们耍的手腕。他们这样说，是因为他们不想让共产党人接近自己的群众，不想让共产党人有可能建立起各派工人有机的结合。争取统一的斗争意味着进行顽强的反对大小工会官员、反对保守主义、反对工会机关的习气和传统、反对永远保持分裂状态的思潮的斗争。如果遇到阿姆斯特丹国际右派分子的抵制和有组织的破坏的话，不必消极绝望。他们的敌视十分正常。需要预先明白，我们不是与反动领袖搞统一，而是与工人群众搞统一。

如果我们说，我们愿意建立统一的组织，各种派别的工人都可以加入其中，但这样并非是说，我们愿意在改良主义和共产主义之间找到一条中间路线。绝没有任何妥协，绝没有任何调和，绝没有任何畸形理论，只有在一个组织的框架内为自己的思想、自己的纲领和策略进行严肃的思想斗争。

这样做的原因很清楚。改良主义是满足于自身被奴役的无产阶级落后阶层的意识形态，不进行反对改良主义的斗争，反资本主义的斗争就只是一句空话。这里要提一个问题：怎样进行反对改良主义的斗争？改良主义者不愿意遭到进攻，他们要求我们以礼相待，亲切交往，他们要我们称巴尔马的朋友为正直的人，称众所周知的反动派为好社会党人。社会民主党报刊喜欢对共产党人的粗暴指指点点，把我们与黄色报刊文雅的风度作对比。但难道事关礼貌吗？如果只是事关良好教养，只是是否需要使用辛辣还是不太辛辣的词句的话，那么很快便能达成协议，但这里的问题不是修辞问题，而是政治问题。这关系到我们是对群众掩盖改良主义的实质。决不能这样做。这一点毫无疑问。改良主义者要我们承认他们是工人阶级利益真正的表达者。对此我们的回答是：改良主义是资产阶级的、反无产阶级的、为捍卫资本而形成的意识形态，我们无疑可以用许多历史事例来加以证明。组织上的统一不排除思想斗争的自由,对于我们,对于修正主义者来说都是如此。

正如我已经说过的,我们面对一个十分重要的事实,即英国工会对苏联工会的接近。过几天将举行英苏工会代表会议,会议将提出如何共同进行争取统一的斗争的问题。这一事实具有巨大的历史意义。在国际工人运动史上第一次我们出席这样的会议,阿姆斯特丹国际一个十分重要的组织和红色工会国际一个更强大的组织——两个分别加入相互敌视、相互斗争的国际的组织——来正式开会讨论如何结束分裂的问题。拟议中的协议的基础是什么?使苏英工会联合起来的纲领或实际行动计划是什么?英苏工会联盟的纲领不是共产主义的,不,英国工人阶级大部分人还不赞同共产主义纲领;我们和他们的协议的基础是具体的行动计划。这一具体的行动计划不仅不与我们的目标和任务相抵触,而且还是朝着实现这些目标和任务的路线走的。不错,我们前进的步子不大,而是很小。但马克思早就说过:工人运动实际的一步等于一打纲领。我们的这一步,英苏工会共同迈出的一步等于几百份决议。即将达成的协议标志着什么?它首先预告,英国工人运动内部发生了深刻的左倾过程。英国强大的无产阶级的积极性不仅决定了大英帝国的命运,而且决定了世界革命的命运,现在这个无产阶级有了进步,开始解冻了。

这个问题对于共产国际和各国共产党来说是根本性的问题。应该把这个问题带到群众中去,应该把英国工会运动领导人和法国、捷克斯洛伐克等国工会运动领导人作对比。法国工人已经向茹奥提问,为什么他不愿意和我们统一,而英国人却愿意这样做。德国工人问自己的工会领袖,为什么他们不效法他们英国同事的榜样,与苏联工会结成联盟,缔结协议。同志们,应该掀起支持这一联盟的运动,应该通过召开各种会议来向群众说明英苏联盟的意义和作用,于是他们便会去追问自己的领导人,为什么他们不愿走这条路。

各国共产党近期十分重要的任务是推广这一联盟，努力使地方的、中央的、区级的工会和卡特尔以及工厂委员会表示完全支持这一联盟，参加这一联盟。应该明白，这不仅是英苏两国工会的协议，这是各国革命工会和改良主义工人运动中最敏感最健康部分之间的协议。我们的党如果不全力支持这一联盟，就完成不了共产党、布尔什维克党应完成的任务。

最后谈一点。我们的敌人试图利用扩大的全体会议，把它说成是共产国际承认"革命已经完结"。《前进》周刊已经发表专门文章，提到"世界革命、共产国际甚至苏联已经完结"。《前进》周刊的先生们用社会民主党的七彩颜色来描绘未来。共产国际通过季诺维也夫之口承认，我们进入暂时平静时期，这就是说一切都结束了，《前进》周刊这样欢呼道。这些先生把工人阶级的退却看成是自己的功劳和胜利。他们说，共产党人从早到晚叫嚣社会革命，而现在后退了，因此完结了。大家知道，社会民主党人一贯指责共产党人不考虑现实生活，说他们是幻想家。大家都知道，这些鳖类也指责列宁耽于幻想。

当我们确认多变的稳定或者稳定的多变取得某些成功，当我们声明两个革命浪潮之间出现某种平静时，他们便发出欢快和胜利的鼓噪。他们把我们的马克思主义现实主义当做绝望，当做彻底失败的征兆，欢天喜地，当胜利鼓噪。对此我们可以回答说："鸟儿唱得太早，谨防猫儿吃掉。"我们的敌人高兴得太早了。他们以为对形势的现实主义评估是虚弱的征兆。这再一次证明，他们对列宁主义一窍不通。我们越是清醒地、按马克思主义方式考量事态，越是现实主义地评估成败得失，共产国际和共产主义运动的力量就越强大。力量不在于无视失败和看不到革命的退潮。共产党的力量在于它有勇气敢于说，我们失败了，开始了暂时平静时期，我们将为新的进攻积聚力量。这就是为什么德国社会民主党人的打算或投机落空了，正如许多孟什维克的打算、预言和预测落空一样。

　　社会民主党人的希望没有成为现实，这一点应牢记在心，只要我们把这个统一运动与具体的、日常的、实际的斗争紧密地有机地结合起来，与工人生活的散文结合起来，而这篇散文将发展为社会革命的诗篇。某些同志认为，日常生活，艰难的工人的日常生活与革命的节日毫不相干。这是错误的。这些同志没有认识到，如果我们在日常生活中不做平日的工作，那我们就看不到革命的节日，看不到工人阶级的胜利。在这个短暂的平静时期，在多变的稳定和资产阶级暂时得到加强的时期（不能把这一稳定与战前的稳定相比，多变的状态是普遍的，最小的冲突也会激化局势，引发巨大的社会战斗和战争），必须尽力吸引千百万群众投入斗争，因为工会运动统一的口号给我们提供了锤炼一支去作最后冲击的大军的机会。我们现在在做极其重要的准备工作。扩大的全体会议是在各党布尔什维克化的旗帜下进行的。各党的布尔什维克化意味着在工人运动的各个领域中尤其是在工会运动中按布尔什维克的方式去工作。

　　各党的布尔什维克化首先意味着、主要意味着深思熟虑的马克思列宁主义的对待工会、争取群众的方法。我们通过统一的口号去争取群众，而争取群众是布尔什维主义最重要、最主要的原则。（掌声）

## 关于为世界工会运动的统一而斗争的报告的决议

**主席：**

　　请索瓦热同志就决议问题发言。

**索瓦热**（法国）：

　　争取工会统一问题委员会通过的决议很短。委员会认为没有必要重复第五次代表大会决议的文本,只需要加以重申。

决议认定要加强争取工会统一的运动,群众关注这一运动。

决议指出英苏两国工会接近这一事实的意义。对这一点应加以特别突出和强调。

决议没有如塞马尔同志希望的那样涉及关于在工会中建立党团、党团的任务以及给党团的指令的问题。全体会议开会前举行的组织工作会议详细地讨论过关于党团的问题,这对共产党来说确实是一个重要的组织问题。

在组织工作会议提请批准的决议中详细研究了关于建立党团及党团作用和宣传工作的问题。这一决定是对各个党的指示。

下面是工会统一问题委员会通过的决议全文(宣读决议全文;见附件四)①。

决议得到一致通过。责成全体大会政治委员会组成的编辑委员会对决议文本作最后审订。

阿里斯托夫同志代表罗马尼亚被压迫的工人和农民祝贺全体会议并请求共产党支持比萨拉比亚被奴役居民反对罗马尼亚贵族的斗争。

在塞马尔同志致答词后会议结束。

---

① 见本文收录的《关于为国际工会运动的统一而斗争的报告的决议》。——编者注

# 第九次会议

(1925年4月2日)

**主席:**

请布哈林同志作报告。(暴风雨般的掌声)

## 布哈林作《农民问题和世界无产阶级革命》的报告

### 一、农民问题的世界意义

同志们,我的报告只涉及最重要的几点,因为,首先,我已提交了相当详细的提纲,其次,我和一些朋友正就这个问题策划出版一本专著,我打算在其中更详尽地全面阐述农民问题和土地问题。依我看,这个问题异常重要,党应当给予最大的关注。外国党的许多同志,甚至最优秀的同志,认为农民问题是次要的。我们时时把自己称做列宁主义者,自然地、坚决地反对托洛茨基主义,尽管如此,共产国际的许多党却不够重视农民问题。许多党的许多同志认为,农民问题只对像俄国这样的落后国家具有重要意义。完全可以理解,这个问题在像苏联这样几乎全体居民都是农民的地方起着十分巨大的作用。至于比较发达的国家,那么这个问题处于另一个原则层面。这个问题在那里不如俄国那么重要。那里处理这个问题的方法完全不同,可以赋予它次要地位。许多同志的论据和思路就是如此。他们绝对错了。在较早时期，当我们还没有直接面对夺取政权问题时，这个问题可能是次要的；而现在，当这已成为我们的实际任务时，这样的论据就经不起批评，顺便提一下，还散发出一些托洛茨基主义的气息。托洛茨基在其不断革命论中发挥了如下论点：俄国无产阶级在胜利后不敢长时间保持政权，因为多数居民是农民。在像俄国这样的社会力量构成的对比下，无产阶级专政只有依靠西欧无产阶级的国家支援才能保住。这一诊断本身就错了。但是我现在不去批判它。

我们来谈国际无产阶级胜利的意义。我们在充分评价无产阶级世界性胜利及其夺取全世界政权的意义时，应该自问一下：全世界劳动人民的社会构成如何？我们知道，无产阶级在全世界劳动人民中占相对和绝对少数。这对无产阶级解放斗争有什么意义吗？当然有。怎么能忽视这个问题呢？是否可以认为，世界革命，无产阶级的世界性胜利本身就已经解决了上述事实产生的问题？绝对不可以，因为在无产阶级取得世界性胜利后，我们面对的是同一问题，只是规模更大。只有从这一角度来看，土地问题和农民问题才具有我们时代最重要问题的意义。我为了说明自己的想法，要援引几个数据：全球人口将近17亿。超过一半即将近9亿人在亚洲。据中国年鉴（1924—1925年，第30页）的数据，光中国一个国家就有4.36亿人，即将近全球人口的1/4。在这4.36亿人中近4亿人是农民。顺便提一下，那里的统计工作极差。据最新的统计调查材料，印度的人口接近3.2亿，其中近2亿人是农民。苏联人口将近1.33亿，其中超过1.11亿人是农民。各殖民地绝大多数人同样是农民。不错，他们使用相当落后的经营方式，有时甚至是原始的经营方式，但从社会学角度看，他们是农民。因此，农民问题加上土地问题是我们时代最大的问题。

我们都十分清楚，而且这一点早就得到公认：殖民地问题必定在世界无产阶级革命过程中起到十分重要的作用。我们十分清楚,从一定角度看,高度发达的宗主国资本与落后的殖民地之间的矛盾是资本主义主要矛盾之一。在世界经济范围内,这些矛盾,用隐喻来表示,无非是城市(现代工业中心)和世界农村(这些中心的殖民地边缘地区)之间的矛盾。就这是殖民地问题意义的根据,显然我们政策的一切主要问题都和这个问题有着这样那样的联系。甚至战胜社会民主党机会主义的问题也与殖民地超额利润问题、占统治地位的资本主义剥削殖民地的可能性问题联系在一起。甚至像由于英国无产阶级左翼引起的当前的工会运动统一政策这样的政治问题也与殖民地问题密切相关。殖民地问题是土地问题和农民问题特殊的变种。在进一步研究后发现,这个问题到处都起着极为重要的经济作用和社会作用。

季诺维也夫同志的报告和接下来的讨论已经提到了中国当前的作用。中国问题是中国农民可能对抗外国金融资本的问题。因此,毫无疑问,这个问题不是次要的、附带的小问题,而是我们时代十分重要的问题之一。但光从这个角度来考察这个问题仍然是错的。应该考虑到生产和夺取政权的因素。由于农民占居民中如此大的比重,他们显然在经济方面起着相当巨大的作用。高度发达国家的工业无产阶级有时错误地以为,这个问题没有重要意义。实际上却是,英国经济实力的来源在亚洲,而法国经济实力的来源在非洲。边缘地区——殖民地——起着决定性作用。

英国工人阶级现在很重视殖民地问题,因为他们本能地预见到这个问题在未来的巨大意义。普通的英国工人面对印度爆发的骚乱应该明白,要是我现在不支持印度,要是印度脱离英国,在我夺得政权后将没有东西可以果腹。有经济学修养的先进的无产阶级的某些代表随着直接接触我们时代基本问题之一无产阶级夺取政权的问题,正是已经这样来提出问题的。

## 二、在土地—资本主义联盟控制下的农民

同志们，在社会力量总的配置中农民占有什么样的地位？我们一方面有大地主和资产阶级的联盟，另一方面有无产阶级和工人政党。接着是各个农民阶层。在以我们的阶级观点来评价农民时，在判断这一前阶层的社会作用及其所受的影响时，在确定农民力量在各阶级间的实际配置时，我们发现，我们在世界经济工业中心的国家里的影响很小，等于零。我们在殖民地半殖民地的国家里的影响则相当大。不容置疑，我们在中国和印度的影响在飞速增长。但在中心国家——英国、德国和美国——我们对农民的影响等于零。这潜藏着巨大的危险。不认识到这一危险，意味着盲目行动。不能反复谈论夺取政权和列宁主义，同时又忽视农民问题。不是这样——就是那样。

我们不妨先来看看德国。那里有各色各样的农民组织。它们是什么样的组织？它们的社会构成如何？它们现在接受哪个阶级的影响？我向大家推荐瓦尔加同志的小册子《关于农民运动现状的材料》。这一简略的概述描绘了一幅相当可怕的图景。不妨拿关于德国的概述来说。德国不是战胜者，战后德国的经济萧条令人触目惊心，伴生着各种现象。我们在那里看到了什么？大地主和农民的主要组织是"帝国乡村协会"，其固定会员达200多万人。绝大多数农民在东德、中德和北德，其余的农民分散在德国其他地方。德国农村无产阶级的组织程度因此又如何呢？有一半农村无产阶级加入"帝国乡村协会"。对此该如何理解呢？在德国这个经过几次革命的国家里，有一半农村无产阶级加入与地主共同的组织。充分考虑到这一情况的意义，注意到加入这一组织的中农、大农、小农和微小农的数量，大家可以明白，绝大多数农民和一半无产阶级联合在与我们敌对的组织内。起领导作用的是大土地集团、大资本

家集团、部分重工业企业家加上持君主派思想的反动势力。构成这一敌视我们的强大组织核心的是前军官和前官员。许多其他组织都只是这一组织的附庸。

现在来看法国,这个国家里农民思想上并不太反动。那里的情景并不令人乐观。六七个大组织联合起那里的农民和大地主;这些组织无一例外地由大地主和大资本家领导。

它们的组织构成和组织方式值得玩味。它们在各国都彼此相似,都采用同一种形式。其核心通常是一个或几个政党。在组织上这是某种农村协会,联合了从大地主到微小农甚至农村工人的所有人。但在组织中有着某种牢固的等级制度,大资本家集团一贯借助专门设立的机构掌握着组织的上层。从敌视无产阶级的角度看,这些骨干决非善类。

这一组织与消费合作社和其他合作社有纽带相连。而合作社又在经济上与银行有联系。工人分会——农村无产阶级分会——也和银行及重工业组织有着同一联系。

因此,同志们,这是一个有着各种分支组织、分工十分发达的巨大机构;这无疑是与我们作斗争的有效武器。

法国的情况也是如此:组织越大,越可以确信,它是由爵爷们领导的,军官骨干组成其机关,而农业专家和教授们充当它的顾问,当然他们只是部分地实施领导。

这个组织整体形式上分成若干有时是独立的组织,其组织形式与金融资本主义制度下的银行相似。一个组织有借助股票等来控制的分支机构。因此,控制着自上而下权力的大资本家地主匪帮操纵这里的一切事务。

我们的党在法国相当有力地在农民中开展工作,但仍然应该坦率地承认,我们对农民的影响还很小。

同志们,我向大家举了法国和德国这两个例子,但几乎到处的情况都一样。

不错,近来在农民组织内部开始发生某些分化。这一过程就其涉及的范围和意义来说是重要的。但如果除去殖民地国家,只就比较发达的资本主义国家发生的情况来作总结的话,就会发现我们的工作只处于初级阶段。我们的敌人很强大。在革命浪潮飞速高涨的时代,我们成功地吸引了广大的无产阶级阶层并用自己的思想感染了广大的居民阶层。但在稳定时期,哪怕是暂时的、短暂的稳定时期,我们面临着这些阶层被利用来危害无产阶级的危险。

同志们,谁是法西斯主义强大的后备军,部分是社会民主党、白色恐怖、重工业国际强大的后备军?谁被反革命势力当做后备军用来与无产阶级作斗争?所有人的目光都转向农村。同志们,有一半德国无产阶级跟着匪帮、跟着法西斯分子走,这难道不是丑闻吗?我并不怀疑有如此大比例的农村无产阶级投向敌对阵营。这一数字能使每一个懂得阶级矛盾的人感到惊愕。这是对现状绝好的说明。我们面临的情景很不妙;无产阶级在这种状况下很难夺得政权。

同志们,由于上述这一切,这个问题对无产阶级来说意义重大。我敢断言,从革命无产阶级的观点来说,从列宁主义的观点来说,认为这个问题是次要的看法都是极为荒唐的。

整个资产阶级、大地主和重工业企业家对现状一清二楚。资产阶级思想界和大地主的代表,那些教授,对这个问题作了十分明确的论述。土地问题和农民问题专家、某位德国教授康拉德,关于这一点是这样说的:

"在政治上,由于其居所和对小块土地的依恋,他们(农民)成了农村公社兴旺发达的基础,也是大大小小地区的大地主和普通无产者之间非常重要的连接点。农民在任何时候都是一个国家中最保守的分子,他们顽固地抓住旧东西不放,极其坚定地加以捍卫。对财产的膜拜和对故土的热爱使他们成了城市革命思想天然的敌人和与社会民主主义倾向作斗争的坚强堡垒。因此人们十分公正地把农民称做捍卫一切健全的国家制度最坚固的堡垒。"(Handwörterbuch der Staatssensenschaften, 3. Aufl., Ⅱ, Band, S. 636)。

我们再引用一本关于土地政策著作的作者斯克拉韦特教授的意见。他是这样说的:

"农业在国家机体的社会结构中是重要的部分,这种结构的特点是特别牢固……发展为阶级仇恨的不满情绪在农村中没有基础。**文化史学家黎尔**认为,农民和农村贵族是社会稳定的堡垒,与他形容为社会运动力量的城市资产者和无产者截然不同。对庄稼人很容易管理。他们使国家和国内政策稳定不变;而城市占主要地位的国家则容易沿着激进主义、庶民统治或暴政的斜坡滑落。"(Handbuch der Wirtschaft und Socialwissenschaften. Bd. 17. «Agrarpolitik», S. 17)

当然这种暴政,尤其是无产阶级专政,对于资产阶级来说异常危险,因此整个资产阶级都全神贯注于农民问题。资产阶级和大地主的胜利当然不是永远的。资产阶级和大地主如此斩钉截铁地表态,自己也明白,有过农民战争和社会农民起义的时代,与保守主义毫无共同之处。我们生活的时代里资产阶级制度从根上坏了,因此在农村环境中劳作产生的、带有所谓"农村傻气"印记的农民性格和农民习性的各种特点部分地已经消失了。

### 三、当代资产阶级与无产阶级为争夺对农民的影响的斗争

同志们,过去是资本主义飞速发展的时代,尤其在某些飞速发展的国家里,伴随着一些特殊的现象,这些现象之一便是无产阶级某些阶层的资产阶级化。我们知道,恩格斯曾把英国无产阶级称做资产阶级化了

的或资产阶级的无产阶级。英国资产阶级在世界市场中占有垄断地位。它攫取了巨大的超额利润并借助这些超额利润腐化了英国工人阶级。与这个现象即与攫取超额利润的大资本主义国家的存在紧密联系在一起的是社会爱国主义。因此，既然连无产阶级的整个阶层都可能转投资产阶级阵营，那么拥有私人财产、搞个体经营的农民的一些阶层更可能资产阶级化了。既然连无产阶级也可能产生裂缝，那么农民中的分化就可能更快。在某一部分农民成功地为自己的经营打下资本主义基础的时期，这无疑把全体农民纳入大资本和大地主的势力范围。但这一资本主义上升的时代是个特殊的时代，不能把它的特殊性质机械地照搬到另一个时代，特别是目前的时代。不仅如此，可以断言，除了资产阶级化了的分子分散在无产阶级内部，在农民内部也发生了类似的过程。这一过程首先席卷那些与私有财产联系最少、部分也靠雇佣劳动为生的农民阶层即半无产阶级阶层——微小农等。当然在农民中这一过程发生得要比在无产阶级内部慢得多。因此我们要影响这些居民阶层也比争取资产阶级化了的、感染社会民主主义的部分无产阶级难。尽管实现这一任务的道路困难重重，但这一任务依然有待完成。问题越难解决，就越应该花力气去解决。我们必须去影响相当多的农民——贫农、小农，否则我们无法取得胜利。粗略地可以说，从社会角度看，现在这个资本主义发展时期是资产阶级和无产阶级争夺农民心灵的时期。综上所述，可以说，社会力量有着三大中心：无产阶级、统治阶级和农民；目前在这个基础上无产阶级和资产阶级正在进行大规模斗争，双方都力图把农民争取到自己的一方。

　　我不得不说，资产阶级比共产党更好地抓住了时代的这一特点，对这一点必须承认并加以强调，这方面隐藏着危险。我们议论统一战线的策略，提出"工农政府"的口号，通过了关于必须争取农民的决议，等等，但实际上我们在这方面做得很少；资产阶级则切实地推行对农民统一战线的策略，在这方面做了很多，取得不少成功，组建了与无产阶级斗争的后备军。这在目前是一清二楚的事。

我已经说过，法西斯分子、黑帮分子、社会民主党人、资产阶级的代理人、我们的敌人都在这方面干得热火朝天；我们在这方面却做得很少。

同志们，资产阶级正直接面对确实困难的各种性质的任务。资产阶级经济报刊（德国的、法国的、英国的，部分还有美国的）详细探讨和辩论如关于自给自足的民族经济等这样的问题。某些德国经济学家说，为了不依赖于别的国家，我们应该使我们的经济能依靠本国工业和本国农业的力量满足国内市场的一切需求。这是经济理由，但与军事理由有关：他们说，敌人在战争中战胜我们是由于我们在经济上依赖于别的国家。第三个理由是阶级性质的理由：走一如既往的发展道路，就是迎着巨大危险上，因为资本主义国家的工业化使得容易受到共产党人影响的城市无产阶级日益壮大，等等。我们必须后退。我们的任务是发展农业，使无产阶级从城市回到农村去，必须农业化，等等。

这些意见不是偶然产生的。产生这些意见，是由于统治阶级希望更加加强其反击无产阶级的积极战斗阵地。

我可以举出几个很有意思的例子。就拿法国来说，法国用于作战的开支很大，目前法国农业界和资产阶级中掀起了一场强大的运动，其口号大致如下：回到土地去，或者是：一切通过土地和为了土地，或者是：给农民以土地，如此等等。这场运动发展得很快。关于这个问题已经有了许多著作，我只提几位作者，如吉杰、卡焦、梅林，这是一股强大的思潮。在辩论过程中提出了许多有意思的问题；我在这里稍稍提一下。一派说：我们应该扩大生产，振兴农业（与工业比较而言）。但绝大多数研究这些问题的人则说：从经济进步和技术进步的角度，从快速提高生产的角度来看你们当然说得很对，但是从阶级角度来看却不应该这么办，在农业中使用这么多劳动力不妥。相反，依我们来看，建立大量农庄经济再好不过了。农业工人返回城市和农村劳动力不足，迫使人们采取各种措施；其中之一是吸引外国工人（波兰人、捷克人、意大利人等）来法国。有时分给他们小块土地，目的是，一方面为振兴农业打下牢固的基础，另一方面建立稳定的社会基础。这就是一切通过土地和为了土地给农户以土地、回到土地去之类的口号在法国大受欢迎的原因。

德国的情况也是如此。报刊上对这个问题的讨论表明存在两种思潮，其中一种思潮带有土地色彩多些，另一种则少些。迪茨教授在就瓦尔加教授提出的各种措施与他争论时作了如下论证：如果实施瓦尔加教授提出的措施，那这将巩固共产主义的基础，共产主义是和马克思主义一样危险的变种。可以看得出，这一危险成了战斗的政治论据。

我为什么要举出这些例子呢？是为了向大家表明，资产阶级非常懂得为了成功战胜无产阶级必须采取与农民结成统一战线的策略。资产阶级的行动自觉而且有计划，不光在纸上的决议里，不光在口头上（我们往往这么干），而且实实在在地在做。同志们，不容置疑，资产阶级非常懂得并出色地表述了这一任务。我要再一次强调指出这一点。我在美国金融报刊上看到了 V. I. 摩尔根的一段文字。摩尔根是这样说的："蛊惑人心的人不厌其烦地告诉大家，说农场主应该与工人或社会党人……或其他与农场主利益相左的群体联合起来。我却说：农场主应该订立符合他们自身利益的政治同盟。他们应该与银行、铁路公司、工厂主和金融界高层联系在一起。这才是农场主真正的朋友，因为他们的兴旺发达取决于农场经济的繁荣。"

这就是他们对统一战线策略确切的表述。金融资本说：蛊惑人心的人即共产党人向大家提出与工人阶级结成统一战线的策略。统一战线的思想基本上是对的。农场主需要统一战线，他们需要得到政治上的支援，但他们应该在大银行、大工业家那里去找。这就是无产阶级敌人的统一战线策略的确切表述。他们如何实施这一策略呢？我已经指出过，他们是在行动上而不是在口头上实施这个策略的。同志们，这个策略构筑在资产阶级对农民的各种让步的基础上，在不同的地方有所不同。我们看到其他国家不同的土地改革。实施这些改革是由于农民的压力，简单地说，是由于革命农民运动的存在。但改革确实在进行。不错，依我们看，改革还不够。我们反对这样的改革，提出了实施更大更广泛改革的革命要求。但改革的事实是不容置疑的，从阶级观点看，改革进行得很高明。资产阶级被迫牺牲部分大地主的利益，目的是延缓或消灭革命发展的进程。这是事实。在某些与苏联毗邻的国家里又发生了什么？那里给农民一点儿施舍，为的是让他们闭嘴并燃起他们对进一步改善处境的希望。农民们上了这个当。罗马尼亚的情况有所不同，那里的改革不太高明。但那里的资产阶级还是成功地吸引了一部分农民。

问题的另一部分——农业信贷和合作社。从形式来看，这是与苏联面对的一样的问题。从阶级角度来看，从其历史目标来看，这是另一回事。但从形式来看，资产阶级国家对问题的提出和解决，是与苏联一样的。主要的实质是依靠银行提供农业贷款。从组织来说，这是通过合作社来做的。资产阶级和大地主为了加强其对农民的影响力利用了消费合作社和其他合作社。

请看几个例子。德国大地主和农民的组织拥有许多自己的与德国大银行有联系的银行。在芬兰农民合作社有两家中心银行，它们是自己的老板。农民组织经济上与这些具有明显资产阶级性质的机构有联系。另一个例子来自美国。一方面，托拉斯和金融资本使美国农场主破产。我已经指出，在最近一次农业危机时有近三分之一的农场主破产。另一方面，同一金融资本大力为农场主提供资金，以便控制他们。这一切做得很巧妙，非常有计划，有着煞费苦心的算计。农场主合作社现在已由美国金融资本所掌握。这当然有着巨大的意义。

在经济方面，保护关税的问题是结成这样的联盟和统一战线策略的另一个由头。在农业危机时期，保护关税的宣传是农民和大地主之间的连接点。由于这一宣传，大地主得以对广大农民阶层施加自己的影响。为此他们作了许多让步，我在这里不去详细涉及这些让步。因此，大家从这个例子中可以看到，资产阶级遵循十分明确的算计，构建自己的经济政策，左右其方向。同时还考虑到了种种在我们确定策略时起作用的因素。但毫无疑问的是，资产阶级有计划地、成功地采用各种方法来争取农民。资产阶级在这方面有许多成就可以夸耀。

## 四、必须摆脱行会无产者思想（托洛茨基主义）

同志们，我不是偶然地这样长时间谈论资产阶级为了争夺农民并利用其来反对无产阶级所采取的统一战线策略的。这个问题在我们必须争取群众的时期对我们来说十分突出。我们不应该对资产阶级给我们造成的危险视而不见；最后，应该明白我们的党务必在这个问题上采取新方针。不能依然认为我们对农民的关注是一种暗藏在心里的病。这种看法应该永远根绝。要不我们是列宁主义政党，努力布尔什维克化，在这种情况下必须由此作出必要的结论；要不我们就不是列宁主义政党。托洛茨基主义的主要错误就在于对农民问题估计不足。决不允许今后一些同志在撰文反对托洛茨基主义的同时，在这个问题上依然坚持老观点。对自己也应表里如一。要不承认你在撰文反对托洛茨基主义时依然一窍不通，要不就做出必要的结论。我敢断言，许多共产党的实践与列宁主义毫无共同之处。

例如，俄共最近的危机决不是表面的危机。我们需要在农民问题上采取新方针。这就是我们争论的客观背景，我在关于托洛茨基主义的报告中还会触及。我们努力探索正确的路线,而且我们成功了。现在我们在农民问题上执行正确的策略。这是我们反托洛茨基主义斗争的主要原因;其他的党也应这样做,因为它们都声明自己反对托洛茨基主义。它们的首要任务是在农民问题上确立正确的观点,更重要的是,执行与之相应的政治路线。既然有的同志在农民问题上不坚持正确的路线,那他们就无权自称列宁主义者。

在农民问题上反对正确观点的偏见的根据是什么?这是植根于工业国家无产阶级中的行会思想。我在这里已经指出,英国的实力基础在亚洲,而法国的实力基础在非洲。这毫无疑问。当一个人沉溺于行会思想中时,他就不可能有宽阔的眼界,他只看到自己鼻子底下的东西。我举一个例子,几天前我跟德国一位出色的同志谈过话,他顺便谈到:"工农政府的口号有什么用?连一只狗都不会上它的钩,更不用说工人了。"这说明了什么?说明行会思想在工人阶级中占优势。因此得出什么结论呢?应该全力以赴克服这种思想。而德国的状况比较简单,因为它没有殖民地。如果是一个英国工人这样议论,那他的事情便毫无希望了。他可以取得胜利,但他保不住政权。这一点很清楚,因此要打倒行会心理!

## 五、在资本主义上升和下行时期的农民问题

有一次列宁曾经说过,把某个特定时代行之有效的口号和方针机械地搬到另一个时代用,这是斗争和革命中极大的错误。在资本主义上升时代,我们主要依据资本主义的发展来确定方向。我们问自己:谁将取得胜利,是大企业还是小企业?前农民阶层分化过程会进行得多远?谁将是胜利者?资本主义上升将多久?所有的共产党主要都是根据这一点来确定方向的。基本情况表明:凡是妨碍资本主义发展的东西,都妨碍

无产阶级的解放斗争。应当清除无产阶级道路上的一切障碍。这就是我们的总方针。在当前时代应该有完全不同的标准，因为我们的任务完全不同，方针也完全不同——以夺取政权即消灭资本主义为依据。

我们在那个时候的基本的、原则性的组织任务是使工人阶级形成。我们应该使作为阶级的无产阶级形成，巩固我们的党。我们的任务几乎就是这一项。但在走向夺取政权任务的时代我们面对的是进一步的问题，首先是同盟军的问题。在以往不能这样做，无产阶级作为阶级还弱小，无产阶级的阶级觉悟还处于萌芽状态。但在无产阶级已相当强大、成立了不同程度强大的工人政党的时期，关于同盟军的问题是我们整个政策最大的问题。

因此，一方面，现在的问题不是预测，而是真正推翻资本主义；另一方面，组织上形成我们的阶级还不够，应该争取同盟军。目标不同，口号也不同。"农民跟我有什么相干？"说这种话的人的立场禁不起批判，因为他们不懂得农民在争取政权的斗争中的作用。这种论据的基础是行会机会主义。最后，是时候了，该懂得我们的政治任务不限于正确考量阶级内部的状况，而且还包括作为斗争主体的无产阶级对其他阶级的态度问题。在分析的基础上，应该确定这些阶级中哪一个是我们的同盟军，哪一个是我们的敌人。

在历史把我们直接置于夺取政权的任务前的时代，行会心理危害最大。无论怎样掩饰它，客观上它就是机会主义。

同志们，托洛茨基主义的实质是什么？是极端的依靠无产阶级、依靠工业的方针，是不愿意面对农村的态度。

这方面潜伏着危险。这个危险有可能变大。实际上这等于破坏无产阶级和农民的联盟，即等于消灭无产阶级专政。错误的实质是什么？是不善于正确确定工人阶级和农民的相互关系。

机会主义倾向在哪里？

当一个人说"为什么我该跟农民一起折腾"时，这便是托洛茨基式的机会主义，尽管它再三涂抹上了无产阶级的色彩。

我在提纲里探讨了三个时代土地政策和农民政策的一切基本问题：

（1）在夺取政权之前很久，

（2）在夺取政权的前夕，

（3）在夺取政权之后。

在这三个时代中每一个时代对待问题的态度都应有所不同。对于马克思主义者和列宁主义者来说，在提出问题上这种辩证变化观是构建共产党正确策略的必要前提。

过去时期的基本错误是不懂得这一点。

我们与改良主义者截然不同，我们从来都声明（这是对的），大企业在经济上比小企业合理。我们如果阻碍大企业的成长，那就是反动分子。这是我们总的路线；对于那个时代这条路线是正确的，但在夺取政权时期和夺取政权前夕，即现在的帝国主义时代，拒绝把经济上比较合理的农业大企业分给农民，那就是在葬送革命。

同志们，对这个话题已经谈得很多；但分析具体例子很有意思，因此我想谈一谈其中一个最鲜明的例子——匈牙利革命。我敢断言，我们对这场革命还没有认真分析过，对匈牙利同志的实践也没有作出应有的批判。所有的共产党都应该看看匈牙利的出版物、文件和宣言，以理解那里发生的事情。可以直截了当地说，匈牙利革命失败的基本原因是土地问题上的错误策略，匈牙利同志在这方面绝对要不得的政策。这一点可以断然决然、毫无疑问地加以肯定。其他的一切都是次要的，主要的实质在这个问题上。

在匈牙利，所有土地所有者——农民只占有全部土地面积的15%，而大地主占有72%。在这种情况下，绝对需要将大部分土地分给农民。匈牙利苏维埃共和国的政治领袖们不用这样的措施把农民吸引到无产阶级方面来，不把农民组成一个强大的堡垒，唤起红军中巨大的热情，却开始执行另一种政策——他们不愿分地，理由是大经济在技术上更合理。我记得，瓦尔加同志计算过多少农村人口相当于一个工业人口；好像是二比一。当时还草拟了一份很有意思的宣言；这份宣言值得一读。共产党人在工人代表苏维埃代表大会上宣读了这份宣言。同志们，在革命时期就分地问题进行争论令人毛骨悚然。反对分地的人是这样说的：城乡矛盾是资本主义经济体系人为制造的，是为了在农业无产阶级和工业无产阶级之间立起一道墙。无产阶级只有通过直接反对私有制和资本主义的斗争才能推倒这道墙。解决土地问题，不仅保留了私有制，而且加强了私有制，是为无产阶级和农民的联盟、工业和农业的联盟制造障碍，从而削弱了无产阶级革命的力量。

这是宣言的独特之处：农民在造反，无产阶级需要同盟军，苏维埃却开会说："把大地块分了是完全错的。这等于在加强私有制。"这一政策导致无产阶级专政没有得到加强，过去的私有财产原封不动地回到了老所有者手中。如果有人反驳我说，我们反正力量不够，无法保持政权，那么我要说，如果在土地问题上执行另一种政策的话，我们至少在农民中为自己奠定了良好的基础。农民就会说：不管怎么说，共产党人给了我们土地，而地主把土地从我们手里抢走。因此，共产党人是好样的。这就会是支持我们的强有力的论据，农民就会跟着我们走。不容置疑的是，无产阶级在如此艰难的处境中没有同盟军必然会失败。但有意思的是，匈牙利同志中某些人至今还不明白这一点。1919年即五年前，连瓦尔加同志也不明白这一点。海韦什同志则至今不明白这一点。他在《农民国际》上至今还在为当时的政策辩护。他证明说，俄国的状况与匈牙利的状况不同。匈牙利是小国家；工业无产阶级需要粮食，因此必须保留大庄园并维持大庄园经营。海韦什同志大致是这样说的：

"战争经验表明,从大农户收取粮食储备要比从小农户收取来得容易(粗略的军事共产主义形式)。我们的错误完全在于我们没有花应有的力气来在公众意识尤其是农民意识中普及这一思想。"

黑格尔所谓的"意识",对匈牙利农民来说是个很好的东西。但问题的实质是什么东西都没有给农民。在历史的天平上物质成果比任何意识重得多;这一点对农民来说十分正确,匈牙利苏维埃政府的政策将成为我们的一个好教训。

我们在我们的几次代表大会上讨论过意大利和波兰的状况。把匈牙利、意大利、波兰以及俄国的革命运动史的现有全部文件、全部材料都出版将是十分有益的。我已经在委员会中指出过俄国经验的正面意义。同志们,不应忘记,在十月革命前夕我们所处的形势是怎样的。农民中强烈的革命骚动,农民集会,群众大会,农民提出了与法国革命同样性质的要求。俄国各个地区向莫斯科和彼得格勒递交了242份含有农民要求的请愿书。其中当然有许多愚蠢的、空想的要求。但我们当时就告诉农民说,我们夺取政权后,马上就实现他们的要求,颁布相应的法律;我们支持他们的要求,而后来,在夺取政权后颁布相应的法律,满足了他们的要求。我们因此损失不多,赢得的却很多——我们把农民争取过来了。我们没花力气,空想性质的要求便一点一点地消失了。但是我们从社会阶级战略的角度处理问题,便把农民争取过来了。我们在生产技术方面当然有所损失,例如在国内战争时期的损失,我们不得不承担非生产性开支;但我们以此代价赢得了胜利,加强了专政,建立了农民和工人阶级的结合,取得了胜利。我们必须研究匈牙利革命的反面经验、意大利的反面经验和俄国十月革命的正面经验。共产党为了结束在这个问题上的动摇,应该深入研究这些教训;这样它们才会相信,这个问题决不是次要的,这是头等的战略任务,这个任务不完成,就不可能取得胜利。

## 六、目前农村的形势

现在我来简略地分析一下目前的形势。我在提纲里相当详细地阐明了这个问题，因此这里只简短地谈一谈。我的基本任务是向同志们表明，这个问题有着异常重大的政治意义。

我们在分析广义上的农村的目前形势时，首先会发现，战后时期城乡关系有了变化。马克思说过：城乡关系的变化是整个时代变化的征兆。根据这种或那种城乡的关系，可以对时代作出判断。这是完全正确的。资本主义发展时代是城乡发展不平衡的时代。现在，与城市相比，农村的作用增大了。有大量证据可以证明这一点。首先，从总的经济方面来看，农业目前比战前起了相对大的作用。在阶级方面来看，大地主、农民在目前占相对大的比重。最后，从政治方面来看，与过去时代相比，农村的影响在增大，它的政治力量在增大。因此，农村的比重在上述这三个方面都相对增大了。

这方面的第二个大因素是农业危机，季诺维也夫在他的报告和瓦尔加在他的发言中已经提及。我不打算在这里从不同的角度——一方面从产量的角度，另一方面从所谓的"剪刀差"的角度——来阐述农业危机；我只限于认定事实本身。与此相关的第三个现象是各国无一例外地农民积极性的高涨。第三个社会性质因素是农民及其组织的分化。这就是当前形势最大的因素和特点。

大地主与农民利益的矛盾不同于农民和大资本利益的矛盾。再加上农民自身内部利益的矛盾。这些矛盾带有不同的形式。落后国家里农民和大地主利益的矛盾朝着土地革命的方向激化起来。那里为土地进行斗争。在其他国家里，大地主和农民有时围绕着相同的关税要求联合起来。在所谓的文明国家里农民和资产阶级之间的鸿沟朝着两个方向扩展:起异常大作用的税收政策以及辛迪加和托拉斯的经济政策。最终,这里还会出现第三个要素——战争的威胁。

同志们,所有这些因素构成了我们政策的客观基础。这些矛盾使我们有可能利用形势并从中得出相应的政治结论。在落后国家里只要利用大地主和农民的矛盾,革命地解决土地问题便水到渠成。在税收问题、粮价和工业品价格问题上应该提出齐心协力反对托拉斯资本的口号,工人和农民应共同努力进行反对托拉斯资本和战争威胁的斗争。

## 七、把我们的共同目标与农民的局部要求结合起来

同志们,我们可以断言,某些共产党至今不懂得在接近农民时提出完全实际的具体要求的必要性。有时共产党人告诉农民说,他们在夺取政权后如何行动,却完全忽视了迫切的日常要求。至于社会民主党人和资产阶级,他们却恰恰利用了具体的要求。他们说:我们将少收你的税。应该向农民承诺支持他们降低工业品价格的要求,这对农民起作用,共产党决不应该否定这些局部要求。他们可以提出更广泛的要求,但同时把所有局部要求与革命前景联系在一起。同志们,请研究一下全世界农民组织的纲领性要求。大家会发现,各国主要要求无一例外地都涉及税收政策。苏联的情况同样如此。对这一点应该透彻理解。的确,苏联由于特殊的形势和特殊的阶级关系,行动可以略有不同,但我们在这方面的形势是完全清楚的。当我们的货币不稳定时,税收不断减少。现在,当我们的货币稳定了,这种情况当然便告结束。

税收问题对农民来说具有越来越大的意义。税负程度往往决定农民与资产阶级国家的关系。这个问题鲜明地表现出资产阶级国家和农民利益的对立。我们找到了税收问题上的联系,便可以吸引农民投入反对资产阶级国家的斗争。税收政策是国家政策。农民反对税收重负,从而对

国家提出抗议。对我们来说，主要的是引发农民和资产阶级国家的冲突。税收政策和在税收政策方面的共产主义要求，帮助我们摧毁农民对资产阶级国家的爱，使农民对这个国家产生仇恨。有些同志以为，减轻农民的税负等于是加重工人的税负。这一论点禁不起批评。恰恰相反，贫农和中农跟工人阶级一样关注减税，因此，他们为了双方的利益应联合行动来齐心协力施加大规模的压力。这具有决定性的意义。

关于工业品价格同样如此。产生"剪刀差"的主要原因之一是资本主义垄断机构的政策。工人阶级在这件事上可以提出什么样的共同口号？反对资本主义垄断组织、反对卡特尔的超额利润的口号，组成卡特尔的工业部门降低价格的口号。在所谓的文明国家里，几乎所有工业部门都卡特尔化了。这场反对金融资本超额利润、反对资本主义垄断组织的斗争，争取工业品降价的斗争将有力促进无产阶级和农民的结合。

关于战争威胁问题同样如此。

我认为分配土地的问题即在落后国家和文明国家里的土地问题，税收政策、与托拉斯斗争、争取商品降价和反对战争危险的问题是我们争取农民的政策最重要的支点。

我重申，只有把我们的共同目标与这些具体要求相结合，才能把农民争取过来。从我们纲领中删除这些局部要求是完全错误的。

同志们，农民目前正在进行各种类型的运动，有革命土地运动，农业危机引发的运动，等等。美国的农场主运动可以被认为是这些运动的特殊形式。我已经提到过，在美国有三分之一的农场主破产了。还有由于歉收而爆发的运动，如德国发生的那种运动。殖民地运动在土地运动史上占有重要地位。不应怀疑的是，这些土地运动的范围和规模以及其社会意义近来越来越大了。不错，美国剧烈的情势已经消失，但危机现象有可能再度出现。

## 八、我们对农民组织的策略

同志们，总的来说，阶级对比关系发生了变化。农民变得相当积极和独立。农民发生了分化，在殖民地和落后国家里出现了各种革命。农民组织内部的分化成了常规。各国都出现了分化。在保加利亚，农民分成三翼，其中在原斯坦布利斯基的联盟内部左翼相当强大。在捷克斯洛伐克，有所谓的"多莫维纳派"。在德国，少地农民也分裂了。在波兰，农民运动分化很厉害，混乱中成立了许多党派和协会。在法国，由大资产阶级和大地主领导的统一组织也发生了不大的分裂。

除了殖民地，各国农民组织的领导权仍然集中在大地主和大农的手中。

因此，我们应该解决许多鼓动、宣传和组织性质的问题并提出实质性的口号。

我已经谈过关于宣传、鼓动的问题和主要的口号。请允许我谈一下农民组织。在这方面应该区分各种类型和可能性。在一种情况下农民组织已经存在，在另一种情况下我们应该主动倡导成立农民组织。现有的组织可以分为两类：一方面是一些政党，另一方面是所谓的农民协会——一种独特的组织，对其本质特点大家当然是了解的。这些组织的特点是其社会构成混杂——从大地主到农村工人。在目前分裂了的组织中的情况也是如此。其中也是各种社会分子混杂。我们应该加强对我们友好的社会力量，因此，应支持农民政党和农民协会的左翼。因此，我们对现有组织的策略是支持左翼并与其结盟。这一支持的程度和方式取决于许多情况。这就产生了关于我们有意分裂这些左派组织的时限问题；分裂当然应该取决于分裂酝酿成熟的程度。

我要强调指出，我们对各国的策略不可能都是一样的。当由我们倡议成立农民组织时，采取哪一种组织形式的问题十分重要。我认为，应该认为农民协会的形式比较好。由于许多原因，成立政党不合适。这样的话，我们的党员会同时参加两个党。这会产生不良的冲突。我们可以在农民中有共产党小组、自己的党团，但不要有广泛的农民组织。我们不需要共产主义的农民小派别、小集团。我们应该使所有的小农、微小农广大群众都参加。为此，农民协会的形式要合适得多。没有必要向这些农民展示全部共产党纲领，没有必要让农民患上共产主义便秘症，（笑声）应该提出比其他组织的要求激烈的起码要求，应该促使这些组织吸引更广泛的群众并通过我们党员同志积极活动保证对他们的影响力，在必要时可以在其中建立党团。但这并非总是必需的，有时的形势使这个组织没有党团也能接受我们的影响。因此，农民协会的形式对我们的工作比政党的形式更合适。

同志们，我还想谈一谈俄国无产阶级和农民相互关系这一特殊问题，但我认为在我关于托洛茨基主义的报告中来阐明这个问题更合适。

我的报告要结束了。我再强调一下：我们各党无疑对研究土地问题很不重视。可是这又有着刻不容缓的必要性。各党不研究这个棘手的问题，而它对社会生活意义极为重大。各党，即使是那些进行资产阶级土地改革国家的党，没有向我们通报那里土地方面发生的情况。《红旗》、《国际》和德国党的机关刊物对这一问题关注不太多。其他党的情况也是如此，只有法国人的情况略好。尽管目前那里对农民问题和殖民地问题较为重视，但与资产阶级所做的工作相比，我们还只是个小孩子。资产阶级对这个问题研究得较好，他们研究得更扎实，他们在这方面做的工作比共产党多。我在结束报告时希望，在这次扩大的全体会议之后，在会议通过了关于各党布尔什维克化的提纲之后，所有的共产党和共产国际最终切实布尔什维克化了，要对土地农民问题给予头等的重视，并在这方面执行相应的列宁主义政策。（响亮的掌声）

## 讨论布哈林的报告

**鲍尔斯**（美国）：

美国土地问题在长时期里是一个重要的国际问题。19世纪后半叶欧洲飞速的工业发展与美国大农业体系的发展关系非常密切。

我试着给大家勾画一下美国共产主义运动在这方面面临的问题。

首先谈一下美国土地问题的意义，然后谈农业生产者的社会构成，再谈美国农业的特点，因为它与欧洲的农业是有不同的。

美国是世界上最大的工业国家和金融国家，但同时美国又是居主导地位的农业国（这对某些人来说可能是一个新闻）。美国有1000多万人，几乎是1100万人靠农业收入或工资为生。即使现在在高度组织起来的资本主义生产条件下，美国也有5000多万人生活在乡村地区。农产品提供了美国总产值的近40%。美国党必须布尔什维克化还在于不要忽视做农村居民群众的工作，这一必要性现在仍占首位。

总之，再来谈一下美国农场主的社会构成。在600多万农场主中，不到1/3的农场主拥有的农场没有债务和抵押。承租人的数量增长迅速。1880年只有1/4的农场主承租土地，现在几乎40%的农场主都在耕种租来的土地，70%多的土地由承租人来耕作，还有200万雇用的农村工人。这些农村工人没有选举权。他们居无定所：他们到处流浪。他们的生活水平低于任何一个中等农场主的生活水平，而后者的土地被抵押尽了、债务缠身、走投无路。美国农场主的生活水平高于欧洲农民的平均生活水平。农场主的平均收入每周将近10美元。

由于美国农业的独特条件，美国没有欧洲意义上的土地所有者这一特殊阶级。同样一些银行家和工业家拥有矿山、城里的工厂和银行，同时又是农场主耕作的土地的所有者。

美国农业的现状是，农场主同时既是农场主又是工人。这里有成千上万个农场主一年中有几个月去铸钢厂或煤矿挣工资。但是我们也看到相反的过程：工业工人一年中有几个月去农村打工。

现在可以说有1万多个农场合作社。这些合作社不得不与势力强大的银行和铁路公司给他们制造的巨大困难作斗争。

美国共产党不考虑农业危机对美国的严重影响，便不能制定出这方面的正确政策。美国的危机不是孤立的现象，它与国际农业危机密切相关。

农场主的购买力现在大致比战前低20%。中西部15个州（小麦黑麦带）将近25%或四分之一的农场主不是破产了，便是还留在自己的土地上，因为他们的债主——银行家还不想收走他们的土地。一个很有意思的事实是：在农场中每12幢适合居住的房子中现在有1幢无人居住，不是因为农场主不想在里面居住，而是因为他**不能让自己**在其中居住。他交不了税，无力偿还债务。由于这种状况，最近10年，650万农村居民移居城市。光1922年一年就有120万人从乡村地区迁往工业中心城市。

最近几个月可以看到美国农户的生活普遍暂时有所好转。同志们，出现这种状况的原因并不是美国农业和美国工业之间基本相互关系方面有任何变化。其原因首先是暂时的因素，具体说是因为许多主要是生产小麦的农业国发生旱灾、歉收。而美国这时的收成却好于一年前。但在种小麦的农场主生活状况有所改善的同时，从事农业的其他居民的生活状况总的来说却并未改善，甚至更恶化了，例如种棉的生产者。今年的棉价低于去年。为什么？是因为收成低吗？不是的。是因为上市的棉花多于去年，市场饱和了。据说，远西75%—90%的畜牧业者破产了。总的情势是，到去年末，几乎有100万个农场主失去了几十年积累的储蓄。生产小麦的农场主生活的好坏现在取决于输出小麦的最大数量。他们能利用的最大数量小麦到1925年6月30日前大致为3.1亿蒲式耳。输出了2.75亿蒲式耳。但小麦涨价得来的大部分利润并未落入农场主的手中。他们不得不把相当多一部分他们所得的利润交给银行家还债和向国家纳税。

美国农业由于战争刺激造成的增长，今后仍将由于未来农业危机的激化（农业危机只是暂时放缓）而成为麻烦的根源。

党的任务是什么？美国党应更加重视农村工作。我们在去年没有像一年前那样重视农村工作。近来美国党较好地建立了与农村少地群众的联系，推动他们投入反对大资本的斗争。美国常见的、十分强化的剥夺农村居民群众的倾向为我们提供了利用农场主的重要而宝贵的可能性。被剥夺了的农场主移居城市，变成无产阶级。他们大多是非熟练劳动力，但同时他们又是土生土长的美国人。如果考虑到目前美国主要工业部门大多数工人都是外国人，我们得克服语言和民族上的困难的话，那么不难理解，共产党人十分有必要在这些被剥夺了的、无产阶级化了的农场主中做工作。70%的美国挖煤工是外籍工人。但土生土长的美国人涌入煤炭工业，使我们能开展格外有力的工作，另一方面，也加快了美国清一色工人阶级的形成。

我再简单谈一下具体的口号。如果说有个国家的共产党人可以利用税收问题来实现农业居民与无产阶级的结合的话，那这便是美国。美国在1918年至1924年间国家机关的开支几乎上升了四倍。农场主比其他阶级的美国居民更明显地感受到税负的重担。

美国共产党提出了某些受到热烈回应并对我们十分重要的口号，因为这些口号使我们更容易接近农场主。当我们提出"土地应归耕地者"的口号时，我们唤醒了农场主。当我们提出"延期偿付（全部债务和全部抵押款）五年"的口号时，这个口号使我们有可能促使无产阶级和少地农场主齐心协力为反对资本主义国家和资产阶级而斗争。我们还取得了与农村群众保持政治接触方面的某些经验,农村群众普遍对农业危机感到不满。党在唤醒工业无产阶级群众的阶级觉悟、努力组织他们加入工人政党的同时可以赢得许多成果;另一方面,党可以利用农场主的不满来建立农场主组织,实现这些组织与工人阶级政治组织的结盟。我们在某些州已经发现有美国特色的工人和农场主群众政治统一的形式。例如,在明尼苏达州就有农工党。在其他州,例如在华盛顿州,也有农工党。这里的共产党人在农工党中开展工作,力图确立工业无产阶级对农业居民的优势,同时又引导农业居民投入反对资产阶级的斗争。

我们应努力更积极、更有力地实现在共产党领导下革命无产阶级分子的合作,领导工业无产阶级群众与被剥削、被剥夺的少地农场主结盟,投入反对资本主义政府、反对资本、反对资本家的执行机构——资本主义国家的斗争。(鼓掌)

**博什科维奇**(巴尔干):

同志们,保加利亚的工农起义、南比萨拉比亚的农民起义、阿尔巴尼亚事件、希腊的农民起义、南斯拉夫民族矛盾激化和农民运动得到加强,都表明巴尔干政治和社会危机加剧,可能成为规模巨大的工农运动的起点。在帝国战争后巴尔干革命日益迫近,资产阶级感到害怕,试图通过改革来解决土地问题。但巴尔干各国政府这一尝试并未缓和阶级矛盾,反而导致农民和统治阶级资产阶级关系的恶化和激化。

在南斯拉夫的马其顿和达尔马提亚至今存在封建的土地关系,在南斯拉夫的某些其他地区土地改革在实施时走了样。

在罗马尼亚,地主在保留"文明田庄"的借口下仍拥有大面积的土地。另一方面,在土地改革后分给农民的土地又落入新的农村资产阶级(前军官和士官、小官员、商人、神父)手中。因此连农民党(察兰宁分子)也把关于必须进行新的土地改革的条款纳入自己的纲领。

保加利亚的斯坦布利斯基政府的土地改革走得更远，应该把这个政府看做第一个纯农民的政府。在斯坦布利斯基倒台后，灿科夫的新政府开始取缔土地改革。

保加利亚的农民政府的成败给了我们哪些教训？首先，在现代国家里不可能存在牢固的独立的农民政权；其次，农民党派执政加速了农村和党派自身阶级分化的过程并激化了其中的阶级斗争；第三，劳动农民只有与工人阶级结盟才能保持住政权。

巴尔干的城乡关系还由于殖民政策的助长而激化。在希腊、罗马尼亚和南斯拉夫，殖民地化起着大作用。好几百万不幸的农民被从他们居住了好几百年、本来可以得到地主土地的地方、从他们用各种土地耕作方式联系在一起的地方赶走。这些农民迁移到少数民族居住的地方。罗马尼亚政府把罗马尼亚农民从特兰西瓦尼亚、瓦拉几亚、摩尔达维亚迁往多布罗加或比萨拉比亚。南斯拉夫政府把塞尔维亚农民从利卡赶走，迁往马其顿和伏伊伏丁那。由于土希战争，近 100 万希腊农民从小亚细亚和阿德里安堡省迁往马其顿南部，而大量出生在马其顿的土耳其人和保加利亚人又从希腊迁回小亚细亚和保加利亚。

在希腊，封建的土地关系也把农民推上革命道路。希腊政府在解决土地问题上除了承诺什么也不做。在费萨利亚，农民在 1925 年 2 月初等不及土地改革，自行收取教会和地主的土地。

在阿尔巴尼亚，去年夏天农民推翻了艾哈迈德·贝伊·索古的封建政府并由范·诺利的新政府执政，其任务包括解决土地问题。

由于巴尔干这些土地关系和阶层民族关系，在农民组织中可以发现向左转的倾向。其标志是战后成立了大量新的农民组织以及在老组织中出现了左派。土地人民联盟（保加利亚的斯坦布利斯基的党）存在了已有 25 年。这一联盟按其章程是全体农民的组织。但在斯坦布利斯基被推翻后，多数富农分子退出了这个联盟。党内危机表明，存在右、中、左三派。

在南斯拉夫，克罗地亚共和农民党，拉迪奇的党，建于 1904 年，但只是在世界大战后才成为群众性政党，因为它的民族纲领不承认将克罗地亚强行并入现在的南斯拉夫。

除了拉迪奇的党，在战后，1919 年，南斯拉夫成立了**农民联盟**。除了这个联盟，1919 年在塞尔维亚成立了农民党，领导这个党的是农民 P. 焦基亚和律师 C. 格雷贝纳茨。

不久前，斯洛文尼亚成立了斯洛文尼亚共和农民党，其领导人是普列佩卢赫、隆查尔等，它实际上是克罗地亚共和农民党（拉迪奇的党）在斯洛文尼亚的分支。

在罗马尼亚，只有一个农民党（察兰宁分子），它是由战时旧王国成立的农民党和比萨拉比亚农民党多数派合并而成的。党的口号是："土地归农民，民主农民政府"。

在希腊有一个会员达 6 万人的原战争参加者的联合会，它在许多城市和乡村都有分支组织。联合会的直接任务是为保障残疾军人生活而斗争、保护遗孀和遗孤，此外联合会还进行反军国主义宣传和组织农民投入争取土地的斗争。

巴尔干现有的农民组织可以分为四类：

第一种类型——保加利亚和南斯拉夫的农民联盟、塞尔维亚农民党——基本上以政治经济任务为目标的组织。

第二种类型——克罗地亚共和农民党和斯洛文尼亚共和农民党。这些组织以民族因素为主导，进行争取民族自决的斗争。

第三种类型——罗马尼亚农民党（察兰宁分子）。这是混合型组织，除了基本的经济因素外，民族因素也起相当大的作用。

第四种类型——希腊前战争参加者联合会。

目前这些组织都在为争取农民而斗争。现在其中的领导权归富农分子、知识分子、小资产阶级农民活动家掌控。共产党也参加这场争取农民的斗争。几年来我们党犯过错误，主要是对农民在革命中的作用估计不足。至今我们各党还未肃清在农民问题上的社会民主主义偏见。南斯拉夫共产党至今对农民问题漠不关心。例如，不久前右翼反对派退党，其退党理由是，南斯拉夫共产党向拉迪奇的党提出组成统一战线的建议。由于巴尔干工业无产阶级人数不多，而革命主要的后备军是农民和被压迫民族，右倾是致命的。南斯拉夫资产阶级在1925年2月8日选举中利用了我们的错误，把大部分农民吸收进他们的队伍。可以说，在200万选民中投票支持"民族和解"和农民民主的左翼联盟的有130多万人。因此，出现了一个由资产阶级领导的独特的工农联盟。因此，我们还面临一项重要任务——在农民运动中开展工作，争取农民群众。为此各共产党应大力促进农民群众的组织，支持国际农民联合会的工作。

凡是农民组织在思想上和组织上接受富民和知识分子政客领导的地方，共产党人都应支持左翼并协助左派分子成立国际农民联合会的党团，目的是摆脱阶级敌人的领导并把自己的组织变为属于国际农民联合会的战斗组织。

凡是承认国际农民联合会纲领的共产党人和农民失去加入农民组织权利的地方，都应该在必要时帮助左翼实现组织上的独立。

为了确立无产阶级组织和农民组织尽可能紧密的合作，必须利用农业工人和林业工人组织、建筑工人和细木工工会以及在农村工业企业和大庄园工作的同志、残疾人和原战争参加者联合会等作为中介。应该认为成立与劳动农民固定的混合组织是不合适的、有害的；应该强调保持农业工人和林业工人独立的阶级联合组织的重要性。

我们各党应格外重视农业合作社，特别是在没有其他农民组织的地方。

各共产党除了建立各种经济组织，还应该宣传如下形式的非党农民组织：保护劳动农民委员会、农民协会。除了这些组织还应该提一下农民苏维埃。保护农民委员会（农民协会的地方组织）是为完成具体的迫切的政治经济任务而成立的，是过渡类型的农民组织。农民苏维埃则是在城乡劳动群众的斗争接近起义、正要夺取政权时成立的。

这些保护劳动农民的地方委员会必须建立在（如马其顿、希腊）那些没有其他任何农民组织或虽有农民组织但承认国际农民联合会纲领的共产党人和农民不能成为其成员的地方。在这种情况下农民共产党员同非党农民一起成立地方委员会，其任务根据当地的条件和劳动农民的需要提出（降低税额、抵押借款债务和租金，争取土地、争取自治、争取民族自决、反对战争的斗争，等等）。这些基层组织只举行地区的代表会议，在地区一级联合起来，接受国际农民联合会的纲领并与其他地区劳动农民组织建立联系，以协调在日常斗争中的行动，进而成立全国性的农民协会。

为了使农民问题方面的工作做得切实有效，应该在党中央委员会下建立有活力的农村工作部。该部由一位有威信的中央委员领导。农村工作部的首要任务是研究土地问题和农民运动，因为在巴尔干70%—80%的居民是农民。此外，农村工作部应与国际农民联合会保持经常联系，根据共产国际和国际农民联合会决议的精神指导各个组织中有关农民问题的工作。

在巴尔干，党如果没有正确的农民问题的政策，就不可能布尔什维克化。因此我们在农民问题方面也应全面克服右倾。只有根据共产国际和国际农民联合会决议的精神执行正确的政策，才可以说，我们的党已摆脱自己在农民问题上旧的错误和不足，走上布尔什维克化的正确道路，走上把农民吸引到我们这方面来的道路。

**库恩·贝拉**（匈牙利）：

同志们！我发言是为了表示赞同布哈林同志关于匈牙利无产阶级专政执行的土地政策的意见。我想指出，应该更尖锐地批评这一土地政策。

如果说我们土地政策的错误是匈牙利苏维埃专政垮台的唯一原因，那当然言过其实。

我们现在所理解的共产党的缺失，起了十分重大的作用。匈牙利无产阶级革命得不到俄国无产阶级和农民的任何帮助，这一点同样起了大作用。

失败的另一个原因是战略态势——我们没有后方，没有可以退却的地方。

但基本原因、社会性质的原因，主要在于我们的土地政策和农民政策。必须反复强调这一事实。这个错误与俄国同志也熟知的所谓无产阶级共产主义观点有关。因此，我应该发言维护我的朋友瓦尔加同志。产生这样的观点并不是他的过错，因为他当时还是社会民主党人，正积极反对我们。同样也不能责怪海韦什同志1923年在激烈的派别斗争中写的反对我的文章。（布哈林喊道："多么好的辩护词！"）

他和我们大家都抛弃了旧观点。

但我应该指出，所有这些与保留大农业企业相关的幻想是完全没有根据的，它首先只是一种保留生产连续性的幻想，这种幻想也成了保留大农业企业的原因。我们的经验告诉我们，参加农业生产合作社的贫农起先也许想分点什么给城市工人，但在匈牙利苏维埃政权的头几个月里，他们就表明不愿意与城市无产阶级分享他们从过去的大地主那里拿到的食物。在下一年，当然要是我们保住了政权的话，情况会更糟。但主要的是，由于以农业合作社的法定形式保留了大土地所有制，无地农民感觉不到匈牙利发生了变革。有一个事实很典型：过去为大地主劳动的雇农在苏维埃政权时期正式自称为国家雇农。

更糟的是,军队感觉不到变革。过了两个月才发出要求分配土地的呼声;当分地仍未进行时,整个整个军团都拒绝开赴捷克前线。我要提一下波加尼同志要求分地的电报,他当时正要带领军团去与捷克人作战,我还要提一下另一个事实:特兰斯莱塔尼亚这个经典的农业生产合作社的地区的农民拒绝开赴前线,因为他们关于分地的要求被拒绝了。在匈牙利农业居民的压力下,我们不得不分配别墅边上来建造房屋的地块,我相信,要是我们保住了政权的话,我们将不得不和俄国发生的一样分配土地。

再谈一下匈牙利苏维埃共和国在一个现在也意义重大的问题上的经验,具体是:关于工业无产阶级对争取与农民相结合必要性的态度。许多不乐意宣传工农政府口号的德国同志借口说,工人、工业无产阶级并不太乐意接受这个口号,对此也没有太大好感。甚至有的同志以为,只有在农民地区才需要宣传工农政府的口号,因此在柏林或鲁尔地区应对这个口号闭口不提。同志们,我们认为这个政策是十分错误的。在匈牙利,社会民主党对工人阶级教育的结果是,确实有许多无产阶级阶层中有人敌视农民,如果我们不在工业无产阶级中宣传工农政府的口号,如果我们党不教育党外群众,让他们认识到工农结合的必要性,那我们在夺取政权时便会遇到极大的危险。这是十分重要的实际结论之一:用工人与农民群众相结合的精神教育工人群众。

**瓦尔加**(俄共):

同志们,我认为布哈林同志的提纲遗漏了某些对于我们意义重大的问题。首先,开头没有提一个对我们十分重要的阶级——农村贫农以及少地农民、小佃户阶级等,没有提及的这一大阶层表面上是独立的,实际上已完全无产阶级化,可以被我们纳入运动。我以为,我们应该就这一问题提上几句。其次，我以为，提纲对作为资产阶级同盟者的社会民主党的作用刻画得不够突出。社会民主党在工业无产阶级和农民各阶层（包括确实属于无产阶级的阶层）之间立起一道墙，从而大力为资产阶级效劳，使资产阶级更容易与农民结成反对无产阶级的统一战线。

我还认为，应再三指出农民作为一个阶级不能违背资产阶级的意愿，独立在资产阶级国家中执政。

同志们，下面一个问题对我们来说多少有点争议，即关于组建农民党的问题。同志们，我们共产党人决不能把在现有的共产党之外另建第二个由农民组成的共产党作为目标，这当然完全正确。但是我认为，如果我们在农民中开展有成效的工作，那么在接近我们的阶层中必然会出现新的农民政党，共产党应承担起对它们的领导。

同志们，我以为，如果我们说我们要组织农民加入农民协会，那么我们还没有对这个问题深思熟虑。什么是农民协会？农民协会与工会不同。为什么？工会与个别雇主直接对抗，它们与雇主作斗争，领导罢工，等等。如果我们把农民协会设想成农民中的类似组织，那么这只能作为例外适用于佃户组织。例如，这方面可能是佃户为了反对大地主的纯经济目的组织起来。但是，同志们，情况恰恰是农民的基本要求是反对国家的。在纳税问题上、在分地问题上、在价格问题上，农民协会如果积极的话，是和国家对立的。如果组织的重心是把自己的要求用来反对国家的话，那么这个组织从形式观点来看就与工会高度不同。如果再加上布哈林同志所指出的农民政治觉悟的提高，如果我们以吸收农民投入运动为目标的话（农民已经参加政治生活，尽管他们走的道路是错误的，例如在兰根堡站在德国国家党一边），我们就无法使他们离开政治。我们总不能跟他们说：现在政治搞够了，你们应该在农民协会内部开展工作。不管我们是否愿意，这将导致农民组成农民政党。我们不可能把他们全都吸收进共产党，因为他们人数太多，直接吸收他们加入共产党对共产党的无产阶级性质危险很大。尽管我们不以组建这样的党为目标，我们工作的真正结果（如果我们真的会工作）将是**在我们的领导下出现革命的农民政党**。因此我以为，如果我们同意除了现有的共产党外不应从农民中组建第二个共产党的话，那么我们应该懂得，由于我们的工作将会出现大的革命的农民组织，即使我们试图赋予这一革命运动以农民协会的组织形式。这一点我们办不到，因为农民想要参与政治。我们也许可以称这些组织为农民协会，但实际上它是一个政党。我们以为，如果我们的工作十分成功，这一问题成了亟待解决的迫切问题的话，那么我们面对的是一个应该认真加以研究的问题。遗憾的是，在多数国家里这个问题还不太迫切。

**美舍利亚科夫**（俄共）①：

同志们，我完全同意布哈林同志的提纲和他报告的全部内容。在他讲话后，我在走廊里听到外国同志表示赞同布哈林同志的讲话。我该指出，如果说我同意布哈林同志的讲话，那么我不同意那些同意他讲话的人的意见，我的不同意是有一定根据的。我认为农民运动问题异常复杂，外国同志对这些问题研究得不够。我可以举出几个例子。我只引用一个文件，但我不说明这个文件是哪个国家的，为的是不伤害这个国家的同志。这个国家进行了选举，农民向共产党人提议，由他们在共产党的名单里加入几个非党农民的候选人。共产党人拒绝了这个建议，他们这样回答农民说：我们不需要非党贫农的组织，我们不想这样拐弯抹角，我们想让这些农民宣布自己是共产党员。

这个国家的人就是想这样建立组织的。而这个国家的代表却声称，他们同意布哈林的讲话。大家看到，如果当我听说大家都同意布哈林的

---

① 译自法文。

讲话时产生某些怀疑的话，那么我是对的。

那个国家召开了一个代表会议。代表会议的主席是一位非党农民，他的共产党员朋友要求这位主席在讲话中不涉及政治问题，只谈经济问题。大家是否以为，这些共产党员是赞同布哈林同志的报告的？在我提到的这个代表会议开始时，某些发言者作了纯共产主义性质的政治发言，这些发言者都是共产党员。某些非党农民反对共产党员的这种行为方式。部分农民离开了会场。我还可以举出其他国家这样工作的几个例子。但我的时间不够，无法把这些例子都举出来。这些例子表明，外国同志完全不熟悉这项工作。应该好好研究这项工作，承认对这项工作研究得还不够并不丢脸，因为，我再说一遍，这项工作异常困难。再举一个例子。我们这次会议有一个殖民地问题委员会。我在这个殖民地问题委员会里发了言，我建议在殖民地，农民工作不要在共产党组织内，而要在国际农民联合会旗帜下的农民组织框架内进行。当时有人指责我是帝国主义分子，我担心这个委员会的决议草案会没有提到国际农民联合会。我对这些决议草案不够了解，但我知道，有一份草案这样提了。但是我担心其他草案没有提。我以为，必须对这些决议草案作补充，农民国际应该是各殖民地在其旗帜下进行农民工作的组织。

我说过我赞同布哈林同志的讲话，但我想对他的报告补充一点。

对农民来说还有一点十分重要，这就是贷款问题。战时农民完全贷不到款；目前贷款条件对农民来说十分困难。这种贷款成了资本家剥削农民的工具。我们应该就此问题在农民中开展宣传。不应该忽视这一点。

布哈林同志的提纲中还有一点我不太清楚。他在提纲第53条中说，需要组织农业工人工会，农民可以加入农业工人的这个组织。我不同意他的这个意见。我们有意大利的经验，土地工作者联合会的经验，这个联合会在意大利主要由农业工人参加。但农民也可以加入这一组织。由于这一组织主要由农业工人组成，它主要代表工人的利益，在不大的程度上捍卫农民的利益，因此农民不想加入这个组织。我以为，这个经验要求我们不要把农业工人和农民联合在同一个组织中。

这是我对布哈林同志的提纲提出的唯一一个不同意见。

我快结束我的发言，最后我再一次提请外国同志注意农民组织极其重要的意义及其困难。应该好好研究这个问题并且在这个问题上不再是社会民主党人，这种事是常有的。

**博德纳尔**（喀尔巴阡罗斯）：

同志们，我认为有义务向你们提供喀尔巴阡罗斯灾难现状的图景。它100多年来受到匈牙利资产阶级君主制度的压迫。目前它受到捷克资产阶级更大的压迫，而捷克资产阶级在全世界面前自称是我们的斯拉夫兄弟，目的是更成功地掠夺我们。

同志们，我们可怜的喀尔巴阡罗斯到处是多石的山地，上面覆盖着归国家和大土地占有者所有的森林。三分之二的土地由国家和希博恩伯爵、泰莱基伯爵等这样的大地主掌控。只有三分之一土地归60万居民所有，因此大部分农民不是少地就是无地。农业部长加扎（大地主）把从匈牙利资产阶级手中没收来的土地，即所有产粮的好地（位于沿匈牙利边境的平原上，从斯洛伐克的新地到加利明）都收归国有。在这一片土地上建立了捷克特种军团士兵的新移民点，全部土地由捷克资产阶级的追随者掌管。当我们的无地和少地农民迫于饥寒要求土地时，捷克资产阶级便用枪扫射，用刀刺杀，使农民的鲜血洒遍祖先留下的土地，监狱里关的农民人满为患。可以说斯洛伐克，主要是喀尔巴阡罗斯成了捷克人的新大陆和殖民地。

我们国家的财富——盐和森林——被无情地掠夺，只剩下一片光秃秃的土地和石头。不少村子的人不得不去乞讨，如格鲁舍沃村，那里的欧洲唯一的极其宝贵的上等柞树林被砍伐殆尽。格鲁舍沃村的人只好去乞讨,其他村子的人紧随其后。

要是我们可怜的农民走进祖辈留下的森林,去拉一车或一捆木柴回家,免得冻死或给饥饿的孩子们烧一点水的话,他会遭到严厉的禁止。宪兵们没收木柴去自己用,农民则被交付审判,关进监狱或交付罚款。

税款高得农民无力交纳。一个工人一年挣不到1000捷克克朗,而在我们国家要每人每年交纳1260捷克克朗的赋税。

税收员带着宪兵队挨家挨户去收税,剥走人身上最后一件衣服或拍卖最后一头猪,而买家是换上便服的捷克官员和宪兵。在匈牙利人统治下,在茅屋旁拥有一小块地的农民每年纳税1克朗。捷克当局却对他收取高达几千克朗的税,而他的全部财产也不值1000捷克克朗。每个农民都发现,捷克人蓄意要使我们最终破产,变为奴隶。

喀尔巴阡罗斯的危机和失业出奇严重。劳动者不得不为了5—10个捷克克朗从早干到晚,而1公斤面包的价格为4捷克克朗。但是连这样的工作也并非随时可以找到。

正如我已经说过的,农民在为面包的斗争中常遭到捷克当局的迫害、逮捕和枪杀。例如,在格鲁舍沃村就发生过流血事件,16名男女受重伤,36人受轻伤。不愿把祖辈留下的土地交给捷克人的农民的鲜血流遍大街小巷。在捷列布洛村,土地被强行没收,打死了一个人,许多人被投入监狱。在杜洛沃、波良诺、戈兰多都发生了暴力事件。在斯瓦利亚沃宪兵打死了3个人,留下了3个寡妇和12个孤儿。在扎列奇耶,巴达克同志受了伤,在祖尔梅扎沃、别列维、涅列斯尼茨等地兄弟的捷克人都表示声援。现在的捷克国是由机会主义者和沙文主义者领导的。

喀尔巴阡罗斯到处都出现革命骚动,我可以骄傲地指出,喀尔巴阡罗斯人随时都决心投入与压迫者的斗争。可以预期,我们在新的选举中将大获成功。每一个喀尔巴阡罗斯人都义愤填膺地反对沙文主义和机会主义，坚决支持第三国际的革命路线和红旗。

我们伟大的领袖和导师列宁同志万岁！

各苏维埃共和国的领袖和领导人万岁！

全世界无产阶级万岁！

**格列科**（意大利）：

欧洲战争和由此产生的经济危机成了广大农民群众登上意大利政治舞台的原因。除了导致成立革命工人政治组织的社会党危机外，独立农民组织的出现这一事实是意大利革命发展令人瞩目的因素之一。

在战争末期危机日益严重。向正常状态回归，即取消非常的经济措施、随着军队复员工业恢复平时状态，这一切把成千上万工人投入农村。调节生产和分配的法律被废除了。失业者和复员士兵大量涌向农村，并未提高农业产量。意大利除 4 万平方公里谷地外有近 10 万平方公里的丘陵地带和近 10 万平方公里的山地，几乎完全没有未耕作的土地。意大利的农业由于土地产量不高、技术手段不完善和缺乏资金而十分落后。

在战时，各资产阶级政党考虑到农民群众的对抗情绪而提出了"土地归农民"的口号。

但随着复员开始，人们不再谈论这件事。于是复员士兵便开始占领土地。

复员士兵占领土地是战后农村经济危机最令人瞩目的现象之一。社会党没有预料到战争造成的农业危机，不能利用中农、小农群众和贫农的经济运动和政治运动。这造成了如下后果：

（a）基督教人民党的出现和发展，这个党是第一个在政治上表达主要在意大利北部和中部的独立的农民运动要求的政党。

(b）由于**原战争参加者无产者联盟**没有代表贫农的利益，在南方产生了原战争参加者的政党，其周围团结起南方农民的某些阶层。

（c）社会党认为农村中的革命是城市革命的后果，而且其形式也是社会党所未预料到的，社会党不仅没有给农民提出土地纲领，而且千方百计逃避把农民组织起来。

（d）在工人占领工厂时期，意大利南部和西西里岛许多省的农民占领了土地，斗争没有协调好，工人和农民的力量没有配合好，革命不可能取得胜利。

法西斯主义产生之初是作为大土地资产阶级的组织、作为反对小农、中农和农业工人的斗争工具的。大土地资产阶级看到农民群众觉醒的潜在危险。如果刚出现的农民组织是农村居民致力于独立参与政治生活的征兆的话，那么法西斯主义不打算消灭这一政治积极性，但它会竭力加以控制，使其遵守纪律，以便孤立工人阶级并使它失去任何成功的机会。

法西斯分子摧毁无产阶级组织并组建法西斯工人组织的图谋遭到失败。法西斯主义主要具有农民性质。工业资本主义和大土地所有者力图阻拦农民独立组织起来。法西斯主义反对农村中平民党的斗争的原因是，法西斯主义认为这样的党的存在是多余的。法西斯分子在平民党、农民党中引起了或试图引起分裂，他们反对各种农业工作者组织的激烈斗争，法西斯分子在南方提出的纲领向我们证明：

（a）意大利农民开始在政治生活中起重要作用。

（b）资产阶级明白法西斯主义不能麻痹工人群众的阶级觉悟，便力图至少阻碍农民群众政治独立性的发展。

战前，意大利农民没有独立的组织。天主教徒（在政治上是弃权派）在某些北方省组成了合作社和农业信贷机构网，以农民利益代表者自居。改良主义组织"土地工作者联合会"主要吸引农业雇佣工人，尤其是在"波河平原",而多数农民则完全不问政治。1911年和1913年的选举法把选民人数从300万扩大至900万,给年满30岁、没有教育程度资格的公民以选举权,这第一次吸引广大农民群众投票。但这些群众尚未成熟到参加政治生活的程度,纷纷投入当地资产阶级自由派和民主派的怀抱。战争第一次显示出独立组织的必要性,出现了由大土地所有者领导的平民党。但战后发展起来的党瓦解了。如何重新吸引农民群众投入政治生活?怎样消灭农村中的法西斯主义?这便是意大利农村面临的问题。我们对这些问题的回答是,宣传必须要有统一的**独立的贫农组织**的思想。

发展统一的独立的农民组织当然要靠加入各农民政党的社会阶层的重新分配。在南方,这一危机被结成"南方同盟"的民主党派所利用,他们提出反法西斯纲领并进行反对保护性关税的斗争,但这是南方土地所有者的组织,小农并不加入。

统一的独立的贫农组织的成立是头五年农民运动经验的成果,是法西斯时代经验的成果。贫农的直接任务是从大财主的剥削和税收下解放出来。工人和农民在实际斗争的基础上结成紧密的联盟。在这一联盟的基础上斗争变得更有力更有成效,在起义前局部战斗方面是如此,在争取实现共产主义的决定性的胜利的革命战斗方面也是如此。

因此贫农组织(这个组织的口号由意大利共产党提出)并不是革命的农民政党。

在组织农民时应该注意在各方面发展农民经济。在意大利,资产阶级土地革命只涉及北方几个地区,意大利其他地方属于经济上的落后地区。

成立贫农协会的口号引发了各政党对我们极大的愤慨。社会民主党(改良派和最高纲领派)指责我们执行分裂政策,因为我们想在土地工作者联合会之外把贫农组织起来,而土地工作者联合会是农业雇佣工人的组织。但意大利的经验告诉我们，农民和雇佣工人参加同一个组织会使这个组织遭到破坏。

意大利的革命工人越来越清楚，与资产阶级政党和社会民主党的指责相反，只有他们能保障贫农阶级取得胜利。因此他们不仅支持成立贫农组织，而且他们想与农民在工农委员会中并肩工作。我们致力于成立农民组织是为了与农民一道斗争，但农民应该了解，革命工人不可能把在革命基础上复兴的农业当做礼物送给他们。农民自己应该去争取新的权利。他们应该与工人一起切实进行斗争。（掌声）

**布伦涅维奇**（波兰）：

同志们，农民问题和我们党对这一问题的正确解决，对波兰的无产阶级革命的胜利具有决定性的意义。这取决于我国结构的本身。只要举出几个数字，大家便会明白，共产党在这方面有着什么样的可能性，波兰农民应在无产阶级革命中起什么样的作用。在388328平方公里的面积上居住着2700多万居民，其中只有700万居住在城市里。在丹麦100个居民中有34个农村居民，德国则有33个，法国有31个，而在波兰王国100个居民中有72个农村居民，在加里西亚有78个，在波兰西部有30个。统计资料表明，农民苦于土地稀少；在现有的37661300公顷面积中用于耕作的只有18307000公顷。大于50公顷的庄园有18906个；它们共占有10104522公顷的土地；其中有4000个庄园分别占有超过500公顷的土地，合计占地750万公顷，而面积小于5公顷的农民地块超过2100000个，它们合计占地略多于400万公顷。这些数字说明土地奇缺。农村中有15%的无地农民（2513000人），他们形成了革命氛围。微小农，其地块小于2公顷，有8094000人，占农村人口的50%，所谓小农和中农（其地块为5—10公顷），有5072000人，即占30%。大农541000人，占农村人口的3%，地主及其家属和高级管事为

310000 人，占 2%。此外，还有 700000 名农村工人和无地农民，加上他们的家属接近 3000000 人。因此，90% 以上的农村居民敌视大地主地产并赞同"土地归农民"的口号。这对于土地革命与无产阶级革命相结合是一个有利因素，这由于乌克兰、白俄罗斯和立陶宛农民（超过 700 万人，即占波兰总人口的 25%）的民族解放斗争而得到了很大的增强。

战前农民纳税（包括国家税和公社税）为每俄亩 30—70 戈比，而 1924 年为 7—10 个兹罗提（1 兹罗提等于 38 戈比），因此提高了 5 倍。据议会农民代表的材料，农户每人交纳间接税为 6—8 兹罗提。

在各种食品飞速涨价的同时农民要承受这样的重负。的确，去年夏天以来价格对比关系发生了有利于农产品的变化，但不是因为工业品降价了，相反，工业品价格上涨了，而是因为农产品由于歉收和政府加强出口粮食的政策提高了价格。工业品指数（1914 年为 100）1924 年 7 月为 119.4，而农产品指数为 84.7；1925 年 1 月工业品指数达 120.6，而农产品指数为 185.8。同时应指出，早在 1925 年 2 月波兰的粮价就高于世界市场的价格。例如，100 公斤（1 双公担）小麦在华沙的价格是 42.10 兹罗提，而在芝加哥为 35.57；近来价格对比关系变得更为不利。但这种情况只有利于大地主和为数不多的大农；至于广大的小农微小农群众，则必须交纳的税款和其他开支迫使他们秋天粮价还低时就卖掉粮食，而后来又按涨了很多的价格买进种子和饲料。农村这种极为艰难的生活状况更加恶化，因为农村存在人口过剩，这是由于到处存在经济危机，农村无法出卖劳动力，农民群众无处可去。在城市里工业危机加剧，表现为失业人数不断增加，据最近官方资料，已超过 20 万人。出国的可能性也极为有限，只要看看战前波兰移民的数字便可知道农村生活状况恶化的程度。据美国移民部门的资料，战前 10 年中每年移民 58865 人。据德国移民部门的资料，一定季节波兰迁出的移民人数，波兰本土为 358474 人，加里西亚和西乌克兰为 173474 人，加上去丹麦和瑞典的 8600 人，总共长期移民和季节性移民每年接近 60 万人。波兰政府竭力保证出国的可能性，但它向法国及其殖民地、德国等输出人口的努力并未获得太大的成功。这是农村骚动加剧的原因。再加上地主竭力要从农民那里收走农民一点一滴的收获。例如，近来取消了所谓的地役权，即农民使用地主林地和牧场的权利，这导致农民的生活状况令人难以置信地恶化。

这一切极大地加剧了广大农民群众的不满，甚至爆发了近 10 年来的自发的群众性行动和农民起义运动。

从独立的波兰国成立起，统治阶级考虑到农民中存在"这样的情绪"，千方百计设法煽起群众对土地改革的希望。例如，在 1920 年（对统治阶级格外危险的时刻）红军已兵临华沙城下，农民上了许诺给他们土地改革的当。

波兰存在的众多的农民政党和集团往往有着极为恶劣的传统，它们利用农民的这种情绪，利用他们的渴望，演出了一出反对派可怜的闹剧。大失所望的、多次受到各农民政党蒙骗的广大农民群众接过了我们党在农村提出的口号"无偿剥夺地主的财产"。这样便成立了农民党，它不仅掌握了这一口号，而且还敢于接过工农联盟的口号。我们指的是所谓的独立农民党，其萌芽是来自前"解放"集团的 6 位农民议员组成的小组；这个党得到了飞速的发展。

我们的党已在某种程度上掌握了农民运动的主动权；它在长期的党内斗争中成功地纠正了农民问题上的错误方针，掌握了明确的列宁主义路线。共产国际促进了这一点；在共产国际第三次代表大会后，党的第三次代表会议十分重视对农民问题的讨论。但当时尚未正确解决这个问题；存在的三派，其中任何一派都没有真正坚持布尔什维克路线，也没有战胜另外两派。1923 年 11 月的第二次党代表大会是这个问题的转折点。大会提出了"土地归农民"的口号并十分重视农民运动。但还没有完全掌握布尔什维克观点，没有适当地考虑农民内部的阶级矛盾，而"工农联盟"的口号被解释成机会主义的统一战线策略，甚至与社会民主主义政党搞议会配合行动。

1925年3月党的第三次代表大会才找到了正确的列宁主义路线。这一次党代表大会具体地规定了党在农村中的日常任务，把农民群众的日常要求与革命口号结合起来，规定了革命农民运动的具体组织形式——农民自卫委员会。这些委员会有领导农民日常斗争的使命，同时又负有争取剥夺和分配土地的使命。

此外，党还研究了如何对待农村现有的农民政党和政治组织的问题；特别是党代表大会确认，党应该支持独立农民政党的一切革命倾向，同时严厉批判这个党的一切动摇行为和对农民群众利益捍卫不够的态度。党应该关心在农村中建立自己的党组织并加以巩固，掌握对农民群众的主动权和领导权。党代表大会还强调了利用一切合法可能性和在相应的农民组织中成立党支部和党团的必要性。党很重视农业工人的工作和组织，这些农业工人可耻地忠于波兰社会党人，处境极其艰难。

我们最近在农村中取得的成绩表明党走的道路是正确的。（鼓掌）

**东巴尔**（波兰）：

我只想强调一下布哈林同志报告中的一点。他提出的农民问题提纲中各个章节都十分明确，作出了指示和具体答案。只有在谈如何对待农民组织的一章中我认为不够清楚。第49条谈到如何对待由大地主和富农领导的一般组织，说要使小农摆脱他们的影响并使小农处于特殊地位。第51条谈到应该在农民政党中形成左翼并致力于使小农处于特殊地位，而第50条具体指出，应该成立协会。要提出的问题是：在第49条和第51条指出组织分裂后农民该怎么办。

拿第50条来说，其中指出可以成立协会，但不建议成立政党，那么就必须指出二者的区别。我想强调一下，我并不主张成立农民政党，而主张掌握农民，从这个角度来说，我们只应处理农民中的组织问题，使他们站到我们这一边来，但我同时想指出，农民协会和农民政党在实践中并没有什么区别，只是名称不同而已。保加利亚有农业人民协会，它同时实际上具有农民政党的性质；塞尔维亚有农业农民协会，波兰也有相同的组织，等等。因此，第50条对这个重要问题并未作正面回答。工会和农民协会也不相似。因此，这一部分没有指明在组织问题上应该怎么办，而这是最重要的一点。我们亲眼见证了农民由于阶级觉悟的提高而作出了符合我们愿望的努力。他们自己致力于摆脱资产阶级、地主和富农。例如，德国的小农就力图摆脱资产阶级、地主和富农的影响，这种努力带有自发性质。在这种情况下，我们的同志犯了错误。他们想把农民赶进纯经济的协会，反对成立政治组织。结果出现了法西斯分子塞克特与我们做农民工作的同志的统一战线。应该指出，如何对待农民，最重要的不是给农民组织什么名称而是什么形式。应该对提纲补充具体内容。反对农民脱离资产阶级政治阵营的意愿，导致由德国共产党人领导的人数近150万人的农民团体最终只剩下很少农民，本来要掌握农民，结果适得其反。原因是在组织方面该怎么办不明确。例如，法国的工作推动不了，因为一位在农民中做党的工作的同志犯了大错误，提出最近刚成立的非党农民协会的工作要推倒重来。另一位做农民工作的同志则提出，只应该成立农民辛迪加。我们在这种情况下只说，我们不能建议成立农民政党。但这个答案没有作出明确而具体的指示，而政党却不管你们是否愿意成立了。

波兰成立了独立农民党，它与我们接近，接受我们的口号：无偿剥夺土地、工农政府等。它不管我们的意愿有了这样的名称，该拿它怎么办？对此没有答案。进一步发生了分化。农民有成立政党和政治组织的意愿，应该具体作出判断，我们的同志该怎么办，需要哪怕是最一般的指示。当我考虑关于协会的第 50 条时，我确信这并非答案，因为没有详细谈到协会。协会与农民政党并无区别，建议成立协会就意味着造成这一条末尾我们提醒要防止的危险。

因此必须哪怕指出一下协会的主要特点，它与政党有什么区别。此外，应该指出，共产党应给农民解释，农民在自身组织领导下不能获得解放，必须与工人阶级结盟，接受无产阶级的领导。应该与斯坦布利斯基鼓吹的思想作斗争，各种农民活动家至今还用这种思想来蒙骗农民；凡是提出这种思想的地方，都应该与之作最坚决的斗争。

至于应该成立什么样的组织，我认为：农民的政治组织并无害处，这表明农民已脱离资产阶级，我们只需要努力掌握这方面的主动权，组建过渡性的农民组织。这些组织可以称做"协会"、"同盟"等，但应该依据具体的要求，而不是不可改变的纲领；应该使农民组织依据能对迫切问题作出回答的政治经济性质要求的纲领。应该把基层群众组织起来。对于当前的重大任务来说，应该认为农民委员会是最好的形式。我们不应致力于建立强大稳定的农民组织，而应致力于建立临时性的过渡组织并通过这一途径来影响农民群众。因此首先要致力于成立斗争机构、农民委员会。波兰、意大利、南斯拉夫等都成功地作了这样的尝试。我们应该在这里提出对组织问题的明确回答。还应该加强合作社，因为它使我们在夺取政权的同时有可能依靠农民的经济组织。共产党完全彻底地负起保护农民利益的责任。现在应该利用作为过渡性组织的农民组织，并且合理地指出，为了掌握农民，可以利用任何形式的农民组织。当我们责成共产党承担起主动成立农民协会的责任时，必须解释清楚"协会"的定义，指出它的组织形式和物质内容。对这个问题应作出明确答复，因为没有这样的答复，我们各党就可能犯大错误，导致我们不仅不能扩大我们在农村中的影响力，掌握农民，而且我们的工作可能放缓，我们的影响力不是扩大，而是减弱。

## 布哈林的总结发言

首先就瓦尔加同志的建议和东巴尔同志的部分建议谈几点意见。

瓦尔加建议添加专门的一段谈农村贫农，以及小农和少地农民。

问题是我草拟提纲时用的是俄语。我们不分小农和少地农民。但是为了确切起见，我认为可以加上这一小节。

至于瓦尔加同志的第二条意见，他认为必须对当前时代农民不能作为独立统治力量存在这一论点作如下补充："在长时期里"，我认为我们可以接受这一修改。

我来谈瓦尔加同志关于成立农民政党这一条最重要的意见。我不赞同这一观点，也不赞同东巴尔同志的类似意见。

我认为，瓦尔加同志和东巴尔同志对问题的提法不是辩证性质的，而是形式逻辑性质的。瓦尔加的全部论据是什么？他的论据是，我们自己已断定，农民政治上开始积极起来。政治积极性表现为成立政党。因此需要农民的政党。从拙劣的形式逻辑来看，这样说也许是对的，但从辩证观点来看这样说不对，也不符合实际。例如，拿俄国第一次革命时农民如此高度的政治积极性来看。我们当时有农民协会，革命的农民组织。可以笼统地说，农民协会是非政治组织吗？不能这样说。但我认为这种观点的前提错了，这种观点认为不可能存在没有**明确**政治性质的阶级组织。农民组织和工会组织一样，有政治性质。例如，难道全德工会联合会不起政治作用吗？当然起政治作用。可是它并非政党。难道在我们俄国，农民协会不起政治作用吗？无疑起政治作用。可是它并非政党。在我国的农民协会内，社会革命党、孟什维克和我们的党都在活动。在已往存在的农民组织中情况也是如此。它们存在着、壮大着，这是不容置疑的事实。出现了新的组织，但在这些组织内部活动的有时不仅只有一个政党，而是有许多政党。

瓦尔加说，农民的主要要求是反对资产阶级国家。这说得有点过头了。给人的印象是，农民组织是最激进的革命组织，其活动是反对国家的。可是它们并不反对国家，它只是向国家提出要求。如果瓦尔加同志的论点是对的，那么也只是部分对了。这意味着什么？这是否意味着这些组织应该提出有专门政治性质的要求？拿税收问题为例。这是否是政治要求？这是经济要求，同时又是政治要求。农民的多数要求都具有这种性质。农民的革命性不至于会提出直接的革命要求。因此，这不是反对国家的斗争，而是向国家提出的要求。这些要求部分是政治要求，部分是经济要求。不能这样来提问题：不是政治和政党，就是某种经济的东西，因此，任何政党都不需要。瓦尔加同志这样提出问题，而东巴尔重复瓦尔加的论调。但这都是错的。我们遇到农民提出混合性的要求——就合作社、一般合作化和土壤改良即就经济信贷方面向国家提出的经济要求。正因为如此，农民小心翼翼地组织起来采用的不是明确的政党形式，而是农民协会的形式，这决不是偶然的。这里可以从逻辑和策略层面上来考虑瓦尔加提出并由东巴尔重复的问题。我们说，如果某个农民协会从事政治，那么它是否就是政党了呢？有什么区别？这里不能作严格的区分，因为经济要求与政治要求是有联系的。但相对的区别还是有的。这区别就是政党具有较多的同质性，它有不变的纲领，有严格的纪律维系，等等。一个党内不可能存在三个或四个别的政党，而在协会内部却有这种可能。不错，也有政党具有类似性质，例如，英国工党。但每一个人都明白，这是完全独特的形态。这是介于协会和政党之间完整意义上的中间环节。不能这样来提问题：要么是政治和政党，要么就不是，而是农民协会。农民协会的独特性质正在于它的混合形式。

为什么正是这种类型的组织对我们更合适？因为这样的组织能容纳

更多人。政党的成员必须接受党纲和应执行党规定的一切。这就是农民协会形式更合适的原因。这样的协会为我们的运动提供更大的自由。我们的同志可以加入其中，在农民状态不定型时，造成相应的氛围，从而争取新的支持者。这就是这种形式目前较正确、较合适的原因，且不说在夺取政权后类似政党的存在会带来进一步的后果。可是这一点也必须加以考虑。

东巴尔给我们提出什么口号？他说，提纲有些不明确，建议明确指出，不是协会，也不是政党，而是中间形式。但我们这样只是创造了一个新用语，仅此而已。

但是农民协会与政党相比的特殊性质是什么？是它的自由的组织形式，是在一个没有严格纪律束缚、特有混合性质要求的组织内容纳不同党派成员甚至非党人员的可能性。反对这一观点有什么具体的论据？这里只举出了一个论据，乍一看这个论据还很重要。这个论据是，如果农民政治上积极了，那么党就会壮大。我可以回答大家，在这种情况下农民协会也会变得政治上积极。但这仍然取决于不同情况，取决于我们在这些组织中工作得好不好。如果我们在这样的形式上非党组织中工作得好，那么我们就能争取到比我们组建政党更多的人。因此这样的形式对我们来说比两个党的体制好。我们想得到不在农村中建立党组织的保证。我们应该尝试在农村中建立能接受我们影响的广泛组织。因此瓦尔加同志最重要的意见和东巴尔同志的所有意见都不对。东巴尔同志还举出了其他理由。他说，提纲说我们需要能把左派组织和一般组织区分开的路线。但提纲没有说，我们对这些组织该怎么办。的确，这很明白，我们应该在其中开展工作以扩大我们的影响并争取多数劳动居民。用什么样的手段呢？这是我们的政策问题，我们吸引群众投入真正革命行动的政治和组织方式的问题。这一切都非常清楚。

美舍利亚科夫同志昨天对信贷体系提了两条意见。提纲也谈到了这一点，但也许对这一条还应该更仔细地研究。美舍利亚科夫同志还有第二条意见。我认为，在这方面不是有误解，就是美舍利亚科夫同志的观点不对。提纲说，我们需要农村工人的单独组织，并补充说这些农村工人组织可以（而不是应该）参加农民组织。我认为，这样说是对的。为什么？美舍利亚科夫同志说，意大利的经验作了相反的证明。而格列科同志告诉我说，这不完全正确。意大利的经验表明，在农民和农村工人混合会议上出现了混乱。由此可见，这样的论式不成立。但接着他说，实践表明，联合会、总的中央委员会等完全是可行的。因此，意大利的实践表明一个具体形式是不对的，但总的来说，这样的组织联系是可行的、合适的。我们怎样来解决这一问题呢？至于总的问题提法，我们则应该予以肯定。为什么？如果我们想吸引小农，另一方面，如果我们有农业无产阶级的话，那么农业无产阶级应通过任何一种方式来影响农民。如果农业无产阶级完全脱离这一组织，怎么能做到这一点呢？当然，他们有自己的单独组织是有难度的，但同时这一单独组织将加入农民组织。但是，这样的话，它就不会丧失自己的阶级性质并将对农民施加影响。

接着是关于组织形式的问题，我们是否应该有总的中央委员会，甚至是混合性质的会议。我以为，在某些国家里甚至不排除混合会议。如果在德国一半农业无产阶级置身于大地主、君主派地主参加的组织中，那么这决不表明，农民和农业工人的联合组织行不通，相反，我们恰好得到了相反性质的现实证明。为什么我们不能做大地主做的事情呢？资产阶级十分清楚，如何为了自己的利益利用农业工人。我们不应该在这方面退缩，说这对我们来说几乎办不到。

我以为，如果农业工人可以和大地主参加同一个组织，那么在巧妙地运用策略下，他们也可以和小农组织在一起，这完全符合逻辑。这一点连小孩子也明白，但东巴尔同志却不懂这一点。出于同一个原因，我认为美舍利亚科夫同志的反驳意见也不对。

关于瓦尔加再说几句。我不去涉及纯理论的问题。我将在别处去谈。但我想对瓦尔加同志《关于农民运动现状》一书的前言谈几点意见。我们在其中发现两个绝对错误的论点。他写道：

"社会民主党很久以前便通过两种方式来阻碍城乡劳动者的阶级结合，在这个意义上采取反革命行动：首先，提出区分'有产者和无产者'的口号，而且他们把劳动者甚至把贫农归于有产者一类。因此，社会民主党不是正确地从阶级上区分剥削者和被剥削者，而是作了客观上有利于剥削者的、加强他们反无产阶级阵营的形式上的区分。"

不能把将人们区分为剥削者和被剥削者与社会民主党的论据对立起来。社会民主党的过错不是他们谈到了有产者和无产者，当然应该对有产者和无产者、对有私有财产的阶级和没有私有财产的阶级作区分。但这样的区分没有解决全部问题。这才是社会民主党的根本错误。列宁在制定我们第一个党纲时与普列汉诺夫发生了争论：我们首先应该划清界限，我们首先应该作为革命阶级、作为与其他阶级关系完全不同的无产阶级区分出来。当我们独立分开之后，这时我们才应该确定自己对其他阶级的态度。我们在这第二阶段才应该说（社会民主党正是在这里犯了错误）：我作为阶级已经形成，现在我寻找同盟者。这里我还得对各个不同阶级、对劳动财产和资本主义财产、对与剥削有关的财产和与剥削无关的财产加以区别。这是进一步的区别，社会民主党正是在这里开始干种种蠢事，犯下了政治罪行。但像瓦尔加同志这样来谈问题，理论上是错的。在实践上这可以判定是某种接近民粹派观点的看法。

瓦尔加说：

"两个观点都是社会民主党总的路线的必然结果，社会民主党一贯把自己看做是狭义上的工业无产阶级政党，以通过在资本主义制度内部改变收入分配的办法来改善工业无产阶级生活状况为目标。"

说得轻一点,这也是不谨慎的提法。这可能意味着,社会民主党根本不考虑农业无产阶级。但我以为瓦尔加想说的是另外的事:社会民主党人没有谈到如何保护农民的利益。但同时应该考虑两个情况:我们是工人政党,不是工农政党。此外,总的来说,我们首先是工业无产阶级政党。如果我们这样说,或者社会民主党人这样说,这并不是对工人事业的背叛。错误不在这里,但这里应该加以修正。我们不是工农政党,我们是无产阶级政党,纯无产阶级政党。但错是错在社会民主党的政策上,社会民主党的政治罪行是,这个党把工人阶级置于对别的阶层即对农民错误的关系中,它只看到无产阶级内部发生的事情,却不明白工人阶级或工人阶级政党应该有同盟者。这完全是不同的对问题的提法。大家很清楚,这两个论点有共同的根子。瓦尔加不懂得,社会民主党的错误不在于它说的什么,而在于它在认定工人阶级后没有去农民中找同盟者。我们在关于党的定义的问题上也遇到了同一个错误。我这是指什么?我们面对两个危险:首先,对农民持消极态度的危险,其次,消失在农民中的危险。这个危险是存在的。如果我们消失在农民之中,那么我们不是马克思主义者,也不是工人政党,不能实现无产阶级专政。这在实践上和政治上意味着埋葬无产阶级领导权的思想。列宁关于工农联盟的学说不仅在于我们要保卫工农联盟,而且在于在这个联盟中领导权应属于无产阶级。对这一点决不能忽视。在夺取政权后情况同样如此。因此,联盟不在于我们建设工农国家。我们有时自称工农政府。实际上,这是工人阶级专政,这个阶级被确认为国家政权并与农民结成联盟。我们在社会内部合作,与农民关系良好并且依靠农民。但是从性质上说,我们是无产阶级政权。

不管是对在夺取政权前的总的领导来说,还是现在,我们都是纯无产阶级力量，我们的党是无产阶级政党，它依靠农民并领导农民。在瓦尔加同志的提法中这个"细微差别"有着很大的意义。我认为有责任作这一修正，因为瓦尔加同志的这本书本身写得很好。但我引用的两段文字可能会引起某些混乱，尤其是现在，当我们多数党都沾染行会习气时。在目前形势下这样的阐述会把某些人推开，因此必须在理论上十分明确。这样我们才能坚定地制定明确的政治路线，而这正是我们所需要的。（掌声）

# 第十次会议

(1925年4月3日上午)

## 布哈林作关于俄共(布)党内争论的报告

（得到掌声欢迎）同志们！我在介绍俄共党内争论之前，先要指出，问题不在于人，而在于政治路线。为了对这个问题正确讨论，应该把一切个人的东西抛在一边。我们应该在这里具体讨论和评价各种不同的政治倾向。

同志们，我们目前进入了整个革命运动尤其是我们共产主义运动缓慢发展的阶段。尽管苏联经济增长，建设顺利，但我们遇到了许多新困难。在认真分析共产国际内的状况后，在仔细地清醒地研究共产国际各支部的情势后，我们认定，一方面无疑存在社会民主党的机会主义危险，另一方面存在某种极左倾向。但列宁主义教导我们，我们的政策不应是"右"的，也不应是"左"的，它应该是**正确的即马克思主义的**。因此我们除了大力反对右倾社会民主主义危险，同时还应反对我们各共产党内表现出的极左倾向。

如果认真观察整个共产国际内部的力量分配，不难发现存在某种联盟，我指的是俄国反对派和共产国际中右倾分子以及某些极左分子的联盟。我拿克雷比赫同志和某些极左分子的发言为例。大家都知道，博尔迪加拥护托洛茨基同志。某些同志或从前的同志把这称做谎言，他们否认存在任何特殊的倾向或思潮。但谁不知道共产国际内部反对派正试图集中力量反对共产国际的正式路线呢？几乎所有党的右派分子都不是偶然支持俄国反对派的，克雷比赫同志不是偶然成为右派方针在捷克斯洛伐克党内重要的喉舌的。某些极左派同志，例如博尔迪加，不是平白无故支持托洛茨基同志的立场的。为什么我们党内反对派的问题会变成国际性问题呢？不仅因为在各个支部存在思想相近的人，而且因为这些力量试图集中起来。我们认为，共产国际的政策是正确的，共产国际执行委员会应该与这些思想倾向作斗争，与这些政治上有害的倾向作斗争；它应该战胜这些倾向。但共产国际内部存在这样的小集团本身是一个不容置疑的事实。

同志们，共产国际内部的危机现象十分严重，还因为我们公开的和隐秘的敌人现在利用我们队伍中的破坏纪律的思潮。大家都知道，被共产国际开除或退出共产国际并与之斗争的人都拥护托洛茨基同志的反对派和支持这一反对派的人。不妨读一读瑞典的霍格伦、挪威的特兰梅尔分子、意大利的巴拉巴诺娃和所谓的最高纲领派、法国的罗斯默和莫纳特等人写的东西。他们全都起劲地支持俄国的反对派和共产国际内部的右派，即布兰德勒—塔尔海默—拉狄克。

更多的人也在跟反对派随声附和：不仅是共产国际的叛徒，还有资产阶级政治家，他们十分清楚共产国际和俄共内纪律的作用，出于自己的目的力图利用俄共内部的分歧。资产阶级报刊，包括反动君主派报刊，所写的一切证明资产阶级试图支持我们的反对派。当然没有人会断言，我们的反对派或托洛茨基同志与这些人有私人交往。但客观情况、社会力量的机制便是如此，每一个削弱我们队伍团结的倾向都得到共产国际、我们党以至整个工人运动的一切敌人的支持。这一点不难理解，因为阶级敌人的阵营中产生了破坏纪律的势力，竭力助长这些势力壮大、促使敌对阵营瓦解的意向是正常的。

但还有一类特殊的共产党员,我想可以把他们称做感情用事的共产党员。这些人大多是好人,但与任何政治理性格格不入。这些同志为争论感到不舒服和痛苦。他们崇拜托洛茨基的才华(顺便说一下,我们对他的才能也给予应有的评价),这就决定了他们对整个争论感情用事。他们说,不能责骂托洛茨基这样的同志;人们花费时间干这种事十分可悲,如此等等。这也许很有道德,但从反对资产阶级现实斗争的政治角度看,这样的立场很荒唐。

同志们,我们应清除这些因素,只限于分析我们反对派错误的政治路线。这才是主要的实质。反对反对派的斗争应集中指向他们的政治路线。

外国同志可能会问我们说,这么多年在我们党内出色工作的托洛茨基同志现在怎么会成了我们的斗争对象?现在发生分歧的原因是什么?这是列宁离开我们后的偶然事件还是必然后果?大家都知道,我们的敌人喜欢这样来解释我们的党内分歧:列宁活着的时候,一切顺利,大家同心协力地工作;但只要他一去世,他的学生们便马上发生内讧:托洛茨基成了内讧第一个牺牲品。许多人是这样来解释我们的党内内讧的。

同志们,当然没有人能取代列宁,他留下的位子还空着。这是没有疑问的。但党内与托洛茨基分歧的加剧是由近来一些纯客观的原因引发的。我还有机会来涉及这一点。托洛茨基主义的基本特点就其现在的表现来看,一方面是对农民的作用估计不足,另一方面是对国家机关的作用估计过高。在过去的军事共产主义时期,托洛茨基主义的这些特点并不十分危险。当我们进行战争时,我们需要强硬的铁腕,国家得挖出隐藏其中的潜力,一切发展都在军事共产主义的轨道上进行;当时托洛茨基的这些特点并不十分危险。在向新经济政策过渡时情况发生急剧变化。军事共产主义时代结束了,新经济政策要求不同的政治方式和比过去大得多的区别对待问题的能力。对许多问题简单化的处理过去是有益的,现在变得有害了。托洛茨基主义的特点——对农民估计不足和对国家机关的作用估计过高——在新的发展时期,在新经济政策时期产生了致命的影响。

在军事共产主义时期我们与农民的关系非常简单。我们有共同创建军队的无产阶级和部分农民的军事联盟。另一方面,国家机关对社会生活的干预走得极远,在当时很正常甚至有必要。一切进展得相当顺利。当我们转向新经济政策时,一切情势发生了变化,首先我们与农民的关系在很大程度上改变了。农业的社会比重和特点提到了首位。需要采取另一种政治方式并且需要在行动上慎之又慎。

多数中央委员和托洛茨基同志的分歧恰恰是在快要实行新经济政策时加剧了。

首先,这些分歧表现在工会问题上。从这场争论起直到最近,在许多极为重要的经济问题和政治问题上的分歧不断增大。分歧在1923—1924年冬采取了激烈冲突的形式,最近几个月又演变成党内争论。

外国同志普遍认为托洛茨基主义是简单的孟什维主义。这是对问题简单化的理解。依我看,这样来反对托洛茨基主义绝对错了。这于事无济。必须抓住托洛茨基主义的实质,理解其特点。如果大家把托洛茨基主义等同于孟什维主义,那么任何一个工人都会提出一连串的问题使你不知所措,你对这些问题回答不了,原因很简单,混淆这两个概念会导致进一步的混乱。

我尽可能通过一系列具体问题来揭示托洛茨基主义的特点和实质。这尤其必要,因为反对派(俄国的和外国的)中某些同志否认托洛茨基主义的存在,认为这是季诺维也夫、斯大林一伙的谎言。同志们,凡是能正视现象根源的人,都会明白问题没有这样简单。俄共党内最近的争论与党在农民问题上的新方针同时发生绝非偶然。什么是我们与托洛茨基分子激烈争论的原因呢？在目前和平发展的新时代，在资本主义各大国承认苏维埃政府后，无产阶级和农民的关系发生了变化。不得不摸索保持和加强无产阶级领导权的新途径。经济情势是新的，各社会阶级的相互关系也是新的。因此便出现了新的政治情势。整个党在这种新情势下致力于新的方针。这反映在与托洛茨基同志和反对派的争论中。

我们争论了哪些具体问题呢？关于所谓的工业对苏联整个经济的专政问题，关于计划经济和合理的经济政策问题，关于我们的价格政策尤其是关于我们托拉斯和辛迪加价格政策的问题，关于货币改革的问题，最后，关于社会主义积累和与私人资本斗争的问题。同志们，如大家看到的，这些问题都是纯粹的具体问题。大家也许会问：这些问题上的分歧难道如此不可容忍？难道必须如此猛烈地与持不同想法的人作斗争？这样的问题很得体，但是，同志们，不应该忘记我们在俄国不是寻常的记者。当我们是反对派政党时，我们当然可以自由争论并从各种角度来解释经济问题和金融问题，因为错误的政治思想细微差异在当时并没有像现在这样产生有害的后果，文学争论不会直接变成现实的政策。现在局限于文学争论已经是不可能了。党在某个问题上采取的决定，例如，在价格政策问题上的决定直接变为国家政权的行动，即促使我们的经济振兴或衰落，导致我们政治形势发生某种变化。我们不能光从文字写作的角度来看待所有的问题：这些问题对于我们的政治经济存在意义极为重要。苏联今后的发展全都取决于对现象的正确评价。这类文字上的分歧可能有益于无产阶级专政，也可能对它产生危害。因此分歧和背离正确政策的倾向，尤其是在工人阶级和农民关系问题这样现实的问题上，对于我们来说意义巨大。这方面一切都要冒风险。

苏联的新形势是怎样的？最近工人阶级和农民的关系有点紧张。这样紧张关系与过去不同。它产生的原因不同。工人阶级和农民以往的分歧是我们物质匮乏的结果。相反，目前我们正在向上升。我们的经济基础将增强,各部门的产量正增加。最近一年我们的生产增长超过了30%,我们的农业也得到振兴。因此,我们可以庆祝巨大的成就。许多工业部门的工资已经达到战前水平,而某些部门甚至略为超过战前水平。不错,在两个大工业部门工资略低于战前,但总的来说,工资是增加了。农业越来越具有商品性质。农民卖得多了,但我们工业产品的销售也在增长。由于这一发展,产生了新的危险。问题在于扩展自己商业的农民比以往更关心食品价格的提高。这方面农民和无产阶级的利益存在明显的矛盾。工人阶级与食品的低价利益攸关,而农民则与高价利益攸关。卖方和买方不同的利益构成了农民不满的基本原因。

这就是经济背景。除了这一点,还有另一种性质的社会经济困难。农业和工业的生产力飞速发展,就业工人人数增加,但人口过剩太多,以致城市出现了失业现象。尽管工业发展,城市里仍有大量失业者。另一方面,农业人口也有潜在的过剩。

农业中有一种从社会学观点看很有意思的现象;农村贫民由于劳动力得不到使用,有时便反对我们,理由是我们禁止农业中使用雇用劳动。农村的上层阶层抱怨我们不让他们雇用劳动力。这便是农村现状的社会学方面。当然也存在强大的相反倾向。发展过程充斥着矛盾。我首先向大家勾画了这些矛盾的负面。

应该考虑到现在农民比过去积极多了。他们的政治视野开阔了,独立性增强了,他们感到需要更积极参加政治生活、国家机构——村苏维埃、合作社等。

我们过去为保持无产阶级对农民的领导权手中有什么王牌?农民相信,只有布尔什维克党给了并且可以给他们地主的土地。这就是我们最大的王牌。在国内战争期间,我们的鼓动在农民中获得成功,正因为我们有可能指出,一旦无产阶级专政垮台,地主将重新收回农民的土地。我们的这一论据对农民十分有说服力。从那时起已经过了七年多,农村的新一代已成长起来，我们的敌人已失去返回旧时光的希望，我们已不指望收回地主的土地。他们利用另外一点——他们向农民承诺进一步确认农民夺得的土地是私有财产。我们失去了最大的可以帮助我们保住领导权的王牌。不错，这是我们巩固的结果，但事实总是事实。甚至可以说，各资本主义大国承认苏联实际上是承认地主最终失去自己土地这一事实。这等于承认俄国农民的土地革命和用别的诱饵使俄国农民投向他们一边的进一步的尝试。

我在昨天的报告中谈了类似的内容。我指出，从社会力量的层面来说，整个世界经济、整个情势的特点就是资产阶级与无产阶级为争夺农民作顽强的斗争。

现在来谈总的形势。我们在壮大，但同时新的危险也在增大。我们不能抱着老方法不放，对农民说，我们给了他们土地，因此他们应支持我们，就完了。这些论据在我们今天已经没有说服力。我们需要新方法。我们从两个方面去寻找新方法。**经济上**，我们努力大力振兴我们的工业，让农业得到的工业品比资本主义工业的价格低。**政治上**我们要关注我们的专政不会被削弱，因为我们决不应该改变我们的政策，使无产阶级的阶级统治变成无产阶级和农民**两个**阶级的专政。应该形成有助于加强无产阶级专政的氛围，为此必须采用与新的阶级对比关系相适应的新方法，重心必须转移到所谓的和平方法上，强制压力的方法是军事共产主义时期的特点。

我们的任务异常困难。我们在农村中积极的骨干（与我们血肉相连）是在军事共产主义时期形成的。他们的一切习性都植根于军事共产主义。改造他们非常困难。可是从所谓的文明大国承认苏联时起形势变得不同了。

最近这场争论如此激烈的原因就在这里，问题完全不在于如某些人庸俗地胡说的个人摩擦。很遗憾，人与人之间的斗争免不了人身攻击，但分歧的客观基础是党必须在苏联发展最重要的问题——关于无产阶级和农民相互关系的问题——上采取新方针。争论的实质就在这里。我尝试通过一个例子来给大家说明。

我们在争论发生时经历了严重的经济危机。工业产品销售不出去，商品交换遭到破坏。这有着第一位的意义。

此外，我们的货币很不稳定：苏联卢布几乎完全贬值。农民已经拒绝接受苏联货币，因为他们认为苏联货币毫无用处。这一事实也有作用。

过去的城乡之间的联系逐步让位于疏远和隔绝。由于城乡关系紧张即无产阶级与农民关系紧张，党不得不寻找新方针。

我再一次提醒大家，对问题的正确解决，对于我们有着生死攸关的意义，而不仅是理论的意义。在讨论解决这一问题的方法时拟定了两条不同的政治路线，更确切些说，是两条不同的政治经济路线、两种思潮，某种程度上是两种制度。

托洛茨基同志作了什么样的诊断，提出了什么样的解决办法呢？托洛茨基同志认为危机的原因是我们经济没有计划性。他认为克服这一危机最重要的手段甚至拯救局势的唯一办法是向计划经济过渡。他又是如何理解这一点的呢？他认为工业要严格集中化，按统一计划来组织工业，更完善地搞好计划经济，为了组织工业采取一系列行政措施。按照托洛茨基同志的看法，只要工业走上正轨，按统一计划进行，裁减某些工业部门，价格便会下跌，城乡结合便会加强。这就是他的计划。

所有持反对派情绪的同志都赞同他的观点。他们把重心转移到计划经济上。实质上，同一思想是托洛茨基同志后来论点的基础：我们这里是财政人民委员部专政，它看来没有给我们的工业以足够的财力支持。这种状况再也不能容忍了；它表明在对工业领导上的无政府状态和缺乏条理。我们需要工业专政。一切都应从服从工业利益的角度出发来看待。托洛茨基同志和某些反对派同志在价格政策问题和货币改革问题上的立场也是如此。他们认为这些问题是次要的。对他们来说，计划经济才具有最重要的意义。

我们党中央对形势的评价完全不同。它认为首先必须解决两个刻不容缓的迫切问题：币制改革和降低物价，哪怕我们的托拉斯和辛迪加的利润因此减少。

大家也许会问，我到底想说什么？也就是这一切和总的政治问题有什么联系？这个联系很密切，大家马上便会明白。

首先要问：我们通过什么途径来建设计划经济？计划经济本身是个很好的东西。我们中没有人否定计划经济的优点。计划经济当然优于无政府经济。我们努力逐步靠近计划经济，当然认为它比无政府经济好。计划经济等于向共产主义方向发展。但是问题难就难在这不是与自由派资产阶级作斗争，需要向他们证明社会主义经济比无政府经济强的优点，而是完全实际的措施，实施计划经济的准备步骤。在目前情势下，没有币制改革，一切关于计划经济的议论都一文不值。我国千百万人在从事商品经济。不错，工业集中在国家手中，但全体农民是由小商品生产者构成的。我国有近2200万农户和超过11000万农民，即小商品生产者。在财政很糟糕的情况下计划经济难道能得到发展吗？每一个思维正常的人都明白，在这种危机时，在城乡日益疏远时，主要的任务是恢复财政。当农民没有可能对自己的农业进行成本核算时，当他们任何东西都不出售，苏联卢布使他们的收入为零时，难道可以制定出严肃的计划吗？在这种情况下，农业不可能存在。农民经济由于没有钱而遭到破产。

在军事共产主义时期，情况完全不同。在向商品经济过渡时，这种状况变得令人难以忍受。工业也没有可能作出精确的成本核算，编制平衡表，纷纷开设投机企业。我们没有销售市场，我且不谈合理的经济因素。在国家工业中没有计划组织的前提条件。

因此,走向计划经济的第一步是币制改革;只有币制改革才能朝同一方向走出接下来的几步。币制改革等于实施许多措施。至于我们的国家预算,那显然在大量发行纸币的情况下,币制改革无法实施。因此,不得不限制给不同工业部门的补贴,以便稳定货币,停止滥发纸币,进行币制改革。

在这种情况下,要求工业对财政人民委员部专政意味着什么?顺便说一句,我们的财政人民委员部与资产阶级的财政部有着根本的区别,后者的职能只限于本义上的国家预算。我们的财政人民委员部的活动也涉及国有工业和铁路。我们的国家机构的构建完全不同。我们依靠国家财政、依靠由财政人民委员部主管的国家银行来调节工业。我们的财政人民委员部是整个经济生活的领导机关、十分重要的机关。

计划性是什么?一方面是在工业内部各生产部门之间确立某种比例,另一方面是建立工业和农业正确的相互关系。计划性的根源不是确立与农村正确的相互关系,又能是什么?不可能有其他的基础。工业和农业没有确立一定的比例,生产各部分之间的比例就是十足抽象的空话。由于不仅关注工业各部门比例的恢复,而且关注整个工业和农业比例的恢复,都是财政人民委员部的事,那就要问:可能实行的是谁的专政(如果使用这一用语的话)呢?一清二楚,只能是财政人民委员部的专政。要求工业对财政人民委员部专政表明了什么?表明对工业对农业销售市场的依赖性一窍不通。

因此,托洛茨基同志提出的工业专政的要求是错误的。这一口号表明对农村作为我们工业品销售市场的作用估计不足。托洛茨基在纯理论上当然并没有否认无产阶级和农民牢固结合的必要性。某些同志以为,托洛茨基承认这一必要性就等于问题不存在了。我们则感到光作声明还不够,必须要有具体的经济政治方针及其论据、应有的结论和相应的实践。我们否定工业专政的政策。托洛茨基不懂得,加强无产阶级与农民结合的第一步应是保证我们的工业有农民的销售市场,这种不理解是与对农业作用的估计不足相一致的。为什么必须进行财政改革?托洛茨基对财政改革持怀疑态度。他及其追随者不懂得小生产者的商品经济以及币制改革在我们的经济生活中的巨大意义。但币制改革是十分具体的问题,一切都取决于这一问题的正确解决。在这一领域执行错误政策是要掉脑袋的。最近几年的经验表明,不进行币制改革,我们就支持不下去。1924年,在糟透了的财政体制下继续经营下去,将削弱城乡结合、无产阶级和农民的结合,在两者之间挖下一道难以逾越的鸿沟。也许有人以为这个说法有点言过其实,但这是事实。我们的德国同志知道,货币问题和马克贬值对德国资产阶级有什么意义。我们的财政体制情况更糟。这是我们争论激烈的原因。

许多同志是这样想的:托洛茨基在提出他的建议时,口头上和书面上都没有否认无产阶级和农民结合的必要性。我已经指出,在争论过程中没有一个人笼统地否认过与农村结盟的必要性。所有的同志在口头上都承认这种结合的必要性。不妨回忆一下,列宁就此问题说过什么。他说,问题不在于宣言,而在于政治经济领域以明确方式影响政治经济生活的迫切的具体措施。正是由于这些问题极其尖锐、迫切和生死攸关,才必须与错误倾向作斗争并战而胜之。

现在我来谈另一个问题。托洛茨基同志和其他许多同志在许多迫切重大的政治问题上的错误立场是否是偶然的?我们提"托洛茨基主义"是否有根据?我们来认真地分析一下这件事。

第一阶段的争论涉及的是完全具体的实际问题。在托洛茨基发表了他为他的《1917年》一书写的序言后争论进入第二阶段。这一序言像电光一般照亮了党内的现状。这一序言的实质是什么?有些同志认为实质是谴责在十月革命时期立场错误的党内领导同志。因此不仅在俄共内部,而且部分地在共产国际内部争论的火力很猛。这是肤浅的看法。序言的中心点是托洛茨基断言他在所谓的"不断革命"论中反映的对俄国革命各社会力量作用的评价是正确的。某些同志可能会产生疑问:包含对我国社会力量错误评价的理论会给我们带来什么危害呢?答案是明确的:危害很大。在这个问题上,与关于计划经济的问题一样,问题不局限于文字上的争论,因为对这个问题不同的解决办法将成为我们现实政策的基础。

我已经指出,托洛茨基在所有实际政治问题上的立场表明他对农民作用的估计不足。这种估计不足和错误的"不断革命"论之间是否有联系?当然有,而且是极为紧密的联系。托洛茨基错误方案的根源是"不断革命"论。这是我们与之斗争了好几十年的特殊种类的改良主义。托洛茨基的实际倾向不是偶然的,来自他此前鼓吹的理论。

简单谈谈"不断革命"。大家都知道,我们的党,社会民主党中以列宁为领导的布尔什维克一翼,在1905年革命时期认为,俄国正经历民主革命阶段,其重心在土地问题。列宁十分明确和尖锐地表述了这一论点,指出俄国革命的民族特点是土地问题异常重要。当时我们的基本口号是:无产阶级和农民的民主专政。我们当时还反对波兰同志提出的另一个关于俄国革命性质的政治提法:"**依靠**农民的无产阶级专政"。托洛茨基同志和帕尔乌斯提出了第三个口号:"打倒沙皇,工人政府万岁!"这些口号彼此有什么区别呢?**我们是这样论证我们的口号的**:我们处在资产阶级革命的前夜;无产阶级和农民是这场资产阶级革命的积极力量;在我国革命胜利后将确立无产阶级和农民的雅各宾式专政;整个运动的主轴是农民和土地问题;由此提出了我们的土地纲领,等等。

托洛茨基同志说:总之,我说得对,当时就预言了无产阶级专政的确立。我的预言被证明是对的。我在当时就强调指出,将确立的不是无产阶级和农民的专政,而是无产阶级专政。我的预言实现了。

托洛茨基当时谈的是**社会主义革命**，而列宁、布尔什维克看到的是**资产阶级**革命的来临。于是托洛茨基断言说，他是对的，因为要求社会主义革命的是他，而不是布尔什维克。按照托洛茨基的说法，1917年前的布尔什维主义与二月革命**后**的不同。布尔什维主义的实质演变了，换句话说，布尔什维主义托洛茨基主义化了。他认为布尔什维主义的这一托洛茨基主义化是1917年时期策略上和战略上的主要教训。

同志们，我们已经公布了一系列文件，托洛茨基在其中完全公开地说出了这一观点。在列宁研究院出版的最新一卷《列宁文集》中将刊登列宁与托洛茨基论战的亲笔材料，写作的时间是托洛茨基投向布尔什维克的时期，即1917年夏天。列宁从托洛茨基的讲话中记下了几句话，托洛茨基断言说，布尔什维主义现在变得另一个样子了，因此他现在才可以自称为布尔什维克并与布尔什维克一起工作。托洛茨基现在也认为，不是他投向布尔什维主义，而是布尔什维主义投向他，这才使他有可能加入我们的党。

托洛茨基论据的逻辑就是如此。我们应该清楚地认识到托洛茨基错误的实质，以及为什么他的论据极其危险。

在第一次革命和二月革命之间隔了好多年。托洛茨基在就第一次俄国革命的性质问题与布尔什维克争论时就说：**在胜利前**布尔什维克不危险，但是**在胜利后**他们异常危险，因为布尔什维克党有两个灵魂：一个是革命的，另一个是反革命的。后者是农民、小私有主的灵魂。这就使布尔什维克在胜利后变得危险，因为他们的反革命盟友——农民，不可避免地必然会反过来反对无产阶级。布尔什维克则会支持这些反革命倾向。

这就是托洛茨基在第一次俄国革命时的观点。

他对无产阶级和农民相互关系的看法是这样的：革命胜利后不可避免地与农民发生十分激烈的冲突，因此由于俄国的社会构成我们必然会失败，如果胜利了的西欧无产阶级不向我们提供国家支援的话。如果西欧无产阶级没有掌握政权，没有依靠其胜利向我们提供有组织的国家支援的话，俄国革命就输定了，——托洛茨基当时是这样论证的。

同志们，大家看到，俄国没有西欧无产阶级的国家支援也没有毁灭；它没有西欧无产阶级的直接胜利也壮大了。尽管我们与农民有冲突，这些冲突还不是使我们遭到严重危险的冲突。我们确信，我们可以坚定地站稳脚跟，感觉自己固若金汤。

托洛茨基的方针说明了什么？说明他不善于正确评估阶级对比关系和捕捉住这方面的变化。要是我们在第一次革命时期遵循托洛茨基同志的理论，提出工人政府的口号，可以预期在夺得政权后马上就会与农民决裂，那我们肯定要输掉这场革命。但我们过去和现在都知道，在革命过程中阶级的对比关系不断在发生变化。在第一次革命时期，革命运动的主轴是农民问题。这是绝对正确的，我们当时的口号——无产阶级和农民的专政——也同样是绝对正确的。当时无产阶级由于其国家的孤立和德国没有革命情势，不能独立管理国家。我们的布尔什维克策略保证我们取得胜利，正是因为我们在革命发展过程中利用了一切社会力量，把它们联合起来与敌人作斗争。在事实上，我们的革命根本不是按照托洛茨基同志的理论发展的。我们的策略同样很少托洛茨基的东西，它是明确的布尔什维克的、列宁主义的策略。我要给大家提一下二月革命。当时我们甚至要求召开立宪会议，但除此之外，我们把"给农民以土地"的口号置于第一位。因此，我们在当时提的也不是工人政府的口号，而是完全不同的要求。列宁在二月革命后在他的四月提纲中还要求成立小资产阶级苏维埃和农民政府。列宁当时的口号就是这样说的。即使在十月革命胜利后列宁也接过了社会革命党的土地纲领，也就是说无产阶级在夺取政权后成立的还是与左派社会革命党人即农民政党的联合政府。我们不仅带领无产阶级力量，而且带领包括大农在内的全体农民投入与沙皇制度和克伦斯基政府的战斗。

十月革命胜利后,阶级斗争也向我们的同盟者转移。在革命军队内部开始出现分化,我们开始组建贫农委员会。农民队伍中阶级斗争也异常激烈。由于左派社会革命党人是大农的代表,因此他们退出政府,开始策划暴动。我在当时的一篇文章中曾指出,米尔巴赫被刺杀的原因应该在我们与农村的关系中去寻找,这里才是行刺的社会经济背景,问题就在于统一的农民阵线分裂成大农和部分中农的阵营及农村贫农和其他中农阶层的阵营。在阶级斗争的此后阶段形成了我们与贫农和中农的结合。这是此后革命阶级斗争开展的阶段。这一阶段的存在推翻了托洛茨基的预言并证明了他的策略与布尔什维克策略截然不同。我们走过了许多阶段。我国发生了资产阶级的二月革命,包含资产阶级革命因素的十月革命。经过这些发展阶段后,我们到达了无产阶级专政。真实的事态进程和决定性社会力量的作用与托洛茨基的路线图不同,而是证明了布尔什维克路线图是正确的。

大家可以看到,托洛茨基关于以列宁为首的老布尔什维克臆造的演变的说法纯属幻想。现在列宁去世了,因此,按照托洛茨基的想法,老布尔什维主义的"反革命"特点又将复活。因此,必须敲响警钟,把党纳入老托洛茨基主义的轨道,迫使党执行真正无产阶级路线来取代"反革命"路线。托洛茨基同志是这样想的。这一幻想有着现实的政治意义,党应该十分坚决地与之作斗争。

我们的中央捍卫真正列宁主义的、符合当前形势的政策。我们的中央依然执行马克思列宁主义的政治路线。

列宁关于无产阶级和农民关系的基本学说得到我们中央毫不动摇的支持,却遭到托洛茨基和反对派的抛弃。要是托洛茨基以前的论点是对的,那么他现在说的也是对的。布尔什维克确实具有反革命特性,目前形势十分有利于这些特点的表露。列宁去世了,而农民开始起越来越积极的作用。由此得出的结论是：把党员群众招集到自己这边来，让老布尔什维克党稍稍振作起来。

当然断言托洛茨基以此来追求某种个人目的是荒唐的。没有人怀疑托洛茨基绝对真诚，但他的言行客观上在瓦解群众。

同志们，如果大家真的明白了我说的一切，大家就不难清楚后来发生的事。

大家都知道，关于老近卫军的问题在第一场争论中起了大作用。托洛茨基声称，党中央执行了错误政策，把党推向深渊的边沿。反对派就是这样表述现在的形势的。他们强调指出我们中央蜕化变质、老近卫军蜕化变质的可能性。老近卫军被描绘成党内官僚的化身。在斗争中成长的年轻力量应该教训一下老人，口号就是这样的。这里还加上关于派别集团和党内争论自由的问题。大家都知道，列宁主义在组织问题上的理论是，可以而且应该争论，但不能从派别主义出发。不能允许我们的党分裂成不同的集团和派别。我们不想允许出现这种情况。托洛茨基则要求更多的党内结成集团的自由，通过这一点来追求战略策略目标。他和反对派希望招集更多的党员站到他的一边。当时莫斯科相当多党员有派别情绪。对结成集团自由的要求等应能增加新支持者的涌入。但这一希望落空了。从前的反对派只剩下几个同志。我们不用担心多数人会离开我们，但仍得开展斗争来揭露根本错误的思想政治观点——背离列宁主义路线的倾向——并阐明我们对农民态度这一俄国革命的基本问题。

这里还要加上许多其他问题；我不在这里涉及这些问题。只简单谈谈我们国家机关脱离党的倾向。我们的反对派和托洛茨基同志提出的实际建议暴露了一种在更完善分工的借口下使国家机关摆脱党的影响的倾向。这一倾向过去和现在都是危险的。我们党的机关当然没有任何必要直接干预国家事务，但党仍应起领导作用。这是继续保持无产阶级专政绝对必要的前提。对国家机关意义估计过高和对党在国家机关中的领导作用估计不足，也是党代表会议和代表大会指出的小资产阶级倾向之一。

我们的党和我们的中央不得不坚决与这些倾向作斗争。这是绝对必要的。持有反对派情绪的外国同志在国外的长篇文章中不去分析争论的根本问题，而是重复各种流言飞语，从而等于承认自己破产了。斗争中个人的调门是不可避免的，但只有政治门外汉才会根据这些调门得出不存在原则性根本分歧的结论。在对无产阶级专政生死攸关的根本问题上存在这些分歧。

政治上错误地对待农民和无产阶级的作用、党和国家机关的相互关系、党内自由以及中央和党员群众的相互关系等问题，由于客观必然性，不可避免地会导致我们在今后的发展过程中取消我们的专政。所有敌视我们的人，包括在苏联境内的，都马上支持党内反对派绝不是偶然的。例如，我们的小资产阶级知识分子就支持反对派。原因是什么？他们把反对派想象成腐化、瓦解我们力量的手段。

同志们，托洛茨基同志最近的言行把我们的争论带进共产国际内部。在上面提到的那个序言里托洛茨基同志也批评了共产国际执行委员会在德国问题上的政策。这一点大家都已经知道了。在我们共产国际的队伍里，俄共中带托洛茨基色彩的鲁宾逊们和我们兄弟支部的有关人员结成了类似联盟的某种组织。大多数持反对派情绪的同志已经确信反对派策略和托洛茨基错误有害。但我们的鲁宾逊、我们党内的孤立分子中的某些人依然与外国共产党中的有关同志结成联盟。

同志们，我们在这场争论中当然不仅用外部手段进行斗争。相反，我们从思想上大大强化了我们的党。出版了全新的书刊，就争论问题出了许多书，对所有争论问题作了详细的阐述。我们的党进行了强大的思想动员。我们敢向大家保证，党由于进行了两场争论而大大前进了。我们的党现在是强大的群众性的政党，它不仅包括革命经验丰富的老布尔什维克骨干，而且还包括许多新成员。在争论期间某些同志指出托洛茨基过去持孟什维主义，这样的说法实质上是正确的，但却使新成员十分愤愤不平。因为青年人认为这是对托洛茨基的侮辱。这些同志不了解我们党的历史。在这场争论发生之前，我们没有涉及从前与托洛茨基的分歧；这没有必要。现在我们不得不这样做，因为过去的问题重又具有迫切的政治意义。很清楚，在第一场争论之初有些同志感到不知所措。他们不是老布尔什维克。一位同志干脆说，他直到现在才明白，他至今还不是真正的布尔什维克。这是一个小例证，但它很说明问题，阐明了党内的现状。在我们队伍中有在布尔什维主义方面还不成熟的新成员。不是100%的党员都是布尔什维克。

在争论中布尔什维主义赢得了出色的胜利。我们得以在思想上战胜了托洛茨基主义，孤立了机会主义领袖，采取一系列新的组织措施来加强党。大家也许还记得我们中央针对托洛茨基同志最近言行的决议。决议的结果是托洛茨基被解除人民委员的职务并在政治上受到谴责。大家已经知道这些措施了。此外，我还应指出我们进行的大规模的教育工作对我们党今后的发展意义重大。

我们党中央在今后也将坚决与这类倾向作斗争。容忍我们队伍中严重背离列宁主义路线的倾向，对于党和无产阶级专政都是致命的。有些同志认为最好采取另一种行为方式，理由是托洛茨基是大人物。我倒要说：要是这个人不是托洛茨基，而是某个伊万诺夫或彼得罗夫，这危险将要小得多。托洛茨基代表的这些倾向危险极大，这些倾向会变成整个党内事件，各式各样的人试图集结在这面旗帜下，这有可能把托洛茨基变成瓦解党的力量。

目前形势怎样？我们的苏维埃政府已经获得承认。我们政治上、经济上发展壮大了。但发展过程充斥矛盾。我已经描述过苏联国内现状的困难。对外政治上的危险至今仍威胁着我们，因为苏联强大的发展引起世界资产阶级越来越多地尝试扼杀它。我们正经历和平时期，但随着我们的强大和成功，我们的敌人、资产阶级国家中推翻我们的倾向在加强。我们生活在过渡时期，我们需要严格的纪律。不错，保持无产阶级专政的方法应仔细加以区别，但因此更需要我们党高层领导及其高级机关绝对的统一。

　　我代表我们党请求扩大的全体会议批准中央对托洛茨基采取的措施。

# 第十一次会议

(1925年4月3日下午)

## 对布哈林关于俄共(布)党内争论的报告的讨论

**斯科奇马罗**(意大利):

托洛茨基主义通常在共产国际右翼队伍中找到自己的辩护士。相反,在意大利,极左派挺身而出,为他辩护。博尔迪加在他的一篇文章中声称赞同托洛茨基同志的观点。博尔迪加这一支持托洛茨基的方针出于什么动机?不应该从心理领域去寻找这些动机。如果我们想理解问题的实质,不陷入庸俗的批评的话,那就应该在原则性的思想层面来提出问题。我们在这里将找到托洛茨基主义和博尔迪加同志对某些基本问题的观点一定的共同点。我们说的是共同点,而不是思想完全一致,因为两位同志观点的直接矛盾也很多。例如,我们可以确认在对马克思主义辩证法纯机械的理解上存在这种共同点,因此有时使得他们把历史过程看做自相矛盾的论点持续不断的更替,却忘了在实践中相互解决矛盾的过程。我们发现托洛茨基在分析1917年4月至10月俄国事态时的这个特点。

博尔迪加和托洛茨基观点其他的思想共同点是:他们**策略方法**的形式主义性质;他们在确定党的策略时对作为重要因素的每一个特定情势

的特点估计不足或完全不予考虑；对**党的作用和群众的自发运动**之间相互关系的观点。

接下来应该指出**博尔迪加对整个布尔什维主义的立场**。关于这一点还没有完全说清楚，但作了相当多的暗示。例如，谈到当列宁活着并亲自实施时，列宁主义的方法和策略是好的。那时可以闭着眼睛加以接受。但列宁不在时，情况就变了。

博尔迪加在他关于托洛茨基主义的文章中断言说，对共产国际的策略必须加以修正，因为列宁不在了，没有了他我们就输掉了德国的十月革命。无须再作解释了。

很容易发现托洛茨基和博尔迪加都对布尔什维克策略的适应性，即对把在俄国革命基础上产生的革命方法运用到西方国家革命运动中去的可行性有一点不相信。

这里的主要错误是没有考虑西欧无产阶级在资本主义发展过程中的机会主义和社会民主主义的蜕变，也没有考虑其对革命运动的影响。俄国孟什维克和社会革命党人的作用与西方国家中社会民主党人的作用大不相同。如下事实很说明问题：博尔迪加同志格外反对统一战线和"工人政府"的策略，而这是无产阶级摆脱社会民主党影响的独特的策略手段。

布尔什维主义实际上为我们提供了普遍适用的策略方法。博尔迪加对布尔什维主义的立场与托洛茨基同志过去的观点有某种相似之处，托洛茨基当年把自己定义为"欧洲马克思主义"的策略方法与布尔什维主义对立了起来。

我下面只简单指出问题的基本特点，以便更好地理解博尔迪加同志在托洛茨基主义问题上的立场。我们根据我们掌握的唯一一个文件，即博尔迪加关于托洛茨基主义的文章，尝试来阐明博尔迪加同志对问题总的提法。

不值得去谈充斥在这篇文章中的所有的错误论断、不确切的说法、倾向性的暗示和随心所欲的结论。

例如，只需要指出博尔迪加断言说托洛茨基在1917年后他的任何一篇文章中都没有向过去的观点回归。

但我们把这一切放在一边，只读一下博尔迪加是**怎样**提出托洛茨基主义问题的。他否定作为列宁主义对立面的托洛茨基主义的存在。依照他的看法，这一切不过是俄国党中央委员会的发明。他把托洛茨基的政治生涯分成两个截然不同的、互不关联的时期：第一个时期是1917年前，第二个时期是1917年以来。他谴责以托洛茨基中派立场为特点的第一个时期，他无保留地赞同托洛茨基结束过去、站到纯布尔什维克立场上来的第二个时期。博尔迪加说，如果**存在新托洛茨基主义**的话，那么至少没有人有权把它与老托洛茨基主义联系起来，托洛茨基同志新的立场是左倾的，而不是像过去那样右倾的。这里必须指出这一论断，因为如我们所看到的，博尔迪加利用它来为自己的路线辩护。这方面暴露出博尔迪加的形式主义：对于他来说，他以为托洛茨基同志的路线更"左"这一事实便足够了。他也不想更仔细研究问题并借助马克思主义的分析认清托洛茨基主义真实的政治思想内容。托洛茨基的立场有左倾的假象，这便足够了。

对于博尔迪加来说，托洛茨基在1917年后在革命最重要的问题上与俄国党的分歧无足轻重，因为其他的布尔什维克犯过同样的或类似的错误。这是什么也辩解不了的辩白。

我没有时间在这里证明，对托洛茨基主义问题这样的提法是多么随心所欲，与博尔迪加至少有义务加以研究的实际多么抵触。现在只需要认定，博尔迪加认为可以把托洛茨基同志的政治活动机械地分成两个截然对立的时期，而不需要有二者之间的任何中间环节（托洛茨基本人加以否定了）；只需要他把托洛茨基同志在革命提出的各种问题上的路线看做彼此互不联系、毫不相关的一系列错误；他没有看到，相反，这些错误不仅相互联系，而且与托洛茨基同志革命前的立场相联系。博尔迪加回避了实实在在地提出问题，同时又不对问题作出切实的解决。他关心的只是利用托洛茨基同志反对党和共产国际领导人的观点，以便利用托洛茨基同志的名义（尽管毫无根据）来为自己与共产国际的分歧（第五次代表大会已就这些分歧表明了态度）提供论据。

博尔迪加确实也没有考虑把托洛茨基的最新著作与现实实际的事实、与事态发展真实的进程相比较；他忽视了人所共知的事实，他罔顾争论的全部材料，他只掌握了托洛茨基同志序言提供的新证据，利用这一证据来反对共产国际的领导人。博尔迪加抓住1917年俄共中央的分歧，从整个发展链条中抽出这些分歧；他加以归纳，随心所欲地断言，这些分歧不是偶然的，而是基本的、根本性的；他尝试在共产国际的生活中也找到这些矛盾来；他还把这些矛盾强加到1923年德国和保加利亚的事件上，并由此得出他力图得出的结论：必须修改共产国际的策略。

我们已经知道要怎样去修改。我们已发现这一修正的基本错误和共产国际拒绝修改的理由。

但有一点真令人难以理解，这就是博尔迪加同志犯的另一个错误，也就是他的错误假设，他在这方面和托洛茨基同志很相像。博尔迪加写道：**"托洛茨基是从与意大利左翼在第五次代表大会上的观点相类似的角度来看这个问题（1923年的德国事件）的"**，也就是说这个错误靠把责任推给德国党右翼是消除不了的，这需要对共产国际的策略作国际修正。按照博尔迪加的看法，德国失败的原因在于共产国际的策略。他因此才要求修改这一策略，这就意味着放弃统一战线策略，放弃工人政府的口号，总之，抛弃共产国际所有的策略方法。这意味着谴责第三次代表大会后共产国际的全部政策。

已经十分清楚地表明，现实与托洛茨基同志在谈到1923年德国事态发展时所勾画的图景截然不同。同样也已证明，1923年1月托洛茨基同志和拉狄克同志及德国党右翼站在一起，反对支持德国党左翼的季诺维也夫同志和共产国际主席团。

博尔迪加同志同样追随托洛茨基同志，随心所欲地把德国党的错误和1917年10月俄国党中央委员会某些同志的错误联系在一起。目的很清楚。这方面显露出要表明这些错误至今影响共产国际生活的意愿。我们在这里不打算为任何人辩白或辩护，但我们应该明确地说，这一论断无疑是错的，没有任何根据。在共产国际队伍中和工人运动中散布这种杜撰的故事就是执行失败主义政策。已经承认了的错误不再有任何危险。危险的是不愿加以承认的错误，博尔迪加同志如果能更认真地分析自己的政治立场的话，他才会干点好事。托洛茨基主义在意大利是在容易找到博尔迪加同志一贯的弃权主义痕迹的观点的掩护下出现的，同样，在法国，为托洛茨基主义辩护的是那些思想上工团主义卷土重来的（如他们的机关报《革命无产者》所表明的那样）的同志，这些事实证明，托洛茨基主义在西方国家里成了背离布尔什维主义和列宁主义的各种倾向思想上的掩体。托洛茨基主义是这些倾向的结晶点。

在我们各党内反对托洛茨基主义的斗争就是反对这些倾向、保卫列宁主义的斗争。这一斗争是党的布尔什维克化赋予我们的责任。（鼓掌）

**特伦**（法国）：

同志们，法国党在关于托洛茨基主义问题的争论和反托洛茨基主义的斗争过程中向前迈进了一大步。我们右倾反对派一小撮人中的某些同志试图把我们党去年的危机说成是俄国人人为制造并被某些同志用来进行个人钩心斗角的危机。这对于追求对党内发生现象的原因作马克思主义分析的人来说，是一种不体面的解释。

确实，从"第三国际委员会"时代起，一贯都存在两个不同集团的同志：属于一个集团的同志，尽管有动摇，犯过局部错误，仍努力本着列宁主义精神工作，另一集团的人则对托洛茨基主义充满同情；加入这第二个集团的有各式各样的人，革命热情驱使他们走向我们，但他们与马克思主义多多少少有些格格不入。在托洛茨基主义反对列宁主义的斗争猛烈爆发之前，是哪些问题在过去就已引发法国党内的暗斗的？我们的党必须变为群众性的党，为此需要在工会中开展工作。当我们打算组建党的工会机构时，我们却遇到了莫纳特这样的人的抵制，他们说：党不应该组建工会工作委员会，党应该指望党员的认真负责态度即指望他们在工会中捍卫共产党的观点。

稍后，在去年，当我们还是组建了我们的工会机构时，我们又遇到了莫纳特和罗斯默，他们号召我们当遇到法国总工会中无政府工团主义者的反革命进攻时撤退。罗斯默说：我们要解散工会工作委员会；莫纳特建议成立工会党团，但党团不能由党控制。

早在1923年12月底，党就实际上面临在工厂支部的基础上重组的问题，我们又不得不与莫纳特支持的倾向作斗争。

后来我们在党的发展过程中直接面对关于建立和拓展党的机构的问题。恰恰在主要注意力集中在德国革命时，这个问题变得异常尖锐。10月到来了，我们满怀希望德国爆发革命，我们已开始组建党的机构，我们加强了这个机构，一旦德国传来第一批消息，我们决心使全体工厂无产阶级都挺身而出。这时我们不得不在巴黎大区委员会和党的中央委员会里进行反对苏瓦林、莫纳特和罗斯默这样的人的斗争，因为他们声称党没有必要组建和拓展机构，一旦需要行动，随时可以采取临时措施来组建这样的机构。在这方面我们遇到的已经是关于党的作用的问题了。两派在其他问题上也暴露出分歧很大，已经不是在组织问题上，而是在政治问题上，例如，这两派在殖民地问题上的分歧。我们和反对派联盟还在许多其他问题上爆发斗争。例如，在德国问题上，反对派联盟说：我们想要和整个德国党合作，我们对布兰德勒、克莱因、鲁特、费舍不作区分，我们支持整个德国党，我们又不得不与这种提法作斗争。

我们在英国问题上也分道扬镳了。我们不得不反对幻想，指望英国工人政府能长时间支撑下去，甚至能进行改革。

我们并不因此想说，我们在各种场合都存在托洛茨基主义倾向，但非常清楚，不管是纯工团主义倾向的人，还是向机会主义回归的人，都在托洛茨基主义中寻找支持。当俄国发生的争论波及我们时，便暴露出老分歧中被多少掩盖了的深层次问题，于是我们的党不得不一个月接一个月在党内进行思想争论和反对托洛茨基主义倾向的顽强斗争。在这场争论过程中，党壮大了，它的思想定型了。我想在这里指出党在这场争论过程中所取得的主要成果。

首先我要提到对党的作用的理解。由于《十月的教训》的出版重新引发争论，我们对这个问题争论得格外认真。我们在关于党的作用问题上不得不激烈地反对托洛茨基同志关于只有在革命时刻才能对人和集团作历史检验的思想。目前法国党弄清楚了这场争论的意义。它知道对人和集团的检验不能在决定性行动时刻进行，这样的检验只具有次要的意义，因为在这样的时刻甚至连最落后的群众也被卷入革命洪流。我们已经发现，托洛茨基同志的这一思想多么危险。我以为，在法国和其他国家里机会主义者和某些革命工团主义者会说：我们要求给我们以党内的地位，因为只有在决定性战斗的时刻才能恰如其分地评价和考验我们。

因此，要是我们掌握了托洛茨基同志关于只有在革命危机时刻才能检验人和集团的理论，就会把实际上与马克思列宁主义思想完全格格不入的人和集团留在我们党内。因此我们会不得不把党看做是与布尔什维主义共处的不同思潮的大杂烩。这是托洛茨基旧理论在新形式下的复活，他把党定义为有权共处的不同思潮的大杂烩，而我们要说：在一个为革命做准备的党内应团结如磐石、保持思想统一。我们在分析这个看法后发现，在一个要等待革命时代到来才检验人和集团的党内，在一个是不同派别大杂烩的党内，很难组织行动，党最终会变成在决定性斗争时刻群众革命积极性的尾巴。因此，托洛茨基同志的理论只会助长我们党内产生卢森堡主义倾向。同志们，目前法国党完全弄清楚了党的作用。我们的党已消除了自己内部的托洛茨基主义倾向、个人主义倾向和无政府主义倾向，否认在一个党内不同党派共处的合法性。此外它还弄清楚了卢森堡主义的错误并防止自己受其影响。

至于与农民的相互关系，那么这方面法国党学到了许多：它弄清楚了不断革命思想和列宁主义思想的区别，前者只利用工人，后者为无产阶级寻找同盟者并在无产阶级和农民联盟的基础上策划反资本主义的无产阶级革命。对于我们来说，在农民占居民很大部分的法国，这一问题意义重大。

在争论过程中我们整个视野拓宽了。我们学会比过去更深刻理解，除了法国农民，还有千百万殖民地农民，无产阶级革命必须与他们结合。

党从对第三个问题的争论中也获益良多。我指的是托洛茨基极其小心地提出的美国可能出现超级帝国主义的观点。

我不想展开来谈这个问题。这样做会使我们走得太远。但我们在与托洛茨基同志这个观点作争论并开展对他的斗争时，向我们的党员群众阐明了列宁的帝国主义理论。

同志们，我已经作了大体的勾画，但我还想比较详细地说明，如果托洛茨基思想得以站稳脚跟的话，它给法国运动会带来多大的危险。

在战前，法国革命运动在很大程度上是建立在无政府工团主义的基础上的。这是无产阶级对社会主义运动议会式退化的本能反应。无政府工团主义是什么？这是断言革命只能由工会组织来策划和进行的理论。

类似托洛茨基主义的理论，一方面对党的作用估计不足，另一方面忽视农民的作用，只能导致披上新外衣的无政府工团主义理论的复活，我们在法国争论的第一阶段见证了这一点。

我们的托洛茨基分子捍卫党内民主，强调每个党员形式上的个人权利。这与我们致力于确立的无产阶级民主相去甚远，无产阶级民主把一切都服从于工人阶级的利益。

个人主义的和无政府主义的民主观，如我们的托洛茨基分子所捍卫的那种民主观，在法国这样受资产阶级民主长期实践毒害很深的国家里十分危险。

接着我们发现，由于托洛茨基同志勾画的前景，对美国可能出现超级帝国主义的信念产生了自己的机会主义果实。大约一年前，我们的右派把自己的希望全部寄托在工党身上，拒不与布兰德勒主义作斗争。

同志们，我只跟大家谈谈，我们的党取得了什么成果。我们的党完全肃清了托洛茨基倾向。我们的骨干已经完全清楚真相，部分党员群众也清楚了。但党内还有一小撮人离开组织并形成了真正的右倾派别，他们与共产国际内类似的其他集团配合起来活动。我们想在这里指出共产国际内存在真正的派别，他们不仅与各国共产党员配合起来活动，而且与党外人士、无政府主义者和被共产国际开除的人有联系。这一小撮人由于资本主义暂时稳定而抬起了头，开展一定的运动。

针对由于客观情势取得成功的法国党的运动要比针对其他党的运动来得隐蔽，但仍然在进行。

右派在托洛茨基主义思想的掩护下，继续在活动，我们已经见证了一些令人不安的征兆，如苏瓦林的信。这已经不是右倾，而是孟什维克和反革命倾向。当我们在生产支部的基础上建设我们法国党的时刻，当我们越来越接近工人阶级的时刻，我们看到苏瓦林致信罗斯默说："我常常自问：为了增进党的健康，是否需要在党之外建立一个知识分子的核心？所有认识事态真相的人都围绕这一核心聚集在一起。"

很想知道，这是指小资产阶级出身的知识分子服从于无产阶级政党，还是指党将跟着小资产阶级思想走。

这个问题直接导向革命本身、它的筹划、它的展开及各阶级在革命中作用的问题。

我们要提醒一下，由于类似的但更精明地提出的问题，1902年和1904年在两次伦敦代表大会上布尔什维主义和孟什维主义发生了分裂。

但这还不是全部。我们还记录下了公然的反革命倾向。苏瓦林在他给罗斯默的信中谈到俄国时写道："只有发生威胁到革命的危机，才能得救。在这种情况下，整个党会站到托洛茨基一边，因为他是唯一一个能勇敢面对形势、信心十足地把握方向的人。托洛茨基属于那些为英雄时期而不是为在走廊里活动的平淡日常生活出现的人之列。"

同志们，我们应该考虑到反对共产国际基本原则的右派的存在和发展。右派看到共产国际对这些倾向反应坚决，不考虑自己在斗争中的成败，竟号召俄国革命发生剧变，想象托洛茨基是俄国革命的救星。我们断定，苏联不需要别人来救它。

在比利时党内起重要作用的范·奥弗斯特拉滕在与被开除出党的罗斯默通信时，邀请他在比利时的会议上发言，来与共产国际的路线作斗争。大家知道，比利时党中央甚至暂时在反对列宁主义路线的斗争中取胜。

我们想在这里揭露这些花招。我们知道，托洛茨基同志不会和他们沉瀣一气，我们懂得托洛茨基同志十分细微的迷误与我们在这里指出的严重迷误之间的差别。但我们还是应指出一点：在第五次代表大会期间我们法国代表团拜访了托洛茨基同志。当时我们的右派分子多次违反纪律。我们明确地向托洛茨基提出问题：您是否支持我们右派违反纪律的行为？我们不得不告诉大家，托洛茨基同志对这个问题没有作出十分明确的回答。

从那时起，我们的右派进行了我在这里指出的活动。在这一段时间里被开除出党的莫纳特、罗斯默、苏瓦林开始出版矛头针对法国党和共产国际的杂志《革命无产者》。这一切是公开的事实，很遗憾，我们不得不认定，托洛茨基至今对此避而不谈。我们认为这种情况再也不能容忍了。客观上托洛茨基同志是一位忠诚的同志，忠于俄共和共产国际，但他用他的理论（倾向极其严重的右派一贯依据这些理论）在共产国际和党内制造混乱。右倾成了无政府主义者和资产阶级批评的据点。法国的左派联盟、英国的工党、德国的社会民主党接过依靠托洛茨基的右派的论据，开展反对我们各党的斗争，这场运动有利于法西斯主义、白色恐怖和执政的反动派的壮大。因此，不顾托洛茨基同志的意愿，也违背他的意愿，客观上形成了从托洛茨基同志经过右翼到资产阶级的一个链条。

我以法国党的名义，并且我认为我们以整个执行委员会的名义向托洛茨基同志呼吁：您的意图毋庸置疑，但我们吁请您斩断这条链条，它客观上把您和各种右派倾向并通过它们和资产阶级联系在一起。我们号召您斩断这条链条并和我们一起坚决打击右派。（鼓掌）

**贝尔**（英国）：

同志们，英国共产党认真关注关于托洛茨基主义的争论；它权衡了各个论据，毫不动摇地站到俄国共产党中央委员会和共产国际执行委员会的一边。

几年前俄共改行新经济政策时，每一个共产党人都不仅承认走向共产主义过渡时期的必要性，而且承认我们的党和共产国际在这一过渡时期将会遇到许多危险和许多困难。

任何人都知道,实行新经济政策总要有所牺牲。任何人都知道,得为各苏维埃共和国工业发展落后,为经济低下的技术组织付出代价。此外,不得不考虑到资本经常的威胁以及各国社会民主党人和社会爱国主义者的背叛。

在共产国际第三次代表大会上我们已经明白,将有多多少少较长的一段稳定时期。

在这一暂时稳定的时期里,真正的布尔什维克党不能削弱自己的工作,它不能由于决定性斗争时刻往后推了而变成一个进步改良主义政党。进步改良主义是第二国际和所有社会民主党的实质。真正的布尔什维克党不仅应在革命发展速度放缓时期继续工作,而且应更紧张地工作,为它必然会面临的新战斗做准备。

一切"右派"倾向的根子在于对共产党的性质和作用不理解。共产国际"右翼"分子的思想和我们队伍的叛徒及一切改良主义者的思想相近并不是偶然的。这全由于对布尔什维主义基本原则完全不理解。

很清楚,为什么资产阶级报刊从来不放过一次机会来诋毁苏联或共产国际的领袖们。这样的运动完全符合资产阶级的利益。不难理解,为什么资产阶级报刊把投向敌对阵营的纽博尔德、菲力浦斯·普赖斯、特兰梅尔、霍格伦或巴拉巴诺娃捧上了天。

我们看到资本主义报刊利用一切机会来使已经快消失的对革命很快完蛋的希望又死灰复燃。当列宁同志去世时,英国资本主义的所有报刊都不约而同地流下了鳄鱼的眼泪,强调指出他的一切优秀品质。报纸写道:列宁是个幻想家。他们说:"托洛茨基是个有理智的人";"俄国农民很勤劳";等等。但同时又说:"季诺维也夫、加米涅夫和布哈林是俄国和俄国农民真正的敌人。"

我们还要提一下,当英国讨论给苏俄提供贷款的问题时,资产阶级利用托洛茨基同志的反对派以及列宁逝世的机会来在工人阶级队伍中制造混乱。他们简单又明确地告诉俄国农民说："你们要贷款，你们想让我们给你们提供机器和工具来恢复苏维埃俄国。好极了。我们愿意讨论这个问题，但你们能提供什么保证，这些贷款不会被季诺维也夫、加米涅夫和布哈林用来进行国际宣传，不仅反对英国本身，而且反对英国在东方的殖民地？让俄国农民先解除季诺维也夫、加米涅夫和布哈林的职务，到那时我们就能达成协议。"

同志们，我们知道，托洛茨基主义是个老问题。我们知道，托洛茨基主义不是在1923年产生的。但只有当我们看到俄共党内和共产国际内的反对派被英国和欧洲其他国家的资产阶级报刊所利用时，我们才开始明白托洛茨基同志或共产国际队伍中其他任何一个反对派分子被资本家利用所带来的危险。

不错，托洛茨基同志是个大人物。西欧，尤其是英国，认为他是个浪漫主义人物。有一种看法，特别是在英国和其他国家我们运动中的知识界，认为既然事情涉及托洛茨基同志，他就有受到特别优待的权利，或者至少应给他提供特别的行动自由和批评自由。知识分子和改良主义者们说："托洛茨基为共产主义和世界革命立下了大功劳。大家都知道，他是世界革命的斗士和领袖。为什么党如此严厉对待托洛茨基？"请允许我简短地给大家转述我听到的一位工人和一个知识分子就此话题进行的谈话。那位知识分子正是提出了我刚才提到的问题，那位工人回答说："为什么托洛茨基同志应该比共产国际其他任何成员享有更多的特权？应该对托洛茨基执行与对其他任何共产党员一样的严格纪律。"工人就是这样处理这一极其重大的问题的。我们的党无疑很清楚，革命需要的不仅是浪漫主义，不仅是宝贵的功劳，而且还需要真正的纪律，首先是集中的领导。

共产国际一贯让各个党有可能讨论工人阶级生活和革命运动中迫切

的问题。当托洛茨基在1923年12月挑起争论时,我们在英国有意倾听托洛茨基同志的意见并与他讨论他关于克服工人共和国即苏俄遇到的困难的建议;但当列宁去世,资产阶级报刊认为现在干涉的时机已到时,俄共中央和共产国际执行委员会采取了正确的路线,声明形势要求结束争论,继续争论是不合时宜的。

后来,当托洛茨基利用自己的地位,不顾他本人从属的党的决定,再度挑起争论时,事情便很清楚了,该是对托洛茨基同志采取极其严厉的纪律措施的时候了。

至于政治路线的问题,我毫不动摇地声明,英国共产党完全赞同我们兄弟党的中央委员会和共产国际执行委员会的主张。我们认为,制订计划十分重要,但我们并不以为,为了使工人们克服他们面对的困难,只要有理论计划就够了。农民需要工业产品和农业工具,需要贷款和调整价格,他们显然愿意要更可触摸到的东西,而不光是一堆说明这一切如何得来的表格。当城市工人要求缩短工作日、提高工资时,我们应该给他们提供比理论计划更多的东西。

因此,我们的意见,整个英国共产党的意见,是俄共中央和共产国际采取的政治路线是正确的,主要的是要建立工人阶级和农民最紧密的联盟。这就是我们在这个问题上反对托洛茨基和支持共产国际的原因。

**诺伊曼**(德国):

我们完全赞同布哈林同志及关于布尔什维克化的提纲的看法,即托洛茨基主义不是偶尔出现的一两场党内争论就可以结束的现象,而是工人运动中长期的思潮。我们同意托洛茨基主义不是俄国现象而是国际现象的看法。德国关于托洛茨基主义的争论具有相当深刻的性质,大概并非所有的兄弟党都知道这一点。我们在争论中提出了关于托洛茨基主义在国际范围的实质和它在德国的特点的问题。如何在德国与托洛茨基主义作斗争？托洛茨基主义的思想根源是什么？我们应用来反对托洛茨基主义的思想武器在哪里？最后，在俄共、共产国际和我们党内这场托洛茨基挑起的争论有什么意义？

托洛茨基分子就关于托洛茨基主义和共产国际内托洛茨基分子的问题回答如下："不存在任何托洛茨基主义，托洛茨基同志有错误，但某几点上他是对的。但德国捍卫不断革命论的集团在哪里？"

很清楚，对这个问题不能光说已经有了一定的纲领。整个托洛茨基主义的特点是它在国际方面的无原则性，在一些国家里的无原则性，对自己本身的无原则性。列宁同志在他书中的提法："退一步，进两步"①，包含了对托洛茨基思潮，更确切地说是共产国际中的托洛茨基一翼作用的经典评价。

列宁在1904年是这样写的：

"读到同机会主义作斗争，任何时候都不应当忘记整个现代机会主义在各个方面表现出来的特征：模棱两可，含糊不清，不可捉摸。机会主义者按其本性来说总是回避明确地肯定地提出问题，谋求不偏不倚，在两种互相排斥的观点之间像游蛇一样蜿蜒爬行，力图既'同意'这一观点，又'同意'另一观点，把自己的不同意见归结为小小的修正、怀疑、天真善良的愿望等等。"②

这一评价对共产国际各支部中存在并继续发展的某个集团十分合适。现在托洛茨基主义格外危险，也许它在俄共党内争论结束的过程中被彻底击溃之后，在西欧会变得更加危险。把西方各国党的历史与俄共历史作简单的类比和对照是十分错误的。托洛茨基主义的具体表现随着阶段和国家不同而不同。就拿托洛茨基主义的"骨干"、代表托洛茨基

---

① 原文如此。列宁的提法是"进一步，退两步"。——译者注
② 《列宁全集》中文第2版第8卷第404页。——译者注

主义人物的问题来说。俄共中这些骨干并非来自老近卫军。相反,老近卫军成了托洛茨基分子攻击的对象,后者试图推翻前者。这里的托洛茨基主义的"骨干"是由党内的年轻人组成的,他们和托洛茨基一样,是1917年革命时才入党的,许多人入党还更晚。

而在我们西欧,在德国,情况不同。机会主义骨干、修正列宁主义的人,目前并不是青年人,而是那些从社会民主党退出后加入党的人,他们接受了社会民主党的教育,部分人是左派激进派,部分人是中派。这些人尚未摆脱西欧左倾激进主义运动(决不是布尔什维克运动)的恶劣传统。托洛茨基主义有哪些主要特点?首先,托洛茨基主义的特点是它对**农民问题**、对在族际方面与非无产者阶层结盟问题的态度;列宁批评这种立场是革命词句与导致与资产阶级结盟的右派策略和机会主义策略的组合。

这还不是托洛茨基主义的全部内容。就拿德国来说,毫无疑问,农民问题在这里有着原则性的重大意义,但这还不是这里的托洛茨基主义的特点。德国有着另一种类型的修正,或者更确切些说,是另一种类型的反列宁主义的对抗。在德国,托洛茨基主义的矛头指向布尔什维克化。它标志着开始对布尔什维主义修正;德国的托洛茨基主义的基本特点是**对党在革命中作用的错误理解**,是对布尔什维克党与整个工人阶级的关系、党和阶级的关系的错误理解。我们分析德国的罗莎的错误,从特殊的德国观点和德国环境出发,探讨在这个基础上出现的理论和策略,可以发现,那里的托洛茨基主义的特点是自发性理论。毫无疑问,不能概念化地把托洛茨基主义和卢森堡主义等同起来。但恰恰是罗莎·卢森堡对党在革命中作用的理解上的错误和缺陷及其反动方面(从我们向布尔什维主义发展的观点来看)与托洛茨基的不断革命论有着很多共同之处。

在对卢森堡主义错误进行批评时,具有决定性意义的不是民族问题，不是农民问题，不是组织问题，不是对帝国主义战争的错误态度，不是对恐怖的否定，不是所有这一切问题，尽管我们也批评卢森堡主义在这些问题上的立场并努力肃清其对德国党员的影响，因为否则的话，党就不可能成为布尔什维克党。但主要实质不在于这些问题，而在于在德国，无论老社会民主党中的左派激进主义思潮，还是后来的斯巴达克联盟，部分地甚至1923年前的共产党，都没有掌握对党在革命中领导作用的正确理解。这便是向俄国托洛茨基主义、向不断革命过渡的环节。

德国卢森堡派对党的统一的盲目崇拜成了俄国托洛茨基"调和主义"的忠实反映。这一基本错误像一条红线贯穿整个德国革命。我们经历了与社会民主党的分离，后来又经历了与独立社会党的分离，但在整个德国革命中却不懂得我们党的领导作用。把社会民主党左翼以至整个社会民主党拉到革命方面来的思想像压在肩上的磨盘压迫着我们。这便是托洛茨基的**由联盟完成革命**的理论。布兰德勒在莱比锡代表大会上对这一理论作了最出色的表述："我们应该把社会民主党从资产阶级的右翼拉到工人阶级的左翼。"

西欧托洛茨基主义的第一个特征是联盟革命思想、与社会民主党统一的思想（不是在直接的组织意义上，而是在无产阶级的战略意义上）。

它的第二个特点是不理解布尔什维克党的党内建设。托洛茨基从来都不懂什么是布尔什维克的党组织，他对骨干、对集中制的看法都是错的。德国也有人持同样的观点。例如，中央委员会只是登记和联合党员的机构。还有，对骨干问题的错误提法。在俄国，托洛茨基把骨干问题和代际（而且是错误理解的）问题联系起来，因为他对问题的提出是非辩证的，脱离了与党政治上和组织上的发展、与党的具体任务和具体情势的联系。

在德国，我们把反对托洛茨基的争论与提高党员的积极性联系了起来。季诺维也夫同志在他的报告中强调了职业共产党员和偶然加入的共产党员的区别。我们完全同意这一看法。我们坚持认为，我们西欧各党的任务不是保持社会民主党的精神，而是形成职业共产党员、**职业革命者**、骨干革命者，——称呼没有决定性意义，但"职业革命者"的概念应在我们各党内扎下根来。

党内民主问题也意义重大。托洛茨基对这个问题的提法是错的。不仅在1923年，而且早在1903年，与马尔托夫一起提的。我们大家都是在党的纪律框架内党内民主的拥护者。与有时关于我们的传说相反，我们在德国从法兰克福党代表大会以来就开展了最广泛的争论，我们在各地开展了我们党内已整整六年未开展的争论。但我们说党内民主不能是无限的。我们认为托洛茨基主义的特点是，它把作为独立口号的"党内民主"与布尔什维克党对立起来。

不断提出的争论"自由"和结成**派别**的"自由"的要求，情况也是如此。自从托洛茨基派存在以来，其不可分割的一部分便是要求党赋予党内各派别**平等的生存权**，把党理解成不同派别和集团的某种大杂烩。我们德国也出现了对党的这种理解。我们看到不仅德国形成了派别，而且如特伦同志所指出的，在国际范围内也存在。

我想再指出共产国际中托洛茨基主义的一个特点。列宁常常指出，托洛茨基有"欧洲倾向"，他否定俄国布尔什维克的方法，理由是应该在西欧社会民主党中去寻找最新的革命策略。从那时起发生了两个小事件。爆发了世界大战，爆发了俄国革命，在许多欧洲国家出现了无产阶级革命最初的爆发。这些欧洲倾向，这一对作为"俄国野蛮"形式的布尔什维克斗争方法的估计不足，克雷比赫和什麦拉尔都有，我们听过他们谈论国际集中制问题。反对"过分的"集中制的斗争就是西欧在由于没有革命情势而发生的尖锐的党内危机引起的斗争过程中复制的托洛茨基的欧洲倾向。

这一"西欧"派是公然的反布尔什维克派，它是一切孟什维克分子在共产国际中的体现。

我们发现，德国和西欧的托洛茨基主义已形成特殊的形式，其特点是：

1. 否定共产党在革命中的领导作用，错误理解党和阶级的相互关系。

2. 与孟什维克结成某种形式联盟的思想。

3. 错误理解共产党的党内结构、建设、集中制的骨干组织和纪律。

4. 否认与农民结盟的必要性，排斥与一切非无产者阶层、与无产阶级革命后备军结成的战略联盟。在许多国家，包括德国在内，问题不仅在于农民问题，我们还面对争取小资产阶级中间阶层和受资本主义影响毒害的无产阶级中的落后阶层——革命后备军——的问题。

由此产生了与我们策略对立的**托洛茨基策略**的危险性。我只提一个问题：托洛茨基主义对局部要求的态度。这里有一个托洛茨基主义在结社自由问题上策略的样板。大家都知道，1910年俄国又一次爆发罢工，布尔什维克提出口号："打倒沙皇制度"，托洛茨基拒绝这一口号，并用结社自由的口号与这个口号对立起来。布尔什维克回答说，他们从来不反对这个口号，今后也支持这个口号。于是托洛茨基建议布尔什维克放弃"打倒沙皇制度"的口号并只提结社自由的口号。布尔什维克和托洛茨基都不拒绝结社自由的要求。区别只是在于在一种情况下对局部要求的支持并不排斥我们的最终目标——建立无产阶级专政，而在另一种情况下，这一最终目标被置于次要地位。托洛茨基提出了局部要求，却把最终的口号——阶级的口号——置于次要地位。

我们在德国也看到了类似的现象，尽管规模要小一些。我们争论税收问题。我们党的右翼，布兰德勒分子，在实行道威斯计划后开始提出制定税收纲领的要求。我们需要积极的税收纲领。我们的党从来不拒绝提出税收要求，它支持这些要求，提出明确的税收纲领，但反对派想放弃反对道威斯计划的斗争，用税收性质的要求来取而代之。

托洛茨基主义不能正确理解策略和战略的关系。它总要把任何策略变为战略，依每一个新的策略改变整个战略。在革命浪潮高涨时刻，它有时掌握正确的策略，以布尔什维克的面目出现，而在革命退潮时期它不可避免地滑向孟什维主义。

当党开始退却时，托洛茨基分子声称，他们一贯支持退却，却忘了他们在1923年10月支持过退却，而当时这样做不仅是错的，而且是有罪的。只要我们采取某种措施，提出局部要求、税收要求，在一定情况下表示赞同华盛顿协定或在八小时工作制问题上改变政策，托洛茨基分子就会宣称我们转到他们的立场上了。

由于这些原因，必须更明确地提出国际托洛茨基主义的问题，针对各个国家分别加以更清楚的阐述。我认为，反对托洛茨基主义的论战对共产国际的发展起很大作用。我们在国际范围内鼓动宣传工作的主要错误是在国际范围内没有充分利用对俄共党内托洛茨基挑起的争论的总结，只限于翻译和发表党内争论的文件。失去的应该补回来，为了在我们这里论战也能顺利进行这是必要的。

不认清托洛茨基主义，不在各种具体问题上明确托洛茨基在各国国内的影响，不从思想上、政治上和实践上加以击溃，是掌握不了列宁主义的。只有在国际范围内完成了这个任务，我们在我们所处的革命退潮和萧条时期才能领会列宁主义，并不顾我们所处的时期，而且加以利用来建成布尔什维主义的党。

**辛博思**（美国）：

同志们，在我们的党内也有托洛茨基主义的表现。我们通常把它称做洛雷主义,因为我们的德文机关报《人民报》的主编洛雷同志是我们党内托洛茨基主义的拥护者。尽管他在理论上还没有完全明白什么是托洛茨基主义,他却匆忙地加入这一流派并在党中央中支持它。布哈林同志在他的讲话中说共产国际的所有批评者和敌人都急忙赞同托洛茨基同志的立场,美国的托洛茨基拥护者所干的事便是这一事实明显的证明。洛雷同志现在全力支持托洛茨基,几年来都对共产国际表示不满,有时甚至公然反对它。在1921年塞拉蒂事件中,他站在塞拉蒂这一边反对共产国际。在莱维事件中他支持莱维并断言,共产国际错了,而1923年他撰文说,德国共产党人的任务是防止德国爆发革命!1924年,在共产国际成立五周年之际,他在《人民报》社论中说,现在共产国际一切正常,他说起初共产国际是布朗基主义组织,但它已经改变了自己的政治路线。起初共产国际反对在工会中工作,而现在它支持这项工作,等等。可以从洛雷写的这部"共产国际史"中举出许多例子。值得指出的是,在我们党内跟在俄共党内一样,托洛茨基主义表现为对农民问题的错误立场。我们在美国完全理解这一问题,因为美国是最大的工业国,同时又是最大的农业国。列宁同志在他关于美国农业现状的小册子中说,美国农业的发展将与俄国农业的发展相类似。洛雷同志不满意并批评我们在农场主中的工作、我们对美国农场主的立场、我们争取农场主支持并扩大我们党在农场主中影响的努力。

　　洛雷同志还反对党内集中制和严格纪律。

　　因此,在美国,洛雷同志所推行的托洛茨基主义表现在农场主问题以及党内集中制和纪律问题上。在1924年12月我们党最近一次代表大会后,洛雷同志致电自己的报纸,他在其中谈到新当选的中央委员会时说,选举的结果是托洛茨基主义在我们党内的胜利。幸好事实证明并非如此。中央委员会多数派在去年初对托洛茨基主义问题有过某些动摇,但在少数派的影响下站到了反托洛茨基主义的立场上,站到了俄共中央的一边。在最近一次争论期间，我们中央支持俄共中央的决议，当时我们除了洛雷同志的立场外，并未发现我们有任何动摇。但作为托洛茨基表现的洛雷主义在我们党内有一定的根子，党的任务之一是肃清托洛茨基主义在美国的这一表现，要做到这一点，我们党中央委员会应决心进行反对托洛茨基主义的思想斗争和组织斗争。任何贬低这场斗争意义的尝试，任何回避这场斗争的尝试，都是与托洛茨基主义妥协的尝试，只能被视为同情托洛茨基主义的表现。我们将要求将这场斗争进行到彻底根除此类现象、全党像一个人一样起来反对托洛茨基主义并站到俄共一边为止。

**萨法什**（捷克斯洛伐克）：

捷克斯洛伐克共产党老的中央委员会在第五次代表大会前没有进行阐释和总结德国十月革命和俄国争论的工作。它同样在这两个问题上没有多少明确的立场。

什麦拉尔同志草拟的去年代表会议的决议的特点是，在任何一个问题上都没有表示多少明确的观点，但决议的含糊不清使得人们以为是对托洛茨基主义作同情性的论述，当时关于"方法"和"形式"的问题已经起了大作用，不仅在捷克斯洛伐克党内是如此。不错，曾谈到共产国际在俄国问题上的路线没有引起异议，但又强调问题的个人方面不应被突出到如此程度。

在第一场争论时，托洛茨基的政治立场已十分明确。关于计划经济的问题，对俄共中央委员会采取的苏维埃俄国经济政策的评价，关于老近卫军和青年的问题，对青年情绪和现状这一党的政治标准和晴雨计的看法，——所有这些问题在第一场争论时已清楚地暴露出，托洛茨基主义在其理论基本原则上是背离列宁主义原则的危险倾向。

在第二场争论时，总的来说，争论的还是处于第一场争论中心的那些问题。

尽管俄共代表大会认为争论已告结束，托洛茨基同志在其《十月的教训》中以更尖锐的形式再次挑起争论；这一次不仅谈到老近卫军及其"蜕化变质"，而且谈到共产国际领导不能令人满意，依托洛茨基同志看来，共产国际应对德国十月的失败和保加利亚类似的失败负责。这一次进攻的基础扩大了，公然反对俄共中央委员会在俄国革命发展最决定性时期的政策，反对共产国际的领导人。在这一时刻，共产国际各支部不应等待俄国党的决定，它们自己应表明对托洛茨基立场的态度，用毫不含糊的、明确的形式表明。例如，捷克斯洛伐克共产党中央委员会在看到关于托洛茨基同志新攻击的第一批材料后就这样做了。捷克斯洛伐克共产党中央委员会在决议中明确表明了自己对托洛茨基观点的立场，顺便提一下，这个决议是捷共中央委员会全体通过的，只有两票或三票弃权。

确实，什麦拉尔同志和其他某些同志认为，我们在某种程度上过于匆忙，因为对托洛茨基同志挑起的新争论的材料了解得还不够充分。当布隆地区委员会多数人认为，中央委员会反对托洛茨基同志的决议根据不足时，穆纳同志在托洛茨基问题上起了特殊的作用。对他来说，中央委员会反对托洛茨基的立场过于软弱。不错，在第五次代表大会前夕，他赞同什麦拉尔关于托洛茨基问题的决议，但现在他已经持另一种看法：应该以比捷克斯洛伐克党中央委员会所采取的更激烈的形式来反对托洛茨基。很遗憾，穆纳同志尽管提出了多次建议，但没有对自己的立场作确切的表述。不仅布尔什维主义和无产阶级专政的一切敌人表明自己对托洛茨基主义进攻的同情，应该指出，共产国际各支部中的机会主义者，当然，包括捷克斯洛伐克共产党内的机会主义者，都与托洛茨基主义调情，他们像托洛茨基一样，因此，也像俄共反对派一样指望所谓的"新的秋季危机"以及托洛茨基同志观点的胜利。"秋季危机"没有出现,相反,俄共中央委员会的政策完全正确,而俄共反对派的观点,托洛茨基主义的观点,首先在对苏维埃俄国经济任务的评价上,在对俄共和俄国农民相互关系的评价上完全错了。整个来说,托洛茨基的失败同时意味着共产国际各支部中机会主义右翼的毫无疑问的失败。

我代表捷克斯洛伐克正式代表团中多数人声明,我们完全同意布哈林同志的观点。俄国党的团结及其壮大,是国际革命无产阶级发展的前提之一。俄共在战胜托洛茨基主义的过程中加强和扩大了自己的影响力。它在反对托洛茨基主义原则的同时,能够克服各强大的苏维埃共和国发展道路上出现的令人难以置信的困难。共产国际在国际范围内也在克服一切困难,进行反对托洛茨基主义原则的斗争,并肃清和剔除其原则。

**多尔斯**(美国):

同志们,首先我想指出,工人党中央委员会在俄共反对托洛茨基主义的斗争中完全站在俄共的一边。正如桑伯恩同志指出的,在我们中央指出这个问题时,反对托洛茨基的有12票,有1个同志支持他。唯一一个投票支持托洛茨基的是洛雷同志。洛雷是工人党中右派分子的首领。布哈林同志一针见血地指出,共产国际各支部中右派分子本能地急忙支持托洛茨基同志。

在我们党内这个集团的人数相当多,但在组织上还从来没有表现出来。它仍然有一定危险,我们应该决定,如何与这一右翼更好地斗争,如何争取全党站到列宁主义一边。

我们,工人党中央,坚持共产国际的路线。我们在我们党内开展反对托洛茨基主义的斗争。我们尽力让我们全体党员读到俄共争论期间发表的精彩的论战文章。我们在我们各级党校和其他培训教育机构里开展反对托洛茨基主义的运动,把这场运动作为我们议事日程上的首要问题之一。

　　我们通过这场严肃的斗争确信，我们遇到许多危险，其中之一是党内某些小集团从派别角度利用托洛茨基主义问题的倾向。桑伯恩同志在他的发言中要求工人党中央开展反对洛雷和洛雷主义的斗争，他把洛雷主义和托洛茨基主义完全等同起来。这是危险之一，如我说过的，这是从派别角度利用问题。桑伯恩同志在他的声明中列举了洛雷支持莱维、塞拉蒂等所写的许多文章，但他没有说，这些文章或其中一些文章写于目前是中央委员会少数派的集团掌握着党但完全没有进行反洛雷斗争的时期。相反，中央漠然地对待洛雷的机会主义倾向和罪过，把最重要的党内职务交给了他。例如，洛雷是工人党中央政治局委员，可是像坎农和比特曼这样的同志却没有进入政治局。于是后来洛雷主义便成了进行派别斗争方便的借口。我们说过，这种对危及我们党的如此重大问题的利用是我们在反对右翼斗争中遇到的危险之一。桑伯恩同志说，我们在托洛茨基主义问题上犹豫不决。我相信，共产国际持另外的看法。共产国际确信，目前工人党的多数派百分之百反对托洛茨基主义及其一切表现。

　　还有另一个危险，即不先进行思想准备，对洛雷集团、对托洛茨基分子只限于采取机械的组织措施的建议。

　　党内的现状并不令我非常担心，尽管反对右翼的斗争让我们花了大力气。正如大家所知道的，我们的中央分裂了。中央委员会的两个集团应该联合起来。尽管我们之间存在重大分歧，例如在工会问题上，但两个集团仍应联合起来与右翼作斗争。如果两个派别相互斗争的话，那么右翼便不会遇到应有的反击便是正常的了。

　　我认为，这一回我们能清除对工人党十分有害的中央两个集团之间派别斗争的一切借口。多数党员希望能做到这一点。我们去年曾全力争取过，如果我们能在这里将两个集团联合起来，从而使党中央统一的话，我认为，关于顺利组织对我们党内右翼、洛雷主义和托洛茨基主义倾向的斗争问题将是一个相对容易解决的问题。

## 布哈林总结发言

同志们！讨论没有提供任何需要回答的材料，因为所有维护托洛茨基主义的同志在这里都保持沉默。没有什么需要我加以反驳的。因此我提出如下建议：责成政治委员会就这一问题起草相应的决议，然后交全体会议批准。

至于个别支部的党内问题，不同的国家里问题完全不同。因此，我认为，可以只限于通过我的提议。请交付表决。

**主席：**

现在我把布哈林同志的建议交付表决。是否有异议？没有异议。建议被一致通过。

# 第十二次会议

（1925年4月4日下午）

## 关于拉狄克、布兰德勒、塔尔海默等人案件的通报

**古谢夫**（俄共中央监察委员会）：

同志们，德国共产党中央委员会请求俄共中央委员会追究布兰德勒、塔尔海默、拉狄克、埃达·鲍姆、菲利克斯·沃尔弗、瓦尔歇和梅勒同志的党内责任。德国共产党中央委员会指责他们在德国共产党内部从事派别活动。俄共中央政治局鉴于上述同志都是俄共党员，将这一案件交俄共中央监察委员会审理。俄共中央监察委员会组织的委员会吸收了共产国际和国际监察委员会的代表参加，委员会由彼得斯、索尔茨、斯图契卡、施蒂纳、古谢夫和皮亚特尼茨基同志组成。

委员会仔细研究了德共中央提供的材料并询问了各被告并为他们提供了充分机会说出他们的一切想法。

委员会根据对材料的研究以及根据对由被告方传唤的证人的询问，得出在我将宣读的决议中的结论。

我只想指出，这一决议完全根据毫无争议的事实或略有争议的事实（即被告并不否认但他们作了有所不同的说明和解释的事实）作出的。

决议是这样说的。①（宣读决议全文）

俄共中央监察委员会主席团和俄共中央政治局批准了这一决议。

最后简单谈一下决议的政治意义。这里着重强调了大家有机会在本次全体会议上研究的右倾的共同点。它们的共同点不仅是观点，而且是实施其观点的方法。这一方法在于试图通过形式上赞成第五次代表大会的各项决议，特别是赞成关于布尔什维克化的提纲，同时把自己的取消主义内容加入其中来用取消主义观点取代共产国际的观点。

欧洲范围内形成的局势有点像1907—1908年俄国党经历的局势。当时布尔什维克和孟什维克都相信，第一次俄国革命已经结束。但他们由此得出截然相反的结论：布尔什维克得出了革命的结论，他们坚持发动新革命的方针；孟什维克则得出了取消主义的结论。我们在这里，在共产国际执行委员会全体会议上见到了类似的情景：大家都承认出现了稳定，但从稳定这一事实中得出的结论却不一样。右派得出了明显的取消主义的结论，为了加以实施，表面上他们拥护第五次代表大会的各项决议和关于布尔什维克化的提纲。他们声称，我们大家都跟共产国际站在一起，但反对我们的中央委员会。塔尔海默也这样干，他声称，他跟季诺维也夫和斯大林站在一起，季诺维也夫和斯大林赞成他的意见。他从而把取消主义取代了布尔什维主义。

这个方法并不太新鲜，但最近一年颇为时行。但是用这个方法糊弄不了我们。

---

① 见本卷收录的《俄共（布）中央监察委员会关于布兰德勒、塔尔海默、拉狄克等人一案的决议》。——编者注

**主席：**

同志们，俄共中央监察委员会的这一决议将提交全体大会批准。

是否有同志想就俄共中央监察委员会的这一决议发言？没有。

现在提付表决，谁赞成？谁反对？谁弃权？决议获得一致通过并将列入全体会议的决议中。（大声鼓掌）

## 拉狄克、布兰德勒、塔尔海默的声明

同志们，主席团收到请求，要在这里宣读布兰德勒、拉狄克、塔尔海默同志的声明。

请瓦伦尼乌斯同志宣读声明。

**瓦伦尼乌斯**（全会秘书处）：

声明全文如下：

"**尊敬的同志们！**

（1）我们认为，签署本声明的人和共产国际执行委员会在关于工人政府口号上的分歧已经历史地解决了。认为工人政府可以超出鼓动口号的想法的前提是资本主义社会严重分崩离析的时期，这个时期使社会民主党员工人群众和社会民主党领袖对立起来并使人们指望通过与社会民主党左派分子联合可以暂时占领为争取无产阶级专政的斗争的过渡阵地。从1923年11月开始的西欧资本主义的稳定越来越表现得明显并加强了社会民主党，使共产国际的整个阵线有必要最激烈地反对社会民主党并赋予工人政府的口号以纯鼓动性的意义。现在无法预见新的革命浪潮在什么情况下来到，它将对共产国际各党提出什么样的要求。因此在第五次代表大会在这一问题上存在的分歧对于我们来说只有历史意义。

（2）去年对我们最重要的是对保持各共产党群众性质的关注，德共中央在关于局部要求上的敌对立场及其组织政策危及各党的群众性质，因为这一组织政策把宝贵的无产阶级分子、党的缔造者开除出党，仅仅是因为他们要求实行避免党沦为革命宗派集团命运的政策。3月22日宣读的共产国际执行委员会主席季诺维也夫同志的提纲表明，共产国际的领导人看到了即将发生的危险。尽管这一提纲有关于我们政策有失偏颇的论断，我们声明，这一提纲符合我们的观点，我们拥护这个提纲。我们欢迎共产国际领导人向各共产党阐明，各共产党的布尔什维克化要求最精心地适应各国发展的特点，只有通过组织内部的自由争论，通过能从最有经验的同志中选拔党的领导人的党内民主制度，才能实现布尔什维克化。我们欢迎共产国际领导人责成各党采取一切措施来保证党内健康正常的发展和消除此前派别斗争的后果。

（3）我们声明，我们将做取决于我们的一切，以帮助达到这一目的。我们认为我们的义务是提请执行委员会注意如下情况：为了达到这一目的，必须撤销把创建德国共产党的50多位无产者开除出党的决定。其中一部分人被开除是因为他们维护局部要求的政策，另一部分人被开除是因为他们违反了纪律，即使他们确实有这样的过失，也是因为德共中央执行季诺维也夫同志提纲现在提出的路线不够。我们不偏袒任何违反党纪的过错，请求执行委员会注意：事关杰出的无产阶级分子，他们在战时已作为革命者进行秘密工作，在被开除出党后其一言一行都表明，他们是信念坚定的共产党员。撤销开除扬纳克、韦斯特曼、代森、弗尔克尔这样的同志的决定不仅纠正了对他们的不公，而且有助于在德国共产党队伍中消灭任何派别活动的苗头并达成党的真正的统一。

（4）我们声明的目的是帮助这一案件的解决和帮助完成现在共产国际所面临的伟大任务。共产国际从来没有像现在这样需要统一。我们确信，与我们共同工作15年的德国同志会赞同这一声明的基本想法。西欧共产主义运动的发展要求在社会民主党内部与之进行思想斗争而成熟起来、在与社会民主党决裂后创建了共产党的领导干部与在1919年的战斗中和之后加入共产党并代表战后成长的青年工人情绪的年轻人结合起来。埋葬老的派别矛盾、在党内民主的基础上通过自我批评之火制定布尔什维克路线，这是将完成的任务，条件是季诺维也夫同志的提纲不仅将由扩大的执行委员会通过，而且将得到贯彻执行。

致共产主义的敬礼！

亨·布兰德勒<br>
卡·拉狄克<br>
奥·塔尔海默<br>
1925年3月25日于莫斯科"

## 俄共代表团的答复

**主席：**

请曼努伊尔斯基同志代表俄共代表团提出建议。

**曼努伊尔斯基**（俄共）：

同志们，请允许我宣读俄共代表团受俄共中央委托提交全体大会批准的对布兰德勒、拉狄克和塔尔海默同志声明的答复。[①]（宣读答复全文）

**主席：**

建议赞同这一答复，把它作为关于布兰德勒、拉狄克、塔尔海默同志声明的决议通过并提交全体会议。

---

① 见本卷收录的《关于拉狄克、布兰德勒和塔尔海默声明的决议》。——编者注

大会一致通过决议①。

## 德国代表团的声明

**主席：**

请贝尔茨同志宣读德国共产党代表团关于这一问题的声明。

**贝尔茨**（德国）：

代表德国共产党代表团宣读如下声明：

"(1) 俄共（布）中央监察委员会根据德共中央的请求讨论了关于因从事派别活动和严重违反党纪将布兰德勒和塔尔海默开除出党并对拉狄克采取纪律措施的问题。拉狄克、布兰德勒和塔尔海默给全体大会的声明是明目张胆的花招，旨在削弱俄共党的最高监察机关的这一决定对共产党员工人必然产生的印象。布兰德勒、拉狄克和塔尔海默利用共产国际执行委员会扩大的全体会议，通过关于假装赞同共产国际决议的表里不一的声明来重新建立合法平台继续进行派别活动。

(2) 拉狄克、布兰德勒和塔尔海默的这一花招不能迷惑任何一个德国共产党党员，也不能使他们感到惊讶。一年多来德国共产党内右倾派别集团在拉狄克和侨居莫斯科的派别集团的领导下试图对本国党和共产国际领导机构的统一战线策略进行机会主义的曲解，在1923年他们为了危害共产主义事业、讨好社会民主党，在对无产阶级的阶级敌人孟什维克问题上也曾这样做过。拉狄克、塔尔海默和布兰德勒从1923年十月事件教训中得出的唯一结论是，他们决定把自己与孟什维主义斗争的特殊方法搬用到本国党的队伍中，目的是使党瓦解。他们以此再一次证明，拉狄克—布兰德勒的政策和布尔什维主义的政策之间不

---

① 即本卷收录的《关于拉狄克、布兰德勒和塔尔海默声明的决议》。——编者注

可磨灭的深刻矛盾不仅没有'历史地解决了',恰恰相反,历史地和实际地比任何时候都更迫切地需要加以解决。变了的只是德国共产党斗争所处的客观形势。布兰德勒分子并没有变。从德国党一致谴责他们的原则以来,他们只是更远离共产主义,只是更接近社会民主党,他们是社会民主党思想在我们队伍中的代表。因此德国共产党没有任何理由与拉狄克、布兰德勒和塔尔海默这样的人物就我们策略的基本问题和其他任何政治问题进行任何争论。与布兰德勒主义的争论在共产国际第五次代表大会上和德国共产党法兰克福代表大会上就已经结束。目前我们党和共产国际只需要继续、深化和加强与布兰德勒主义的思想斗争,直至从我们党员的头脑中彻底肃清其最后的余毒。

(3) 布兰德勒、拉狄克和塔尔海默的机会主义精神在如下典型情节中得到更有力的证实:他们在目前,与共产国际的意见相悖,竟声称在革命高潮时'通过与社会民主党左派分子联合可以暂时占领为争取无产阶级专政的斗争的过渡阵地'。

拉狄克、布兰德勒和塔尔海默在同一声明中试图断言他们完全同意季诺维也夫同志关于布尔什维克化的提纲,这一点只是再一次证明他们对共产国际及其决议所持的蛊惑人心的态度。

(4) 这种模棱两可态度的政治意义在于公然试图在德国共产党和俄国共产党之间、在德国共产党和共产国际之间进行离间。但布兰德勒、塔尔海默和拉狄克这样做时把共产国际和德国社会民主党混为一谈。他们把共产国际与各支部的关系和各兄弟共产党之间的关系与德国社会民主党内各地方组织、集团和派别之间的关系混为一谈。在拉狄克、布兰德勒和塔尔海默证明他们没有能力按布尔什维克方式对德国社会民主党内各不同派别采取机动灵活的策略之后,他们现在想证明自己有能力对共产国际各党采取孟什维克的机动灵活策略。他们同时试图把他们在德国派别活动中用过的分化方法搬用到共产国际中来。

(5) 拉狄克、布兰德勒和塔尔海默为了使这种斗争方法合法化,滥用不言而喻的共产主义'党内民主'和'争论自由'原则,作为向德共中央进攻的口号。他们期望用这一方法迷惑共产国际并利用它来实现布兰德勒主义的目的。但这一回他们成了与1923年10月他们所怀的类似幻想的牺牲品。他们当时指望不花特别力气，就能在魏玛宪法的旗帜下成立苏维埃共和国，现在他们同样指望，在'党内民主'和'争论自由'的旗帜下破坏德国党的领导和基本政治原则。进攻的目标变了，不是推翻资产阶级，而是在自己党内搞政变。但这场斗争现在不仅成功的机会更少，而且比他们1923年的'斗争'更具有非布尔什维克性质。德国共产党认真考虑了布兰德勒—拉狄克宣言这一反党性质，将比此前更有力地无情地镇压派别活动的尝试、一切破坏党纪的图谋、一切违背党的政治路线的行为，使之无法存身。

（6）布兰德勒、拉狄克和塔尔海默在革命退潮时当着共产国际的面向德国党发动新进攻不是偶然的。他们确切地知道，在这样的时期党内不可避免地产生疲惫和沮丧的情绪。他们力图利用这些情绪来给党的工作制造困难。他们指望借助这种情绪能为自己的派别争取到党内最动摇最不坚定的分子。他们现在和将来都试图歪曲党在目前形势下被迫采取的革命机动策略并把它变为他们与社会民主党结盟的机会主义策略。他们现在和将来都试图利用局部要求和局部斗争的革命策略、布尔什维克退却和随机应变的策略来把局部要求捧为孟什维克的体系，来宣布退却是正常的共产党政策，来转变方向，使共产党与社会民主党接近。正是出于这一原因，他们在声明中几次故意错误指责德国共产党中央委员会，说中央拒绝提出局部要求。

（7）德国共产党明确地认识到，如果它向这种意图和情绪让步，它就会完蛋。出于这一原因，它在十月革命后迄今一贯在党内直至基层支部的各级组织中激烈而深入地进行反对布兰德勒主义的思想斗争。出于这一原因，党不仅用一切政治手段而且用一切组织手段击溃了布兰德勒派，这一派仿照其被撤销党内领导职务的领袖的样子，试图瓦解党并在各方面直接与社会民主党合作。而党没有权利不把一小批派别分子开除出党，因为后者在革命停滞时期瓦解党、危害党，部分地干脆出卖党。

（8）布兰德勒、拉狄克和塔尔海默在他们声明的末尾要求忘却派别矛盾。

德国共产党早在这份声明发表一年前直至现在都决心清除派别斗争最后的余毒。

清除派别斗争唯一的正确途径是全面彻底肃清布兰德勒主义，肃清布兰德勒、拉狄克和塔尔海默的孟什维主义政策，正是他们挑起、发动并加剧了派别斗争。"

贝尔茨同志宣读了德国代表团这份声明后，补充说，尽管德国代表团认为对布兰德勒、拉狄克、塔尔海默等人采取的措施不够严厉，但考虑到俄共（布）中央监察委员会决定的理由，决定规定一旦新的派别图谋再次出现，将采取更严厉的措施，德国代表团赞成俄共（布）中央监察委员会的决定。

## 鲁特·费舍就季诺维也夫的报告作总结发言

**主席：**

现在回到基本议程。关于季诺维也夫报告的总结发言将安排如下：先由鲁特·费舍同志发言，再由季诺维也夫同志作总结发言。

**鲁特·费舍**（德国）：

同志们！我本来可以自由地放弃作总结发言，因为讨论触及德国问题很少。但毕竟对蔡特金同志关于德国党所说的话不能不予以反驳，更何况我们在选举总统后政治处境相当困难。我尝试在全体会议上来勾画出德国形势不同于其他兄弟形势的特点。我国的运动没有像法国那样上升。我们在与资产阶级和社会民主党的斗争中处境非常困难，因为暂时的稳定使我们的工人丧失视力。

由于执行委员会全体会议勾画的历史形势，社会民主党加强了对我们的迫害，社会民主党断言，世界革命已经完蛋，再也不需要共产党了，应该向唯一救苦救难的社会民主党回归。这场论战并非新鲜事，它作为社会民主党和共产党人的斗争是老论战。但是，在不久的将来看不到展开革命斗争的可能性,这种既成情势充满特殊的困难。这是否意味着我们应该自我欺骗,并把党员群众和无产阶级引入迷途呢?这是否意味着我们应该把形势描绘得与实际情况不一样呢?不,恰恰相反,党应该正视既成的形势,并根据对形势正确、具体的考量,正确地制定政治路线。

至于总统选举,我想就这一选举简单反驳蔡特金同志几句。坦率地说,社会民主党得票可观,而我们得票不多,这对我们来说事出意外。我们当然十分清楚,不能机械地把总统选举和议会选举及公社机构选举类比。我们通过芬兰和美国的例子知道,这一选举更困难,不是真正力量对比的标志。

同志们!尽管如此,总统选举运动进行得有声有色,伴随着示威游行和群众集会,这是我们在议会选举时都没有见到过的。在这种情势下对选举结果估测错误是很容易的。在评估总统选举结果时应考虑到如下典型现象:尽管投给共产党员的票只有示威性的意义,因为他实际上当选不了,但最可靠的工业地区都给他投了票,而在巴伐利亚和整个德国一样,我们得的票比上次选举少很多。在柏林这一次我们比12月选举少得了30%的票,而巴伐利亚几乎少80%。这表明农村,尤其是一定程度上持分离主义倾向的德国南部地区的立场与工业地区的立场是不同的。

同志们!应该承认,我们党在组织方面犯了错误,党过于重视选举的示威一面。这次总统选举帮助我们认识了自己的错误和目前揭露社会民主党的策略的难度。布兰德勒机会主义的假揭露策略养成了党内的恶习,它很难学会把对社会民主党人的不可调和的政策与在无产阶级面前对社会民主党人的揭露结合起来。

我认为这是我们从选举斗争中吸取的主要教训。除此之外,还有另一个教训。在德国革命浪潮低落和资产阶级暂时得到加强时,我们不应忽视，尽管法西斯主义被肃清，君主主义危险在德国至今还存在。总之，无产阶级参加选举，同时要就共和制政体或君主制政体问题投票表决。我们尽管对社会民主党持批评态度，应该确认，选举结果表明，无产阶级感觉到有必要防御新的"合法"君主主义。我们的形势非常困难，是因为有人一贯用德意志共和国的名义反对共产党，用德意志共和国的名义杀害我们优秀的战士，用德意志共和国的名义杀害了罗莎·卢森堡和卡尔·李卜克内西。因此对德国党来说问题非常复杂。君主制还是共和制问题的提出应避免与社会民主党政策有机会主义的接近。如果说这个问题对德国党是新的，那么应该说，连共产国际迄今也没有给予这个问题以足够的重视。我手中有一封鼓动宣传部门的来信，其中批评了《红旗报》。宣传鼓动部门承认《红旗报》的路线在很大程度上是对的，完全站得住脚，却对它提出了如下责难：

"我们以为，《红旗报》总的来说夸大了君主制的危险，从而转移了工人读者对路德政府真正的**社会**意义的威胁的注意。"

我认为这个批评意见是错的，完全错的。如果有列宁主义修养的中央会犯这类错误，那么很容易理解，我们在我们的工作中也非常缓慢地学会正确提出这个问题，不带任何机会主义色彩地提出这个问题。总统选举引发了德国社会民主党队伍的欢呼雀跃。社会民主党人声明说，共产党已经气息奄奄，它已经彻底完蛋，它只得到了180万票。这场论战已经持续了多少年，我们大家都"气息奄奄"，直至我们粉碎社会民主党为止。在部分追随我们的无产阶级的心目中，我们很容易就能反击这些论战中的攻击。但我要再说一遍：对我们来说最重要的是，依据社会民主党活动的具体事实来粉碎它。为此历史性论据还不足。总统选举再一次证明了这一点，关于总统选举问题与我们的党内问题密切相关。克拉拉·蔡特金同志在这里提出的问题多多少少是由于政治问题、政治路线引起的。蔡特金同志的讲话使我们这些来自德国的人记起了我们在国内听到过的许多类似的讲话,这些讲话在问题涉及实际工作时表示赞成基本原则。而这里提出了另一个纲领。我们决不会把蔡特金同志与今天在这里已受到申斥的人混为一谈,但是类似的表述很危险。

蔡特金同志在她的报告中说了什么?她首先描绘了我们在工会中全面失败的图景。我不清楚她从哪里弄到这些材料的。在我们今天,谁愿意都可以散布材料。我们来自许多地区的代表可以指出,每个人在本地区,工会党团要比蔡特金同志提供全党的数据多。这种材料无助于批评的客观性。我在这里不去涉及个别事实。蔡特金同志指责德国党把优秀分子开除出党,解除了像恩斯特·迈耶尔这样的人职务,等等。我认为没有必要去谈克拉拉同志举出的个别情况。但我认为有一点很重要。我指的是对那些没有获得议员资格的人的指责。我们这样做是出于与右倾派别主义斗争的合理考虑。十分说明问题的是,这可以起到某种作用,更说明问题的是,捷克斯洛伐克未来的议会选举也对目前的危机蒙上阴影。共产国际对议会选举和代表资格问题应比对什麦拉尔同志客气。

我们在法兰克福党代表大会后与各个地区达成和解。只有亲眼见到由于布兰德勒教唆一些地区反对另一些地区而造成党的纪律涣散的人,才会懂得这一事实的全部意义。我们做了什么?我们首先实行工会策略。实际上仅此而已。我们还应该花大力气来在党内执行正确政策。当这里提出吸收力量的问题时,我可以只拿存在的派别阴谋诡计来作答复。我可以肯定,只要右派不妨碍,德国党本可以在布尔什维克化的道路上走得更远。正是他们一贯诱发工人们的不信任感,正是他们妨碍平静的工作。我可以断言,他们通过偏激的批评和阴谋诡计一贯危害党,他们妨碍我们做本来可以做的事。据我们得到的材料,右派现在在各地区发行一种刊登文章和报告的公报。于是我们询问共产国际,难道我们根据各个党的经验不知道,某一派别敢于做些类似的勾当,就离他们投入敌对阵营、公然转向孟什维主义为时已经不远?因此,蔡特金同志庇护那些妨碍党工作、妨碍党发展的人的言论就是非常反面的东西，很遗憾，它使蔡特金同志的言论与此类货色十分接近。

这是我认为有必要针对这里的发言提出的两条意见。我希望德国党今后仍将学习认真地实行布尔什维克化，坚持以共产国际的各项决议为基础，以我们的党代表大会和世界代表大会的各项决议为基础。我们布尔什维克化的道路困难重重，不仅由于德国的客观情势，而且由于我们党背负的并使党内问题极难解决的历史的重担。

但我相信，依靠执行委员会的各项决议，依靠在**反对右派分子斗争**中的所有同志的帮助，我们在德国一定能实行真正布尔什维克的策略。

## 政治委员会关于布尔什维克化提纲讨论情况的说明

会议稍作休息后继续开会。诺伊曼同志代表政治委员会通报了修改关于各党布尔什维克化提纲①的结果。

**诺伊曼**（德国）：

**委员会一致通过由季诺维也夫同志提出并得到俄国、德国和法国代表团支持的关于布尔什维克化的提纲草案。**作了一系列修改。没有一个代表团提出与草案论点原则上相反的建议。在关于**卢森堡主义**一章中表述有所缓和；例如，在工会问题上，本来说"罗莎·卢森堡的错误"，现在改为"卢森堡主义者的错误"；本来说"波兰党和罗莎·卢森堡犯的错误"，现在改为"在罗莎·卢森堡领导下波兰党犯的错误"。没有人对关于卢森堡主义的一节提出原则性的反对意见。

---

① 见本卷收录的《关于共产国际各党的布尔什维克化（关于季诺维也夫同志的报告的提纲）》。——编者注

在关于"**德国党的具体任务**"一节中，根据德国代表团的建议，委员会一致决定删去"决不能借助机械地清洗"一句。

涉及对第五次代表大会阐明的德国**工农政府**口号的宣传的表述，通过添加如下词句变得更加明确："即以排除任何机会主义阐释的革命精神"。

**法国代表团**关于进一步明确关于与**法国总工会**的合作一节的建议获得一致通过。**意大利代表团**关于反对格拉齐亚德伊和**博尔迪加分子**思想倾向和斗争的建议同样获得通过。

**蔡特金**同志**关于妇女工作**的建议获得通过。

**英国代表团**建议在"布尔什维克不是在革命浪潮最高涨时期追随党的人"一节中添加如下一句："这并不是说，在革命浪潮高涨时期入党的同志不应向入党更早的其他同志看齐。"这一建议获得通过有相当重大的意义。

**柯拉罗夫**同志关于**巴尔干各党**具体任务的建议也获得一致通过。

许多其他建议提交由主席团指定的**审订**委员会作最后润色。对**关于工会问题**的建议作同样处理。

同志们！政治委员会**一**致通过了关于布尔什维克化的提纲，没有一个人弃权，委员会建议全体会议也一致通过提纲。

关于布尔什维克化的提纲和关于各个报告的决议在共产国际和青年共产国际各支部组织工作会议上提付表决并获一致通过。

季诺维也夫同志就报告作总结发言，受到全体鼓掌欢迎。

## 季诺维也夫作《关于资本主义"稳定"和世界革命》的总结发言

同志们！我们在执行委员会的报告中不仅谈到苏联经济的稳定，而且谈到一些欧洲国家中资本主义的局部稳定。我们声明的最后部分看来引起了几乎整个欧洲甚至莫斯科这里某些人的强烈反响。如大家所看到的，总的来说，关于资本主义局部稳定的声明创造了奇迹。在某些资产阶级人士（我把德国社会民主党也列入其中）中反响格外强烈。有人大声欢呼：谢天谢地，再也没有革命了。近日，德国社会民主党在选举运动中印发的传单，一开头说："全世界共产主义革命不可能爆发了。对这一点季诺维也夫已经承认。"总之，人人兴高采烈。

共产国际面临新的、相当困难的局面。同志们，我们应该真正重视关于资本主义稳定的问题。极少量的错误难以避免，但不应该加以滥用。

我们有些同志现在就打算从谈到的关于欧洲某些国家资本主义局部稳定的论点中得出言过其实的甚至错误的结论。我们在谈到资本主义局部上升时，一点也没有放弃我们承认从1917年起我们进入**世界革命时期**的共同主张。对这一点显然许多人已经开始忘记。我们的出发点没有改变。我们至今认为，我们正处在**世界无产阶级革命时期、时代**，这场革命在1917年赢得了第一个胜利。

已经有人试图把我们关于欧洲某些资本主义国家局部巩固的论点解释成革命根本已一笔勾销。喜欢夸大其词的人不妨去淋一下冷水浴。这有助于他们明白，欧洲还不是全世界，而德国也不是全欧洲。不应忘记，我们在谈到德国没有直接的革命情势时，指的只是目前。为什么我们认定正是德国没有直接的革命情势呢？是在大约一年半前，德国**有过**这样的情势。发生了变化，必须加以考虑。但绝不是说，革命在德国已经完结。

现在甚至连资产阶级都不会说，资本主义回到了"正常的"战前状态。但即使允许这样夸大其词，那么会产生一个问题：战前是什么状态？依然是备战，是逐渐激化到国内战争的阶级斗争。目前欧洲没有发生直接的国内战争，但在欧洲阶级斗争持续不断，而战后时代的阶级斗争并不比战前的阶级斗争缓和。恰恰相反，战后欧洲各国到处的阶级斗争充斥着国内战争的因素。1925年的阶级斗争与1910—1912—1913年的阶级斗争有什么不同？难道性质更和平一点？依我看，相反，现在的阶级斗争比战前更激烈。

我们姑且认为资本主义已经巩固地回到了"正常的"战前状态。但即使这样，对马克思主义者来说，以下情况并非秘密：战前阶级斗争早已极其激烈，当时一些地方的阶级斗争已向国内战争演变，其反响在全世界久久回荡。

同志们，欧洲已有整整六年不打仗了。这有点意思。我们不能预料什么时候会爆发新战争，但战争一定会爆发，整个资本主义制度决定了这一点，即使存在暂时的资本主义稳定也是如此。帝国主义者有点害怕共产国际，世界无产阶级先锋队。从帝国主义者及其走狗——社会民主党人对我们关于某些国家没有直接的革命情势的声明的反应中可以间接地看出这一点。显然这些先生感觉到自己脚下不太稳。他们害怕招来战争魔鬼，因为他们不得不仔细盘算，一旦开战，共产国际会把哪些力量投到天平的秤盘上，世界无产阶级的先锋队会对战争作出什么反应。他们明白，现在我们不是一个李卜克内西，而是千千万万个李卜克内西。

同志们，可以说，目前主宰世界的帝国主义的统治由于害怕共产国际、害怕世界无产阶级先锋队而部分地受到扼制。我们在今后事态发展的过程中还将不止一次地面对这一巨大事实。

同志们，为了避免引起误解，我得把我在报告中已经说过的再重复一遍。如果不只拿欧洲来看，不只拿欧洲的一角如德国（尽管这一角异常重要）来看，我说，如果拿整个世界全景来看，应该承认现在的形势客观上还是革命的，在世界的某些地方形势在相当快速地加剧。

同志们，我们在这里辩论的同时，英国议会也在进行一场十分有意思的争论，最近劳合-乔治也谈到了英国的稳定。英国不属于欧洲最贫困的二流国家之列。劳合-乔治说了些什么？《泰晤士报》这样转述他的话①：

"他（劳合-乔治）看不到经济真正复苏的任何征兆。如果议员们读了最近几天《泰晤士报》、《曼彻斯特卫报》和《每日新闻报》即三家根本不同性质的报纸的经济附刊，他们一定会发现，这三家报纸全都对未来异常悲观。如果形势今后不发生变化，他真的对什么都不能保证。他并不认为这样的形势是资本主义制度的结果，但如果找不到出路，那么工人阶级就会产生信心，认为这一形势正是资本主义制度的结果。他不是悲观主义者，但如果没有发生急剧变化，大灾难是不可避免的。"

劳合-乔治3月26日在英国议会辩论时正是这样说的。

英国是欧洲的资本主义堡垒，我们却在那里听到了类似刚才读过的那段话一样的议论。

现在再拿法国这样的国家来说。在法国出现了这种稳定吗？如果劳合-乔治承认，英国的稳定进展相当缓慢，那么对法国无论在政治上还是经济上甚至连这一点也说不上。

巴尔干确立了平衡了吗？同志们，好像没有。中欧的情势现在不是直接的革命情势，这一点当然在某种程度上在巴尔干也有所反映，但巴尔干并未出现稳定。而巴尔干对欧洲意义重大，巴尔干在世界大战之初起了非常大的作用。

现在来看波兰。那里出现稳定了吗？绝对没有出现。波兰的整个生活图景与这种推测格格不入。

至于德国，我认为，我们对道威斯计划的意义及其在德国必然的后

---

① 1925年3月27日第43921号《泰晤士报》。

果的评价都是一样的。我们认为，现在在德国出现的稳定现象是暂时的，那里的形势也会再次加剧。如果说得更确切，那应该说：德国的稳定早在1924年就开始了，现在我们看到的是稳定的某些后果，但除此之外，我们发现德国的阶级斗争开始活跃和加剧。当然有人会告诉我说：为什么你们在1924年没有说德国的形势已趋稳定？同志们，这正是因为确切地判定时限是办不到的。难怪列宁在1907年前（包括1907年在内）坚持认为第二次俄国革命将很快到来。现在，事后来看，很清楚，第一次俄国革命在1905年12月便结束了，1908—1909—1910年是俄国沙皇政府、君主制度及支持它的各阶级某种"稳定"的年代。但欧洲唯一的革命政党——布尔什维克——在整个1906年和几乎整个1907年继续坚持认为，我们直接面对第二次革命。布尔什维克知道，列宁也强调过这一点，不仅客观因素起决定性作用，而且许多问题取决于工人阶级本身，取决于工人阶级政党，即取决于主观因素。革命者的义务是，只要一系列事实没有证实量变已成为质变，敌人已经稳定，现在该选择另外的道路的话，就该把全部力量投入一搏。

目前的稳定将持续多长时间？稳定在德国和其他国家将占多长的时段？这一点任何人都不能确切地说。只能尝试通过不同现象的对比来摸索答案。现在整个世界革命的发展速度要比从前快得多。这一点我们全都看到了。我们在查看历史革命日期时发现，1789年法国大革命和1848年革命相隔近60年。接着速度就加快了：1871年巴黎公社和1848年革命相隔只有20多年；接下来1905年革命和1871年相隔稍长一点。1905年和1917年之间时间段要小得多。在随后的1917—1925年（最近8年）发展非常快，尽管还没有我们期望的那么快。目前革命间隔时段会持续多久？从1917年到哪一年？任何一个人都给不了确切的答案。但总的路线是清楚的，历史的脚步在越来越加速，整个历史发展的速度、革命发展的速度总的来说越来越快。

目前工人阶级总的政治处境如何？我已经听到对个别国家令人沮丧的结论。有些人根据现在某些国家没有直接的革命情势这一点声称，工人阶级被击败了、被分解了，工人阶级重新集结力量尚待时日。

我们来把目前工人阶级总的处境和以往革命时代工人阶级的处境作一比较。1848年的斗争中无产阶级运动最初的爆发被深深淹没在工人的鲜血之中，革命运动的复兴得等上整整一代。接着是1871年的巴黎公社。在巴黎公社失败后很难找到没有孤儿寡妇的工人家庭。法国无产阶级当时士气十分低落，但没过十年，法国工人阶级重又奋起斗争。巴黎公社后过了十年，法国工人运动从遭受的打击中恢复了元气。接着请回想一下俄国1905年的革命：它也被镇压，淹没在无产者的鲜血之中，出现了严重的危机，俄国工人阶级面对凶残的敌人。但是，不到十年，俄国无产阶级重又站立起来，赢得了斗争的胜利。

我们来看德国。拿1918—1923年来说，在这一时期德国无产阶级为革命而战斗。斗争并没有沿着不断上升的直线走，它有过间断，工人阶级损失惨重。这时德国无产阶级承受了欧洲工人运动中最深重的牺牲。但是现在德国，这个经过资本主义某些稳定的国家又发生了什么？难道那里的工人阶级中出现了类似1848年和1871年普遍绝望和颓丧情绪的状况吗？绝非如此！德国工人阶级相当大的阶层保持了朝气，坚忍不拔，在最艰难的处境中坚定不移地跟着共产党走。

在其他国家，在法国、捷克斯洛伐克、波兰情况如何？那里的无产阶级是否垂头丧气、一蹶不振，重新奋起革命要再过许多年？绝非如此！这里的情况有所不同：工人阶级刚尝试进行革命，但还没有投入决定性战斗。工人阶级经过艰苦斗争被彻底击溃，只能等待新的一代成长起来，这种状况在欧洲任何一个国家里都没有出现。没有这种状况！我们只看到，工人阶级的力量还没有成熟，还不足以战胜资产阶级；但工人阶级绝不是群龙无首，绝没有被摧垮，绝没有心灰意懒，绝没有被白色恐怖的浪潮所淹没。那里的状况与白色恐怖笼罩的匈牙利或分兰的状况完全不同；但应该指出，即使是匈牙利、芬兰、爱沙尼亚这样的国家，尽管那里恐怖猖獗，只要几年时间，无产阶级就会再次奋起斗争。

同志们，我谈到这一切，是为了防止大家对当前政治形势和国际工人运动现状作出错误估计。假如说，一个一年前革命热火朝天的国家不再存在直接的革命情势，这一点决不应成为我们队伍中产生和滋长颓丧情绪的原因，它不能使我们认为，欧洲到处整整一代工人阶级已像1848年和1871年后一样被彻底摧垮了。

我就我们大家关心的问题，草拟了说明时局特点的七点。

**第一点**。拿1917年前的时段来说，各国工人阶级当时都在单打独斗，我们在这一时期没能发现有哪一个国家的无产阶级多多少少赢得了决定性的胜利。现在的形势如何？现在国际无产阶级在一个国家里或多或少赢得了彻底胜利。我指的是苏朕，地球的六分之一。国际工人阶级，为反对世界资产阶级而斗争的工人阶级的某些部分有了据点，某种革命后方，这一事实意义重大。这一事实本身具有世界历史意义，这清楚地表明，不能把目前形势等同于1848年或1871年后的危机。总之，第一个事实即一个国家工人阶级的胜利，虽然并非彻底胜利，但它创造了国际无产阶级的革命后方。

**第二个**因素是东方。社会民主党人极尽挖苦之能事，说幼稚的人现在才打算在中国进行革命。但问题在于，中国有4亿人，它真的可以而且具有世界历史意义，世界资本主义现在已经不能控制这股投入运动的极其强大的自发力量。

欧洲无产阶级的先进队伍，被加利费将军在巴黎和后来1905年被俄国沙皇政府所击败，都是孤立地作战，没有得到欧洲其他国家和殖民地的直接支持。东方的觉醒使工人阶级不再孤军奋战；对整个革命运动具有重大意义的新力量正在登上历史舞台。

**第三点**。我们经历了世界大战并生活在酝酿新战争的时期。欧洲各处的广大群众纷纷觉醒，其中包括农民。在帝国主义战争后群众已与战前不同。世界大战对于国际无产阶级和农民来说起了伟大的"政治大学"的作用。工人阶级在世界大战时经历了苦难的磨炼，其积累的政治经验不可避免地应成为无产阶级对付任何思想危机的解毒剂。这一鲜明的特点也是我们的时代区别于过去的地方。

**第四点**。正如我在开场白中已指出的，我们时代的阶级矛盾充斥着国内战争的因素。在1917年前欧洲无产阶级只是对国内战争有所议论，而且并不经常议论，谈得也不明确。从1917年到1925年几乎整个欧洲无产阶级都生活在国内战争的环境中、氛围中，他们较少害怕流血的战斗，大家都了解从战时以来几乎全欧洲工人群众的心理状态。

**第五点**。农民的觉醒。巴黎公社毁灭的原因之一是农民对工人阶级的敌对态度。俄国无产阶级在1905年遭到失败，首先是因为俄国农民当时还反对工人阶级。农民在以往历次革命战斗中不仅不持中立立场，而且往往对工人十分敌视。今天的农民开始采取另一种态度。现在最普通的工人都应本能地感觉到，他们在自己的斗争中不再像过去几代人那样孤立和单枪匹马。

**第六点**。我们没有经过被彻底摧垮的革命的时期。整个欧洲的形势的特点只是工人阶级的力量还不够成熟，不足以胜利地完成革命。

**第七点**。革命工人阶级现在有了自己的战斗司令部——体现了革命运动经验并对国际无产阶级各支部以大力支援的共产国际。在以往这无从谈起。

同志们，客观形势就是如此，我坚决反对有人在我们会议之后怀着这样的情绪：资产阶级团结了，工人阶级被彻底消灭，思想危机肆虐，一切都必须从头再来，党必然减员，每个国家不可避免地发生危机。同志们，情况远非如此。

在1905年俄国第一次革命失败后,布尔什维克在整个1906年与孟什维克在关于所处时期的实质问题进行争论。当时这样提出问题:我们所处的时期是否是类似1847年或1849年的时期,即我们是否处在新的资产阶级革命的前夜,或者我们已经越过这一时期?孟什维克断言说,我们正经历1849年,沙皇政府赢得了决定性胜利,确立了立宪君主制度,沙皇政府和部分大资产阶级自上而下完成了俄国革命的任务。他们说,我们从今以后应该按照欧洲合法社会民主党的样板建设我们的党并为改良而斗争,而"最终目标"将在大约50年后达到。

以列宁为首的布尔什维克党持另一种看法,认为俄国经历的不是1849年,而是1847年。它认为1905年只是预演,将爆发第二次革命,因为沙皇政府和大资产阶级自上而下完成不了革命的任务。我们在1907年、1908年、1909年等直到1917年都是这样说的。1917年和1906年只相隔十年多一点。在整个这十年中俄国孟什维克和国际孟什维克幸灾乐祸地说:"怎么啦?你们说,这不是1849年,你们断言不是今天,便是明天将爆发第二次革命?你们的革命在哪里?我们怎么没看到。"社会民主党人招呼工人说:"布尔什维克是幻想家;请进我们的小铺吧!"我们当时和现在对他们说:总有一天我们会把你们和资产者先生一起关起来,你们看到我们的红旗胜利飘扬时会气得咬牙切齿。这10—12年对于我们是考验年代。不是每一个人都愿意相信,毕竟布尔什维克是对的。历史证实了我们是正确的。

这里当然不能作完全的比较,看来目前我们在国际范围内经历的是类似的状况。社会民主党先生们,以及我们队伍中一小部分人断言说,工人阶级现在在国际范围内还经历1849年,因此今后将出现全新的长达几代人的资本主义巩固时代。我们则断定,目前的形势与1849年不同,而是类似1905年和1917年间12年的间隔时段。从这12年中,德国已走过了6年。如果认为国际范围内的历史发展大致与1917年前俄国国内的发展相似，那么我们只要再过几年，而不是再过整整一个以国际资产阶级全面胜利为标志的时代。当然，如果工人阶级在一个国家里很难越过这一发展时段，那么在国际范围内更难越过它，因为国际形势形形色色，纷繁复杂，因为某些国家的资产阶级强大些，另一些国家的资产阶级弱一些。但我认为，必须像布尔什维克评估俄国第一次革命后的局势那样来判定目前的国际形势。更何况，如我在上面所说，在广泛的国际范围内存在着一系列有利于我们和我们斗争的因素。

我应该专门简单谈一下德国的问题，因为德国得到了一个可疑的特权，被认为是现在资产阶级在巩固资本主义方面取得特殊成就的国家，还因为最近正是在德国爆发了最激烈的战斗。

有些同志已经在这里谈到总统选举。我简单谈一下。我们在选举中失去了许多选票，这部分原因是工人阶级对总统选举的关注少于对议会选举的关注。我们发现在美国和芬兰我们的许多支持者都不参加总统选举。而当美国社会党还是社会主义政党时，它在以往的总统选举中也有相同的遭遇。参加总统选举的人较少。

但这个解释还不够。其中还有一个因素是值得我们重视的。

现在德国暂时出现了非此即彼的选择：资产阶级共和制还是君主制。对于我们共产党人来说，当然主要的对立是：无产阶级专政还是资产阶级国体。这是共产党人与其他所有政党的区别之处。对我们来说，这样的观点是不变的。但可能会出现这样的状况："资产阶级共和制还是君主制"这一非此即彼的选择在某个国家的一段时间里有了活力，对群众具有现实意义。德国现在的状况就是这样的。在这一历史发展阶段，关于无产阶级专政的问题只有宣传意义。德国工人本能地感觉到，现在在他们的国家中毫不含糊地提出了关于资产阶级共和制还是君主制的问题。他们担心道威斯计划的甜头里还掺杂进君主制的灾祸，才投社会民主党人的票，从中寻找救星。如果我们的党不懂这一点，不会按布尔什维克方式去处理问题，我们今后还将失去追随者。问题不在于票数多少（失去选票还可以原谅），而在于疏离无产阶级某些阶层的危险。我们应该尽可能地接近无产阶级。

我曾听到有同志说：是资产阶级共和国的黑红黄三色旗胜利，还是君主国的黑白红三色旗胜利，难道对我们不是全都一样吗？

不，不是全都一样的。这不是马克思主义对问题的提法。这种态度使我们想起马克思主义者和拉萨尔分子（更确切些说，是庸俗拉萨尔主义者）的老争论。

我们从800万张选票投给社会民主党人这一事实中应作出什么结论呢？结论很清楚：无产阶级尽管积累了经验，还不懂得社会民主党是资产阶级的"第三"党。我们应努力使工人阶级摆脱资产阶级的束缚。但我们应该看到君主制和共和制的区别。对无产阶级的阶级斗争来说，资产阶级共和制是比君主制有利的基础。当然不是因为共和制致力于国内和平，而是因为这一政体更清晰地揭露资产阶级真正的阶级性质。现在我们已经知道，连普选权在资产阶级手中都成了反对无产阶级的阶级斗争武器。但我们应该懂得，在资产阶级共和制和君主制之间作出选择时，无产阶级不应漠不关心。如果我们兄弟的德国党能把这一思想给无产阶级解释清楚的话，那这将缓解它在革命停滞时期的处境。

我已经有关于德国总统选举进程的详细资料。从数字可以看出，社会民主党在某些工人中心地区夺走了我们一定数量的选票。柏林如此，甚至哈雷也如此，从前我们在哈雷一贯拥有多数。现在哈雷投给我们20%的选票，而投给社会民主党的是21.4%的选票。这是在哈雷，警察日前刚在哈雷向封闭场所中的工人集会开枪，这个哈雷，正是共产主义的堡垒所在。

对于工人阶级来说，它还在思想上依附于资产阶级，因此也依附于社会民主党，是很大的不幸。但我们是否因此就要感到沮丧呢？我们是否应该断定，这是工人阶级深刻精神危机的征兆，它也许还会长时间，整整几十年，要承受资产阶级的压迫？不，同志们。这只是意味着，我们应该为革命进行更长期更顽强的斗争，工人阶级相当多的一部分最先进的队伍（我把德国工人阶级算做最先进的队伍）还将经历一系列失利和失败。这迫使我们认真考虑资产阶级化了的一部分工人阶级的心理，不是说我们要有这样的心理，而是说我们要尝试更好地理解这一心理，以便更容易把它从工人头脑中清除出去。我们不能说：我们有180万共产党员，我们只考虑我们的这支基本队伍。这180万共产党员是我们的坚强阵地，我们的钢铁骨干，工人阶级的精华，世界革命的杠杆。没有这些骨干，我们一文不值。这是对的。但整个问题是如何争取其他的群众？为此我们应该知道，哪里是痛处。但不应该理解为我们应该做工人群众的尾巴，原谅他们的一切缺点。

我认为，革命运动中的这一停顿（如果可以说这个经常举行大规模街头示威、大规模阶级战斗的国家有停顿的话）不会太久。俄国第一次革命和第二次革命相隔12年。这一间隔不太长，因为俄国的革命过程由于两个因素加速了：（1）新的战争逐渐迫近，（2）沙皇政府解决不了土地危机。农民逐渐倾向革命。

德国有同样意义重大的三个因素在起作用：

（1）世界大战失败的后果继续在起作用。德国成了协约国的捕获物。找不到和平的解决国际问题的方式。

（2）德国的工人阶级比俄国的强大得多，德国工人阶级的人数几乎多两倍。

（3）德国革命是在国际革命斗争和会导致新的世界大战的激烈冲突的氛围中发展起来的。

我们可以从心底里嘲笑《前进报》中那些卑躬屈膝的人写的东西："世界革命已经完蛋，共产国际自己证实了这一点。"你们，德国的朋友和同志们，该要有坚强的神经。我们在俄国受到12年（1905年至1917年）这样的文章的围剿。孟什维克对每一个进监狱或去服苦役的布尔什维克幸灾乐祸地说："你进监狱，你被判处服苦役，只是因为布尔什维克党尽干蠢事，因为它坚持浪漫主义策略。你白白进了监狱——现在和将来都不会有革命，你白白牺牲了性命。"我们优秀的战士随时随地听到孟什维克阵营这样说。但他们十分坚定，他们对自己说："不，并非一切全都完了。应该坚持，不能相信这些资产阶级的奴才。"同志们，我们应该平静地回答《前进报》说："给我们时间，总有一天我们会说，不是革命完蛋了，而是社会民主党完蛋了！"

同志们，我还想就克雷比赫同志讲话的某几点谈一谈。老实说，克雷比赫在这里讲话，好像是拉狄克同志的代理人。这一点我们大家全清楚。因此他的讲话中才有一些我们熟悉的拉狄克使用的特殊手法：种种关于"人物"和分歧的无稽之谈，关于这些分歧是否存在的推测。布哈林同志已经代表我们大家指出，这全都是无聊的议论。克雷比赫同志的讲话显露出拉狄克的"战略"，拉狄克认为现在可以大胆采取某些步骤。大家从这里宣读的某些文件中可以更清楚看出这些想法的代价。我不去更多谈这个问题。我完全赞成布哈林同志在这里说的一切。我认为，大家也会这样。

现在我来谈谈克雷比赫发言涉及的一些原则性问题。克雷比赫在全体会议上，像在捷克问题委员会中一样做了他的志同道合者不敢做的过分之举，他相当坦率地说出了他的想法。因此他相当坦率地以分裂相威胁并多次发言，这些发言听起来就像当年克里斯平和保尔·莱维在这个大厅里的讲话一样。

克雷比赫说，季诺维也夫声称，资本主义受到致命创伤。这么说，季诺维也夫赞成机械的灾难论！更可怕的是，这不仅是"机械的灾难论"，这是"卢森堡主义的要素"。克雷比赫同志，请别忘了，罗莎·

卢森堡留下了很多好东西。我不得不说，罗莎·卢森堡的老模式毕竟比"拉狄克主义"和"克雷比赫主义"加在一起还有价值。我们批评已故的罗莎·卢森堡的理论和实践中的许多东西，首先是因为我们在她去世后又过了六七年，已经有了俄国革命和德国革命的经验。我们批评她的错误，但这并不妨碍我们看到罗莎·卢森堡的伟大之处。

克雷比赫把列宁说过的一个论点与我的论点对立起来，他说："列宁在第二次世界代表大会上说，对于资本主义来说没有出路的情况是不存在的，如果无产阶级及其政党不把它推进深坑里，即不发动革命的话。"

由于我没有重复这段话，瞧，我便成了"灾难"崇拜者。这太可笑太荒唐了！要知道我正是就各党布尔什维克化的问题作报告。各党布尔什维克化是什么？它意味着培养无产阶级先锋队走向无产阶级革命。因此，我们很懂得主观因素的作用、工人阶级及其政党在革命中的意义。当然，如果这支先锋队不存在或无所作为，资本主义**有可能**找到某种出路。列宁强调了这一点。我们大家也都指出了这一点。因此，究竟在什么意义上可以把列宁的论点和我的结论对立起来呢？我的"灾难论"在哪里？克雷比赫同志，某些经历了灾难的共产党员，作为共产党人，非常乐意在只是谈共产主义基本常识的地方发现"灾难论"。（鼓掌）

克雷比赫同志接着说："季诺维也夫的提纲不错，但报告却试图加以弱化。季诺维也夫没能说出全部真相，他与自己的左派联系得过于密切，**主要的是**，他向左派让步过多。"

大家还记得，例如，在我们的队伍中，在可能犯错误的共产党员队伍中在工会问题上进行过多么热烈的争论。我们向左派同志谈了自己的意见。由于我们有丰富的经验，因此我们是对的。如果情况是另一个样子的话，我们会承认错误的。共产国际之所以存在，就是考虑到工作和斗争的经验，需要纠正路线。同志们，我认为应尽快放弃克雷比赫同志在这里展示的那些工作方法。

克雷比赫同志在他的发言中涉及右派问题。他说，我在捷克问题委员会里问过他右派的地址，但是，瞧，由于恐怖肆虐和不能自由表达意见，他不能向我泄密。他甚至不告诉我他们的秘密地址。同志们，但是在克雷比赫发言后，我们偶然发现了可靠的踪迹，它给了我们确切的地址。在捷克斯洛伐克这就是克雷比赫、劳切克一伙。在国际范围内这个地址就是：克雷比赫、拉狄克、布兰德勒、罗斯默、苏瓦林一伙。如大家所看到的，现在我们掌握的地址相当准确。

克雷比赫谈到处理问题的"政委式"方式。我认为当克雷比赫谈到这一点时，保尔·莱维打了个嗝儿。莱维应该感觉到，克雷比赫在五年之后重复了他当年说过的话。只不过当时谈的是"突厥斯坦人"，而现在谈的是"政委制"。从这个例子最清楚不过可以看出，克雷比赫内心距离共产国际有多远。

我们现在并没有问捷克同志，他们是否愿意赞同我们对世界形势的观点，我们只是问，他们是否愿意**在实践上**支持共产国际，接受它的决议并**加以执行**，而不是像在第二国际中那样搞外交活动，在第三国际中不可能也不应该这样干。我们坚信绝大多数捷克同志、捷克无产阶级会理解我们。

我不能避而不谈如下有意思的事实：我今天收到的一号赖兴贝格《前进报》上的一条消息。《前进报》转述如下。与布勃尼克一起被开除出党的瓦恩布伦先生出版了一本谈清党和共产国际方法的小册子。他在小册子的附录中翻印了克雷比赫同志在党代表大会前写的一篇文章。我不想说，克雷比赫对此要负形式上的责任，但他政治上要负责，因为已经在进行反对共产国际的斗争、已经站在街垒另一边的叛徒们利用了他的文章。克雷比赫同志，您还需要提醒您什么？您给了魔鬼的不只是一根指头，它已经几乎抓住了整个手，如果它控制住您的脑袋，您也不必大惊小怪。

我快说完了。我们，列宁的学生们，常常问自己，在当前的世界形势下列宁会对我们说什么？他现在会像在第四次代表大会上那样告诉我们说，首先要学习再学习。他会告诉我们说：继续成为一个群众性政党，但应是**布尔什维主义的和共产主义的**，而不是如现在有人提议的半孟什维主义。他会告诉我们说：**打击右派，别向"极左派"作任何政治上的让步**，"极左派"只是右派的帮凶。资本主义得到稳定，但最重要的是，我们自身要保持稳定，我们的党、我们的共产国际要保持稳定，我们的思想知识要丰富起来。在目前形势下列宁同志会再一次提醒我们关于主观因素——无产阶级先锋队及其政党——的意义。

在目前相对停滞时期，对于共产国际各党来说可能的前景有两个。其中一个是黑暗的、悲惨的前景。如果我们真的在这个两场革命之间的时期保持不了应有的水平的话，那我们的队伍中有些地方就可能出现失望、危机、分裂、背叛、社会民主主义倾向。这是一个前景，一种可能性。另一个前景是，我们学会正确探索形势，加以分类，我们在反革命打击下壮大起来，我们的党壮大起来，我们利用喘息时机来加强自身修养，成为工人阶级强大的唯一的政党。我要提醒大家，在战前资本主义正常时期德国社会民主党成了工人阶级政党。确实，当时这个党内已经有背叛的种子在成熟，后来把它变成了社会叛徒的政党。但它当年曾经是工人阶级的政党。在目前资本主义得到某种稳定（应该补充说，很不牢靠的稳定）的时期社会民主党得到壮大，而我们四分五裂，这不是必然的，也没有这样的规律。在这种形势下，阶级斗争可能还不会采取国内战争的形式，但已经充斥国内战争的因素，社会民主党变成了资产阶级"第三"党；我们可能正是在反动年代成为工人阶级更具群众性的政党，唯一能领导并愿意领导工人运动的组织。

我们的提纲决不是意味着（许多人已经这样归咎于它）我们相信我们各党成不了群众性政党，社会民主党统治工人运动的时代已经开始了，等等。决不能把我们的提纲理解成这样。如果我们把目前共产国际的处境和布尔什维克党在1907年和1917年间的处境作一类比，是否错了？这里可以作某种类比。俄国工人阶级一支队伍10年间在列宁领导下坚持自己的革命立场是很难的，当时每天有人像现在《前进报》那样朝我们叫喊，革命"完蛋"了。现在在国际范围内同样很难坚持，尤其是列宁已经不在了。但是我们更应该坚持下去，教育各革命共产党，不仅努力巩固目前的基础，而且努力加以扩大，力争成为工人阶级唯一的政党。

为什么我们现在应该声明，某些地方资本主义开始得到稳定？我们这样做是为了清除幻想，走一条正确的道路，尽管这条路上荆棘丛生。决不要得出任何夸大其词的结论！但我们不应该对稳定"陛下"下跪。我们应该想一想，**我们本身需要保持稳定**，即使自己的党布尔什维克化，坚持自己的立场，工作下去并等待时机，最终我们将扼住资产阶级的喉咙，消灭它，开始建设共产主义！

同志们，我认为，凡是想在第五次世界代表大会和这次扩大的全体会议之间制造矛盾的人，不是走错了路，就是歪曲真相对他有利。我们的道路没有变。当然，第一次、第二次、第三次及其他各次代表大会的某些决议没有变成现实，但许多决议和文件成了共产国际永远的财富。执行委员会本次扩大的全体会议继续进一步发挥了过去的各项决议。我们的会议是各共产党"布尔什维克化的会议"。我们将与各种错误倾向，如今天关于拉狄克、布兰德勒、塔尔海默一案的声明所表露的倾向作斗争。如果需要，我们将更断然地行动。列宁教导我们，当资产阶级或社会民主党在这里那里得到加强时，在这一时刻，凡是试图使我们背离我们的基本路线的人，都应遭到最坚决的打击。我们要告诉所有试图把我们拉入社会民主党泥沼的人说：如果你们有强烈意愿的话，那就请你们自己滚一身泥泞吧。我们可不进沼泽去，我们永远是共产党员，我们永远是列宁同志的学生。（持续不断的掌声。奏《国际歌》）

## 对扩大全会的贺词和致答词

**瓦里乌斯**，东方劳动者共产主义大学学生，用印地语祝贺扩大的全体会议。

**尼古拉耶娃**向执行委员会递交了远东劳动妇女的贺词。

加拉赫、罗易和拉金同志致答词。

**加拉赫**（英国）：

同志们，英国一位愚昧无知的爱国主义和帝国主义诗人说："东方是东方，西方是西方，这对双胞胎从来走不到一起。"这个帝国主义诗人没有料到共产国际的出现。在共产国际的旗帜下，东方和西方走到了一起。东方和西方在马克思和列宁学说的领导下手拉着手前进。东方和西方准备结束帝国主义剥削者的统治。我在这里是英国的代表，这个国家是最恶劣的帝国主义强盗国家，几百年来掠夺和蹂躏东方的帝国主义者国家，我代表全体西方代表，向我们的东方同志表示，我们有义务与你们并肩前进，直至达到伟大的目标：全世界获得解决。我提议全体同志起立，欢迎我们的东方同志。

**罗易**（印度）：

同志们，我无疑表达全体会议所有代表以及派遣他们的革命无产阶级群众的感情，欢迎出席共产国际执行委员会扩大的全体会议的东方各民族共产主义大学的学生。执行委员会这次扩大的全体会议鲜明地勾画了各被压迫民族革命运动在反对资本主义斗争中的意义。我们与殖民地半殖民地国家这支强大的同盟军有机的结合在很大程度上决定了不久的将来世界革命的进程。全世界各国共产党为解决这一伟大的具有国际意义的问题所作的努力和理解，将使我们有权指望，殖民地半殖民地国家的革命力量将加入积极革命者的队伍，在共产国际的旗帜下组织起来。他们与他们一起投入与世界帝国主义所作的最后的坚决战斗，完成在列宁和布尔什维克党领导下俄国同志开创的事业。

**拉金**（爱尔兰）：

共产主义在走向伟大目标的统一运动的范围内把世界各个种族联合起来。这一运动就是生活本身。它表明了地球上亿万居民的需要和要求，具有固定的明确的形式。我们有义务领导世界无产阶级的斗争。

到访这个伟大城市给我们注入新的力量和勇气去为推翻资本主义而斗争。这一运动向我们提出任务，为它而生，为它工作，如果需要，为它去死。我们不必注意拦住我们前进道路的机会主义政客们的思想花招，布兰德勒、塔尔海默和拉狄克们今天是社会民主党人，明天是布尔什维克，之后又成了社会民主党人。我们应该为无产阶级事业服务，同时努力学习。全世界工人们渴望知识，他们读马克思的书，读列宁的书，跟着马克思和列宁走，而不跟着拉狄克和布兰德勒之流的机会主义政客们走。

请接受对你们的衷心敬礼并代表爱尔兰无产阶级向大家保证，你们在未来的伟大斗争中可以大胆地指望我们。

## 表决通过《关于共产国际执行委员会报告的决议》

**多姆斯基**（波兰）代表波兰、法国和德国代表团宣读关于执行委员会报告的决议草案。

决议[①]得到一致通过。

---

[①] 即本卷收录的《关于共产国际执行委员会报告的决议》。——编者注

# 第十三次会议

（1925年4月6日上午）

## 表决通过《关于国际支援革命战士协会的决议》

**马尔蒂**（国际支援革命战士协会）：

同志们！请允许我宣读国际支援革命战士协会委员会草拟的决议草案。国际支援革命战士协会是援助政治犯的组织，它既不是慈善组织，也不是温情组织，而是战斗的阶级组织。

（宣读决议草案。①）

由于国际支援革命战士协会开展的运动，部分无产阶级重又焕发低落或行将熄灭的革命感情。

国际支援革命战士协会促进国际团结感的增长和帮助对工人进行政治教育。

我不需要向大家证明，比如一封巴黎工人或伦敦工人的来信送进东京监狱或印度的孟买监狱后产生的巨大的精神作用。

国际支援革命战士协会活动的结果是阻止了法西斯主义的扩张，因为中间阶级摆脱了法西斯主义的影响。

---

① 见本卷收录的《关于国际支援革命战士协会问题的决议》。——编者注

资产阶级为了中伤苏维埃俄国使用了什么办法？整整七年资产阶级掀起一波又一波的运动，鼓动反对布尔什维克的兽行。资产阶级开展这些恶毒中伤的运动，无中生有地用我们俄国同志滥杀无辜这一血淋淋的幻景蒙骗工人，从而破坏无产阶级和贫农对苏维埃俄国的好感。资产阶级很清楚该怎么办。他们竭力掩盖他们在波兰、罗马尼亚、爱沙尼亚等地制造的兽行，他们在那里无情地消灭我们的同志。国际支援革命战士协会对资产阶级的回答是，激起工人对这些国家资本主义政府的仇恨，保护我们将惨遭屠杀的同志。

国际支援革命战士协会的政治路线由共产国际第五次代表大会的决议作了精确的规定："各国共产党应千方百计协助国际支援革命战士协会"（第一条）。"党的刊物应给予国际支援革命战士协会必要的版面和重视，鼓动和宣传对革命者的支援。"（第二条）

我代表委员会应该指出，国际支援革命战士协会组建的基础不是各个组织的集体入会制，而是个人入会制，以生产支部和民主集中制为基础，完全和共产党一样。

我代表委员会应该指出，要避免重犯。有些同志的立场错误，他们声称：保护政治犯是专门从事这一工作的几个同志的事，我没有时间去做这件事。

同志们！我首先要指出，在一个国家内，同志们有时处于少数地位，不能对政治犯提供实际的支持，也开展不了声援他们的鼓动。只有依靠由群众性组织开展的鼓动，才能争取政治犯获释。对于政治犯来说，意识到无人给予他们支持比铁镣手铐和皮鞭抽打更糟。

我们研究政治迫害的统计材料发现，迫害随着革命运动的壮大而加剧。因此，这可以在某种程度上成为晴雨表，因此，对各国中迫害的关注将有助于阐明革命走过的道路。

同志们！我就谈这一些，我想提醒大家，国际支援革命战士协会是组成共产党的后备军。我代表委员会提议通过这一决议。

**主席**把关于国际支援革命战士协会的决议①提付表决。决议得到一致通过。

## 表决通过《关于农民问题的提纲》

**格列科**（意大利）代表农民问题委员会提请批准关于布哈林同志关于农民问题报告的提纲②。提纲得到一致通过。

**梁赞诺夫**作关于卡尔·马克思和弗里德里希·恩格斯研究院的工作和任务的报告。梁赞诺夫列举一系列理由，取消了自己的报告，请全体会议的与会者阅读已出版的关于研究院活动的报告的压缩文本。

会议休息至下午复会。

---

① 见本卷收录的《关于国际支援革命战士协会问题的决议》。——编者注
② 见本卷收录的《关于农民问题的提纲》。——编者注

# 第十四次会议

(1925年4月6日下午)

## 表决通过《关于俄共党内争论的报告的决议》

**主席：**

我们将通过关于布哈林同志关于俄共党内争论的报告的决议。决议的译文已分发。是否有异议或修改？没有。我提付表决。决议①获得一致通过。

请曼努伊尔斯基同志就捷克斯洛伐克问题委员会的工作作报告。

## 曼努伊尔斯基作关于捷克斯洛伐克问题委员会工作的报告

**曼努伊尔斯基（俄共）：**

我受捷克问题委员会的委托，应向共产国际执行委员会扩大的全体会议报告委员会讨论的实质。

捷克问题现在具有巨大的国际意义。它不是偶然地在扩大的全体会

---

① 决议正文见本卷收录的《关于俄共党内争论的报告的决议》。——编者注

议的讨论中占有主要地位之一的。可以说，关于这次全体会议的最主要问题——关于资本主义稳定的问题——的整个争论主要是围绕捷克问题展开的。使捷克党感到不安的策略问题总是受制于对目前时期总的评价。

现在在国际范围内正在冒出一股机会主义思潮，这股思想把目前的过渡时期看做资本主义彻底稳定的时期。不必怀疑，近来，没有摆脱社会民主党传统的右派分子正在试图根据尚不清晰的经济稳定的轮廓来构筑肃清"革命浪漫主义"的共产主义运动新策略。在世界革命一再推迟的情况下，这种尝试将周期性重复出现。我们在捷克已经遇到以布隆组织某些领导人为代表的刚冒头的机会主义的第一次猛攻。我们在委员会掌握的文件中找到了充足的材料，使我们确信右派威胁共产主义运动的危险。布隆的右派分子对一切仍忠于第五次世界代表大会各项决议精神的人、对在目前资本进攻的艰难时代努力捍卫布尔什维克策略的基本原则的人开战，加给他们种种恶谥，如"狂热的幻想家，抓住每一个由头为运动的最终革命目标唱赞歌"。同志们，这就是捷克问题现在对整个国际共产主义运动具有代表性意义的原因。

共产国际中的右派分子决定在捷克问题上来试探共产国际路线的坚定性。他们在捷克党身上下注，试图通过它来影响扩大的全体会议，以改变整个共产主义运动的政治路线。他们想把捷克同志变成大炮，变成打算用来轰击共产国际的某种臭名昭著的"贝雷塔式冲锋枪"。我以格外满意的心情证实，捷克代表团不分派别一致拒绝有人硬加给他们的角色，赞同俄国代表团提出的决议。

捷克斯洛伐克共产党中央委员会中的少数派同志认为，他们的争论与众不同，他们以为这是某种不能复制的历史一页，他们的危机是特殊的危机，有其独特的特点。是这样的吗？首先，请允许我谈一谈我们捷克斯洛伐克问题委员会没有阐明的一点。我指的是我们危机的国际经验。我们在共产国际存在的六年里经历过不止一次危机。在意大利、法国、德国、瑞典、挪威，危机都是我们运动已经经历了的阶段。我们根据这些严峻的教训可以有所学习。因此在研究捷克危机时作某种比较并非是多余的。

如果分析捷克派别关系的格局、在反对中央的派别斗争中使用的手段的话，那我们不得不确认，捷克斯洛伐克的危机与其他党的危机很像，正如一滴水像另一滴水一样。这种危机共同的原因是我们的兄弟党从社会党轨道向共产党轨道的过渡。这是我们运动成长的危机，是各党布尔什维克化过程中不可避免的现象。这些危机由于对立倾向的冲突而产生，每一次都把共产主义运动推向更高的发展阶段。

首先，捷克斯洛伐克所谓的右翼是什么？它是由两部分组成的。在捷克，与其他许多党一样，有一批老的社会民主党员政治上还没有摆脱社会民主党的观点、余毒和传统；这是一些在新形势下没有肃清从社会民主党那里继承的可怕遗产的人。这一过去的经历压迫着他们的意识、拉他们倒退，把他们本身变成阻碍党发展的重担。但除了这些人，形成右翼的还有昨天还是运动左翼的人。这一点格外引起混乱。许多没有政治经验的同志不明白，在俄国革命中起过非常积极作用的人，怎么在目前的相持阶段会变成反对自己党的反对派，例如，曾积极反战的罗斯默和莫纳特现在会被开除出法国共产党。在德国党内，斯巴达克派的一员——保尔·莱维，罗莎·卢森堡最亲密的朋友——在党号召群众投入斗争时背叛了党。在党的看法中，以往对人的评价是不容易根除的。妨碍党员群众迅速转变方向的老习惯、老关系还保留下来。例如这种温情习性就是束缚德国社会民主党这样政治上腐朽不堪的党的铁箍之一。这一惰性严重削弱了党员群众正确评价党的各种倾向的领会能力。如果拿捷克共产党来说，我们会发现，它的右翼既包括了持有社会民主党传统的人，又包括因对革命迟迟不爆发感到失望的人。捷克有一些人是共产党内部社会民主党思想的残渣余孽，即由布勃尼克领导的一派。另一方面，捍卫布勃尼克到底的人当年曾与我们一起进行反对右倾的斗争、一度站在运动的左翼，我指的是克雷比赫同志。这令人悲哀，但这是事实。当我们在捷克斯洛伐克问题委员会的会议上听到克雷比赫反对机械的布尔什维克化的声明或者他暗中为布勃尼克作的辩护，我们仿佛觉得，说这些话的不是那个在1920—1921—1922年与我们一起为共产国际布尔什维克化而斗争的同志。说这些话的是再版的克雷比赫，是一只脚站到社会民主党队伍中的克雷比赫。革命迟缓的速度毁掉的不是一个克雷比赫，它毁掉了整整一批几年前在国际运动中起领导作用的同志。如果在座的人中有人仍然对这种变化无常的"演化"有怀疑的话，那就请他读读克雷比赫的发言记录。从布勃尼克经过布隆备忘录到克雷比赫，这就是目前捷克右翼的政治特征。

　　如果进一步看看捷克斯洛伐克危机的发展过程的话，我们会发现，这一危机同样没有任何独特之处。我们知道，我们各党通常发生危机时，党正投入群众性战斗，而社会民主党的残渣余孽正四下张望，打算从战场上溜走。过去、现在和将来都是如此，直到我们党清洗掉这些不坚定分子为止。捷克的危机是怎样发生的？捷克斯洛伐克共产党在资本主义相对稳定时期进行活动的这个国家正在酝酿尖锐的冲突。在这种形势下，共产党开展了反对物价飞涨的运动。除此之外，摩拉维亚—俄斯特拉发正在酝酿大罢工。尽管欧洲处于停滞时期，捷克的工人运动却以群众性示威游行令人瞩目，在这一时刻党投入战斗时，却遭到背后的打击。在捷克，谁在这一时刻对自己的党落井下石——这已众所周知了。这个人就是布勃尼克，布拉克组织的主席。党对背叛作出的反应是开除布勃尼克。因此右派分子燃起了反对中央的战火。

　　不妨回忆一下法国危机的发展过程。在共产国际第四次代表大会后，开始了占领鲁尔。法国党面临严峻的政治考验，党是否能够反击法国的凡尔赛分子。这是党经历的第一次重大考验。党中央委员会被投入监狱，被控犯有叛国罪。当政治暗探在《人道报》附近每条人行道上严密侦查、寻找反对彭加勒国家的新阴谋的线索时，在这一时刻弗罗萨尔在后方给党一击。捷克同志们，这与你们危机的历史何其相似！

不妨回忆一下意大利的危机。右派分子在什么时刻脱离共产国际的？意大利代表团刚刚从共产国际第二次代表大会后回来，当时卓利蒂政府正摇摇欲坠，工人们夺取工厂，当局弄得灰头土脸，空气中弥漫着火药味。在这一危急关头塞拉蒂同志犯了一个致命的错误，这个错误他现在也承认；而达拉贡纳、屠拉梯等人犯下了罪行。运动失败了，意大利革命被推迟若干年。如果捷克工人愿意认真考虑别国的经验的话，这对他们难道不是惊人的教训？

最后，不妨回忆一下德国党危机的发展过程。不管好不好，党终于在1921年3月回答了泽韦林的挑衅，发动著名的三月行动，党的主席保尔·莱维在行动关键时刻发表了他臭名昭著的《反对盲动主义》的谤文，以此打击了党。在行动中检验是对党政治考验的标准。事态清除了废物，揭露了我们的弱点。通过事态的烈火识别了朋友和敌人。这里要顺便简单提一下布隆。布隆是出色的组织之一，它过去有坚强的左派传统、良好的群众结构。但现在领导这个组织的是共产主义运动右翼的人。但最近一次地区代表会议上选举地区委员会时，布隆人尽管其组织中有三分之一人持左翼立场，却把所有左派都清除出党的委员会。他们对共产国际说："请相信我们，我们将执行第五次代表大会的路线。"法国党也有类似经验。1922年在巴黎代表大会上右派以不大的多数选出了清一色的由右派组成的中央委员会。他们也要求我们给予信任，但我们拒绝了这个要求，并没有犯错误。但我们给布隆同志预支了信任，我们错了。我们公开这样说，因为布隆地区委员会没有履行他们的义务。他们在政治上破产了。

我们继续来作类比，看看欧洲各党围绕布尔什维克化进行的斗争。我们又一次看到到处都是相同的情景；起先出现一个人数不多、思想团结的集团，老领袖把他们说成是党内的闹事者，瓦解党、破坏党内正常生活的人。老人们开始向这个左派集团开战，把他们当做暴发户、当做党内数典忘祖、力图破坏功勋卓著的老权威的人来反对。法国就是如此。德国进行了同样的反对共产党内左派的战役，你们那里也进行了同样的战役。要是党不懂得布尔什维克化过程是不可避免的，要是党不考虑给党带来清新空气的这新一代出现的事实，那你们的党就太不幸了。这一批人没有沾染上社会党的传统习气。如塔尔海默所说，他们对于传统来说是一张没写过的白纸。但是1918年和1919年的革命事件已经在这些白纸上烙下了中欧国内战争最激烈关头的痕迹。

如果我们从派别斗争内部结构的角度来看捷克危机，那么我们在这里也看到了与其他党相同的情景。一方面是布勃尼克和右派高层，另一方面是左翼以及站在中间的一批动摇不定、一会儿支持这派一会儿又支持那派的人，这是中派。我们欧洲各党内派别关系和全世界派别格局常见的图景便是如此。中央委员会中少数派的同志在委员会的会议上多次谈到保持捷克党群众性质的必要性。这个担心十分正常，很可以理解。在这里，在这个大厅里，没有一个人会不懂得，我们不仅要把已经争取过来的群众留在捷克斯洛伐克党内，而且还要吸引新人加入党。我们仍认为，捷克斯洛伐克共产党是共产国际出色的支部之一：全国人口1350万，而这个党有党员13万人。在这个党内知识分子占的比例不大，98％的党员是来自车床旁的工人——这是就构成来说杰出的工人党。在这个党内有来自社会民主党的可靠的老骨干。这是否是不幸呢？不。这是我们最伟大的道义上的胜利，在发生分裂时，我们不仅能带走最革命的分子，而且能带走两鬓全白的老骨干，他们给党带来丰富的组织经验、党的锻炼、对自己的组织的无限忠诚，几十年的时间把他们和组织联系在一起。

　　如何保持党的这一群众性质呢？在这方面我们可以打开共产国际成立六年来国际经验这本内容丰富的大书。同志们，我请大家根据这一经验告诉我们，我们的党在哪里遭到"奥地利化"危险的威胁？难道不是在中央委员会中少数派同志代表的中派与党的左翼分裂并向右转与最坏的机会主义分子结盟的地方吗？就拿挪威分裂的经验来说，大家知道，挪威整个的问题是：特兰梅尔跟谁一起走？是跟左翼，还是跟在由法尔克集团出版的半法西斯机关刊物周围集结起来的人。在决定性关头特兰梅尔转过身去，与挪威运动的右派分子一起走。这一背叛行为的后果是：挪威的特兰梅尔党不久前不得不把50位优秀的职业工作人员因持"反对派"立场而开除出党，现在特兰梅尔的党变成了一个政治宗派。霍格伦也谈到广泛的群众性政党的必要性、奥地利化的危险。但在瑞典分裂时他带走了500个人。大家应该认可，这对于广泛的群众性政党来说并不是太大的胜利！拿意大利异常丰富的经验来说，为什么我们在意大利至今还感觉到里窝那这一严重分裂的后果？因为塞拉蒂同志当时不懂得，为了建成意大利的群众性政党必须与左翼结盟，他却倒向右面，毁掉了许多年的运动。难道塞拉蒂同志的错误不是近几年来国际工人运动历尽艰辛获得的经验中最有教益的一页吗？我再重复一遍，与"奥地利化"作斗争，就是睁大眼睛去与左翼结成真诚的政治联盟，因为只有走这条路才能保持党的群众性质。

　　什麦拉尔同志，您作为历史的主体而不是历史的客体，捷克斯洛伐克是否保持群众性政党，还是捷克共产主义运动将四分五裂，这一切全都取决于您。这样也只有这样来提出问题，我对捷克同志的选择毫不怀疑。我引用这个经验，是因为我知道捷克斯洛伐克共产党内不存在分裂问题。我引用它只是来说明委员会内对关于保持我们党群众性质问题的讨论情况。

有两种解决捷克党所经历的这类危机的方法。我们的共产主义运动史为我们提供了意大利的例子。在意大利我们的党在里窝那分裂后剩下的人数很少，这一点也影响到党此后的命运。我们的意大利同志因里窝那的不幸事件历尽艰辛，我们无法对此保持沉默。但有另一个例子——法国。加香同志在图尔把自己的党带向共产主义，正如什麦拉尔同志把捷克党带向共产主义一样，没有从党内泼洒出一滴，在艰难的行程中没有损失党的一个基本骨干。这是他为共产国际建立的大功劳。现在，面对过去，我们在为共产国际成立六年来我们的工作清账时，我们应该在各国共产党人的头脑里烙上法国党榜样的印记。请捷克工人、代表团成员好好想一想法国的例子，因为这个例子比我们的全部论据更有说服力。有一些事实和现象是再巧舌如簧的论敌也都无法推翻的。这些事实和现象比最有说服力的讲话更能说服群众。法国党的发展就属于这样的事实。凡是关注法国运动历史的人，都知道几年前这个党的状况。它曾是一群知识分子：律师、议员、药剂师、小酒馆老板。工人阶级的优秀分子回避与老社会民主党的接触。党在工人阶级中没有任何根基。与党对立的工团主义思想在这个土壤上欣欣向荣。从法国共产党一成立起，我们一直在说，只要这个党不能与工团主义运动汇成一个共同的洪流，那里便不会有任何共产党。这是法国党的优秀工作人员许多年来的梦想。许多年来在第二国际时期甚至连像已故的饶勒斯这样才华横溢、经验丰富的领袖都没有做成的事，我们年轻的共产党却做成了。我们在为争取布尔什维克化的斗争中也受到党分裂的危险、党"奥地利化"的威胁。党的传统也在动员力量反对我们。但是现在结果明摆着。法国党在壮大，同时它与群众的联系也在加强。总工会有会员55万人，这是目前我们在法国的共产主义运动的基础。问题不在于形式上的合并，而在于党和总工会之间深刻的道义上和政治上的团结一致。我们的法国党通过与意大利不同的途径消除了危机。在不久前举行的法国党代表大会上239名代表中有224位工人和15位其他阶层的人,连这后面的15人中还有5位国民教师。这就是给我们教益良多的出色的布尔什维化了的党的样板。这个样板应该被记住并在千百次会议上向捷克工人介绍它。

我们在我们的委员会里还讨论了造成这一危机的原因问题。中央委员会中少数派的同志提出了如下观点:这一危机是由于过渡时期特殊条件引起的。大家瞧见没有,至今欧洲存在过相对的革命情势,现在我们正向欧洲的稳定情势过渡。捷克的党由于惰性生活在1919年事件的影响之下。它在新的条件下走老路,不考虑已经发生的变化。策略和形势之间产生矛盾,党内出现危机的原因应从这方面去找。

这一理论看来首先是要让扩大的全体会议相信捷克斯洛伐克共产党内存在左倾的现实危险,其次是为了弱化由中央委员会组织的党最近几次群众性行动造成的印象。我不认为捷克党会有人站在公然不同意中央策略和最近几次群众性示威游行的立场上。但我们很担心这种危机发生论对党造成危险。它会使一些倾向在党内复活,我们在委员会会议上多次提到的臭名昭著的布隆备忘录中就清晰地表现出这种倾向。只要我们友好地说出我们对这个问题的担心,捷克的少数派同志不会生我们气的,更何况中央委员内少数派向委员会提交的纲领中的某些暗示,即对罢工持否定态度的暗示更强化了我们的担心。我们的党在宣布罢工时无疑要格外谨慎,免得受到改良派的挑拨,但同时以为党在当前应停止阶级斗争、等待革命高涨的想法也是错误的。正是从这一危机理论来看,罢工问题具有代表性意义。

我以为党转向群众性行动毕竟是造成危机的原因。在这一点上,我们与中央委员会内少数派试图在委员会会议的发言中作出的对危机的解释有很大的分歧。我还以为,捷克斯洛伐克共产党发生危机的重大原因之一是在它的队伍中很多基本骨干来自社会民主党。加入该党的有74%的老社会民主党人。在这种情况下,捷克斯洛伐克共产党布尔什维克化意味着什么？这意味着不仅宿命地承认这个事实并随波逐流，对此低头，这意味着认真进行反对社会民主主义倾向的斗争。可是某些捷克同志表现出对这类现象的宿命论态度。宿命论是社会民主党人的特点。社会民主党宿命地对资本主义低头，因为它认为资本主义是不可动摇的社会制度，无产阶级的力量推翻不了它。社会民主党对战争低头，因为它认为战争是一场资本主义的大把戏，工人阶级无力对抗它。它对"群众"低头，竭力依靠不愿进行任何积极斗争的那些人的情绪。社会民主党用宿命论取代马克思主义。它把党在工人阶级行动中的组织作用称做"革命冒险主义"。这里有布隆组织给共产国际扩大的全体会议送来的布隆备忘录，他们试图向会议正确通报捷克斯洛伐克的状况。我不知道，是否大家都已读过，但我认为，应该把这个宝贵的文件译成各种文字，大量印发，以便共产国际的各个支部都能看到，在捷克共产党队伍内盛极一时的是什么样的机会主义变种。在这个文件中有着真正绝妙的佳句。不妨设想一下一个党被动员起来发动群众行动。这时布勃尼克试图破坏这一行动，党开除了布勃尼克。布隆地区委员会"造反"了。布隆组织的领导人为了为这一右派暴动从思想上辩解，发表了文件，其中写道："我们某些所谓的左派同志认为，我们可以'搞'不断革命。我们则认为，共产党的任务决不是激起革命运动，而是理智地利用现有的运动。"同志们，党的组织作用在哪里？在这个孟什维克的革命观中，无产阶级先锋队的首创精神又在哪里？在布隆的上层领导心目中，革命是现成的，就像尤皮特头脑里的弥涅尔瓦。可怜的布隆地区委员会的任务只剩下"加以利用"。现在连考茨基都可以签字认可这种对党在革命中任务的"马克思主义"解释。在这个尾巴主义理论中一切都很说明问题，但首先说明问题的是写下这些文字的时间点。写这些文字时，捷克斯洛伐克的无产阶级有3万人走上布拉格的街头，有4.5万名工人在克拉德诺示威游行。而在布隆在这个时候两个党员知识分子杜撰了必定会诋毁这些行动的取消派理论,在这些行动中(对小资产者来说多么可怕!)打烂了商店的几扇窗户。在布隆上层领导人那里与这一革命理论紧密相连的还有关于群众行动的问题。如果听布隆备忘录作者的话,原来不能激发群众上街,"如果他们没有步枪,只用白菜武装起来的话"。领导捷克最大组织之一的人故意用这种孟什维克的乏味文字来胡扯。只要好好想一想,如果我们,俄国布尔什维克,同意这样的观点,认为只要军队没有站到人民的一边,就不能激发群众上街的话,那会发生什么呢?这样的话,我们不仅永远发动不了十月革命,而且也推翻不了沙皇政府。请回忆一下1848年或1789年7月14日的战斗。当群众上街时,难道他们已经武装起来了?在俄国1905年革命前夜,沙皇制度还固若金汤,我们有步骤地在许多城市组织了街头示威游行,为的是对群众进行鼓动。在所有这些场合下,群众性行动不仅对工人阶级来说,而且对与示威者接触的士兵来说,都具有鼓动意义。不妨回忆一下莫斯科起义。在大家景仰的莫斯科,这个革命的堡垒,在1905年的这个莫斯科,工人们起义反对沙皇的正规军,构筑街垒,坚持了好几天。即使我们在这次战斗中被击败了,但战斗不仅只在一个莫斯科的劳动者的头脑里留下极为深刻的印记。这次战斗对1917年的士兵群众是一次革命的学习。当时我们也有比埃马努伊尔·施特恩、科万达、埃克尔更权威的人,是他们宣布莫斯科起义是一个错误。

这就是我们在委员会里对这个布隆备忘录开战的原因。我们直截了当地问捷克斯洛伐克代表团,他们是否赞同这种在捷克共产党内获得公认的观点。我们终于使捷克斯洛伐克代表团与这种观点划清了界限。

捷克斯洛伐克党内的危机由于民族矛盾而复杂化了。捷克斯洛伐克党由不同民族组成,老奥匈帝国版图内的捷克工人阶级许多年来受到民族压迫,它自然不能像波兰无产阶级那样很快克服民族主义偏见。因此这里的布尔什维克化的过程要比少数民族的无产阶级的慢得多,因为少数民族无产阶级除了一般资本主义剥削外还受到民族压迫。党面临着按民族差别四分五裂的现实威胁，因此党第一位最关心的是努力避免按民族特征分裂。如果你们的党只以少数民族无产阶级为取向的话，那对你们来说是莫大的不幸。这会导致党脱离捷克斯洛伐克的基本骨干。我们警告我们斯洛伐克的同志和喀尔巴阡罗斯的同志放弃这样的方针。但只以工人阶级中捷克部分为取向的方针同样危险，因为这一政策是支持民族偏见的政策。需要开诚布公地坦率地承认，捷克的共产党还没有肃清民族主义倾向。例如，我可以向大家提供捷克斯洛伐克共产党政治局人员构成的数据。在不久前的危机之前，政治局里有五个捷克人和四个少数民族代表：马扎尔人、斯洛伐克人、喀尔巴阡罗斯人和德意志人各一个。现在在政治局九个委员中有七个捷克人和两个德意志人。其他民族没有代表，因为派别斗争是在消除其他民族代表的标志下进行的。这是暂时的情势，但这样的情势表明捷克某些共产党员中不健康的情绪。党应有步骤地与这些情绪作斗争，因为这些情绪不容易肃清。捷克斯洛伐克有这样复杂的民族背景。

中央委员会中少数派同志指责共产国际执行委员会支持左派，打击布隆人和其他右派。这里该简单谈一下共产国际的作用。共产国际在那场使你们党激动的政治争论中该起什么样的作用？对这个问题应该直截了当地回答，避免产生任何误会。我们过去、现在和将来都支持捷克斯洛伐克党内那些拥护共产国际路线并促使党布尔什维克化的人。这并不是说，我们将机械地支持他们；我们在委员会里告诉出席这次会议的左翼：由共产国际牵着走是建设不了党的。你们应该自己走出儿童期，自己站稳脚跟。你们应该学会不用共产国际搀扶自己走路。只有这样，我们的左派同志才能不靠我们的帮助自己多次击败右倾，才能团结全党，赢得党内的威信。中央委员会内少数派同志告诉我们说：共产国际只应该提出建议，但是共产国际不应该通过自己的代表施加压力。怎样施加压力？难道共产国际掌握着用来施压的任何机械设备？我们的建议已经是道义上的压力。我可以断定，共产国际的建议永远都会被捷克斯洛伐克工人所接受，因为我们有俄国革命的权威、受到我们十月革命熏染的整个国际共产主义运动的权威。但捷克的少数派同志断言，共产国际执行委员会的代表在他们的代表大会上扔了一颗炸弹，里面装的不是达那马特炸药，而是在党内开展争论的威胁。我们在捷克问题委员会的辩论过程中就一再指出党害怕政治争论是不正常的。弗罗萨尔在反对共产国际的斗争时期曾提出过如下表述："党是狭小的朋友圈子"。我们不知道捷克中央委员会内少数派同志是否赞成这个表述。但如果这样的对党的作用的定义成了我们捷克同志习以为常的说法，那就是一个大错误了。这个对党的定义是纯粹社会党的定义，这个党确实是一伙互相包庇的议员朋友。我们在捷克斯洛伐克要的不是这样的党，而是投入积极的政治生活、无情打击任何政治倾向的党。列宁在25年间在俄国缔造了这个党，我们见证了西欧这样的布尔什维克党锤炼和成长的过程。我们需要的不是在咖啡馆拿着一杯啤酒集会的党，我们需要的不是代表贫瘠的政治荒漠的党，在这片荒漠上人们光着身子拿着一张掩盖其政治上和理论上空虚的纸（季诺维也夫说"一张没有写过的白纸"）走着。

在捷克，中央委员会内少数派同志把党的精神上清洗和健全的问题与所有的政治问题对立起来。当然谁也没有想过要否认由政治上精神上最坚定的同志担任党的领导职务和充实党员群众队伍的必要性。当年俄国这样的选拔都是在最严酷的考验下进行的，俄国的革命者在沙皇时代的地下活动中都经历过这种考验。现在，我们成了执政党，追名逐利之徒和无耻败类可能混入我们的队伍中，我们要定期检查我们党的骨干，清除他们身上沾上的异己的毛病。但只有执政党才有进行这种定期清洗的可能。只有在为争取政权而斗争、受到资本主义政府迫害的党才能为混入党内的社会异己分子开放不大的场所。这里也许与当年我们俄国一样,尽管程度要小些,但也在对工人运动提供的一切优秀分子进行自然选拔。在这里,每个人的品质是通过斗争、通过每个党员的自我牺牲精神、对自己的党和工人革命利益的无限忠诚来检验的。因此精神上清党的问题不可能像俄国党这样进行。在这里我们只可以谈不会损害我们整个党及其政治路线的声誉的个别事例。有人跟我们说,左派的中央委员中混进了一个与捷克警方有勾结的人。但难道这一事实会在多大程度上诋毁由中央委员会多数派执行并得到我们完全赞同的政治路线吗?难道俄国布尔什维克党没有过由保安处密探领导党的杜马党团这样的例子吗?我们党的敌人当时试图利用揭露马利诺夫斯基的奸细活动来败坏布尔什维克的声誉。在这向我们党发动进攻的时刻,全体布尔什维克团结在党的领导人的周围进行反对孟什维克诬蔑诽谤的斗争。捷克同志,为什么我们没有看到你们这样做?因为你们把这类个别事例当做反对中央的派别斗争的工具。你们的所谓的精神战役,这是某种反对把辩论转移到政治基础来的盾牌,因为你们确信在这个基础上你们必败。也许这不是你们的意图,但客观上这一战役只会搞乱形势,在党内制造思想混乱。我代表执行委员会扩大的全体会议表示如下愿望:请我们的捷克斯洛伐克兄弟党不要再回到已由权威的国际级机构解决了的问题上来。首先,这是对布隆的呼吁。布隆的同志们应该表明,他们是捷克斯洛伐克共产党真正严守纪律的队伍,在扩大的全体会议后不是在口头上而是在行动上表明这一点。

  捷克中央委员会内少数派同志在委员会里对我们说,对于他们来说,关于布勃尼克的问题已经解决了,他们不会再回到这个问题上来。我们满意地知道了这一声明,但我们应该开诚布公地坦率地说,对于党来说,危险的不是叛徒布勃尼克,而是党内的"布勃尼克主义",我们现在应该共同努力来加以肃清。党不能容忍党内有个别人和集团在党的队伍中散发已经清除出党的人的号召书。我指的是布拉格组织成员彼得罗维茨基,我认为这不是个别例子。为了说明"布勒尼克主义"对我们捷克党组织腐蚀的严重程度,我给大家举出并非不著名的埃克尔博士今年2月22日在布隆《平等报》上发表的一篇文章。

埃克尔写道:"开除议员布勒尼克同志无效。此举与中央政治局组织章程相抵触,严重违反了党章。布勒尼克同志被开除,是由于他违反了党的纪律,因此也违反了党章……在这种情况下首先应开除政治局,因为它违反了党章。"同志们,瞧这个律师逻辑的样板,这个没有政治争论的幸福乐土的样板,而党是"狭小的朋友圈子"。在这片乐土上领导最大组织之一的人在谈论自己的中央委员会。我们知道,党组织优秀的普通工作人员不对埃克尔的这些话负责,我们相信,在执行委员会扩大的全体会议后他们会努力摆脱这类党的领袖和政论家。

但这只是小花朵,还有大一点的果实,关于其中一个有必要向共产国际执行委员会扩大的全体会议报告。我面前有两份极有意思的文件:其中之一是布拉格市政局共产党党团主席涅德韦季同志的声明,另一份是12区书记雷利克同志的声明。这两位同志都属于去年11月捷克斯洛伐克共产党代表大会上的右派集团。他们在这两份文件中谈了布勒尼克早在他被开除前很久便组织了会议,制订了分裂党的计划。我不给大家引用这两个篇幅很长的声明,因为这花时间太多,对捷克材料感兴趣的同志可以看一下委员会的工作记录。在读了这些文件后是否还需要任何证据来证明党中央开除布勒尼克是正确的吗?有哪一个同志能证明这些文件是伪造的,从而加以否定呢?在捷克斯洛伐克代表团中找不到这样的人。但是为什么这些文件说服不了布隆地区委员会?为什么劳切克、埃克尔和埃马努伊尔·施特恩继续写文章为布勒尼克辩护呢?因为布勒尼克被开除后党内仍然留下了"布勒尼克主义"。这一"布勒尼克主义"的线从布隆通向社会民主党的《人民权利报》,消失在俄国孟什维克机关杂志《社会主义通报》的门下空隙中。我拿的就是这份每星期都在诽谤俄国革命、俄国共产党和共产国际的下流小报。这是以诋毁苏联为专业的俄国白卫分子的小报。在这里，在这个机关刊物中详细介绍了捷克危机的经过，按布隆分子的方式介绍，还发表了某人殷勤的手递给唐恩先生和阿布拉莫维奇先生的材料。现在请布隆工人们判断一下，由布隆的《平等报》发动的整个反对中央委员会的战役对谁有利。光凭这一个事实就可以说服布隆无产阶级群众，用他们的名义写下备忘录的不是布尔什维克的手，而是孟什维克的手。

我在结束报告之前，想简单谈一下党的政治纲领。在委员会里给我们提供了两份文件：第一份是中央委员会内少数派的政治纲领，第二份是中央委员会内多数派的纲领。委员会在认真研究了这两份文件后一致决定，委员会完全赞同中央委员会内多数派的纲领。这个纲领可能有个别局部的疏忽，但总的来说中央委员会内多数派制定的政治路线是正确的。至于中央委员会内少数派提交的文件，那么我想提几点友好的意见。首先，不能避而不谈少数派的纲领花了20页谈论各种各样的策略问题，却一次也不提无产阶级专政这一整个国际运动的口号。共产国际在目前革命发展迟缓时期无疑应格外明确地向各个党提出无产阶级局部要求的问题。如果这一时期拖上若干年，我们同样得认真研究我们在过渡时期行动纲领的问题。但正是因为我们现在特别明确地提出关于局部要求的问题，正因此必须把这些问题在具体的日常斗争中与无产阶级专政的口号联系起来。也许这是捷克少数派同志的笔误，即使算是笔误，这也可能引起某种担心。在目前的发展时期，我们尤其受到右倾的威胁，因此必须格外无情地揭露各种不能在一条总的政治路线中把局部要求和运动最终目标联系起来的错误。

其次，我们在这一纲领中发现了一系列与整个纲领精神相符的要求，它们引起了比忘记无产阶级专政口号更令人担心的怀疑。在这些要求中，在国际方面，是修改凡尔赛条约的口号；在内政方面，是银行国有化口号。我们还不知道,未来捷克斯洛伐克共产党内部的关系如何。但如果分歧更深刻,那么从危机和右翼形成的总的角度看,这种纲领可能是对目前时期危险的文件。

同志们,但是我们相信捷克斯洛伐克危机的另一个结局。我们提请大家注意的决议也许是不够完善的文件,我知道,许多左派同志对它不满意。在委员会里,俄国代表团不得不与法国、德国和波兰的同志进行严肃的斗争,因为他们要求中央委员会内少数派保证一定贯彻执行这一决议。我们俄国同志认为,如果中央委员会内少数派没有执行这一决议的愿望的话,任何书面保证都无法令人信服。委员会一致通过这一决议,政治上表明,为了克服捷克斯洛伐克危机,中央委员会内的多数派和少数派结成了政治联盟来共同反对右倾。共产国际高兴地认为,捷克斯洛伐克危机看来会用法国的办法来解决。共产国际依据其丰富的经验,给予中央委员会内少数派以信任,希望这一信任帮助少数派真诚地、由衷地使捷克斯洛伐克共产党的氛围正常化。捷克少数派同志开了一张政治期票,他们以后会加以兑现。捷克中央委员会内少数派同志与共产国际手拉着手帮助党走出危机,加强党的群众性,加强党的统一。

## 捷克斯洛伐克代表团少数派声明

**主席:**

请穆纳同志代表捷克斯洛伐克代表团少数派发表声明。

**穆纳**(捷克斯洛伐克):

我们声明如下:

"尽管我们对这份决议提出的修改和补充并未被全部接受,我们仍将对它投赞成票。我们这样做是为了我们党的统一和为了加强我们党和共产国际基于相互信任的关系。我们不仅将对这份决议投赞成票，而且将认真执行，以战胜这一时期威胁我们的右倾危险，我们对捷克斯洛伐克的右倾危险的严重性不能视而不见。"

## 通过关于捷克斯洛伐克问题的决议

**主席**将关于捷克斯洛伐克问题的决议①提付表决。决议得到一致通过。库西宁同志作关于**美国问题委员会**工作的报告。

## 库西宁作关于美国问题委员会工作的报告

**库西宁**（共产国际执行委员会）：

亲爱的同志们！美国问题委员会与美国同志一起决定今天通过我们现在建议全体大会通过的决议草案。党的议事日程上有一个问题要讨论，即党是否应该在不远的将来为支持工党而斗争。众所周知，中央委员会的多数派对这个问题的回答是否定的，而少数派的回答是肯定的。委员会认为，多数派把过多的希望寄托在偶然的和表面的政治现象上。我认为多数派这一回会同意，情况确实如此，少数派则相信支持工党的运动有生命力，他们无疑是对的。

但如我们在决议中指出的，问题还有另一面。美国同志在讨论关于工党的问题时很容易发现，两派中每一方对这个口号的理解是不同的。一派在设想未来的工党时目光比应有的短浅。我们则希望未来的工党是

---

① 见本卷收录的《关于捷克斯洛伐克问题的决议》。——编者注

一个左派的、革命的至少是半革命的政党。同志们，这确实是件好事，但世界上的好事并非都给了我们。看来，这件好事永远也实现不了。只要我们还期待在工人党的范围内建立革命的工党而不去组建另一个党的话，那么我们不会有一个革命的工党。

但工党也可以更早一些成立。工党将是什么样的？它的目标和性质是什么？我们应考虑以下一点：它将是我们在群众中开展革命工作的舞台，它帮助我们逐步使群众接受革命观点。它也将是群众活动的舞台，将有助于他们根据经验认识到阶级组织的必要性。他们根据经验会得出另一个重要的实际结论——关于很可能领导工党的改良主义者的背叛作用。最近几个星期我们看到的事实在这方面很能说明问题。由著名的希尔奎特先生领导的美国社会党近来不得不在工党问题上反对拉福莱特的党，可是至今这个社会党是拉福莱特运动的台柱之一。目前这个运动在应由谁来领导拉福莱特党的问题上发生了分裂，——是由小资产阶级来领导还是由工会和其他工人组织的改良主义代表来领导。改良主义者不可能在章程上放弃工人组织的决定权，这样做对他们来说等于政治上自杀。希尔奎特先生将被迫在工党内扮演社会叛徒的角色，我想，支持工党而斗争的共产党人有一切根据对希尔奎特先生说："你要做什么便快点做，把银币放进你的口袋吧。你这样做只会给我们扫清道路。"

委员会建议提出"**支持工党**"的口号来取代以前根据执行委员会指令提出的"**支持农工党**"的口号。这样做的理由是美国的客观情势发生了变化，变化就在于美国的农业危机现在暂时解决了。因此，组建工人和小农场主共同的政党的前提消失了。共产党人当然仍然应该全力以赴地继续在小农场主和农村无产者阶层中开展工作。

美国的农业危机是根据资本主义的法则克服的：通过对广大小农场主群众的剥夺。资本合上了剪刀——工业品和农产品价格之间的剪刀差，但在合拢剪刀的过程中把小农场主的财产剪掉了很多。这是一个重要变化。还有一些其他征兆表明美国革命进程在发展。但总的来说，应该承认，现状离充满革命可能性还很远。但是发展倾向无疑是朝这方面走的。现在工人阶级生活状况的发展倾向完全不同于战前。晴雨计表明群众行动日益逼近，预示着暴风雨的到来。不错，美国资本主义现在看来达到了其强盛的最高点。它甚至摆脱了资本过剩的弱点，在日益贫困的欧洲找到了容纳资本的可能性。美国金融资本认为道威斯计划是走向世界垄断的一组。但这种强盛不可能是持久的。

委员会在决议中指出两个领导集团的不同纲领中的错误，指出改正这些错误的必要性。但我应该说两个集团各有各的功劳。如果说一方面，同志们在挑选派别斗争的材料时过于卖力，那么，另一方面，这一材料的性质和价值与两三年前美国共产党人给我们的材料完全不同。党站在走向布尔什维克化的正确道路上，但它还太弱小。两个集团应该全力以赴，加强和巩固党。

还有一个实质上很清楚的重要任务。党内有一个由大家可能多少熟悉的名叫洛雷的人领导的右翼。共产党员洛雷无疑是一个机会主义者。如果说对于其他机会主义者还可能产生疑问，那么对于他是不存在疑问的。洛雷几乎在一切问题上曲解共产国际的政策，他支持莱维反对共产国际。近来他散布关于麦克唐纳"全世界和解使命"的可笑谎言，他警告法国同志不要推翻赫里欧，等等。机会主义者几乎永远在说："我不是我"。当德国老社会民主党德累斯顿代表大会（1903年）谈到修正主义时，只有一个人——爱德华·伯恩施坦——承认自己是机会主义者。依我看，洛雷应该有勇气声明："我就是我，我是货真价实的机会主义者"。不久前执行委员会邀请洛雷前来莫斯科，但他没有来，他不方便，他要参加他报纸的股东大会。股东大会结束了，洛雷同志还是没有来莫斯科。因此，我们不得不认为，洛雷和共产国际执行委员会之间相隔一个大洋。（笑声）情况确实如此。委员会在它的决议中说，像洛雷这样的机会主义者不该待在中央委员会里，委员会没有指出他该待在哪里，委员会请工人党来这样做。我们大家都相信，中央委员会的所有同志，不管他属于哪一个领导集团，在党代表大会解决这个问题时将完全一致地行动。

总之，我提议大家投票赞成由委员会一致通过的决议。（鼓掌）

## 共产国际就美国问题发表声明

**主席：**

请季诺维也夫同志发表声明。

**季诺维也夫**（苏联）：

同志们，我就美国问题发表如下简短声明：

在讨论这一问题过程中我提议在这里拟定美国兄弟党未来中央委员会的组成，而且使现在的多数派继续成为未来的中央委员会中的多数派，而现在的少数派在中央委员会里有按人数比例的代表名额，少数派能保证得到不少于三分之一的席位。

后来，在进一步讨论过程中，我鉴于我的建议不合适便把它收回了。我们认为，在这里制定了统一的政治纲领后，应该让党自己在最近的党代表大会上确定它认为必要的中央委员会组成。这样做绝不是偏袒党的两翼中的一翼。

我应该强调指出，多数派并未坚持务必要在这里确定中央委员会的组成。我提出的建议并非是出于多数派的倡议或是少数派的倡议，而是出于我本人的倡议。

同志们，如大家所知道的，委员会只提出了一个条件：不能让反对派即由洛雷领导的社会民主主义集团有代表参加中央委员会。

我们认为，党的两翼的代表都务必进入中央委员会。当然，任何一派要取得多数都不容易，更何况，两翼都各自断言它能取得多数；未来会告诉我们，其中哪一方错了。我们只能祝两派成功。让他们尝试在共产国际纲领的基础上，而不只是在这里形成的纲领基础上确立起来。

后来还谈到希望两派能齐心协力进行反对洛雷的社会民主主义派别的斗争。如果其中一翼尝试与洛雷结盟来战胜另一翼，那就是对共产国际的不忠诚。在清除了社会民主主义反对派后，当然可以以同志形式进行自由斗争，在组织的范围内，而且只在党代表大会前进行。在党代表大会后应保持平静和秩序，使美国问题在最近一段时间不再成为共产国际操心的对象。

## 美国工人党多数派发表声明

**主席**：

请多尔斯同志代表工人党多数派发表声明。

**多尔斯**（美国）：

我想代表多数派发表如下声明。我们完全赞成美国问题委员会的决议。我们认为这个决议完全解决了工党问题上的一切争议，这个问题两年来引起了我们党的分歧，决议为未来工作提供了正确的路线。

从1923年在组建联合农工党问题上产生分歧起，现在的多数派坚持如下原则：工党应是依靠工会可靠支持的群众性组织，而不应是由工人党及支持它的组织组成的垄断组织。多数派还反对如下理论：共产党人应尽快把工党左翼从工党中分离出来，把这分离出来的一翼改造成群众性的共产主义政党。委员会的决议明确地毫不含糊地支持我们的这一观点，强调指出我们这样做是对的。

在总统选举后中央委员会多数派坚决反对继续组织空头工党的尝试,因为这样的党在美国不能起到群众性工人政党的作用,多数派在这个问题上持极端的立场,拒绝了在目前形势下成立工党的建议。这一个错误已得到承认,将根据委员会通过的决议的精神改正。

多数派将在这一决议的基础上为争取我们党的统一、停止削弱我们党的派别斗争、争取大力肃清在共产主义的工人党中的右倾而进行斗争。

## 美国工人党少数派发表声明

**主席:**

请工人党少数派代表桑伯恩同志发表声明。

**桑伯恩**(美国):

美国党中央委员会少数派请求共产国际解决美国问题,认为这关系到美国共产主义运动未来发展的问题、美国无产阶级阶级觉悟的提高问题。

我们相信,近几年来美国出现了体现在支持工党运动的新倾向。我们认为,我们党必须起领导作用,领导这一斗争,通过这一途径推动美国无产阶级中的落后群众前进。我们以为,脱离这一运动意味着使我们的党失去了它未来发展的最好机会。

共产国际在这里提出的决议中赞同这一全新的观点,即美国共产主义政党应领导支持工党的运动,应引导和发展这一运动。因此我们可以完全赞成这里提出的提纲。

至于第二个问题,党内性质的问题,对在这方面提出的决定我们可以完全赞成。关于在我们党内反对洛雷的社会民主主义派别的斗争问题在我们党内引起了极大的分歧。我们坚持不可调和的无情斗争，肃清这一倾向。我们的要求得到了这里提出的决议的肯定。

因此，关于党内现状，我们认为决议采取了正确的路线，有利于美国共产主义政党的发展。

至于未来中央委员会的问题，我们完全赞成季诺维也夫同志的意见，他希望两派都取得成功，我可以向大家保证，我们将由优秀的、可靠的共产主义者组成工人党的中央委员会。

## 通过关于美国问题的决议

**主席：**

我将**关于美国问题的决议**①提付表决。决议得到一致通过。

接下来由多尔斯同志作关于殖民地问题委员会工作的报告。

殖民地问题委员会提出的决议获得一致通过。

接下来由柯拉罗夫同志作关于南斯拉夫问题委员会工作的报告。

## 柯拉罗夫作关于南斯拉夫问题委员会工作的报告

**柯拉罗夫**（保加利亚）：

同志们，南斯拉夫问题委员会只是部分地结束了工作，因此它建议通过如下简短的决议：

"共产国际执行委员会全体会议批准关于南斯拉夫问题决议执行的政治路线。全体会议责成共产国际执行委员会主席团对决议作最后审订。

---

① 决议文本见本卷收录的《关于美国问题的决议》。——编者注

全体会议责成共产国际执行委员会主席团根据这一决议以全体大会的名义通过专门的决定来解决一切组织问题和人事问题。"

同志们,我本来想只宣读一下这个简短的决议,并结束自己的报告,但是鉴于南斯拉夫问题第一次全面提交全体会议审议,鉴于这一问题对于共产国际十分重要,我认为必须哪怕简单地勾画一下这个问题。

南斯拉夫党经历着严重的危机。这个危机并不是新的,从南斯拉夫党被迫转入地下后它便以隐蔽的形式存在了。但近来这个危机加剧了。因此共产国际不得不重视这个问题。

同志们,南斯拉夫党内对这个危机有不同的看法。党中央委员会认为这个危机是政治危机,而南斯拉夫反对派同志则认为危机具有个人性质,并未涉及党的政治路线。

委员会经过详细讨论并阅读了所有的文件后完全明白危机具有政治性质。必须研究这一危机并采取有力的政治措施来解决它。

同志们,南斯拉夫共产党是由战后纳入现在的南斯拉夫王国的几个国家的政党合并而成的。在这些党中,克罗地亚党、斯洛文尼亚党和波斯尼亚党以前加入了奥地利社会民主党,完全受到奥地利社会民主党特有的社会爱国主义精神的熏陶。其次,加入这个党的有塞尔维亚社会民主党,确实,它在第二国际中属于左翼,但毕竟在其存在时期没有经过反机会主义、反修正主义斗争的考验。老塞尔维亚社会民主党始终是统一的,在清除了某些中派分子后,几乎全体加入了共产国际。

南斯拉夫共产党就是由这些部分组成的,在其加入共产国际之前就是在这样的条件下发展的。但这个党合法存在的时间极短,它只有6个月的时间致力于自身的加强,致力于新的共产主义列宁主义思想的形成。1920年年底它被迫转入地下。在这一时期党的存在没有表现出来,它甚至没有自己的秘密机关刊物,它失去了大批老党员,同时灾难性地丧失了对工农群众的巨大政治影响力，而它在自己短暂的合法存在时期获得了这样的影响力。

不久以前，在共产国际执行委员会和巴尔干共产主义联盟的影响下，党开始做一些工作。可是当它开始工作时，便产生了分歧，开始了党内斗争。部分所谓的反对派同志离开了党，这些同志中的一位创办了自己的报纸，开始公开反对党中央、反对党。中央委员会本身把这个危机看得很轻，想用纪律措施通过把他们开除出党来解决危机。但执行委员会坚决反对使用这种方法来解决重大的政治争议。执行委员会邀请各派同志来莫斯科参加执行委员会扩大会议，弄清分歧，整顿党。值得注意的是，分歧是在从前几乎不做任何工作的党着手工作时加剧的。例如，在最近一次选举运动中，党第一次试图对某些民族革命组织和农民组织采用统一战线的策略，它提出了建立工农联盟和工农政府的口号。这时便开始了批评和分歧：党中央的这个策略是否正确？党中央在民族问题上的政策是否确实符合共产国际的政策？党对农民组织的态度是否正确？党的统一战线策略是否得到正确的执行？

同志们，我不想跟大家详细叙述派别斗争具有什么样的性质，各方采用了哪些解决危机的方法。

党中央断言，反对派在民族问题、农民问题、运用统一战线策略上表现出机会主义倾向。党中央还断定，它的路线即中央的路线完全符合共产国际的路线，认为只有对反对派采取纪律措施才是摆脱现状的办法。而反对派提出了什么建议呢？反对派断言，党内没有重大分歧，不管是在策略问题上还是原则问题上都没有重大分歧，现有的分歧可以缓解，共同进行工作是可能的。那么产生分歧的原因是什么？反对派认为，产生危机的原因是在于现在的中央委员会的人员构成，是在于中央委员会无所作为。反对派为了整顿党提出如下建议：共产国际执行委员会应使党摆脱现在的中央委员会，把党交给反对派。这就是南斯拉夫共产党中反对派所持的观点。

同志们，委员会研究了这个问题。它决不能同意这样的对危机评价和这样的解决危机的措施。委员会认为，南斯拉夫共产党在十分重要的党的政策问题上确实存在重大分歧，首先必须认真研究分析这些分歧，向全党揭露某一方的错误，只有这样做以后，在确立了正确的政治和策略路线后才能考虑如何解决危机。

分歧涉及如下问题：

首先，**对政治形势的评估**。同志们，我们大家都知道，在不久前还存在直接的革命情势的欧洲各国现在出现了资本主义和资产阶级政权相对的局部的巩固。是否可以把这一对形势的评估不加说明地搬到巴尔干呢？南斯拉夫党在这个问题上产生了分歧。某些同志夸大了欧洲资本主义这一局部巩固的意义，另一方面，对巴尔干各国政治形势的特点估计不足。正如季诺维也夫同志在这里强调指出的那样，巴尔干并未出现巩固，那里的情况特殊，资本主义政权继续在乱作一团，日趋衰落，革命因素继续得到加强，另一方面，那里有两个具有巨大革命意义的十分重要因素，这是在多数西欧国家里不存在的：民族运动和农民运动。考虑到这一特殊情况，不能把对欧洲各国资本主义相对稳定的评价机械地、不加说明地照搬到巴尔干各国来。

第二个问题是**民族问题**。第五次代表大会通过了专门的详细的决议，其中有一部分直接涉及巴尔干各国的民族问题。但当南斯拉夫党不是在口头上而是在行动上提出各民族自决权的口号并尝试与马其顿人建立统一战线、维护各被压迫民族的民族运动时，爆发了严重的分歧。这些分歧是什么？分歧如下：

某些同志断言，南斯拉夫不存在民族问题，民族运动是资产阶级运动，这个运动与工人无关，共产党人应同样反对大塞尔维亚资产阶级的民族主义以及克罗地亚和斯洛文尼亚资产阶级的民族主义。很明显，这里出现了机会主义倾向，共产国际已表明态度要反对这种倾向，在南斯拉夫共产党内应进行反对这种倾向的斗争。

接下来还有人断言，南斯拉夫的民族问题是宪法问题，是在统一的南斯拉夫国范围内，在它完全实行民主制的条件下个别省份自治的问题。最后，有人断言，克罗地亚人和斯洛文尼亚人在圣日耳曼昂莱和约基础上加入塞尔维亚这一事实是"进步的历史行动"，我们当然应保持下去。

很明显，所有这些倾向都不理解民族运动在无产阶级革命中的意义。

第三，在**农民问题**上也出现了倾向。在这方面我们也发现了对革命时代农民运动的作用和意义不理解，例如，有人说现有的农民组织无非是资产阶级组织，我们没有必要和他们打交道。当最近选举中提出建立工农联盟的问题时，持反对派情绪的同志表示反对这样的策略。很明显，这方面存在社会民主主义的余毒。还有一种相同性质的论断，认为工农政府的口号只有宣传性质，没有政治性质，说这一口号并不追求政治上动员群众的目标。最后，党拒绝实行与塞尔维亚农民协会的农民结成工农联盟的政策，借口为这个协会是君主派协会，这也是错的。所有这一切表明南斯拉夫党内还很不了解农民运动的性质和作用。

在工会政策和实践上也暴露出分歧。但这方面的派别斗争具有十分危险的性质，因为工会领导人加入了反对派阵营，他们利用工会及其机关刊物来反对党中央委员会。同志们，我作为委员会的报告人，应该坦率地说，委员会并不看好党中央委员会的工会实践，委员会认为，党中央忽视工会工作，对工会运动重视不够，其某些行动引起了工会工作者正当的不满。但委员会同时不能不指出反对派同志利用工会运动进行反对中央委员会的派别斗争这一可悲的事实。他们在这方面走得太远，在工会中出现了分裂和与党决裂的危险。与中央对工会运动意义和作用估计不足的同时，这方面还存在工会上层在工会运动中自行其是的趋向。共产国际应同时进行反对前者和后者的斗争。

同志们，尽管党内存在重大分歧，尽管派别斗争采取了十分尖锐的形势，尽管由于共产党在工会中的影响受到削弱，危机仍是危及南斯拉夫未来革命运动统一的严重危险，委员会仍然认为，党的状况远非毫无希望。党存在着，在努力工作，尽管困难巨大，仍然在组织和巩固党方面做了一些工作。党开始出版秘密机关刊物，第一次印发了秘密传单，在被查禁后第一次开始在南斯拉夫国的生活中起政治因素的作用，尝试扩大自己对工农群众的影响力，切实采用统一战线策略。这证明共产党今后也可以加强建设，得到发展。尽管党员群众由于不了解共产国际内政治问题的发展而大大落后了，但他们仍忠于共产国际，不惜用任何代价跟着共产国际走。没有人能使他们脱离共产国际。可以在这个基础上开展工作。但为此必须，首先，向党员群众把有争议的问题解释清楚。其次，提高工人尤其是党员的思想水平。第三，党有步骤地实行布尔什维克化。

通过这一途径可以在不远的将来使南斯拉夫共产党站稳脚跟，使它有可能赢得和加强对工农群众的影响，在全巴尔干战线上占据自己的位子。（鼓掌）

## 关于南斯拉夫问题的声明

**主席：**

请米洛伊科维奇同志、西米奇同志和波波维奇同志发表声明。

**米洛伊科维奇**（南斯拉夫）：

我以南斯拉夫共产党代表团的名义声明：应该把我们党内持续很久

的党内危机看做是真正布尔什维克政党临产时的痛苦。

去年南斯拉夫共产党在巴尔干共产主义联盟和共产国际执行委员会的帮助下开始在对政治形势的评估、民族问题、农民问题、工会问题以及共产党作用问题上实行自己的政治路线，随着这一进展党和留在党内的社会民主党人之间的鸿沟加深了，这道鸿沟最终使部分反对派离开了党，但因此也彻底暴露了我们党内产生危机的深刻原因。

由于南斯拉夫问题委员会起草的关于南斯拉夫问题的决议确实正确地评价了我们党的基本路线以及反对派的失误和错误，我以我们党代表团的名义声明，**我们完全同意这一决议的基本路线。**

我们还完全同意应由共产国际执行委员会主席团对这一决议作最后加工，因为我们完全信任共产国际主席团，相信**它会本着本次全体会议关于各共产党布尔什维克化的决议的精神对委员会提交的草案作最后的审订**，解决组织问题，从而为南斯拉夫支部布尔什维克化打下可靠的基础。

我们期待我们党内反对派中一切正直的革命分子承认自己的错误，也服从共产主义运动国际中心的决议并加以贯彻，从而促进南斯拉夫共产党的布尔什维克化。

**波波维奇**（南斯拉夫）：

委员会提出的决议尚未具有最终的形式。反对派基本上同意这一决议，虽然对决议的个别部分还应该进行加工。我希望，主席团会作必要的修改。我声明，反对派当然将服从主席团的决定。

**西米奇**（南斯拉夫）：

由于我既不是党中央委员，也不属于退党的反对派，我只简单地就柯拉罗夫同志的报告表个态。柯拉罗夫同志力图客观地勾画南斯拉夫党内发生的危机，但他没能做到。但我不会在这个全体大会上与柯拉罗夫同志争论，因为如柯拉罗夫同志报告所表明的，南斯拉夫问题委员会还没有结束其工作。正因为如此我们不能通过由委员部分人起草的、刚在今天早上提交我们的决议草案。我们原则上把这个草案当做共产国际主席团起草最终决议的基础。在这个草案中有各种各样的缺点，因此南斯拉夫问题委员会不能把草案看做是南斯拉夫问题已得到解决，只应把它看做共产国际主席团做出决议的基础。但我们，南斯拉夫共产党人，一贯怀有对共产国际领导机构最充分的信任。因此我们相信，共产国际主席团做出的决议将完全符合南斯拉夫共产党和共产国际的利益。因此，虽然这对于每个共产党员来说是显而易见的事情，我声明，共产国际主席团的任何决议将对于我和每个共产党员来说是必须执行的。

## 通过关于南斯拉夫问题的决定草案

**主席：**

对南斯拉夫问题委员会提出的决定草案没有异议。我们认为决定草案已获通过。请**安贝尔-德罗**同志作关于意大利问题委员会工作的报告。

## 安贝尔-德罗作关于意大利问题委员会工作的报告

**安贝尔-德罗**（共产国际执行委员会）：

同志们，意大利问题委员会的工作不多；它分析了第五次世界代表大会以来意大利党的工作，认为从第五次世界代表大会通过的纲领的角度来看，党的工作在从内部加强党和建立与工农群众联系方面取得了不小的成绩。党在布尔什维克化工作方面的政策是，党争取与尽可能多的极左翼同志合作——在第五次代表大会纲领基础上的实际工作中合作。

在这几个月中大部分党的工作人员和青年联盟的同志明显地向共产国际的政策和策略靠拢，离开了他们此前捍卫的极左观点。

委员会认为，现在必须在布尔什维克化的工作中前进一步。党努力执行列宁主义政策——比此前更灵活的政策。但必须使党现在明白执行这一政策必要性的原因。务必在实际工作取得成功后，使党的队伍从理论上明了、明确领会党的思想，这一点格外重要，因为最近几个星期来，博尔迪加同志进行了反对共产国际的斗争，写了关于托洛茨基主义的文章，他在其中完全支持托洛茨基反对俄共中央委员会、反对共产国际的领导人。

我们希望，博尔迪加同志作为共产国际执行委员会委员，能来到这里，向全体会议作出解释。意大利党任命他为代表团成员，主席团也邀请了他，但博尔迪加以家庭原因为借口拒绝向共产国际作出解释。委员会认为，博尔迪加同志代表意大利党的极左翼，在第五次世界代表大会前后与共产国际的列宁主义路线作斗争，他的立场使党可以证明，博尔迪加的极左观点实际上一点也不"左"，为托洛茨基辩护使他与共产国际的右翼接近。博尔迪加同志的这一立场使我们有必要在党代表大会即将召开之前加强理论工作。

委员会讨论了这个专门问题，我在这里指出一个事实：格列科同志至今一贯赞同博尔迪加同志的政策，却两次在委员会会议上声明，认为鉴于最近几个月来党采取策略，他认为有必要重新修改极左派的某些观点，他将在召开代表大会之前对观点作出修正。

委员会注意到格列科同志的这些声明，希望他完全赞同共产国际的路线。

委员会起草了决议草案，作了讨论并且将由审订委员会审查，共产国际执行委员会在决议草案中强调指出使全党在理论上明了的必要性。决议考虑到即将召开代表大会，建议党不要满足于提出肯定党的政治路线的问题，多数党员看来会表示完全赞同党的政治路线的，而要同时提出赞同第五次代表大会政治路线的问题和阐述党的思想基本原则的问题。

党不得不与两种倾向作斗争：与意大利党和共产国际其他党内存在的右倾思潮作斗争，右倾思潮也许危险小一些，因为在意大利党内，右倾思潮没有发展的机会。在里窝那成立、只吸收意大利社会主义运动左派集团参加、把他们联合起来反对中派主义的意大利党的发展历史本身是成功进行反对这些右倾斗争的保证。但是右倾是存在的，特别是表现在格拉齐亚德伊同志最近的学术著作中，他试图修改马克思主义的经济学基本原理。难怪这种对马克思主义经济学基本原理的修改把格拉齐亚德伊同志推向右倾政治路线，而不是推向第五次代表大会制定并得到党中央委员会遵循的政治路线。但党与这一思潮作斗争，这一右倾思潮就未必有机会获得成功和发展。

对于意大利共产党来说，主要的危险无疑在于在党员理论素养不够的条件下所谓的极左倾向，在于博尔迪加同志的策略立场。我刚才提到，在托洛茨基主义问题和其他问题上，这场反对极左派的斗争变成了反对右派、反对党内非列宁主义分子的斗争。

在这场反对博尔迪加同志的斗争中，决议指出了主要的三点：第一，关于博尔迪加的弃权主义，早在共产国际第二次代表大会上在讨论参加议会斗争的问题时弃权主义就有所露头，弃权主义像一根红线贯穿于博尔迪加在意大利共产党中央委员会的整个政策中；在第三次代表大会后表现在争取群众的问题和统一战线的问题上，后来又反映在党的作用问题上、在罗马提纲中、在与意大利社会党关系的政策中、在博尔迪加对待法西斯主义的政策中，等等。博尔迪加的政策随时随地带有弃权主义性质。我们在决议中指出的第二个党必须在思想上完全明确的问题是，关于党的作用的问题。对于博尔迪加来说，党首先是一个能带领群众投入革命斗争的领袖集团，但党本身对他来说不是在广大群众中开展工作的群众性政党。这是宗派主义的党的作用观（在这一点上他和托洛茨基很像）；我们还看到对领袖在革命时期作用评价过高，对作为工人阶级先锋队的党的作用估计不足。

我们要提请党注意的也是应得到澄清的第三点是策略问题，因为博尔迪加同志的策略观点是某种停滞不动的东西。他认为，党和策略应该一劳永逸地纳入明确的表述中，具有精确的界限，而灵活的、适应经济和政治条件的策略是机会主义策略。博尔迪加在他的发言中（甚至在第五次世界代表大会上的发言中）和谈话中一贯攻击共产国际的策略是机会主义策略，因为它适应政治情况和经济形势。

决议提请我们党阐明思想基本原则，并不仅依据已做的工作而且还依靠对理论基本原理的研究，在代表大会召开前进行斗争。我们认为，党在走向进一步布尔什维克化的道路上应该迈出这一步。

## 格列科发表关于意大利问题的声明

**格列科**（意大利）表示赞成记录，提出如下书面声明：

"我读了意大利问题委员会的决议文本，声明我接受作为意大利共产党第三次代表大会召开前准备性辩论的基础的政治路线，也就是我承认必须阐明我们党的思想基本原则，以防止修正列宁主义的思潮泛滥。

我重申我在意大利问题委员会第一次会议上作的口头声明，即我承认必须对某些策略问题作修改，过去我在这些问题上所持观点是错误的。党代表大会召开前的准备运动是修改我的观点的正常理由和动因。

我相信党内各派代表必须在中央领导机构内合作，必须顽强地、真诚地、智慧地运用党代表大会和国际代表大会的各项决议。

意大利问题委员会的决议包括了对第五次代表大会前夕党的工作的评价；对于我这样的至今完全赞成里窝那后党的策略和罗马提纲的人来说，决议只是最近可能的一个阶段；里窝那后党的策略和罗马提纲是对制定共产国际总策略提纲的贡献，而不是如有人经常反复说的是敌视列宁提纲和列宁主义的东西。

因此，我尽管已经开始承认某些重要的策略错误，仍不能同意决议的文本，因为它认为这一承认已经一了百了。

鲁杰罗·格列科

1925年4月6日"

## 通过关于意大利问题的决议

**主席**将关于意大利问题的决议①提付表决。决议获得一致通过。

## 通过关于共产国际各支部鼓动宣传工作
## 目前的任务的决议

接着一致通过了提交执行委员会扩大的全体会议批准的**鼓动宣传工作会议关于共产国际各支部近期鼓动宣传工作任务的决议**②。

## 共产国际发表声明谴责灿科夫政府
## 散发伪造的共产国际文件

**柯拉罗夫**宣读如下声明：

"保加利亚政府在保加利亚和外国报纸上公布了据说是它截获的今年3月3

---

① 决议文本见本卷收录的《关于意大利问题的决议》。——编者注
② 决议文本见本卷收录的《通过关于共产国际各支部鼓动宣传工作目前的任务的决议》。——编者注

日共产国际执行委员会的决定及要求保加利亚共产党4月15日按照执行委员会制定的计划举行武装起义的命令。

这当然是又一次的捏造。

保加利亚政府'发现'这一决定，无疑在炮制共产国际文件的国际竞赛中打破了纪录。

但是如果说它冒着成为全世界笑柄的风险，仍然这样炮制，那么这是为了对它过去、现在和将来准备犯下的无数杀戮行为作辩解，它杀害了保加利亚革命无产阶级优秀的代表。

这是它在各国工人群众谴责它血腥勾当的时候蒙骗世人和转移视线的尝试之一。

但这一尝试早就注定要失败。

共产国际执行委员会再一次谴责保加利亚将军和教授的政府是杀人犯和造假者的政府。共产国际执行委员会号召各国无产阶级把索非亚刽子手钉在耻辱柱上并支持保加利亚工人和农民进行反对灿科夫嗜血成性政府的艰苦斗争。"

（全场的赞许声）

## 法国代表团的建议

**主席：**

请塞马尔同志代表法国代表团提出建议。

**塞马尔**（法国）：

法国代表团提出一个建议。我们的特伦同志在发言中指出，右派以托洛茨基同志的名义作掩护，进行激烈的反对共产党和共产国际的斗争。特伦同志同时指出，这些已被开除出我们党的右翼分子和党内的右派党团出版了《无产阶级革命》杂志。这个杂志除了刊登托洛茨基的文章，还发表了针对党和共产国际积极工作人员的最卑劣的诽谤。某些党员为这个杂志撰稿。因此我们某些支部的工人认为，既然党员与莫纳特和罗斯默合作，既然莫纳特和罗斯默引用俄共党员托洛茨基的主张，法国共产党开除莫纳特、罗斯默和德拉加德是错了。

另一方面，右派在全体会议召开前夕散布流言，说开除这些同志的问题可能得到重新审理，他们也许会恢复党籍。最近一期《无产阶级革命》比前几期更卖力地攻击共产党和共产国际。法国代表团认为不能再这样继续下去，应该向托洛茨基同志提出一个问题：他过去和现在是否委托莫纳特和罗斯默打着他的名义进行反共鼓动。如果没有，那么托洛茨基同志应该公开与这些人划清界限。法国代表团认为，执行委员会应责成主席团与托洛茨基同志取得联系。法国代表团请求将这个问题提付表决。

**主席**将法国代表团的提议提付表决。提议获得通过。

**主席：**
由于本次会议和执行委员会扩大的全体会议的议程都已结束，现在请**季诺维也夫**同志作总结发言。（热烈鼓掌）

## 季诺维也夫的总结发言

同志们，我们全体会议的工作快要结束了。执行委员会扩大的全体会议的意义不比代表大会工作的意义小。

我们在会上讨论了一系列对国际运动生死攸关的重大问题。我们讨论了某些国家支部的问题，其中每一个都有着巨大的国际意义。我们的相互联系越紧密，我们越成为真正的国际，我们的会议就越应该重视各支部的基本问题。

同志们，我以为我们工作中这种国际协调是我们最重大的成就。我们更密切地相互研究，仅这一个事实就有着十分巨大的意义。我们在会上常常见到一些过去也来过的同志。但我们每一次在这里也见到了新同志，我们为能更近地认识他们而感到高兴。出现了一张张有特点的新面孔，出席这次会议的有一下子便可看到"美国制造"标识的同志。这是一些久经考验、不怕风浪的人，他们在我们的运动中前程远大。仅仅这一点，国际共产主义运动内部联系的加强，对我们的工作就格外重要。

在我们讨论各个支部问题的委员会里，同志们在发言中越来越经常引用别的支部的经验作为例子，进行比较。这证明我们的运动国际化了。很遗憾，我们彼此学习得还太少。我们常常为自己的错误付出昂贵的代价，因为我们从我们兄弟党的历史中吸取教训太少。但我们付出的代价已经越来越小。我们越来越学会从整个运动的错误、不足以及成就中得出正确的结论并把这些结论用于必要的场合。我们讨论了与美国、南斯拉夫和捷克斯洛伐克党生活有关的问题。我们遇到了我们各党生活和工作中的各种矛盾和分歧。在生动的运动中，这一现象当然完全是不可避免的。出现了新问题，这些问题往往又产生了新分歧。各个党在克服这些矛盾的过程中壮大起来。但是我们发现，团结的因素越来越多，而矛盾日益缓和。我们一致通过的决议便是由此而来的。

这一次最难解决的是捷克斯洛伐克党内的矛盾。捷克斯洛伐克矛盾的整个经过呈现了一幅不太令人愉悦的图景，会令人担心我们似乎咬不开这个坚果。但是我们还是令人满意地而且是一致地解决了这个问题。同志们，我希望对于绝大多数捷克斯洛伐克共产党员来说这个解决方案是可以接受的。我们没有任何根据谈论这场争论中的胜利者和失败者，因为我们是真正的世界的兄弟党。刚才在这里对某些捷克同志作了尖锐的批评。如果考虑到问题的重要性和它引起的斗争的严重程度,就很容易理解这一批评是不可避免的。同志们,我们通过的决议源于共产国际对捷克斯洛伐克共产党这个最优秀最强大的支部之一的坚定信念和热爱,也源于这样的认识:我们的决议确实将有助于捷克斯洛伐克无产阶级的解放斗争的事业。

我们在这次会议开始时说过,希望能战胜捷克斯洛伐克分裂的危险。我们看到我们的希望实现了。当然还有一些因素将利用分裂思想作祟。但是,同志们,我相信,捷克斯洛伐克的工人,不管他在党内危机时是左派还是右派,都坚决抛弃任何一个利用党内分裂可能性的人。(暴风雨般的掌声)我们根据与由捷克斯洛伐克三个最大组织派来这里开会的同志们的个人交往,坚决相信,他们是忠实的大无畏的共产党员,一旦发生真正的危险,他们会应付自如。他们将向任何一个轻率地把党的统一当赌注的人(不管他是什么人)证明,党对我们来说比任何个人或任何偏见更宝贵。

同志们!我以为,我们正确地解决了这个最重要的问题。我们确实尽了一切努力来兄弟般地帮助捷克斯洛伐克党消除党内分歧和团结一切真正的共产主义分子来在共产国际的原则基础上为反对右倾而共同斗争。

同志们!我们在会上讨论了不仅对个别支部而且对整个国际工人运动意义异常重大的问题。我们的会议是在布尔什维克化的旗帜下进行的。我们从这个角度来研究一切问题。这对农民问题和工会问题同样适用。我们与个别支部研究了这些问题,以便区别对待,更好地考虑在各个国家里执行通过的决议的各种具体条件。

我们在作总结时可以说,我们全体会议的工作是在如下口号的旗帜下进行的:

**我们的第一个口号**:反对极左派的幻想,支持对国际政治经济形势作现实主义的评估。这样的评估是真正的革命者任何严肃工作第一个必要的条件。这样的评估意味着必须直面真相,毫不动摇,即使在特定时刻形势并不像我们所希望的那样好。

正确评估形势,肃清各种幻想,这应成为本次全体会议每一个与会者今后工作的主导主题。

**我们的第二个口号**:打倒对右派的让步。对右翼的每一次让步,在目前形势下可能变得十分危险。我们的会议促进了我们各党加强反对右倾病症的斗争,清除可能会控制运动的沮丧消沉情绪的危险(如果共产国际没有站在警戒的岗位上的话)。目前每一个右倾,即倾向于社会民主党因此也是倾向于资产阶级的右倾,都格外危险。列宁教导我们,反对右派的斗争不应变成某种体育运动。我们与右倾作斗争是出于政治上的需要,而不是出于对这一"体育运动"的爱好。

同志们,我们再说一遍,反对右派的斗争就是反对社会民主党的斗争,而反对社会民主党的斗争就是反对资产阶级的斗争。我们应该现实地看待问题。既然我们看到并意识到我们面临的困难,我们应该紧紧握住共产主义的方向盘。这是现在的过渡时期的要求,目前的运动速度比较缓慢,但是处于革命发展的较高阶段上。

**我们的第三个口号**是其他一切口号的汇总,这就是**布尔什维克化**。第五次世界代表大会就提出了这个口号,但只是这次会议才使它具体化。以为我们不会再回过来谈这个题目的想法当然是错误的。布尔什维克化是并非一年而是工人阶级争取全面胜利的斗争的整个时期都具有伟大意义的任务。我们在我们的全体会议上第一次具体地提出布尔什维化的问题并尝试把这一口号细化,使之适应于各国的要求。

但**我们的第四个口号**高于所有这些口号:"接近**群众**!"不顾一切困难,接近群众!有些地方的社会民主党得到了加强。我们的基本任务今后仍应是,在每一个国家里更深入群众,不仅会懂得和评估总的形势,而且会克服其中的困难。不管我们的某一个党的处境是合法的、非法的还是半合法的,我们都应能在每一种情况下克服一切困难,如果我们在某些地方不能在组织上联系群众(例如在党转入地下时),在这种情况下我们更应努力从思想上影响群众,我们更应在群众中扩散我们的政治思想。

再简单谈一下苏联的形势。苏联的无产阶级先锋队极大地关注(我以为是前所未有地关注)我们的会议。

俄国无产阶级的生活状况尽管改善得缓慢,但确实是在改善。苏联的政治地位得到巩固。同志们,列宁不仅是俄国的而且是国际的无产阶级革命家。我们创建的党不仅是俄国无产阶级的党,它把自己看做是国际无产阶级、国际革命大军的一部分。我们大家都很清楚,各苏维埃共和国**最后的**胜利归根结底取决于无产阶级国际斗争的成功。但苏联本身是国际革命的一部分、一块。国际斗争的结局在同样程度上取决于苏联的努力。我们比起先预料的赢得了更多的时间。俄国无产阶级获得的喘息时机比我们预料的要长。我们的党不失时机地努力振兴经济。当我们哪怕在一两个具有决定性作用的国家里赢得斗争成功时,胜利才是最终的胜利。

苏联无产阶级的作用在增长。我们看到国外产生了新的运动:社会民主主义工会及非党工人工会派遣代表团访问俄国的趋向。我们支持这一运动并请大家千方百计给予支持。我们也愿意在我们国内欢迎社会民主主义工人,毫不掩饰地向他们展示我们的成果。我们的工作还没有完成,我们的无产阶级只做了几年和平工作,但他们毕竟做了一些事情,他们将继续前进。他们的经济形势将得到改善。每一个正直的工人,即使不是共产党员,出于起码的阶级感情,将支持我们。苏维埃共和国在最近几个月和几年中将成为吸引全世界无产者的吸力越来越强的磁铁,包括吸引社会民主主义工人来这里。俄国无产阶级宣传的吸引力一贯在增长，越来越变成有国际意义的巨大因素。

同志们！我们在这里为选择战胜资产阶级和社会民主党的正确道路而斗争。我们热烈地争论，但我们将像战友一样各奔东西。我们在未来仍将是真诚地致力于掌握列宁主义的列宁同志的学生的大家庭。如果我们中有人不能立即掌握列宁主义，这决不是他的过错，这也取决于客观的困难。苏联无产阶级战士大家庭是幸福的，因为它直接在列宁这样的天才的领导下成长，有幸与他肩并肩地斗争。

但没有这种机会的同志应该认真学习俄国革命的经验，首先学习列宁主义的教训。俄共及俄国工人阶级最大的骄傲是，列宁思想世界越来越成了各国觉悟的无产者共同的财富。我们相信，我们中每一个人会尽自己所能，深入运用列宁主义精神也就是马克思主义精神哺育我们的世界的党，把它彻底变为群众性的共产党，变成无产阶级团结一致的革命先锋队，投入推翻资产阶级和社会民主党的斗争。世界资产阶级反动派越壮大，我们越应使我们的党布尔什维克化。革命战士越应负起责任来。

我们的共产国际是唯一的革命政党，是真正的世界革命的共产主义组织。它作为这样的组织而成立，它作为这样的组织斗争至今，它作为这样的组织将继续自己的斗争，直到最后的胜利！（暴风雨般的掌声。代表们起立并高唱《国际歌》。）

全体会议闭幕。

# 共产国际执委会
# 第五次扩大全会提纲和决议

# 关于共产国际执行委员会报告的决议

1. 执行委员会扩大的全体会议认为,共产国际第五次世界代表大会关于政治经济形势问题和关于各共产党策略的决议是绝对正确的,已为第五次世界代表大会以来国际发展的整个过程所证实。

扩大的全体会议认为,共产国际执行委员会本着第五次世界代表大会的精神进行自己的工作并以自己的行动促进了共产主义运动的布尔什维克化和对机会主义倾向的克服。

执行委员会扩大的全体会议一再强调指出争取工会运动统一的国际战役的意义,它加强了阿姆斯特丹国际工会联合会的左倾,动摇了右派工会领袖的影响力,加速了参加工会的群众革命化的进程。

全体会议最坚决地反击右派分子对执行委员会活动的攻击。全体会议认为,执行委员会通过自己的干预帮助许多党战胜了机会主义倾向;特别是执行委员会在处理捷克斯洛伐克问题上的行为方式是绝对正确的。

2. 在国际形势极其困难时,在两个革命浪潮之间,在某些国家工人运动暂时低落时期,执行委员会帮助各共产党保持其群众性,加深和扩大其对工人和农民群众的影响力,加强其活动能力。

执行委员会扩大的全体会议表示信任执行委员会,号召共产国际各支部在今后也要坚决支持执行委员会争取各共产党布尔什维克化的斗争。

# 关于共产国际各党的布尔什维克化

(关于季诺维也夫同志的报告的提纲)

## 第一部分　问题的提出

### 1. 共产国际第二次世界代表大会关于党在无产阶级革命中作用的决议

共产国际第二次世界代表大会关于党在无产阶级革命中作用的决议是在列宁同志直接参与下起草的，是共产国际十分重要的文件之一，至今仍有着重要意义。这个决议起草时，共产国际刚刚成立，加入的还有半工团主义半无政府主义的集团，另一方面，共产国际刚制定了二十一个条件，正与德国独立党和其他半社会民主主义组织进行关于加入共产国际的谈判。这个决议勾画了党在**整个**无产阶级革命中的性质和作用。目前，当共产国际已经形成，它开展了反对右倾和极左倾的严肃斗争，在许多国家里群众性的共产党已形成并得到壮大，便有必要表述共产国际不仅对关于共产党在整个无产阶级革命中的作用问题，而且对关于**如何争取**我们各党在尽可能短的时间里成为**最布尔什维克**的政党问题的看法。

不应该忘记，我们在1919—1920年在德国和意大利都有加入了共产国际的政党。但是这些党胜任不了历史赋予它们的任务，尽管当时群众运动自发地高涨，正是因为它们不是完全布尔什维克的党。

## 2. 世界革命放缓的速度和布尔什维克化的口号

在共产国际第三次世界代表大会召开之前开始显示出，我们面对世界革命发展多少迟缓的时期。到第五次世界代表大会召开之前，这一点表现得更为明显。

在革命发展速度缓慢和迟滞时，布尔什维克化的口号的意义更大，而不是更小。

布尔什维克不是在革命浪潮最高涨时期追随党的人。布尔什维克善于用几年，如果需要甚至用几十年来建设布尔什维克党，甚至在革命浪潮低落的年代，在革命发展缓慢的年代也是如此。这并不是说，在革命浪潮高涨时期入党的同志不应向入党更早的其他同志看齐。

布尔什维克党本身是在革命浪潮达到最高点时产生的。布尔什维克党参加了工人阶级的整个斗争并在这一斗争进程中逐步形成。共产国际中和共产国际周围的右派分子和动摇分子认为，既然革命事态不会迅速发展，那么各党布尔什维克化的口号是不合适的。他们不懂得，如果革命发展速度放慢，如果因此无产阶级某些阶层动摇加剧，倾向反革命的社会民主党的情绪滋长，那么**更有必要**提出各党布尔什维克化的口号。因为正是在这种形势下，共产党员应该更顽强地努力建成反对动摇的堡垒，把无产阶级先锋队的优秀分子留在我们队伍内，扩大他们的数量，高举无产阶级革命的旗帜从而在最艰难的形势下团结无产阶级的核心，**在任何情况下**筹划和组织无产阶级革命。共产党应该足够灵活，必要时毫不慌张、井然有序地转入不合法状态，不轻易交出自己的合法身份，能将合法工作和不合法工作结合起来，能利用任何最微小的"合法"

抓钩，来冲破地下状态的框框，领导公开的酝酿革命的群众运动，同时始终忠于自己基本的革命任务。

在目前形势下各共产党要重视两个主要危险：一方面，变成"纯洁"共产党员小宗派的危险，这些人有"好的"原则，但不善于与当前时期群众性工人运动打交道；另一方面，变成不定型的半社会民主党的危险，这时的党不善于把争取广大工人群众的斗争与对共产主义原则的忠诚结合起来。能够既避免目光短浅和宗派主义，又避免组织涣散和认识模糊——这才是帮助党实行布尔什维克化。

### 3. 右倾危险和极左倾向

各党布尔什维克化的口号是**在与"右"的危险的斗争中**产生的。如果共产国际第五次代表大会没有坚决反对**机会主义**对统一战线和工人政府策略的曲解的话，我们就面临共产国际某些党机会主义蜕变的直接危险。两年来一些国家错误地运用了第三次代表大会的正确口号"到**群众**中去！"，造成了用共产党人与反革命社会民主党"联合"的政策替代共产主义的独立策略的现实危险。

党的布尔什维克化首先是而且更多是应该反对并且今后也应该反对这些右派的曲解，这些曲解会直接毁掉共产国际的历史使命。

但布尔什维克化也不能不对极左倾向作斗争，这种极左倾向往往只是改头换面的机会主义。正当资产阶级和社会民主党全力以赴、消灭群众中的"共产主义危险"的时候，极左倾向客观上帮助资产阶级社会民主党反动派的这一进攻。例如，极左派在关于共产党人参加改良主义工会或反动工会问题上的错误可能在若干年内直接葬送了共产党。俄国布尔什维主义也是在**既**反对机会主义**又**反对小资产阶级"左"的革命主义的斗争中形成的。

## 4. 共产党和布尔什维克党

笼统地说，共产主义、马克思主义、布尔什维主义是一回事。"共产党"或"布尔什维克党"，笼统地说，是等值概念。但是在实际上这并非完全相同。共产国际某些重要支部曾经经历了、有些支部正在经历从社会民主党左派（有些地方是从无政府工团主义思想）向真正共产主义、向布尔什维主义的逐渐发展。在一定意义上，共产国际的整个工作可以说是各工人政党的布尔什维克化。共产国际接受了过去加入第二国际的许多政党、集团和个别同志参加自己的队伍，别无选择。俄国布尔什维克党在一定时间里也加入了第二国际，这同样是别无选择。但由于种种情况的凑合，俄国布尔什维克早于其他党与第二国际决裂了。俄国客观的革命形势帮助俄国布尔什维克在列宁同志的领导下早于其他党组成了布尔什维克党即真正的共产党。在共产国际许多支部中即使现在也可以找到许多同志，他们以共产党员自居，却并非布尔什维克。布尔什维克化是使共产国际各支部的所有成员都成为真正的共产党员即布尔什维克。

## 5. 布尔什维克化和具体的斗争条件

不应该认为我们可以找到同样适用于共产国际各党布尔什维克化的万能良方。真正的布尔什维克化首先要求精确考虑到时间和地点这一切**具体的**细节。加入共产国际的各党现在可以有条件地分成三类：

（a）那些刚经历了主要是宣传的时期、在把广大群众团结在共产主义旗帜周围的道路上才迈出了头几步的党；

（b）那些已经处于多少激烈的斗争阶段、带领了相当多工人群众

（有时是多数工人群众）的党；

（c）那些已经夺得政权并处在巩固政权时期的党。

列入第一类的是一系列相对还弱小的党。

列入第二类的是像德国、法国、捷克、保加利亚、意大利等这样的党。

属于第三类的目前只有俄共一个。

共产国际各支部的布尔什维克化是各支部重视和实际运用俄共（布）在俄国三次革命中的经验以及当然还有经历过重大战斗的每个支部的经验。从这一经验出发，共产国际的各支部都应考虑它们面对的任务和总结自身的经验。但如果机械地把俄国经验照搬到别国去，那将是个极大的错误，是列宁同志早已提醒要预防的错误。俄国革命的经验中有许多列宁同志认为是对所有其他国家都有普遍意义的东西（苏维埃等）。列宁同志在《共产主义运动中的"左派"幼稚病》中写道："现在我们已经有相当丰富的国际经验，它十分明确地说明，我国革命的某些基本特点所具有的意义，不是局部地区的、一国特有的、仅限于俄国的意义，而是国际的意义。我这里所说的国际意义不是按广义来说的，不是说：不仅我国革命的某些基本特点，而且所有基本特点和许多次要特点都具有国际意义，都对所有国家发生影响。不是的，我是按最狭义来说的，就是说，所谓国际意义是指我国所发生过的事情在国际上具有重要性，或者说，具有在国际范围内重演的历史必然性，因此必须承认，具有国际意义的是我国革命的某些基本特点……但在目前历史时期，情况正是这样：俄国这一模范向所有国家展示了它们在不久的将来必然会发生某些事情，而且是极重大的事情。各国先进工人早就懂得了这一点，而在更多的情况下，与其说是懂得了这一点，不如说是他们凭着革命阶级的本能而领悟到了这一点，感觉到了这一点。因此苏维埃政权以及布尔什维主义的理论原理和策略原理具有国际的'意义'（按狭义来说)……"① 但俄国革命中当然也有不少别国不会重演的东西。

列宁同志强调了各国由当今时代特点决定的从资本主义向无产阶级专政过渡条件的独特性。列宁同志写道:"任何一个马克思主义者……如果有人问他'各个不同的资本主义国家平衡地或谐和均匀地过渡到无产阶级专政是否可能',他的回答一定是否定的。在资本主义世界中从来没有而且不会有什么平衡,什么谐和,什么均匀。在**每个国家**的发展中,都是有时是资本主义和工人运动的这一方面、这一特征或这一类特点特别突出,有时是另一方面、另一特征或另一类特点特别突出。"(《第三国际及其在历史上的地位》)②

布尔什维克化是把列宁主义的普遍原则运用于某一国家**特定的具体的**局势的学说。布尔什维克化是抓住可以拉出整根"链条"的主要"**环节**"的学说。而这个"环节"在每一个国家里不可能是一样的,因为我们所看到的社会政治局势是千差万别的。

布尔什维克化是一个刚在共产国际优秀的欧洲各党内开始的**漫长过程**。要做的工作很多,需要许多年的时间。

## 第二部分  马克思主义和列宁主义

### 6. 马克思主义和列宁主义

共产国际各支部在当代只有站到**列宁主义**的旗帜下才能成为真正的共产党。

---

① 《列宁全集》中文第 2 版第 39 卷第 1、2 页。——译者注
② 《列宁全集》中文第 2 版第 36 卷第 292 页。——译者注

列宁主义当然决不能与马克思主义对立起来。列宁是马克思最杰出的学生。没有马克思主义就没有列宁主义。但列宁主义首先用三次俄国革命的经验以及20世纪初起到现在爆发的许多其他革命运动的经验丰富了马克思主义。列宁主义以对以下问题的研究丰富了马克思主义的普遍学说：

（1）关于帝国主义和无产阶级革命的理论；

（2）关于实现无产阶级专政的条件和机制；

（3）关于无产阶级和农民的相互关系；

（4）关于一般民族问题的意义；

（5）特别是关于殖民地半殖民地国家民族解放运动对于世界无产阶级革命的意义；

（6）关于党的作用；

（7）关于帝国主义战争时代无产阶级的策略；

（8）关于过渡时期无产阶级国家的作用；

（9）关于作为这一时期无产阶级国家具体类型的苏维埃制度；

（10）关于作为工人运动分裂成机会主义派别和革命派别等的根源的无产阶级本身中社会阶层的问题；

（11）关于战胜右派社会民主主义倾向和共产主义运动中的左倾。（《共产主义运动中的"左派"幼稚病》）

马克思和恩格斯首先总结了法国、英国和德国社会运动的经验。列宁主义从马克思的学说和西方的经验中成长，站在前列进行反对西欧社会民主党人对马克思主义歪曲的斗争（列宁反对一切机会主义，特别是考茨基主义的斗争），与此同时列宁主义运用马克思的方法，还总结了近东和远东及与东方毗邻地区（俄国、中国、印度等）伟大革命运动的经验。

马克思主义**第一个**时代——从《共产党宣言》到马克思逝世。

**第二个**时代——"马克思主义"机械模仿者时代——从第二国际成立到帝国主义战争爆发。这一时代，特别是它的前半叶，也有其优点：无产阶级群众性组织的建立、大规模文化启蒙工作，等等。但总的来说，从90年代起是**歪曲马克思主义**的时代。大约从1907年起在第二国际内部国际范围内的工人运动中革命一翼开始团结起来。

**第三个**时代——列宁时代。列宁主义大约开始于第一次俄国革命前夜（1903—1904年），在1917年取得了第一个全世界历史性胜利。

没有马克思就没有列宁。但在第二国际的领袖们践踏马克思主义后，在考茨基之流**在马克思的旗帜下"修正"马克思主义**（尤其是在这些马克思主义叛徒反对俄国无产阶级专政的斗争中）之后应该说，**没有列宁主义，在目前形势下不可能有革命的马克思主义。**

**列宁主义是垄断资本主义（帝国主义）、帝国主义战争和无产阶级革命时代的马克思主义。**无产阶级专政在俄国的胜利、几乎遍及全世界的无产阶级和农民运动的壮大、殖民地半殖民地人民日益高涨的革命解放运动——这一切合在一起构成了**世界革命的开端。**

列宁主义在一个农民占多数的国家（俄国）中取得了第一个直接胜利。但正如俄国革命本身产生于整个国际局势中一样，列宁主义是整个国际无产阶级运动的成果。列宁清除了机会主义对马克思关于19世纪伟大无产阶级运动（宪章运动、巴黎公社）的评价的歪曲，添加上马克思主义对欧洲、美洲和其他各大洲方兴未艾的新的群众性无产阶级运动经验的评价，考虑到20世纪初起格外表现突出的农民运动和民族革命运动的作用，把马克思的学说提到了一个新的高度。

列宁主义是在无产阶级专政开始取代帝国主义专政的条件下**无产阶级领导权思想持续的发展。**

认为马克思主义只是理论而列宁主义只是实践的观点是错误的。列宁主义是帝国主义、帝国主义战争和俄国无产阶级专政开始的无产阶级革命时期的马克思主义的理论和实践。共产国际给自己提出的任务是成为体现列宁主义理论和实践的国际组织。

### 7. 布尔什维克化和革命传统

布尔什维克化不拒绝以往历代革命者的遗产。学习本国和其他国家的革命斗争史对于自觉参加今天的布尔什维克党是绝对必要的。不能容许法国共产党员不知道拉法格的著作，不知道盖得主义的优点和盖得还是马克思主义者时期的优秀著作。不能容许英国共产党员没有接受尊重宪章运动精神的教育，英国共产党员不知道最重要的宪章运动文献。不能容许德国共产党员忘记在反社会党人非常法时代德国社会民主党优秀分子的斗争经验。不能容许德国共产党人不利用威廉·李卜克内西和奥古斯特·倍倍尔的优秀著作来反对社会民主党。不能容许俄国共产党员忘记普列汉诺夫还是马克思主义者时期的活动中最光辉的篇章。

使党布尔什维克化也就是使它在列宁主义基础上成为第一国际和第二国际中一切真正革命的、真正马克思主义的遗产的自觉继承者。

### 8. 布尔什维克化和共产党阵营的某些理论错误（特别是卢森堡主义的错误）

不重视许多试图在新时代运用马克思主义而未能全面做到的重要马克思主义者的错误，就不能在全世界建立共产党时真正掌握列宁主义并在实际中加以运用。

其中包括俄国"左派"共产党人、一批荷兰马克思主义者（哥尔特、潘涅库克）的错误以及罗莎·卢森堡的错误。这些活动家离列宁主义越近，他们错误的观点越危险，因为这些观点与列宁主义不相符。

实际情况是,共产国际的许多党如果不克服由于历史条件曾在这些国家的运动中起过不小作用的卢森堡主义的错误的话,现在就无法真正地布尔什维克化。至今仍迫切需要克服卢森堡主义的重大错误有:

(a) 对关于"自发性"和"自觉性"、关于"组织"和"群众"问题的非布尔什维主义的提法。卢森堡分子当时拥有德国社会民主党的经验,而德国社会民主党常常直接妨碍阶级斗争的革命声势,卢森堡分子的错误评价使他们不能正确理解党在革命中的作用。

(b) 对筹划起义时技术因素的不够重视曾妨碍了并且至今仍在有些地方部分地妨碍正确提出关于"组织革命"的问题。

(c) 在与农民关系问题上的错误。罗莎·卢森堡在1919年1月斯巴达克起义遭镇压后写的最后一篇文章接近于认识到自己不重视农民作用的错误。罗莎·卢森堡在她一系列较早的著作中对农民作用估计不足,即不是按照布尔什维克的精神提出农民问题,从而在思想上对社会民主党作出一系列让步。

在实际上,执政的匈牙利共产党人以及波兰共产党、1923年的保加利亚共产党、意大利的最高纲领派和德国"共产主义工人党"的假左派思想家,甚至现在共产国际的许多支部,在农民问题上都犯过这样的社会民主主义的错误。

(d) 罗莎·卢森堡和许多波兰、荷兰、俄罗斯马克思主义者在民族问题上的错误同样严重。依据在帝国主义时期"不可能"解决民族问题而否定民族自决(成立独立国家的权利)的口号,在事实上导致民族问题上的虚无主义,从而使许多国家的共产党员开展工作异常艰难。

(e) 罗莎·卢森堡领导下的波兰党多年来坚持的对工会党性的宣传是一个大错误,表明他们不懂得工会作为吸收所有雇佣工人加入的组织的作用。这样的错误过去和现在都给先锋队正确对待整个阶级造成了严重困难。

部分德国共产党人在 1924 年法兰克福党代表大会前在工会问题上犯的错误是类似性质的错误。

共产国际对罗莎·卢森堡这位共产国际创建者之一的工作给予应有的敬意，相信如果现在能帮助共产国际各党从这位伟大的女革命家的错误中吸取教训的话，那就是本着罗莎·卢森堡本人的精神在行动。

不克服卢森堡主义者的错误，便不能实行真正的布尔什维克化。只有列宁主义能成为指引全世界各共产党前进的指路明星。一切偏离列宁主义的东西都是对马克思主义的背离。

同样必须坚持与一切在所谓的"纯理论"——哲学、政治经济学理论等——领域偏离列宁主义的言行作斗争。

许多党内出现的对理论的轻视是共产国际各党走向真正的布尔什维克化的极大障碍。只要对理论倾向等持"容忍"态度的话，就谈不上各党真正的布尔什维克化。掌握列宁主义理论是各党成功实现布尔什维克化的前提。托洛茨基主义——孟什维主义的变种，它把"欧洲"机会主义和"左倾激进的"空话结合起来，往往掩盖了政治上的消极态度——是格外危险的偏离列宁主义的倾向。托洛茨基主义不是倒向孟什维主义的个别倾向，它是多年来反对列宁主义斗争的体系，托洛茨基主义同样不仅是俄国现象，而是国际性质的现象。在共产国际中实现列宁主义，意味着在各个党内揭露托洛茨基主义并肃清这一思潮。

## 第三部分　布尔什维克化和争取工人阶级的多数

### 9. 布尔什维克化和"到群众中去！"口号

社会民主党也组织了群众性运动，但这是**改良主义**的群众性运动。可以用最普遍的形式来定义布尔什维克化，即**在马克思和列宁思想的旗**

帜下组织群众性的无产阶级革命运动。

**布尔什维克化首先是而且更多是群众工作者。**第三次世界代表大会的口号"到群众中去!"——为争取无产阶级起决定作用的阶层的多数——依然完全有效。第五次世界代表大会不仅没有撤销这一口号,恰恰相反,对这一口号作了深化和发挥。

## 10. 布尔什维克化和工会工作

在共产党员在工会中工作的问题上的倾向对于我们各党真正布尔什维克化的事业来说充满极大的危险。工会在整个资本主义世界中是无产阶级群众性(人人参加的)组织最重要的形式。群众性组织的其他形式(工厂委员会等)极其宝贵,具有巨大的革命前途;但这些群众性组织的新形式刚刚开始争取广大工人群众的普遍承认。而无产阶级从参加的群众性组织的新形式,如苏维埃,只有在直接爆发革命后才有可能出现。认为共产党人可以在资本主义范围内即兴创造除工会外的工人的其他群众性组织形式,就是脱离了现实的基础。

列宁主义学说重要的组成部分之一是他关于即使工会最反动共产党人也要在其中工作的学说。在这方面的偏离会令共产党人付出十分高昂的代价(最好的例子是德国)。在这方面的原则性动摇导致欧洲年轻的共产党在工会中的实际工作尚未真正开始。布尔什维克化的重要组成部分是对在现有的社会民主主义工会和其他工会(黄色工会、国家社会主义工会、基督教工会和法西斯工会)中的工作给予比此前大一百倍的重视。只有这样,才可能真正摧毁改良主义上层(工人贵族和工人官僚)在工会中的垄断地位。只有这样,工会才能在事实上摆脱改良主义的腐蚀影响,改良主义力图把工会作为阶级斗争最可靠的工具的作用化为乌有。当然,凡是存在工厂委员会的地方或者凡是有可能使工厂委员会以群众性规模出现的地方，这一点也适用于工厂委员会。

共产党人加强自己的影响力，在工人群众中树立威信，靠的是为争取一切直接要求采取行动：提高工资、保证八小时工作制、与失业现象作斗争等，他们将认真而坚定地领导一切与雇主的冲突。

这一点尤其必要，因为各国社会民主党工会领袖们有步骤地出卖无产阶级的利益，不惜追随资本家，以阻挠和破坏违反他们意愿发动的罢工。

各共产党为了在各种社会冲突中采取正确的路线，应认真研究任何冲突的具体局势：企业的或一批企业的现状，订单的总量和比重，各个工厂、辛迪加或托拉斯的联系或错综复杂的相互关系，企业主的组织力量和反抗力，同样还有工会组织的力量和参加工会组织和未参加工会组织的工人的斗争决心的大小、扩大罢工的可能性及罢工的政治后果。有了这些前提才能给党员下达正确指令和提出口号并使党员在与资本的一切冲突中真正起到领导工人的作用。

## 11. 布尔什维克化和正确的统一战线策略

共产国际各党的布尔什维克化不仅不排除这些党采取统一战线的策略，而且还直接要求它们这样做。学会找到正确对待群众的办法，看待先锋队对整个阶级的任务的明确观点，是布尔什维主义最典型的特点。统一战线策略过去和将来都是革命鼓动和组织群众的方法，也就是共产党员在运动的特定阶段（社会民主党在许多国家中还占多数）正确对待广大工人群众的方法。统一战线的策略决不为共产国际中右派分子所垄断。这些右派分子可以追求到的只有一点：在采用统一战线策略方面**对机会主义错误的垄断**。而策略本身完全来自列宁主义。

得到共产国际支持的争取国际工会运动统一的斗争将在未来这些年

中风起云涌，国际工会运动统一的思想开始走向广大的工人群众，这一问题在各国的每一个工会中成为最迫切的问题已为时不远了。

共产国际才刚开始采用统一战线的策略（特别是第五次世界代表大会阐明的工农政府的口号）。拒不执行统一战线的策略，与布尔什维克化不相符。

## 12. 布尔什维克化和局部要求

"极左"分子有时这样提出问题："布尔什维克党是无产阶级专政的党"，而不是"局部要求的党"。列宁主义回答说："布尔什维克党是无产阶级专政的党，**正因为如此**它为了争取无产阶级多数有步骤地提出局部要求，把这些要求与革命任务联系起来。"改良主义者利用每一个提出局部要求的机会来用局部要求**代替**真正的革命斗争。布尔什维克利用每一个局部要求来启发群众**必须进行革命**，来用具体事实向群众揭示在保留资本政权的情况下他们的生活状况不可能得到稍微重大的和长期的改善，更不可能得到根本改善。布尔什维克**从争取革命斗争的前景出发**提出每一个具体要求，让群众在这个要求周围集结起来，拒绝提出局部要求就是拒绝统一战线策略，还不仅如此，事实上是拒绝"到群众中去！"的口号。

与此同时，共产党人用鲜明的例子向群众表明，正是改良主义者破坏每一个争取局部要求的严肃斗争，只有以夺取政权斗争为目标的共产党才能一如既往地进行争取工人群众日常利益的斗争并给任何侵害他们生活水平的行为以反击。

拒绝局部要求与布尔什维克化不相符。

### 13. 在加入第二国际和阿姆斯特丹国际的工人中工作

第二国际和阿姆斯特丹国际在多数国家里总以不同的方式把相当多的工人阶层联合在自己的队伍里。我们各党布尔什维克化的任务中无疑还包括在参加与我们敌对的组织的无产者中长期做工作的任务。在无产阶级这些阶层中工作的形式当然不可能一样，完全取决于特定国家甚至特定职业的具体环境。但加入共产国际的各党完全有做这种工作的**义务**。

### 14. 布尔什维克化和青年运动

各共产党对青年工作仍重视不够。甚至一些大共产党中也有几十个组织未能在本地区建立共产主义青年小组。

布尔什维克化的任务之一是在全世界争取**所有的**工人青年，争取在世界帝国主义战争和世界革命开始的局面下形成的一代工人。如果社会民主党主要依靠在和平时代形成的最资产阶级化了的工人贵族的上层，那么全世界各共产党除了其他任务，还应努力在我们的旗帜下把新时代所有无产阶级青年全部组织起来。

### 15. 布尔什维克化和妇女工作

人民运动越深入，参与其中的劳动妇女就越多。

吸引千百万工人阶级妇女投入斗争的工作也是布尔什维克化十分重要的前提之一。共产国际扩大的执行委员会认为，在这方面我们的工作极其令人不满意。吸引妇女无产者投入积极工作和斗争是把工人阶级多数争取到我们方面来的前提之一,如果无产阶级妇女、劳动妇女不与我们并肩战斗,那我们就不可能取得国内战争的胜利。同样,没有劳动妇女积极、自觉的合作,也建设不了共产主义社会。

共产国际扩大的执行委员会因此提请各支部注意贯彻执行第五次世界代表大会决议的义务。其次,必须建立辅助机构或辅助组织(行动委员会、监督委员会、代表会议等),在共产党员的领导下掌握广大的妇女群众,使她们接受党的影响,保持她们与党的经常联系。

## 16. 失业者工作

全世界各共产党应十分重视失业者工作。在资产阶级和社会民主党对几百万失业者采取那种态度时,各共产党重视这件事,就能在无产阶级这一阶层中赢得决定性的影响力。

## 17. 布尔什维克化和我们的报刊

我们一些地方,例如在柏林、巴黎、米兰,选民数量很可观,但我们报刊的固定读者却相对很少,这种状况是绝对不能容许的。类似的状况(甚至更糟的状况)在许多其他国家中也有。布尔什维克化要求我们的报刊成为褒义上的人民报刊,也就是我们的报刊要真正进入每一个工人住宅,使每一个同情我们的人都读到我们的报纸。必须采取一系列组织措施和写作措施,把我们的报刊推向工人群众的深处,从而使它成为群众布尔什维克化的工具。应千方百计地重视关于工人和乡村通讯员,关于创办壁报、工厂杂志、培养无产阶级作家等问题。

## 第四部分  布尔什维克化和无产阶级在革命中的同盟者问题

### 18. 关于无产阶级在革命中的同盟者

马克思、恩格斯和列宁的经典著作，从《共产党宣言》到列宁最后的著作，十分明确地确定了共产党人对作为无产阶级在革命中可能的同盟者的小资产阶级的原则性态度。

布尔什维克化十分重要的任务之一是各该共产党针对斗争的具体环境采取这一原则性态度。

列宁主义保证布尔什维主义在革命中取得胜利的最强方面之一从来都是能**为特定的具体任务**找到**具体的**同盟者：在俄国是与全体农民结成反对沙皇制度的同盟，然后是与农民的**一定阶层**结成反对资产阶级的同盟，等等。

列宁主义一贯认为它的基本任务之一是完全准确和具体地考虑到在革命发展的**特定**阶段**具体是哪一些**中间**阶层**能成为无产阶级的同盟者；能使他们在**特定**形势下与无产阶级联合起来的有哪些主要**要求**。

正是因为列宁主义提出无产阶级专政问题是最近历史时期的实际任务，列宁主义才提出关于工人阶级在革命中可能的同盟者的问题是当代十分重要的策略问题之一。

列宁主义基本上把小资产阶级分为三类：一些小资产阶级阶层**可以**被争取成为因此也**应该**被争取成为（哪怕是暂时地）无产阶级直接的同盟者；对另一些阶层，必须使之保持中立；对第三类（城乡小资产阶级的**上层**）必须也必然进行直接斗争。

在许多西欧国家（如德国）人数众多的城市小职员阶层（官员、

技术知识分子等），在目前资产阶级和无产阶级的力量对比下，在一定程度上能够成为战斗的无产阶级的同盟者。在有些地方，这些阶层甚至在一定形势下可以起到多少与俄国无产阶级革命某些阶段农民所起作用相似的作用。

布尔什维克化十分重要的组成部分之一是对动摇于无产阶级和资产阶级之间、但在一定形势下可以部分地成为工人阶级同路人的居民中间阶层采取正确而巧妙的策略。

### 19. 布尔什维克化和无产阶级对农民的政策

布尔什维克党是工人政党。关于无产阶级专政的学说是布尔什维主义最基本的东西。但是关于作为与无产阶级最接近的阶级、作为无产阶级在革命中可能同盟者中最重要的同盟者的农民的问题，对于无产阶级夺取政权前后的布尔什维主义都具有根本意义。

"无产阶级要成为真正革命的阶级，成为真正按社会主义精神行动的阶级，就**只有**作为全体被剥削劳动者的先锋队，作为他在推翻剥削者的斗争中的领袖来发表意见和采取行动；但是如果不在农村中开展阶级斗争，不把农村劳动群众团结在城市无产阶级的共产党周围，不由城市无产阶级来教育农村劳动群众，这个任务是完成不了的。"（共产国际第二次代表大会通过的列宁同志的土地问题提纲）[①]

（1）**无产阶级先锋队与社会民主党争夺无产阶级多数的斗争**。

（2）**工人阶级与资产阶级**（帝国主义）**争夺农民多数的斗争**，各共产党的基本策略问题可以归结为这一点。

共产国际第二次世界代表大会通过的列宁同志的决议阐明了列宁主

---

[①] 《列宁全集》中文第 2 版第 39 卷第 168 页。——译者注

义对俄国和全世界农民作用的观点。这一文件使列宁主义对农民作用的观点**国际化了**。这是列宁主义最优秀、最精彩绝伦的文件之一。

根据这一决议，我们看到整个资本主义世界农村居民分为三类，他们合在一起占农村居民的多数，他们可能被无产阶级争取过来，因此也应该被争取过来。

"城市无产阶级应当引导农村被剥削劳动群众参加斗争，至少也要把他们争取过来。在一切资本主义国家内，农村被剥削劳动群众有以下几个阶级：

第一，农业无产阶级即雇佣工人（年工、季节工、日工），他们靠受雇于资本主义农业企业来获得生活资料……

第二，半无产者或小块土地农民，他们一方面依靠在资本主义农业企业或工业企业中出卖劳动力，另一方面依靠在仅能给他们家庭一部分食物的小块私有的或租来的土地上耕作，来获得生活资料。在一切资本主义国家中，这类农村劳动居民的人数是非常多的，但是资产阶级代表人物和第二国际的黄色'社会党人'掩盖这类农民的存在及其特殊地位，他们这样做，一方面是有意识地欺骗工人，另一方面是由于盲目接受了陈腐的世俗观念，竟把这类农民同一般'农民'群众混为一谈……

第三，小农，他们拥有自己的或租来的一块不大的土地，可以应付他们全家以及经营上的需要，并不另外雇用劳动力。这一阶层从无产阶级的胜利中肯定会得到好处……

上述三类农村居民的总和，构成一切资本主义国家农村人口的多数。因此无产阶级革命的胜利不仅在城市，而且在农村都是有充分保障的。……"①

我们各党真正布尔什维克化十分重要的前提之一是认真地有步骤地

---

① 《列宁全集》中文第 2 版第 39 卷 168—120 页。——译者注

贯彻执行这一决议。首先必须让每个工人、普通共产党员都知道并懂得这个决议；必须让共产国际的每一个党都把向群众介绍这一决议所阐述的观点和实施这一决议的实际工作置于自己十分重要工作的中心。必须公开承认，多数共产党还没有认真着手去做这个工作。

## 20. 布尔什维克化和无产阶级的民族问题政策

殖民地半殖民地国家（也不仅这些国家）的民族问题在很大程度上是农民问题，因为农民构成了这些国家居民的多数。没有正确地提出一般民族问题，就无法执行布尔什维克在殖民地问题上的政策。最近几年的经验表明，在许多不同的国家里，在不同的形势下，共产党员都犯了同样的忽视民族问题的错误——这个错误使共产党员失去了把数量很多的、有时具有决定性意义的居民阶层争取过来的机会，在民族问题上的虚无主义和漠不关心的态度（更不用说对占统治地位的民族集团的"大国主义"观点的让步）给德国共产党和共产国际某些巴尔干支部、捷克斯洛伐克共产党、印度共产党员、波兰共产党员、英国共产党等带来了不少危害。

第二次世界代表大会关于民族问题的决议以及稍后共产国际的各个决定给全世界共产党员提供了这方面的相当明确的理论指示和策略指示。没有正确的民族问题政策，就不会有布尔什维克化。

## 第五部分  某些党的具体任务

### 21. 某些党近期的具体任务

这些问题**大致**如下（拿最重要的说）：

（A）**苏联**。这里的布尔什维克化任务目前首先是：

（1）**彻底肃清作为党内思潮的托洛茨基主义**。这一肃清是保证俄共在如下问题上正确政策的第一条件：（a）关于对农民的态度；（b）关于完全保证目前新经济政策时期党对国家机关和经济机构的领导作用，等等。

　　（2）在执行党对农民问题完全正确和完全必要的政策时，应采取一切措施（顺便提一下，也是依靠这一政策）来有步骤地发展社会主义经济成分，从而巩固无产阶级专政和把实行新经济政策的俄国改造成社会主义的俄国的经济基础。

　　（B）**英国**共产党在改造成群众性共产党方面取得了最初的重大成功，应看到布尔什维克化的中心任务如下：

　　（1）工会工作。尤其要重视少数派运动。向群众灌输马克思主义关于经济和政治联系的观点。由于英国工会和工党有着独特的相互关系，很多工会工作者产生的印象是，领导权属于工会，而工党领袖只是工会意志的执行者——事实上情况恰恰相反。

　　（2）反对盘踞在英国工人贵族头脑中的帝国主义情绪的鼓动（关于殖民地问题）。特别是应足够重视爱尔兰问题。

　　（3）成立定型的实行集中制的党组织并肃清"手工业方式"。

　　（4）有计划地运用统一战线策略。

　　（C）**法国**的布尔什维克化任务目前应是：

　　（1）争取工会统一运动。

　　（2）致力于组建较有群众性的一般工会；考虑到如下事实：近几年来法国大力工业化了，法国工人阶级人数增加很多。现有工会暂时人数极少。

　　千方百计使党和总工会在共产国际的原则和策略基础上保持最紧密的联系。

(4)① 不顾法国过去的传统,组建有良好组织的群众性共产主义政党。再吸收4万—5万人入党。

(5) 从组织上加强党对巴黎工人的广泛影响力。

(6) 千方百计把几个最重要的工业省提高到党对巴黎影响力的水平。

(7) 争取对农民有重大影响力。

(8) 首先通过农民和共青团进行反帝国主义宣传。

(9) 十分重视移民工人。

(10) 大力在殖民地开展工作。

(D) **德国**。这里的布尔什维克化任务首先是:

(1) 不仅在理论上而且在实践中肃清工会问题上"左"的错误。

(2) 把党的整个宣传鼓动工作置于较具体的基础上,以结束在是否允许提出局部要求问题上的任何动摇。

(3) 采用统一战线策略,这一策略在目前形势下(揭露社会民主党最主要领袖的背叛行为,等等)能产生格外重大的成果。

(4) 更重视**组织上吸收群众**的工作(不仅鼓动运动,不仅报纸上的鼓动运动)。

(5) 更重视在小官员、职员等中的工作。

(6) 实际提出农民工作问题。

(7) 宣传第五次代表大会阐述的即以排除任何机会主义阐释的革命精神的"工农政府"的口号。

(8) 采取一切措施,保证党内健康发展,消除以往派别斗争的一切后果。坚决保证党的统一,反对任何派别活动的新图谋。

(9) 现在党的政治路线在组织上也得到充分加强时要进一步开展

---

① 原文如此,缺少(3)。——译者注

反对新倾向的斗争，办法是开展广泛的思想政治解释运动、教育新工作人员、有步骤地扩大党的积极骨干和大力吸引（如迄今为止一样，比迄今为止更多地）和吸收过去反对派分子中的优秀力量参加工作，因为这些同志有可能被争取过来，本着党的决议精神忠诚合作。

（10）执行党的政治路线，遵循党内民主的方法，有步骤地开展广泛的解释工作，通过辩论来使广大党员相信党采取的路线是正确的。

（E）**捷克斯洛伐克**。这里的布尔什维克化工作首先是：

（1）提高党的战斗力，肃清议会—市政局机会主义，总之要消灭党内的右倾（布勃尼克式的人物）。

（2）不是口头上而是行动上开展各工会统一的运动。

（3）学会开展集中的政治运动，随着运动的发展而提高和发展口号。

（4）全力以赴争取布拉格、克拉德诺、布隆等组织在布尔什维克路线的基础上团结一致。

（5）高度重视青年运动。

（6）更大胆地革命性地提出民族问题和农民问题，更重视这方面的组织工作。

（7）格外重视培养经过充分的列宁主义锻炼的党的骨干。

（F）**意大利**。

（1）进一步扩大党对最广大的劳动者阶层的鼓动影响力，冲破法西斯主义造成的地下状态的框框。

（2）学会更有计划地开展系统的政治运动。

（3）更深入工会，开展争取统一的斗争，抵制改良主义者开始开除共产党员的挑衅行为。

（4）开始有步骤地建立、加强和争取工厂委员会的工作。

（5）不局限于农民委员会的口号，但通过工人和先进农民千方百计真正深入农村。

（6）更重视马克思主义意识形态问题。

（7）为反对一切思想倾向、反对博尔迪加的理论和策略观点、反对格拉齐亚德伊对马克思主义经济学理论的修正而斗争。

（G）**波兰**。

（1）尽管恐怖和挑衅行为闻所未闻地严重，要深入工会，开展争取工会运动统一的运动。

（2）大胆坚决地、一劳永逸地本着真正列宁主义的精神纠正民族问题和农民问题上的路线。

（3）密切注意向越来越发展的农民运动注入革命组织性因素的必要性。

（4）更重视在正确的民族政策的基础上从各个不同的民族中组建统一的实行集中制的党。

许多国家，如捷克斯洛伐克、南斯拉夫等，都面临这一任务。

（H）**美国**。

（1）更积极地开展工会工作，使我们在其中的影响在组织上定型（共产党党团）。

（2）党的各民族集团合并成真正统一的党。

（3）更重视对本地工人的组织工作。

（4）更重视在工人生活的日常需要基础上的鼓动（采用统一战线的策略）。

（I）**巴尔干**。

（1）以列宁主义的观点阐释巴尔干的农民问题和民族问题及其具体形式，以及阐释帝国主义在巴尔干各国的作用。

（2）利用巴尔干农民运动和民族运动的经验，目的是确立对农民组织和民族组织的正确态度。

（3）争取各共产党和无产阶级阶级组织战胜地下状态的条件的斗争，确立合法工作形式和不合法工作形式之间的联系。

（4）提高党在争取群众日常迫切要求的斗争中的积极性。

（5）加强地下状态下的共产党。扩大它们的工作班子并形成统一而强有力的中央委员会。强大的集中制和遵守最严格的党内纪律。

（6）加强党对工会和合作社的影响力；为争取工会运动的统一而斗争。

（7）通过各共产党确立与共产国际协调一致的正确的政治路线，通过有计划的对党员群众的政治教育（南斯拉夫）来消除派别斗争。

（8）通过加强巴尔干共产主义联盟来协调各共产党的行动。

## 22. 布尔什维克化和反君主制鼓动

以资产阶级事实上是在君主制庇护下进行统治为理由放弃反君主制的鼓动是错误的。共产党员应该提出"打倒君主制"的口号，在英国、意大利、巴尔干各国等都是如此，同样共产党员应该在德国善于把自己的反君主制鼓动与日常的经济斗争和政治斗争联系在一起。布尔什维主义不应该放弃反对君主制的共和民主鼓动，而应该把这种鼓动与社会主义要求联系起来，善于帮助革命民主运动向社会主义运动演进。

## 23. 许多共产党数量上的扩大。不合法的党

许多国家——**法国、德国、英国、捷克斯洛伐克、意大利、瑞典、挪威、荷兰、美国**——的共产党现在工作的形势使它们完全可以并且应该大量增加其党员人数。这种数量上的扩大（党的领导人有时忽视这种扩大的意义）不仅不妨碍这些党布尔什维克化的任务，而且还会对这一

任务有所促进。

被迫处于地下状态的各党应尽一切努力认真利用一切合法的可能性，扩大并加强对无产阶级和农民最广大阶层组织上的影响力。尽管立宪幻想，即关于资产阶级容许合法工作使不合法组织的存在变得多余的幻想极其有害，不合法的党仍应利用每一个转瞬即逝的机会来联合一切持同情态度的工人加入任何组织，哪怕是主张最模糊的组织，并保证党有合法的鼓动宣传工作的形式。

## 第六部分　布尔什维克化和组织问题

### 24. 布尔什维克化和组织问题

布尔什维克化十分重要的前提是能争取到群众的正确的布尔什维克政策。没有首先保证党和整个阶级、党和非党工人之间正确相互关系的正确的布尔什维克政策，任何组织形式都不会使我们达到目标。但是，如果党没有一个结构严密、井井有条和灵活的党的组织的话，最出色的共产主义政策也成不了党员群众的财富，更不用说通过党员成为无产阶级群众的财富了。列宁主义在革命经验的基础上形成了一整套关于对各党布尔什维克化意义重大的组织问题的观点。

任何布尔什维克党主要和基本的组织形式都是**党的生产支部**。从社会民主党那里借用来的老的组织原则，即党为了适应议会选择而建立在选区基础上，这对共产党人是不适用的。如果组织的基础不建立在工厂支部上，就不可能有真正的布尔什维克党。

除了党的工厂支部和在工会、工厂委员会、合作社等组织中的工作，可以而且应该组建许多辅助性的非党组织：房客组织、失业者组织、前战争参加者组织等（在其中建立共产党党团）。布尔什维克化要求我们的党利用各种机会以使得工人组织的网络变得尽可能更密集更多样。应利用当前每一件令人关注的大事来使还有生命力的某个尚未完全定型的、"自由的"辅助组织重现生机。

成立这类组织的倡议应来自党的领导机构并通过党员加以贯彻，党员应掌握对这类组织的领导权并在其中成立共产党党团，根据党的机构的指令开展工作。

已开始的在党的工厂支部基础上重组我们党的运动应有力地继续下去并在尽可能短的期间内结束。同时应注意到，这一重组本身还不是整个布尔什维克化。这只是布尔什维克化的一部分。更应该记得，我们建立了工厂支部，只是刚着手工作，因为党还应该激励这一支部的政治生活，保证支部有成熟的领导人，这些领导人首先要在工厂中培养，要教会支部做好工作，争取对工厂、作坊的群众有越来越大的影响力，等等。

党的领导机构应格外重视支部的工作，与支部保持密切的接触，指导支部起草和分发给支部的材料，吸引支部参加对一切政治、经济和党内问题的讨论和解决。

## 25. 布尔什维克化和共产国际关于组织问题的决议

第三次世界代表大会关于组织问题的决议还没有得到贯彻。决议十分重要的一条是，必须安排好党的工作，使**每一个**普通党员都负起做党的工作的一定责任，使整个党的机构逐渐把尽可能多的广大普通共产党员吸收进党的工作中来。共产国际扩大的执行委员会再一次特别提起决议的这一条，认为贯彻执行这一条是布尔什维克化的前提之一。

扩大的执行委员会提请各共产党注意第五次世界代表大会通过的关于组织问题的决议。扩大的执行委员会还批准了共产国际各支部组织工作会议的决议，建议全面加以贯彻执行。

## 26. 布尔什维克化和党的骨干问题

为了建成布尔什维克党，必须在几年中锤炼出十分强有力的党的骨干。不仅通过组织选举，而且主要是通过在实际工作中的**选拔**来形成这些骨干。这些骨干的选拔过程需要很长的时间，这一选拔，从基层工厂支部到党中央委员会，只有通过**在斗争中**漫长的考验才能完成。每一个共产党十分重要的任务之一应是最认真地从精力、知识、能力和对党忠诚方面表现突出的先进工人中选拔领导骨干。共产党的工人组织工作者骨干应接受良好的教育，认识到他们不是"捎带地"做革命的准备工作，而是全身心地投入革命斗争，完全听从党的安排。共产党的组织工作骨干不应是像社会民主党"负责工作人员"——官员那样的人。共产党的组织工作者应在群众（在工厂、矿山）中生活和工作，随时准备服从党的调遣，到革命利益需要的地方去。应该有步骤地帮助这些工人成为真正的工人群众的组织者、党和工会的领导人。

先锋队的意义巨大。但不言而喻，只有不是在口头上而是在行动上能把自己和广大非党群众联系起来的先锋队和党的骨干，才能履行自己的历史使命。忘记了这一点，与世隔绝，就不再是先锋队。

必须争取使党的领导机关越来越工人化。必须关切地、爱护地对待工人领袖，帮助他们，保证他们有可能提高自己，在越来越重要的工作中检验自己。

## 27. 布尔什维克化、党内民主和纪律

布尔什维克党不是从抽象的"原则"角度来看待党内民主的。它

具体地提出问题。例如爱沙尼亚或保加利亚的共产党目前不能像法国或英国的共产党那样实行党内民主。德国共产党不可能在一切问题上像俄共（布）那样做，例如在清党问题和入党条件上，等等。党内组织的形式应服从争取无产阶级专政斗争的利益。但在各种情况下，共产党应保持一定的党内批评自由、党员间的平等精神、上级机构对下级支部的关心、选举制，等等。这符合加强全体党员群众积极性，吸引一切基层机构、一切支部齐心协力入党的政治生活和组织生活的利益，同样也促使党员工人主动精神的觉醒。

无产阶级铁的纪律是布尔什维克化十分重要的前提之一。在旗帜上写着"无产阶级专政"的党应懂得，没有党的铁的纪律，就不可能有无产阶级专政的胜利，党的铁的纪律是长年累月培养出来的。对于布尔什维克来说，问题不在于重复社会民主党关于一般纪律有好处的套话，而在于应懂得，没有基于思想一致的最严格的党内纪律，就不能进行国内战争、夺取政权、保持住并加强无产阶级专政，没有这样的纪律，国内战争早就输了。

## 28. 布尔什维克化和党的机关

没有相应的党的机关，就不会有实行集中制的、紧密团结的、组织良好的布尔什维克党。

目前共产国际某些支部的党的机关过分臃肿、不成比例地庞大，因此往往是官僚主义机关。其他的支部几乎完全没有党的机关。

共产国际执行委员会扩大的全体会议责成主席团会同组织局及有关党的代表考虑采取若干措施，使共产国际的每一个党都能为自己建立符合其工作利益的机关。

## 29. 布尔什维克化和自我批评

反对列宁同志所说的"共产党员自大狂"、反对共产党员队伍中的自满和自负的斗争,是布尔什维克化十分重要的前提之一。对无产阶级革命利益的关心所要求的自身队伍中健康的自我批评、反对夸大我们力量和成就(同样反对怯懦的抱怨)的斗争、现实主义的清醒的对敌人力量的估计——没有这一切,就没有真正的布尔什维克化。

## 30. 工作的计划性和对执行的检查

在凡是共产党的工作多少有个正常环境的国家里,必须制订半年、一年等的总的工作计划,以学会集中党的力量抓主要的基本的工作。

可以发现有许多这样的事例:中央组织和地方组织通过了许多完全正确的决议,但却不善于把决议付诸实施。对已通过决议的执行情况的检查应成为我们一切组织实际的常规。宁可少通过些决议,但无论如何必须付诸实施。宁可少些,但要好些。

# 第七部分 布尔什维克化和国际领导

在民主集中制原则上组建统一的世界共产党,要求加入共产国际的各支部作出极大的努力。布尔什维克化与分离主义倾向和联邦主义倾向格格不入。使列宁主义的世界共产党团结成一体的不是机械的纪律,而是党的意志和党的行动的统一。必须千方百计地消除孤立主义、小团体宗派主义和小圈子心里的情绪。共产国际的每一个党都应把自己最优秀的力量献给国际领导的事业。必须使最广大群众认识到,在我们所处的时代,工人阶级重大的经济政治战斗只有基本上接受国际范围内一个中心的领导,才能赢得胜利。

# 农民问题提纲

## 引 言

1. 共产国际第二次代表大会在列宁同志起草的土地问题提纲中制定了共产主义关于农民总的路线。第四次代表大会再次重申这一提纲，用从后来不同国家共产党实际经验中得出的某些考虑加以补充。第二次代表大会的提纲至今仍是指导性论点，加入共产国际的各个党务必加以遵循。

2. 现在农民问题对于无产阶级革命的巨大意义越来越突出。共产主义运动越是成为国际运动，无产阶级世界革命的前景越是清晰，纷繁复杂的革命具体进程就越是看得清楚。殖民地和半殖民地的农民以及所谓"文明"国家的各个农民阶层在这一革命中必然起着最大的作用。由于农民构成地球上居民的大多数，因此关于争取农民的斗争的问题，从无产阶级夺取政权的斗争角度来看以及从巩固这一政权及其经济基础的角度来看，都是中心的政策问题之一。如殖民地问题这样的问题实质上是关于世界城市和世界农村的相互关系问题，世界农村处在封建土地所有制、资本主义剥削和民族不平等这三重压迫之下。

3. 资本主义关系的不稳定也十分尖锐地向统治阶级即资产阶级和大地主提出了农民问题。几乎在各个国家里，统治阶级以不同形式，利用不同方法，包括利用社会民主党，实质上试图建立起独特的与农民的

"统一战线策略"，引导农民去反对无产阶级。

统治阶级首先依靠最富裕的农民阶层，力图通过它们来加强在整个农民战线上的影响力，目的是用这条战线与无产阶级的革命斗争战线相抗衡。

4. 另一方面，在苏联，工人阶级由于与广大农民群众结成联盟以及对农民的领导，已巩固了自己的统治，资产阶级和反革命的、假社会主义的政党把一切政治赌注压在农民与无产阶级的分离上。因此，目前的形势高度加剧了农民问题，向共产国际提出了在这方面格外积极和周密地开展工作的任务。清晰地从理论上提出土地—农民问题以及紧张的实际活动成了各个共产党进一步取得胜利的比任何时候更必要的条件。

## 一、作为社会经济范畴的无产阶级和农民

5. 无产阶级是资本主义社会的主要阶级之一。无产阶级失去了生产资料，出卖自己的劳动力，大多工作时的条件是资本主义生产的机械装置把他们联合在一起。无产阶级社会存在的条件（他们的利益与资产阶级的利益截然对立，没有私有财产，集体性质的劳动，最后还有无产阶级人数不断增长）使他们成了共产主义变革的社会阶级载体。

6. 过去是封建社会的主要阶级的农民，在资本主义社会中不是本义上的一个阶级。农民受商品经济法则所左右，落入资本主义剥削的牢笼，保留着多少稳定的劳动小生产者阶层，不断分化，一方面，分出了雇农，把过剩的人口推向城市，这些阶层在城市里大多进入产业工人的行列；另一方面，分离出农业资产阶级，这一阶级越来越从所谓的"劳动"型经济向资本主义经济转变，即有步骤地使用雇佣劳动。因此，农民作为一个整体在资本主义社会中不是一个阶级。但是由于我们面对的是从封建类型关系向资本主义类型生产关系转变的社会，由于整个来说

农民同样处于矛盾的地位：对封建地主来说农民是一个阶级；由于农民为资本主义关系所左右，受到资本主义关系的腐蚀，因此农民不再是一个阶级。因此在封建土地所有制残余较多的国家里，农民因其作为阶级的利益与地主的利益尖锐对立，可以在革命的一定阶段作为统一的整体成为无产阶级的同盟者。殖民地和半殖民地的情况首先如此，同样在欧洲经济落后的国家里情况也是如此，在这些国家的日程中还有反对只有局部资本主义化了的封建农奴主土地所有制的土地革命。

7. 农民内部社会阶层甚至阶级纷繁复杂；在不同国家里这些阶层和阶级间的比例纷繁复杂是由不同程度的经济发展所决定的；最后，前者和后者随着具体的历史形势的变化而变化，使得对农村阶级关系的分析格外困难，需要格外细心。

8. 使无产阶级利益和大农利益区别很大的基本一点是**资本主义**所有制的利益，也就是劳动力购买者和劳动力出卖者之间、资本家和雇佣工人之间的矛盾。因此，在无产阶级革命过程中，也就是消灭资本主义所有制的革命过程中，大农成了反对无产阶级的反无产阶级势力的后备军。但是，在反对封建土地所有制的土地革命提上日程的国家里，连大农也可能起来反对地主。

9. 区别中农利益和工人阶级利益的基本一点是以私有制，即使是劳动私有制为基础的私人商品经济的利益。卖粮者（农民）的利益和买粮者（工人）的利益在这一点上是对立的。但是由于中农受制于资本主义剥削过程（高利盘剥、工业托拉斯的高价政策、税收、帝国主义国家机关的压迫、战争等）而产生的其他许多因素可能远远压倒与无产阶级分歧的因素。因此这些阶层可能保持中立，而在资本主义压迫格外深重或封建压迫对资本主义压迫火上浇油的地方中农可能与无产阶级走到一起。

10. **小农**与无产阶级的分歧也源于私人商品利益的性质。但是这方面的交汇点和分歧点的比例与中农的完全不一样。小农经济经常购买粮食；小农往往充当临时的雇佣工人。因此，他的**基本**利益是走向与大资本作斗争的。小农因此可能被吸引到无产阶级方面来，成为无产阶级坚决的同盟军。

11. **农村贫农**与无产阶级的分歧源于贫农的私有财产，但这一分歧微不足道，完全被共同的利益所掩盖。这些阶层只是在形式上独立的，实际上完全受制于资本，是被这一资本剥削的工人。因此他们站在无产阶级一边，构成无产阶级的后备军（形式上是潜在的）。

12. **农业工人**构成无产阶级本身的一部分。但是这一阶层有着往往使它们难于进行反对资本主义社会的斗争的特点。其客观条件是农业工人在劳动过程中的分散性以及农村关系严重的"宗法性"。这些特殊的条件使农业工人不容易懂得阶级利益并把农业无产阶级变成了工人阶级的"落后"阶层。不言而喻，无产阶级政党的任务是首先要吸引这一阶层。

13. 无产阶级对小农的关系，很大程度上也是对中农的关系（尤其是在农业国里），应该是又联盟又领导的关系。这一特殊的阶级间关系并未消除阶级差异，但是基于反对大地主和资本家斗争的共同利益。这一关系具有不同的形式，最后，在夺得并巩固无产阶级政权及其经济基础后从一定的点上开始消灭自身，因为一般阶级关系正开始逐步消亡。

因此，必须历史地提出整个问题。

## 二、在资本主义"有机"时期的土地—农民问题（1914年战争前）

14. 在无产阶级尚未面临夺取政权任务的时期，在多数资本主义国家里，革命的马克思主义者应该首先打消小资产阶级的幻想、理论偏见、对资本主义发展进程的错误观点。马克思主义者与机会主义者不同,一贯捍卫大生产的技术经济优势、农业集中化规律、农民阶级分化和一般农业生产资本主义化的必然性。

15. 这一时代的基本视角是对资本主义发展未来道路的预见。革命的马克思主义者首先应驳倒所谓农业"非资本主义发展"的理论,即所谓农业与工业发展不同的完全特殊发展道路的学说。

16. 这场革命马克思主义者反对小资产阶级空想的斗争是要无情批判农业社会主义和农业—合作社社会主义,这种社会主义认为,土地改革或农业合作社是战胜资本主义的杠杆,合作社将变成走向社会主义的进化道路,等等。马克思主义者应揭露这个学说,因为它掩盖了农业合作社普遍蜕化为资本主义类型的集体企业、越来越长入统治阶级总的经济机器中去、必然受大地主和资本家领导这一**事实**。

17. 马克思主义者应无情地揭露小资产阶级空想主义者抹杀农民阶级分化、阶级差异、农村阶级斗争加剧、雇佣劳动关系等这些温情脉脉的市侩图谋。扫除农村日益加剧的阶级斗争的道路上的这些障碍,是在这一时期实际政策的主要"标准"。

18. 在总的来说已完成资产阶级革命任务的国家里,马克思主义者应如恩格斯所指出的那样,坚决站在小农一边,保护他们不受资本主义发展过程中产生的各种剥削,帮助他们摆脱资产阶级的影响。这一保护小农利益的任务,不是根本没有完成,就是从加强资本而不是同资本斗争的角度去完成的(社会民主党修正主义一翼)。

19. 在没有完成资产阶级革命任务的国家(如 1905 年的俄国),马克思主义者在与小资产阶级关于不经过无产阶级专政就结束资本主义的空想作斗争的同时,应坚持主张完全消灭封建地产、没收土地并分给农民,从而在最"自由的"(即清除了封建残余的)发展资本主义的基础上最全面广泛地进一步开展争取社会主义的斗争。

## 三、在工人阶级夺取政权前夕的土地—农民问题

20. 无产阶级革命时期造成的形势使工人阶级及其政党，从正确的革命战略来看，必然应极大地改变对问题的提法。如果在前一时期革命无产阶级政党为了最全面发展阶级斗争帮助清除阻碍资本主义自由发展的障碍并集结本阶级的力量的话，那么现在直接摧毁资本主义关系的任务已提上日程，关于阶级同盟军的问题极其突出。因此，在这一关头一切都应坚决服从夺取政权、实现无产阶级专政的任务，无产阶级专政是走向社会主义的社会运动必要的、基本的、最主要的条件。

21. 在大资本主义生产的国家里，无产阶级应努力把由雇用劳动耕种的地主地产变成国家的企业。但是，关于农业中大生产具有技术经济优势的论点不应使共产党员不去把部分大地产（其面积大小由本国的结构决定）分给小农，有时还分给中农，因为这样做是出于革命的需要。为了达到社会主义（社会主义是合理的大生产及其一切技术经济优势），需要争取实现无产阶级专政，而在大多数国家里没有小农直接帮助和中农保持中立，是争取不到无产阶级专政的。匈牙利、意大利和波兰运动的反面经验和俄国运动的正面经验表明，这方面的错误简直是致命的。

22. 关于非资本主义发展的空想问题提法有所不同。由于在无产阶级专政下整个社会发展总的界限及其道路的方向都有了根本的变化，对于共产党人来说，在直接面对夺取政权时期必须集中批判小资产阶级政党，不是从它们反资本主义的空想的角度，而是从它们的资本主义的、与资产阶级妥协、出卖小农的实践的角度进行批判。

23. 对于殖民地或半殖民地国家同样也要改变对问题的提法。由于十分重要的工业国家的无产阶级专政创造了前殖民地另一类型发展的条

件,因此基本任务不是与反资本主义的、前资本主义的等观念作斗争,而是批判在与外国资本和封建地产的斗争中任何模棱两可的态度,并使运动具有最大的广度和规模。

## 四、在夺取政权后对问题的提法

24. 在工人阶级夺取政权后,在剥夺资本家和地主后,在经济生活最重要的战略支点(银行、大工业、运输业等)收归国有后,整个经济生活的条件发生了根本的变化,特别是农村生活条件,包括农业发展条件发生了根本的变化。

25. 这些新条件使农业非资本主义进化成为可能。农业的发展,尽管其形式互相抵触,现在可以通过合作社走向社会主义。这是因为农民经济的合作社联合体,这些具有生命力的联合体,在资本主义条件下必然会自行变成资本主义企业(因为它们依赖于资本主义工业、资本主义银行、资本主义的整个经营环境),在无产阶级专政的条件下则在另外的关系体系中得到发展,依赖于无产阶级工业、无产阶级银行等;换句话说,如果说这些联合体在资本主义制度下长入资本主义经济组织体系的话,那么在新条件下,只要无产阶级国家的政策正确,便会长入社会主义经济关系体系中。

26. 不言而喻,这一"长入"过程只有在体现各阶级斗争的不同经济形式的斗争后才能实现。积极支持社会主义经济形式和相应的经济倾向的、促进这些形式利用高技术的无产阶级国家应调节必然产生的资本主义关系,最终保证社会主义取得胜利。因此,无产阶级国家的政策是强大的武器,无产阶级借助它在无产阶级专政下继续进行阶级斗争。在两个原则、两种倾向、两个对立阶级力量(社会主义原则和资本主义原则)的斗争中无产阶级国家是社会主义胜利必需的条件。

27. 如果发展中的无产阶级革命保证无产阶级取得对工业大中心的统治的话，那么对于**殖民地国家**来说"**越过**"资本主义发展阶段同样是可能的。马克思就指出过这种"越过"在理论上的可能性，因为无产阶级革命取得了胜利。这并不是说，这些国家根本不会有资本主义发展。整个过程将在相互抵触的形式中进行，在这一发展进程中必然会产生资本主义的形式。但是，另一方面，将存在强大的社会主义性质的倾向，它将决定整个过程。

28. 对于占统治地位的无产阶级政党来说，主要的指令应是如下指令：与农民共处。应该清楚地懂得，这个问题绕不开，因为农民是世界上的多数居民，农民生产的比重也很大。要做到与农民**共处**，无产阶级国家的经济政策必须考虑到小生产者纯经济的动力，正是从这一点出发，逐步引导小生产者走向联合，走向越来越完善的集体经营形式。

29. 无产阶级国家和占统治地位的无产阶级政党认真考虑到农民的分化，保证社会主义经济成分不断增长，直接给不同的集体化形式以财政拨款，把全力发展摆脱了资产阶级影响的合作社作为自己的目标等，应联合并千方百计支持雇农、农村贫农和中农的农业组织，来对抗新产生的资产阶级——资产主义的农民阶层。

30. 工人阶级和农民及其一定阶层的经济联盟应依靠工业的积极支援，工业应大大提高生产力，使自己最终变得比资本主义工业对农业更有利。

31. 在无产阶级专政时期工人阶级和农民的关系是联盟关系。"被确认是国家政权的"工人阶级要订立协议，"依靠"农民（依靠小农，在某些国家依靠小农和中农或部分中农）。与农民合作并不意味着瓜分政权。但是必须随着农民被切实吸引参加社会主义建设过程并在其中受到社会改造，进行吸收农民先进分子加入国家机关的过程。农民越来越在社会方面接近无产阶级，阶级差异将越来越消失。正如革命经验所表明的，苏维埃形式的无产阶级专政正是这样一种国家组织形式，它一方面保证国家组织的无产阶级阶级性质，另一方面使越来越多地吸引农民参加社会主义建设过程成为可能。

32. 各个共产党应该清楚地懂得，整个无产阶级专政时期有着特殊的规律性；在良好的发展过程中阶级矛盾从某一时间点开始以**越来越小的规模**再现，社会主义经济成分以**进化**的方式在发展，无产阶级的政策不是要使整个社会决裂，而是要使整个社会**得到巩固**，而且敌对的资产阶级形式被逐步排挤掉，而小经济形式逐步得到改造（通过合作社、通过一切形式的集体联合体的发展等）。这一独特的发展规律性是这一时期我们整个策略的基础。

33. 运动的最终目标是组织集体农业大生产，消灭城乡对立，战胜在资本主义制度下发展规律之一的农业的落后性。

## 五、当前时期和土地—农民问题的现状

34. 随着战争和战后事态而来的是许多国家里生产力下降和整个城乡老关系被破坏。农村作为直接的食品生产者的经济实力极大增强了，同时农村各阶级首先是农民的社会比重也得到提高。

35. 另一方面，整个经济制度的动荡，以及农民在战时和战争革命骚动后思想视野极大的拓宽，极大提高了农民（包括贫农、中农以及农民资产者）的积极性。最后，帝国主义势力受到损害极大地加剧了农民起着巨大作用的殖民地运动。

36. 由于世界经济崩溃而产生的世界农业危机，以及这一危机的表现之一——部分由于资本家垄断组织实行的高价政策产生的所谓"剪刀差"——沉重地打击了农民，在有些地方（如美国）引起了农业大规模破产。

37. 所有这些现象决定了形式各异的农民运动的兴起。在落后农业型国家（罗马尼亚、波兰、爱沙尼亚、匈牙利，更不用说革命前的俄国等）过去有现在仍部分有采取鲜明革命形式的土地—农民运动；在另一些国家里，斗争采取另外的形式，而且有时农民与地主结盟（要求提高粮价、农业关税），甚至领导权掌握在地主手中；另一方面，美国的"剪刀差"和农业危机引发了反对用垄断性的工业品高价使农民破产的大托拉斯政策的运动；在许多国家里由于高利贷和商业资本（采购公司和银行）的剥削变本加厉而出现农民运动；在普遍的经济破坏导致严重歉收的地方（如德国的某些地方）爆发了小农运动，要求提供各种帮助；最后，在货币稳定后税收加重、帝国主义国家非生产性支出的压力起了十分重大的作用；对爆发新战争的担心加重了，因为农民在战争中牺牲的人比其他任何一个阶级或社会阶层要多。

38. 近来在这一广阔的、尽管极其纷繁复杂、多种多样的运动的基础上产生了一系列农民**组织**方面的新现象。这里必须指出农民政府（如保加利亚的斯坦布利斯基）和半农民政府（爱沙尼亚、拉脱维亚等）这一事实是极为有意思的现象；形形色色的农民组织异乎寻常的发展（波兰、捷克斯洛伐克，为数众多的政党；德国新组织的出现；新组织在巴尔干的加强；美国农场主运动的组织和拉福莱特新党的组织等）；成立国际联合组织的尝试（"绿色国际"）。

39. 在农民组织内部几乎普遍发生**分化**；小农摆脱了富农和大地主的领导，逐步从一般农民组织中分离出来（保加利亚的左派农民，捷克斯洛伐克的"独立多莫维纳派"，波兰的"解放"，德国的劳动农民组织，美国的某些农场主组织等）。因此共产党员在农民中的影响力也在增强。

40. 资产阶级农业界人士目前正竭尽全力要保持对农民的影响力。土地改革（罗马尼亚、波兰、波罗的海沿岸国家、捷克斯洛伐克等）、资助合作社、许多较小的让步、农业—关税措施等，便是这一政策的主要形式。统治阶级这些狂热的活动使共产党在农民中强劲的活动变得格外迫切。

## 六、农民运动和共产党

41. 共产党应完成的最起码的任务是研究本国和"自己"殖民地的土地问题。迄今为止这方面做得极少，无论日报还是杂志都没有如需要的那样来研究这个问题。

42. 各个共产党的主要目标是使相应的农民阶级摆脱资产阶级和地主的影响。在封建主义残余很多的农业国里，应把土地问题放在首位。必须关注土地改革的具体进程，无情地批判土地改革的不彻底性和资产阶级性质，对农村最贫穷阶层的欺骗等，用以革命方式解决土地问题的办法（没收地主土地和农具等）来对抗这种对土地问题的解决办法。

43. 在多数大资本主义文化的国家里，我们宣传鼓动的主轴应该是三个问题：关于税收问题，关于卡特尔工业品高价问题，最后是关于帝国主义国家机关的压力和未来战争问题。

44. 把这条路线的口号同无产阶级专政的口号或工农政府的口号（这两个口号概括了我们争取对农民施加影响的斗争）对立起来是完全错误的。应该记住，只有从农民的实际的、直接看得见的利益出发，才能把农民争取到无产阶级一边来。任何在这个问题上的虚无主义都是不能容许的、非布尔什维主义的。

45. 从以为减少对农民税收便是增加对无产阶级税收的前提出发同样是错误的。在我们的工作中恰恰需要做出相反的结论；**由于无产阶级和农民都与减少税负利益攸关，他们必须共同为反对帝国主义国家而斗争**。正是税收问题把农民推向直面资产阶级国家整个机关的处境，因此是通向提出工农政府问题的桥梁。

46. 在关于城市工业品价格问题上必须提出积极开展反对资本主义必然产生的工业托拉斯肆虐的运动的口号。反对卡特尔利润的斗争应成为把无产阶级和农民在反对垄断资本的共同斗争中联合起来的纽带。

47. 战争问题是必须进行宣传鼓动的极大问题。尽管战争加强了农村的地位，但战争给农村造成的痛苦最为深重（人员的牺牲、直接的肉体毁灭等）。在这一基础上有些地方产生了独特的农民的反军国主义（如法国）。必须千方百计支持这一运动，使之变成积极的斗争。

48. 在殖民地，所有这些问题都以激烈的形式一起表现出来：封建土地所有制的压迫和农业歉收、高昂的价格和不堪重负的苛捐杂税、战争的威胁。再加上外国资本的剥削以及民族压迫，使这一切更趋恶化。因此，共产党的任务是在这一切方面开展斗争。

49. 共产党的整个农民工作必须注意农民的千差万别。第二次代表大会制定的对农民**不同阶层**的策略应成为解决当前具体问题的基础。同时应着重强调指出，共产党人决不侵犯小财产和中等财产，他们想使这些财产摆脱放高利贷者、资本家—债权人、地主、资产阶级国家等强加的重担。

## 七、农民工作和对农民组织的态度

50. 凡是不同农民阶层在地主和资本主义"农民"（大农、富农等）领导下联合成一个共同的组织的地方，共产党都应努力使小农（可能的话，也使中农）摆脱这一领导。如果不能争取到这样的组织，即推翻大地主领导人（多数情况下都是如此）的话，那就要努力从组织上使小农和一切可以与无产阶级一起前进的阶层分离出来。同时必须实行共产党与这些小农协会结盟的策略。

51. 在根本没有小农组织或小农组织很少的资本主义国家里，应努力组织农民协会、农民委员会等形式的小农组织，通过党团来保证党的影响力。共产党人组建特殊的**农民政党**是不适宜的，也不可能建议这样做。

同时，总的来说，农民协会（不管叫什么名称）是指比本义上的政党更宽泛的组织。这些协会没有十分精确制订的纲领、纪律、严格的组织形式；它们一方面可以吸收广泛得多的群众，另一方面可以使不同的政治思潮和色彩存在于它们之中。

52. 凡是农民联合成阶级构成复杂的政党的地方，共产党应支持这些政党的左翼、**小农**一翼，必要时促使这一翼从组织上分离出来。

53. 共产党与小农政党**结盟**，努力吸引它们接受共产党的思想影响并到处宣扬关于工农联盟必要性的思想，工农联盟是劳动者反对剥削者斗争取得胜利的必要前提。

54. 共产党应特别重视农业工人的工会组织，使这些组织成为共产党在农村的支撑基础。这些组织应尽可能最密切地与工业无产阶级的工会组织取得联系，另一方面，它们应与小农组织建立联系。完全容许加入这些小农组织，但同时应保留自己的独立组织。

55. 凡是农民问题与民族问题融为一体的地方，共产党应格外重视民族问题。在任何情况下忽视民族因素不仅是政治错误，而且是真正的政治罪行。

56. 在农民中进行宣传鼓动应成为吸引他们投入共同斗争的手段。必须使各个共产党注意在这方面更积极地工作，特别应指出必须在议会中就此问题发表看法。

57. 各个共产党应做好工作，使农民组织加入国际农民联合会；党应支持这一国际农民组织的发展，促使它的工作深入和加强，正确安排对农民问题的研究，真正科学地探讨农民运动问题等。

58. 共产党员在整个农民工作中应想方设法避免社会民主主义倾向（一方面在农民问题上消极被动，另一方面无原则的欺骗手段和放弃一切马克思主义阵地）和民粹主义倾向（抹杀无产阶级和农民的界限，模糊农民分化问题，没有无产阶级领导权的思想）。共产党员应随时随地向农民解释清楚，如一切革命经验所表明的那样，如果农民试图抛弃工农联盟、拒绝无产阶级领导、作为独立的第三势力行动的话，他们必然会失败和上当受骗。所谓的农民政府（斯坦布利斯基政府）的经验同样表明，农民不能保住政权。因此只有得到农民支持的无产阶级专政才能真正保证两个阶级反对剥削者的斗争取得胜利。

共产党员只有遵循列宁同志制定的关于工人阶级和农民关系的学说，才能完成自己的任务。

## 结 语

59. 完全有权把目前的历史时期定义为无产阶级和资产阶级不仅为争夺无产阶级落后阶层而且为争夺广大农民阶层进行殊死斗争的时期。不懂得阶级力量这一基本配置的共产党，因而也没有发现，如果资产阶级得以更牢固地使广大农民阶层与资产阶级连在一起的话，无产阶级运动将遇到极大的危险。

60. 不在争取农民群众的斗争方面认真做工作，谈共产党的布尔什维克化是十分荒唐的。共产党内的非布尔什维克倾向，甚至反布尔什维克倾向，首先表现为不懂得土地—农民问题及与之有关联的殖民地问题的重要性。

61. 必须懂得，目前的问题不仅是甚至主要不是宣传我们夺取政权后的措施，而且是在非常现实的经济政治口号的帮助下进行积极而有效的争取影响农民的斗争，应该在这些经济政治口号的基础上吸引农民投入反对资本的斗争。

62. 共产党在农村中首先依靠农业无产阶级、穷人、小农阶层,现在应大力开展使中农保持中立的工作。中农只有无产阶级专政巩固后才可能**毫不动摇地**转到无产阶级的一边,这一点在任何情况下都决不能成为现在忽视这项工作的依据。这项工作的困难不是要我们消极应付,相反,是要我们拿出异乎寻常的干劲来。

63. 目前各个共产党只有通过这样的政策才能做好准备,迎接无产阶级革命的胜利,实现工人阶级和小农业生产者的结合,在此基础上才有可能在无产阶级专政的条件下胜利地走向社会主义。

# 关于为国际工会运动的统一而斗争的报告的决议

　　统一运动得到广大无产阶级群众的深刻反响，出色地证实了共产国际第五次代表大会制定的路线是正确的。当前形势下阶级斗争的发展强化了未接受共产党影响的工人群众对始终如一地、忘我地为恢复工会的国际统一而斗争的组织的关注。共产国际执行委员会扩大的全体会议因此认为必须一再强调有步骤地、坚持不懈地争取统一的斗争的必要性，因为争取统一的斗争就是争取群众、反对资产阶级及其走狗的斗争。

　　共产国际执行委员会扩大的全体会议认为英国工会和苏联工会的接触一事意义重大，认为这一接触是工会运动国际统一事业具有实际基础的保证。

　　共产国际执行委员会扩大的全体会议欢迎英苏工会统一代表会议的召开，号召各国工人不分派别对英苏工会的合作给予坚决有力的支持，毫不松懈地为恢复国际工会运动的统一而斗争。

# 关于俄共（布）党内争论的
# 报告的决议

共产国际执行委员会扩大的全体会议认为，托洛茨基同志挑起俄共（布）队伍中新争论的言论是修正列宁主义和瓦解俄共（布）领导的尝试。

扩大的全体会议认为，这些言论得到了一切敌视布尔什维主义的势力的支持。在共产国际内部这些言论得到了各国共产党右派的支持，这些右派的策略不止一次受到国际代表大会的谴责，因为它是半社会民主主义的策略。在共产国际之外，这些言论得到被开除出共产党队伍的许多人（莱维、罗斯默、莫纳特、巴拉巴诺娃、霍格伦等）的支持。最后，社会民主党报刊和资产阶级报刊想方设法力图利用这些言论。

因此，这些言论客观上不仅是瓦解俄共（布）队伍而且是给整个共产国际造成巨大危害的尝试。

共产国际执行委员会扩大的全体会议声明，它完全赞同俄共（布）中央全会的决议，即赞同决议对托洛茨基主义的原则性评价，也赞同决议的结论部分。

共产国际执行委员会扩大的全体会议认为，俄共（布）今后仍应对一切蓄意玷污列宁主义理论和实践的行为作出同样团结一致的反击。全体会议欢迎俄共（布）开展的解释运动，认为在反对反列宁主义倾向的斗争中各国有必要开展同样高水平的解释运动。

全体会议认为，俄共（布）只有在领导完全统一的情况下才能彻底完成它肩负的伟大历史使命。一切动摇这一统一的尝试都是对整个共产国际极大的危害，将遭到共产国际最严厉最坚决的谴责。

# 关于捷克斯洛伐克问题的决议

1. 捷克斯洛伐克共产党的危机绝不是偶然事件，而是反映了多年以来共产国际中右派分子在国际范围内反对列宁主义战略和策略的斗争。在捷克斯洛伐克，危机由于许多由党本身的组成和渗入党内部的民族矛盾造成的独特原因而变得更加深重。尽管近来在国际范围内可以看到资本主义某些稳定的征兆，捷克斯洛伐克恰恰属于非经济稳定的国家之列。破坏了战前统一经济版图的新国界、战后成立的几个新的多民族国家中并未平息的民族斗争，阻滞了捷克斯洛伐克资本主义稳定的进程。资产阶级通过残酷剥削劳动群众、将全部税负重担转嫁给工农来解决矛盾的尝试，遭到无产阶级的反击，加剧了捷克斯洛伐克劳动和资本的阶级斗争。捷克斯洛伐克最近反对物价飞涨的示威游行、摩拉维亚—俄斯特拉发酝酿成熟的罢工，都表明欧洲暂时的平静并不排除国际战线这一战区工人阶级群众性的行动。捷克斯洛伐克共产党中央委员会作为党的代表，考虑到工人阶级的情绪，号召群众走上街头，在捷克斯洛伐克工人运动史上书写了精彩篇章之一。正在这一关头，捷克斯洛伐克共产党内爆发危机，这一点十分清楚地表明这一危机的根源。正在这一关头，当工人群众响应号召走上街头，以布勃尼克为代表的右派分子及其在党内人数很少的集团从后方打击了工人阶级，试图破坏工人阶级的行动、瓦解工人队伍。共产国际执行委员会扩大的全体会议把布勃尼克在这种形势下的行动定性为政治上的背叛，完全赞同中央委员会及其政治局关于把他开除出党的决定。与此同时，扩大的全体会议强调指出，捷克斯洛伐克共产党的危机格外迅速发展不是从开除布勃尼克开始的，而是从中央委员会内部分负责同志犯了政治错误、对布勃尼克集团不够坚决开始的。布勃尼克试图利用这一支持，以所谓的精神上清党为幌子来破坏党员群众对中央委员会的信任，败坏中央委员成员和中央委员会政治路线的声誉，把政治辩论变成琐事纠葛和人身攻击。扩大的全体会议指出，党的监察委员会在需要集中全力进行反对右倾危险的斗争时，本身客观上成了派别斗争的工具。布勃尼克在他被开除后的所作所为表明，布勃尼克利用了监察委员会的言论来破坏广大工人群众对共产党的信任。

2. 造成捷克斯洛伐克共产党危机的第二个原因应从党本身的构成中去找。捷克斯洛伐克共产党是一个群众性的大组织，其队伍中75%的党员过去参加过社会民主党。参加我们捷克斯洛伐克党的有前社会民主党基本的无产阶级骨干，我们在这方面确实把工人阶级队伍中最优秀最真诚的人都吸引到了共产主义的旗帜下，把社会民主党与无产阶级隔离开了，凡此种种是捷克斯洛伐克共产党与共产国际其他支部相比的一大优点。但与此同时，这些老骨干不仅带来了多年的斗争经验、过去的出色的组织素养，而且带来了社会民主党的某些偏见，这是捷克斯洛伐克共产党布尔什维克化道路上的障碍。使捷克斯洛伐克共产党布尔什维克化，不仅是认命地承认这一事实，在这一事实面前感到气馁，而且要真正在党内十分坚决地反对社会民主党的因袭重担。党的部分领袖不懂这个作用，他们不是坦诚地、友爱地批判错误和倾向，而是实际上附和这种情绪，随波逐流，人为地阻碍党内的整顿。执行委员会扩大的全体会议认为，只有通过党内广泛开展政治争论，通过揭露党的各种错误，才能以最成功最有益的方式消灭捷克斯洛伐克共产党的危机。另一方面，党只有在群众性行动中才能认真检验骨干，选拔优秀的革命分子，清除党内的社会民主党传统。党不能忽视给共产党带来清新的战斗氛围的无产阶级的年轻力量，否则就有麻木不仁、丧失战斗力的危险。只有把两代人结合起来、使他们在同一个组织中有机地融合，才可以设想也有可能造就战斗骨干和坚强的布尔什维克的领导层。

3. 造成危机的第三个原因是存在民族矛盾。捷克斯洛伐克共产党由不同民族的工人组成。这些民族在党外进行的斗争不由自主地渗透进党内，毒化了党内氛围，助长了反共产主义倾向的形成。党不能无视如下情况：在多年来承受民族压迫、欧战后获得捷克斯洛伐克国的捷克工人中存在民族主义幻想和偏见。捷克无产阶级布尔什维克化和接受国际主义教育的过程要比少数民族居住地区的无产阶级慢得多，因为少数民族除了受到资本主义剥削，还要遭受民族压迫。如果党构筑自己的策略路线只是以一部分无产阶级为导向的话，那对党来说是很不幸的。这种策略会导致党内组织联系的割裂，使党内危机更为恶化。善于把党布尔什维克化的不同速度结合起来，使广大的捷克劳动群众跟上先进的先锋队，这是目前捷克斯洛伐克消除党内危机的任务。共产国际执行委员会扩大的全体会议认为，捷克的领导同志反对捷克工人阶级队伍中民族主义残余不力，扩大的全体会议号召他们以及其他民族集团的领导同志齐心协力消除民族疏离感，对党和工人群众进行国际主义教育。

4. 在捷克斯洛伐克共产党内这一复杂形势下形成了两个集团，它们的斗争在很大程度上阻碍了党进一步正常发展。共产国际在这一斗争中的作用过去和现在都是削弱这一斗争的规模，在危急关头作为有权威的一级挺身而出，不容许党按民族特征或其他什么特征分裂成几部分。共产国际执行委员会扩大的全体会议指出，共产国际及其代表始终只充当这一角色，指责共产国际硬推布尔什维克化，是没有任何根据的。

5. 从右面威胁捷克斯洛伐克共产党的危险反映在布隆组织上层向执行委员会扩大的全体会议提交的政治文件中，布隆地区委员会在这一文件中试图用政治理由来为自己破坏纪律的行为辩解，他们这种行为表现为擅自夺取党的机关报和否定中央委员会对地方组织的领导权。共产国际执行委员会扩大的全体会议认为，这一文件是与第五次世界代表大会和捷克斯洛伐克共产党第三次代表大会各项决议背道而驰的政治纲领。布隆组织上层领导的政治倾向首先表现为社会民主党的革命观、对于党在革命中作用的宿命论看法。这一备忘录的作者们认为，党只应该记录革命事件，不在其中起任何作用，不主动发起任何行动。这种把党的作用缩小为纯尾巴主义任务的观点根本背离列宁主义的一切基本原理。这是受到俄国革命和国际无产阶级斗争进程谴责的老社会民主党观念的复活。各共产党不能放弃在革命中的组织作用，不能自我限制只对事态消极旁观。这是因为这种宿命论必然会导致我们党不断失败。

6. 其次，布隆地区委员会针对群众性行动提出的策略同样是政治上有害的机会主义策略。当捷克工人走上街头时，布隆地区委员会用孟什维主义关于在军队转向人民前不能公开举行示威游行的论断来瓦解工人的斗志。且不说捷克斯洛伐克最近的示威游行已断然驳倒了这种关于群众性行动的机会主义观念，整部革命史提供了许多例子来驳斥布隆备忘录的炮制者。如果我们共产党效法布隆分子的话，那么他们可能在目前形势下不会号召举行一次认真的群众性行动。如果俄国布尔什维克在1917年二月革命前夕持这种观点的话，那么俄国同志不仅永远不能夺得政权，甚至不能推翻沙皇政府。

7. 布隆地区委员会在自己的备忘录中为被开除出党的布勃尼克作的辩护，从政治观点来看危害也不小。扩大的全体会议认为，现在，在布勃尼克创办了与共产党作斗争的机关报之后，在他召集会议力图瓦解工人斗志之后，为布勃尼克辩护是对共产党犯下了政治罪行，应予最严厉的谴责。

8. 布隆地区委员会对捷克斯洛伐克共产党领导机关工人化所表现出的倾向也是有害的。捷克斯洛伐克共产党的党员98%是工人，它有权也有责任把坚持第五次世界代表大会和共产党第三次代表大会立场的优秀的无产阶级分子放在领导岗位上。共产国际执行委员会扩大的全体会议指出，中央委员会中的少数派反对布隆地区委员会备忘录中包含的右倾不够坚决。扩大的全体会议已经知道中央委员会中的这一少数派声明他们坚决与布隆上层的政治纲领划清界限。

9. 扩大的全体会议不能对克雷比赫同志在捷克问题委员会会议和扩大的全体会议上的言论置之不理。克雷比赫在布勃尼克被开除后还试图为他辩护，这说明捷克斯洛伐克党内有一批人实际上继续对党实行布勃尼克政策。扩大的全体会议对克雷比赫以分裂相威胁的做法的回答是对他提出警告，认为对于一个共产党员来说，类似的讲话和言论是不能容许的。

10. 综上所述，执行委员会扩大的全体会议依据第五次世界代表大会有关政治前景、策略和民族政策的决议，肯定捷克斯洛伐克共产党中央委员会的政治路线和策略路线是正确的，建议捷克斯洛伐克共产党中央委员会在4个月内筹备和召开例行的党代表大会，大会应彻底清除党内危机的因素。中央委员会应把反对布隆备忘录中的右倾以及一切直接和间接在政治上组织上支持党内这种观点的人的斗争放在召开代表大会的筹备运动的中心。共产国际执行委员会认为，捷克斯洛伐克共产党的缺点之一是在党内避而不提捷克斯洛伐克工人运动和国际工人运动最重要的策略问题，建议中央委员会在党内对捷克斯洛伐克工人运动关注的十分重要的问题开展广泛的讨论。其次，执行委员会扩大的全体会议谴责布隆纲领和布隆地区委员会破坏纪律的行为，建议在三四个月内在布隆召开党代表会议，把坚持布隆备忘录立场的人清除出党的领导岗位。与此同时，共产国际执行委员会扩大的全体会议号召全体党员全力维护党的统一，坚决反击试图破坏党的统一的人。扩大的全体会议建议保卫这一统一的党中央委员会贯彻共产国际执行委员会扩大的全体会议通过的决议，对一切试图反对这些决议并再度加剧捷克斯洛伐克共产党内危机的人不惜采取最严厉的措施。但与此同时，考虑到党内不正常的现状，扩大的全体会议认为，在中央委员会作出开除出党问题的决定时，如中央委员会中多数派和少数派意见有分歧时，在代表大会召开前只有经共产国际执行委员会主席团批准，才能作出最终决定。

至于在筹备召开代表大会时期在布隆组织内确立正常状态的问题，扩大的全体会议责成主席团会同党中央委员会拟定使布隆地区组织在地区党代表会议和全党代表大会召开前局势正常化的临时决议。

## 关于美国问题的决议

1. 总的形势。美国资本主义暂时摆脱了危机。工人群众近几年来进行反对降低他们生活水平无耻图谋的斗争，在一系列激烈冲突后失败了，被戴上了枷锁。由于农业危机处于骚动状态的小农场主群众被掠夺一空；悬殊的剪刀差终于朝着真正资本主义样板合拢了刀口，几乎把本国的小农场主完全杀绝。对扩大工业出口的需求确实得不到充分的满足，但取而代之的是开辟了向民穷财尽的欧洲输出资本的新途径。因此，美国资本不仅拯救了自己的利润和国内的政权，而且还在资本主义大国的世界公司中赢得了最大股东的地位。美国资本现在比任何时候都实力强大。

但美国资本主义的这些胜利是用高昂的代价换来的。甚至连被华尔街看做是走向世界垄断一级的出色的道威斯交易也把美国资本主义卷入政治，它不得不冒比德国利息金羊皮①大得多的风险：这个政治将使它越来越陷入欧洲资本主义的矛盾和危机之中，卷入世界资本主义舞台上的冲突和争夺利息、石油、市场、殖民地、政权的斗争之中。

在美国本国，阶级矛盾朝着对资本主义危险的方向发展，剥削的加大已使广大工人群众沦落到不堪的处境，这时连政治上最落后的雇佣奴隶的阶级觉悟也必然觉醒。面对剥削，席卷越来越广大的无产阶级阶层的拉平过程，使美国工人阶级过去的多样性越来越化为乌有。

---

① 这里用希腊神话故事来借指风险。——编者注

不错，资本主义即使在现在也有可能用特权地位收买几百万熟练工人，但这一特权阶层的人数越来越少。大规模失业（是往常性的社会现象）和小农场主大规模无产者化为日趋成熟的革命化过程提供了良好的土壤。

总的来说，现在美国工人阶级的状况还远不能说是革命的；但这一状况毕竟比十年前有了很大不同。中央集权的政府当局得到加强，这个政府最粗暴地干预工人阶级的日常斗争，带来了阶级冲突加剧这一重要因素，加快了阶级觉悟觉醒的过程。停止从欧洲移民，几十万最终破产了的、无产者化了的农场主（即说英语、拥有政治权利、强烈反抗托拉斯压迫和剥削的美国人）补充进非熟练的、工资低的工人群众的队伍中，纷纷涌入大城市和工业中心，这一切意味着美国无产阶级的社会结构有了很大改变。

不错，多数美国工人并没有感觉到自己状况的根本变化，但是在他们状况的**发展趋势**中实际上已出现根本转折，但这一点却很难进入工人群众的意识中。

2. **美国工人的政治自决**（Verselbständigung）**进程**开始于帝国主义战争后，一年年持续下来，是改变了的工人状况发展趋势的政治表达。但这一进程进行得依然很慢、很艰难、很不自信，摸索着进行。这是由于美国有着许多独特的条件，此外，部分还因为美国整个工人阶级由于美帝国主义强劲发展而得到了与其他多数国家无产阶级相比一定程度的特权地位。在任何一个别的资产主义国家中工人阶级都不需要在自己的自决道路上克服这样大的内部和外部的障碍。不错，时代不同了，当年美国劳工联合会的反动领袖们能随心所欲地把加入工会的工人的选票整批卖给出价高的两个资本主义政党中的一个。领导美国劳工联合会的资本代理人的政治领导作用部分地被破坏了，部分地在某种程度上被群众的反资本主义情绪所拴住，不过还不是完全丧失。

参加工会组织的工人群众对这种巴结讨好的资本家的行为的抗议，

起先以各种不同的不明确的形式表现出来（如在参加"进步政治行动委员会"的一部分组织中，在有些地方的工会［labovr vnion］等）。工人群众的不满以较明确的形式表现在工人和农场主运动中，工人和农场主运动在1923年导致许多州成立工人和农场主政党，将很多群众集结在自身周围。众所周知，共产主义的工人党积极参加了这一运动，甚至一度为运动定调。

但在最近一次总统选举前夕，由拉福莱特领导的小资产阶级自由主义反对派运动走到了前列，轻易地吸引了半觉悟的、怀有反资本主义情绪的工人和农场主。

3. **拉福莱特运动**作为小资产阶级现象，具有两面性。一方面，它是资产阶级阵营瓦解的客观征兆。另一方面，它负有在美国资本主义危机时期支持资本的客观任务，即作为政治备用阀使无产阶级觉醒了的阶级觉悟拒绝组织独立的阶级运动。龚帕斯清楚地懂得了这一点，与拉福莱特结成同盟，但是没有政治经验的工人群众把拉福莱特看做反对大资本的反对派分子，盲目地追随他。连工人和农场主运动政治上都是这样不独立的。多数参加这一运动的工人确实希望成立工党（Labour Party），但并没有坚持独立的无产阶级的阶级政策，而更愿意暂时受到小资产阶级反对派政党的监护。无产阶级作为阶级第一次组织起来的尝试的道路上竟然有如此多的错误的曲折。

4. **工人党反对拉福莱特、支持工党运动的斗争**。正如早就料到的那样，拉福莱特坚决拒绝与工党发生任何关系，因为工党将与工人党合作，而且拉福莱特在选举运动中成功地把共产党人与广大群众隔离开了。工人党则坚决反对拉福莱特，尽管并没有期望取得多少可观的成效。应该承认，拉福莱特取得了十分大的胜利。这并不是说共产党的策略错了。策略是正确的，我们的党失败在目前条件下是难以避免的。

在这次失败后，在工人党队伍中有一定程度的迷失方向。中央委员会的多数派和许多党员开始以为，拉福莱特的运动会长时间压倒任何支持工党的群众性运动。确实在选举后一度使人感到，连那些从前支持成立独立的全国农工党的群众现在除了拉福莱特的党都不愿意要任何别的党了。在这种形势下，工人党中央委员会多数派得出结论，认为以前党支持"成立工农党"的中心口号在新的条件下已经没有用，应该不再提；党目前应首先全神贯注于在争取具体要求的统一战线口号下的斗争及直接加强自身的队伍。

现在拉福莱特运动中许多重要的具有代表性的现象已经证实，这些结论是错的。当"进步政治行动委员会"（这一运动十分重要的组织）的代表会议刚要就成立拉福莱特党作出决定时，新党的支持者竟然在如下问题上闹到要形式上决裂：应在拉福莱特要求的个人入党制基础上还是在集体入党制基础上建党？拉福莱特出于完全可以理解的原因担心强大的工人组织在他的党内占优势，而工人组织又不同意在党章上失去自己占优势的影响力。这一关于组织形式的斗争当然只是拉福莱特运动中阶级差别和阶级矛盾的表现。社会党中央委员会在"进步政治行动委员会"代表会议发生分裂后马上就示威性地表示支持在集体入党制基础上组建工党。社会党在此之前是拉福莱特运动的基础之一，由于它现在反对拉福莱特党，那么这无非是以前的纯柏拉图式的拿"工党"口号逗着玩。众所周知，这个改良主义党目前人数还很少，但是它对工会领导人却有着很大的思想影响。

由于这种种情况，恐怕难以怀疑，近期工党问题将作为迫切的甚至最重要的政治问题纳入许多工会组织或其他工人组织的议事日程上。工人党中央委员会少数派相信支持成立工党的运动有生命力和前途，他们是对的。工人党现在应大力促进这一运动的发展。

5. **支持工党的斗争策略**。现在美国的情势要求不能拒绝支持工党的斗争，恰恰相反，要检验和进一步发展我们在这一斗争中的策略。我们现在应该重新审视我们的口号,只是因为现在我们应该鼓动支持"工党",而不是支持"农工党",因为形势发生了变化,不存在创建工人和小农场主的共同政党的前提。

共产党员没有必要要求甚至不应该期待工党会马上变成由共产党员领导的革命的工人政党。在这方面中央委员会少数派放入"工党"这个口号中的内容过于狭窄。共产党员应认识到,创建工党对于加入该党的工人来说意味着只是他们政治上自决和他们阶级觉悟提高的**开始**。美国领导工党的很可能起先也是像英国一样的改良主义叛徒,甚至更差劲。尽管如此,创建这样的党,对目前来说,可能是美国工人运动的进步,共产党应该参加工党,如果只有参加该党的组织才能有足够的批评和鼓动自由的话。

为什么共产党应该这样行动呢?

首先,因为他们的任务是保持与群众密切的接触,不断对群众施加革命影响。但为了对群众施加革命影响,只有鼓动宣传,甚至最出色的鼓动宣传,也是不够的。为此必须还要有群众自己的革命**经验**。群众可以在工党里积累这一经验的重要因素,即使工党是由改良主义者领导的。群众通过自己的失望来学习懂得小资产阶级改良主义者的背叛作用,而这一点恰恰异常重要。此外,他们还将拥有在工人阶级独立政治组织方面的宝贵经验。

共产党员应尽可能深入地在筹备创建工党运动的过程中就向美国无产阶级的头脑中植入**阶级和阶级觉悟**的概念。这不是以抽象的形式(这样做达不到目的),而是与工人阶级迫切的日常要求紧密地联系起来。共产党员应引导工人群众向改良主义者和拉福莱特组织的领袖们提出自己的要求,号召他们与工人党一致行动。不管是拒绝这种要求或者是接受这种要求,叛徒们迟早都会被揭露。工人群众则在每一次都是这样的情况下越来越明白必须要有自己的阶级政党。即使到那时他们仍旧还没有认识到共产党就是自己的阶级政党,但他们仍然会从自己的日常要求走向"工党"的工号。

这一斗争要求大量精力和耐心。我们一方过早采取**组织**措施来创建工党,将是一个错误。这可能会给拉福莱特运动拥护者反对创建工党运动的斗争以额外的机会,有助于他们重新整合自己的队伍。与此相反,我们则应该进一步分裂拉福莱特运动。不言而喻,在最好的情况下,创建工党时加入其中的也不是整个有组织的工人阶级,而是其中的一部分。但是,只要支持工会的群众性基础得不到保证的话,成功组建工党的前提也不会存在。中央委员会多数派十分正确地强调指出了这一点。工人党和同情它的组织简单的合并不能产生出工党。

也许在某些城市甚至个别州不久的将来会出现对"工党"主张的大规模支持,那里可以有把握地转而采取组织措施。但是,只要还没有可靠的保证更多的无产阶级群众,至少 50 万有组织的工人支持工党的话,就不应该组建全国性的工党。

还应该提一下,执行委员会在一年前就指出,尽快从工党分离出左翼以便把分离出的人组成群众性共产主义政党的想法是不适宜的。我们首先应努力在工党内部争取尽可能多的持革命观点的群众,让这个左翼在工党内部发展壮大,同时把其中最先进最革命的分子吸收进工人党。

**6. 加强工人党**。争取创建工党的斗争决不排斥工人党吸收和教育新党员的宣传和发展党员的活动。恰恰相反,这一工作必须同时大张旗鼓地进行,而工人党作为全国的共产主义政党的作用不应被缩小,也不应被抹杀。

目前的工人党还很弱小,在一个大国里还感觉不到它在一切群众性无产阶级运动中明显的影响力。这一正常的弱点首先表现在它进行的选举运动中。只要工人党的党员人数没有至少翻上一番(尤其是没有好几倍地增加自己队伍中土生土长的美国人)的话,就不能说工人党符合对一个美国合法的共产主义政党所期待的要求。决不能低估如发行《工人日报》、创办新的日报、改进《工人月刊》、出版和发行优秀的宣传书刊、组织党内培训班、征收党员等这样的"小"任务。

在党的建设方面，党在很大程度上苦于不够团结。应该首先通过有步骤地把属于不同的全国性联盟的党员纳入统一的党组织中来消除这一缺点。按照这一原则来组成区级组织和工厂支部是党迫切的组织任务。

7. **共产党员在工会运动中的工作**。目前在美国，党员在工会中的经常性工作在一定程度上是党在多数其他领域同样也在支持工党斗争领域取得成就的基础，因此党应该对任何低估或轻视这一工作的态度给予坚决反击。党员应该在每一个工会组织中组成共产党党团，作为一个整体就各种问题对外发表看法。这些党团在多数情况下在美国不得不秘密工作，应该按党的指令进行活动并接受党的监督。党团应积极而精力充沛地参加各种大规模的经济活动。

党应该积极支持"工会教育同盟"并促使它扩大规模。必须努力使"工会教育同盟"运动发展成左翼联盟的大规模反对派运动。必须有力地对抗工会反动官僚孤立"工会教育同盟"的图谋，清除他们在工会中的影响，用共产党员及其亲密的拥护者来限制工会反动官僚的人数。

8. **其他领域的党的工作**。尽管党现在不会宣传组建工人和农场主共同政党的思想，但党不仅应在农村的农业工人中开展工作，而且要全力以赴建立与贫穷的、负债累累的农场主的联系并对他们施加影响，因为这些农场主将在美国革命中作为无产阶级未来的同盟者起到极其重要的作用。上面提到的党的中心政治口号的改变也不意味着，党不应在现有的工农党中工作。共产党人在现有的工农党中的任务如下：他们应把工业无产阶级分子组成独立的一翼，目的是在适当时机使这工人一翼加入工党，组成与贫苦农场主组织的联盟。

党应该更加重视和支持共产主义青年的工作。最后，同样要使党认真抓好在劳动妇女中的工作，女共产党员和非党女工都应投入革命工作。不应把现有的非党的无产者妇女组织抛在一边，恰恰相反，应利用它们来做革命工作。

**9. 反对洛雷机会主义的斗争**。洛雷在工人党中代表非共产主义思潮。1924年5月执行委员会的决议已经指出，洛雷同志的思想是第二半国际的思想。洛雷支持莱维反对共产国际的斗争。他几乎在每一个问题上都歪曲共产国际的政策，他声称，德国共产党在1923年的革命情势下的基本任务是用一切手段阻止革命发生。洛雷散布麦克唐纳最荒唐的关于"世界和解使命"的幻想。他警告法国共产党人不要实行搞垮赫里欧的政策。为了德意志联盟的自治，他反对必要的党的集中制。党绝对必须进行反对洛雷同志代表的派别的思想斗争。

执行委员会建议工人党在最近的党代表大会上解决洛雷的问题。执行委员会认为，无论如何像洛雷这样的机会主义者不应该在党中央委员会中有一席之地。

**10. 共产主义力量牢不可破的团结**。上面阐述的由共产国际执行委员会扩大的全体会议通过的纲领得到工人党两派代表的赞同。

共产国际执行委员会认为两派都有应予改正的错误。

执行委员会坚决认为，两派的派别斗争应无条件地停止。这一派别斗争尽管是在重大分歧的基础上产生的，但双方使它过于激化，部分地采取了完全不能容许的形式。执行委员会一点也不反对党代表大会之前就实质性问题平静地开展辩论，但要求为了党的统一无条件地停止派别斗争。

特别是执行委员会指出，它认为反对佩珀的运动是完全不适当的，更何况佩珀同志本人也没有重返工人党工作的意愿，而执行委员会需要他去完成其他的重要任务。执行委员会知道，佩珀同志在短暂逗留美国期间在政治上为工人党提供了帮助，值得赞扬。执行委员会要求双方停止任何个人间的争论。

执行委员会认为绝对需要党的多数派和党的少数派代表从此缔结同志式和约，着手进行团结一致的共产主义工作。同时领导同志首先应给其他党员做出好榜样。

最近将召开党代表大会。在代表大会之前党中央委员会两派之间产生的一切有争议的问题如果尚未取得一致，应由以中立同志为主席的双方参加人数均等的工作委员会加以协调。责成该委员会监督党内争论实际进程。

执行委员会认为，党代表大会应在平静的、摆脱派别狂热的氛围中从两派同志中选出新的中央委员会。对在党代表大会上将处于少数派的一派，至少应保证他们在中央委员会中有相当数量的代表。

接受这一纲领的两派当然应该在党代表大会上反对洛雷的任何志同道合者当选为中央委员。

# 关于意大利问题的决议

一、执行委员会扩大的全体会议认为意大利共产党自第五次世界代表大会以来取得的成就巨大。

意大利党不仅扩大了自己的组织基础，它还证明了它具有它过去缺少的政治能力和策略灵活性，这使它有可能扩大对广大工农群众的影响力。除了马泰奥蒂遇害在意大利形成的、以工人群众革命情绪异常高涨为特征的新形势，取得这些成就的原因首先是党在第五次代表大会上坚决与博尔迪加同志一成不变的策略划清了界限，接受了共产国际的各项决议和第五次世界代表大会为意大利党制订的行动纲领。

党在这一时期的实际活动证明了党中央委员会采用的共产国际的列宁主义策略是促进意大利革命运动发展的策略，在第五次代表大会上投票反对列宁主义纲领、之后又拒不参与执行的博尔迪加同志的立场是错误的，有害于党和革命斗争的发展。

多数过去赞同博尔迪加策略的同志已经认识到了其错误性，在第五次代表大会之后举行的各联盟的代表大会在这方面是很能说明问题的；这些代表大会证明，即将召开的党代表大会会赞同第五次代表大会通过并由中央委员会实施的政策。

二、在党的策略从博尔迪加立场向列宁主义实际演变后，应跟着从理论上阐明列宁主义的基本原则。党的布尔什维克化要求全体工作人员明确并清楚地懂得共产主义组织的理论基础。党在自己的政治工作中运用列宁主义策略当然是前进了一大步。但只有完全掌握了列宁主义基本原理、在自己的所有工作中遵循这些原理并决心反对各种倾向时，党才能彻底排除各种倾向。因此，从理论上仔细研究已取得的经验应是代表大会召开前党最重要的任务之一。

格外需要思想上完全明白，因为意大利至今出现了为数众多的各种各样的倾向。这些倾向有时采取"学术上"修正马克思主义的性质（如格拉齐亚德伊最近的著作），有时采取形式上不可调和的性质（如塞拉蒂在第二次世界代表大会的土地问题和民族问题上，又如博尔迪加自第二次代表大会以来在多数政治问题上的立场）。党捍卫党和共产国际的列宁主义路线，应反对不管来自何方的各种倾向。但是目前党的布尔什维克化的主要障碍显然是在于博尔迪加的思想，为了战胜这一障碍，应作出极大的努力。

意大利共产党是在主要是反对最高纲领派的中派主义的斗争过程中形成和发展起来的。发生里窝那分裂的条件是意大利共产党将最有力地反对任何机会主义倾向威胁的保证。但是显然这些条件和党的构成本身使得党对那些披着理论上固执和策略上强硬外衣（但正是这一切使之走向机会主义）的倾向抵抗力差。正如塞拉蒂在土地问题、民族问题和工党问题上的固执并不妨碍最高纲领主义的党成为机会主义的避难所一样，博尔迪加的固执一点也不妨碍他实际上站到共产国际右翼甚至《前进报》的立场上来捍卫托洛茨基主义，反对俄共和共产国际的列宁主义路线。

三、对第二国际的机会主义及其拒绝进行革命斗争的义愤催生出两种性质和历史作用根本不同的形式：（1）列宁主义，它是当代马克思主义的体现，引发了苏维埃俄国和共产国际广泛的革命运动；（2）哥尔特、潘涅库克等的荷兰学派，打着决不妥协和更坚决的反对派旗帜，引导人们走向虚弱无力、消极悲观和政治上毫无成效的宗派主义。在意大利，社会党内部对第二国际机会主义的反应表现为工团主义——马克思主义派别（"先锋报"集团），它只限于发表某些原则性声明（如1904年在米兰总罢工期间），不能提出自己的纲领，也没有发展为群众性运动；它在退党后已融入工会的工团主义。

博尔迪加并不完全等同于荷兰学派和原始的意大利工团主义，但同这两个政治派别在许多政治观点上接近。荷兰学派和意大利工团主义以及博尔迪加的思想都是第二国际的副产品，是反对机会主义和议会堕落的固执已见的和宗派主义的反对派；这种思想必然注定会变得消极悲观和政治上毫无成效。只有列宁主义弃绝了宗派主义和机会主义，成了革命的马克思主义在资产阶级社会帝国主义发展阶段真正的体现。中央委员会的直接任务是向群众解释清楚，博尔迪加的观点在多大程度上背离了列宁主义，这些理论倾向给党的政策和意大利革命斗争的发展带来了哪些政治后果。特别需要强调指出列宁主义和博尔迪加政策有极大区别的如下三点：

1. **弃权主义**。
2. **党的作用**。
3. **策略问题**。

由于第二次世界代表大会做出决议，博尔迪加同志放弃了议会弃权主义。但弃权主义仍然是他政策固定不变的特点之一：表现在他对列宁在第三次代表大会提出的要求党务必争取无产阶级多数的策略提纲所持的立场上；表现在他对统一战线策略的解释和运用上；表现在他不是根据对作为法西斯主义基础的各社会阶层的分析所作出的对法西斯主义的解读上，因此这种解读并不要求党必须积极干预以揭示法西斯主义的内部矛盾，不允许法西斯主义者夺取政权或至少使他们难于夺取政权；还显示在共产党员为瓦解最高纲领派政党并把其中的无产阶级分子吸引进来应采取的政策问题上；最后，显示为在第二次世界代表大会上博尔迪加同志对提出的意大利共产党行动纲领所持的否定态度、拒绝在意大利执行这一纲领一事上进行合作、拒绝参加共产国际的领导工作,甚至拒绝担任党的任何负责工作。所有党的积极工作者都应该明白,这样的"弃权主义"立场只能导致党在政治上消极悲观:党永远不可能通过这一途径来加强自己对群众的影响力,党永远不可能成为意大利政治生活中的决定性因素;革命尽管具有一切必要的客观条件,会再一次像1920年9月那样遭到失败,因为这一次仍没有主观条件,也就是没有一个深深扎根于工人群众之中、被工人群众视做在阶级斗争任何关头都是领袖的党。这一切表明,博尔迪加对党的作用的评价何等错误。

对博尔迪加同志来说,党从前是一个经过挑选的领袖集团;这是为领导工人群众获得足够精神素养的骨干,但不是群众性政党。难怪他在这一点上与托洛茨基气味相投:托洛茨基首先看到的也是领袖在革命中的作用,而忽视了或低估了党作为无产阶级群众性组织的作用。

对党的作用这一错误的理解尤其表现在博尔迪加的策略观点上;而列宁主义表现为灵活的策略,能不断适应变化了的经济政治实际情况,团结一切敌视资本主义的力量,正确把握对党有利的行动时机,也就是随时准备迅速改变口号和立场的策略,以保持与群众的接触,引导群众前进。与此相反,博尔迪加同志却断言,按照"罗马提纲"的样板,党的策略确定后应该一劳永逸,应该纳入一成不变的公式。博尔迪加同志把策略的变动和视情况而运用,把策略为始终保持与群众的接触和不断赢得新领域的影响力而必需的灵活性看做是机会主义的表现。

博尔迪加同志在所有这些十分重要的问题上背离了列宁主义;不管他表面上看起来多么极不妥协、多么极左,实际上他的倾向接近右倾;关于托洛茨基的几篇文章使博尔迪加与法国工团主义者和共产国际右翼沆瀣一气。任何一个背离列宁主义的人必然会投入与第二国际机会主义者和我们国际组织还存在的右派集团的共同战线。

因此,党最重要的任务是使自己的队伍在思想上明确起来,战胜一切倾向，尤其是目前最危险的博尔迪加同志的倾向。党的代表大会应该表明，它是否赞同党中央委员会符合第五次代表大会后共产国际政策的政策；同时它应在博尔迪加的策略和列宁主义之间作出选择。意大利共产党只有懂得了毫不动摇地赞同列宁主义观点的必要性，才能成为真正强大的、真正能完成自己在无产阶级革命中领导群众的历史作用的党。

# 关于扩大的全体会议批准的关于共产国际和青年共产国际各支部组织工作会议报告的决议

出席共产国际执行委员会扩大的全体会议的共产国际各支部的组织工作会议听取了引起热烈讨论的共产国际执行委员会组织部,法国共产党中央委员会、巴黎区和北方区,德国共产党中央委员会、柏林区、汉堡区和开姆尼茨区,捷克斯洛伐克共产党中央委员会、布拉格区、克拉德诺区、布隆区、摩拉维亚—俄斯特拉发区和奥西希区,意大利共产党中央委员会和都灵组织,美国工人党中央委员会,英国共产党中央委员会,波兰共产党中央委员会,青年共产国际执行委员会和德国共产主义青年团柏林组织代表关于在按企业建立党支部的基础上重组共产党和共青团问题和关于党的建设问题的报告,认为自共产国际第五次代表大会以来共产国际各支部以及青年共产国际在以工厂支部为基础重组共产党和共青团方面前进了一大步,凡是确实重组了的地方(合法党和不合法党),重组工作使党的工作欣欣向荣,共产党从永不枯竭的源泉——工厂——中吸收新党员而有所发展,党的报刊发行量有了增加,各共产党与广大工人群众的联系有所加强,这一切已被法国、德国、捷克斯洛伐克等国共产党组织的示威游行所证实。

共产国际各支部的组织工作会议根据这一经验,号召各共产党在就重组党的问题不断进行思想准备的同时,继续大力在工厂支部基础上改造组织，把这一重要工作交给优秀的组织力量负责，按照各共产党及其地方组织根据当地条件制订的计划进行。

组织工作会议在指出无可置疑的成绩的同时，也不能不指出在已建立的支部中运行不好的支部所占比例很大，首先是支部中政治生活不充分，这很大程度上是企业主的恐怖行为以及过去以居住地划分的党员小组（十人组）和企业支部平行存在造成的结果；组织工作会议还指出支部与地段、区和地方党委联系薄弱，这些党委对党支部的领导不力。

组织工作会议建议各级地方党机关要重视支部的工作，指导它们，为支部的会议和活动准备材料，从支部中造就能领导支部的党的骨干。在地段和区里支部开始在企业和街道运作后，过去的十人组和按居住地建立的小组应予解散。

组织工作会议提请地区组织注意共产党消极党员的比例很大（50%—70%），其部分原因在于过去党组织的结构，在那种结构下远不是所有党员都被吸收参加解决党内问题和党所面临的一般政治经济问题。在许多国家里通常不是由全体党员而是由长期运作的工作人员或"受托人"机制来讨论和决定党的重大政治和策略问题，而这些工作人员和"受托人"并非每次都得到党员授权来作出对这些问题的决定。工作人员机制往往取代了党的代表会议和党员自己对党的问题的研究，从而使党员态度消极，阻碍了他们积极参加党的生活。

组织工作会议不反对由相应的党的机关定期召开积极工作者会议来讨论党内生活的各种问题，恰恰相反，它认为这样做无疑是有益的，但组织工作会议坚决反对用这样的会议取代党章规定的定期的党代表会议。

正是这些由提前讨论代表会议议程问题的基层支部的代表组成的党代表会议有权决定党的问题和选举产生相应的党的领导机关。参加对党代表会议问题的讨论在很大程度上促进了党员的积极性。

党支部的报纸在许多国家中已经是党的生活中的重大因素。党支部执行党的路线，阐明党的口号，对企业工人遭遇的种种胡作非为作出反应，党支部的报纸在工厂、矿山发行达几万份。

组织工作会议认为必须利用工厂党支部报纸的经验，推广到还没有运用这一影响工厂工人和吸收较落后工人参与政治生活的方法的国家和党组织去。但是组织工作会议指出，工厂报纸只有在通俗易懂、巧妙地把企业生活的日常问题与党的口号和策略结合起来的情况下，才能成功地发挥自己的作用。

组织工作会议认为，通过共产国际各支部——各党的地方和中央机关继续保持并加强已经建立的各国同类产业的支部间的联系是符合需要的。

组织工作会议提请共产国际各支部注意党的区委和地方党委机关力量薄弱，以致不能与支部和共产党党团建立良好的联系，给它们作出指示、监督它们执行决议的情况和领导整个党的工作。必须力争使区委和地方党委中至少有一位同志（书记）专职从事党的工作。

组织工作会议认为，在广大的非党工人和农民组织中并非都建立了共产党党团，尽管这些组织中有党员加入。已存在党团的地方，党团与党的机关的相互关系尚未安排妥帖，还不正常。

组织工作会议认为在一切团结工人、职员和贫农的组织中务必成立共产党党团，而且头等重大的任务是在各派工会中组织共产党党团。

在党的机关正确领导共产党党团、党团积极开展活动、执行党的指令的条件下，党组织才能把党的口号和策略推向广大的工人、职员和贫农群众中去。

组织工作会议赞同共产国际执行委员会组织部推行的路线，责成共产国际各支部中央委员会组织部定期上报关于党的建设的材料，指出取得的成绩和工作中遇到的障碍。这使得我们有可能从这些材料中吸取必要的经验，向其他支部介绍并指导它们的工作，等等。

组织工作会议十分赞成共产国际执行委员会组织部的打算，今后将向共产国际各重要支部派出指导员，介绍组织工作状况，进行相应的指导。

组织工作会议认为必须在共产国际执行委员会组织部和青年共产国际执行委员会组织部之间以及各支部中央和地方组织部和共青团中央和地方组织部之间建立紧密的联系。

# 关于共产国际各支部目前鼓动宣传工作的任务的决议

共产国际及其各支部面临的任务即党的队伍最紧密地革命团结和加强党对工人群众的思想政治影响，要求各支部十分重视研究和完善各种鼓动宣传工作的方法问题。制定正确的政治路线、自上而下建立党组织的分支机构还不够。必须十分严肃地考虑以通俗易懂的确切的形式使我们的共产主义思想和党的政治路线成为全体党员的财富。党组织的分支机构应在党员和党外广大群众中宣传马克思主义和列宁主义。重视理论工作和认真做好系统宣传是党布尔什维克化的基本因素。

扩大的全体会议认为，自第五次世界代表大会以来，在宣传方面和提高我们共产主义报刊水平方面取得了很大成绩。扩大的全体会议提请各支部注意在扩大的全体会议期间各支部鼓动宣传工作会议就宣传工作问题通过的决议，强调这方面当务之急的任务如下：

1. 应该一劳永逸地刹住许多支部以往对党内党员群众教育问题的消极态度。应该争取让每个党员，首先是党的工作人员，都接受起码的培训，内容包括我们思想和策略的基本原理和我们的组织原则。各支部中央委员会应在最短期间内制定开展这样广泛宣传工作的硬性的日程计划，组织这项工作，保证党员参与其中，保证必需的骨干来领导培训班，最严格地监督对已制订的计划的执行，始终如一地保持党员群众和党的领导机关对这项工作强烈的关注。共产国际执行委员会鼓动宣传部应设法加快为这样的初级培训班出版必要的通俗指南。

2. 各支部为了对党的基本骨干进行理论培训，应在中央委员会的领导下创办中央党校，每期学习2—9个月，视实际可能而定。共产国际的重要支部首先应创办这样的中央党校，而共产国际执行委员会鼓动宣传部应在各方面对这些党校提供最广泛的支持。

3. 共产国际执行委员会扩大的全体会议赞同已制定的在莫斯科成立国际党训班的计划，责成主席团设法在今年秋天开班。

4. 党的报刊面临的基本任务已由关于各党布尔什维克化问题的决议作了阐述。必须在我们定期报刊的鼓动和组织形式上采取坚定的方针。应比迄今为止更重视工人通讯员运动和企业办报的工作。各党应认真检查现有的周刊和日刊网络和发行系统。凡是需要的地方，这个网络应尽可能有所限制，使创办真正的、坚持原则的群众性共产主义工人报刊变得更容易。必须设法让所有报刊都遵循党的政治路线，党的各级领导机关对报刊实行党的政治领导和监督。共产国际各支部每一个中央委员会都应指定一名政治局委员负责党的中央机关刊物的政治路线。建议主席团筹备国际"报刊日"，以使共产主义报刊更深入工人群众中去。

5. 应十分重视各党的定期理论出版物。它们的任务是提高党的思想水平，深入研究和阐释各党在斗争过程中产生的策略问题。执行委员会扩大的全体会议肯定了学术杂志《在马克思主义旗帜下》的出版，认为它必须不仅出版德文版，而且还要出版英文版和法文版，强调指出共产国际执行委员会长期支持各党理论机关刊物的必要性。

共产国际各支部应发行《共产国际》杂志，鼓励领导同志经常为它撰稿。

6. 一方面，广大工人群众对苏联经济和文化建设越来越感兴趣，另一方面，资产阶级和改良主义报刊的诽谤运动势头不减，这一切使得向国外提供关于苏联现状正确而全面的信息变得非常必要。

7. 为了顺利开展鼓动宣传工作并始终如一地加以领导，各支部党应关心进一步加强各中央委员会和地区党委以及更下级的党委的鼓动宣传部，吸引党的一切宣传力量参加鼓动宣传部的工作。

各支部应通过自己的鼓动宣传与共产国际执行委员会鼓动宣传部保持最紧密的联系，其形式是：上报各种鼓动宣传材料、交流经验。

# 关于国际支援革命战士协会问题的决议

共产国际执行委员会扩大的全体会议提请各共产党和全世界各革命组织重视在白色恐怖日益猖獗的形势下国际支援革命战士协会的工作越来越突出的重要性。

随着资本主义国家阶级斗争的加剧，资产阶级扼杀革命运动的法西斯方式越来越显示出成为所谓民主国家国内政策的基础的倾向。白色恐怖采取了前所未有的、骇人听闻的和丧尽天良的形式。

因此，组织广大劳动群众反抗世界资产阶级对工人阶级、贫苦农民和殖民地奴隶的兽行和暴力，现在是无产阶级最迫切的任务。

国际支援革命战士协会在这方面做了大量工作。它把超过500万人团结在自己的队伍里。它开展一系列反对白色恐怖的运动，特别是最近的兰楚茨基案件引发的运动，由于无产阶级强大的压力，兰楚茨基被宣告无罪。国际支援革命战士协会在物质上、精神上和司法上援助成千上万资本囚徒及其家庭方面取得了实际的成果。

共产国际执行委员会扩大的全体会议满意地肯定国际支援革命战士协会的工作所取得的巨大成绩，号召各共产党、革命组织和工会组织全力以赴、始终如一地支持、发展并加强国际支援革命战士协会这个真正群众性的、非党的社会组织。

扩大的全体会议认为，加强尤其是在资本主义国家和殖民地国家里加强吸引广大劳动群众通过组织募捐、对监狱中囚犯的援助和抗议示威等参加支援革命战士的工作十分必要。

扩大的全体会议号召共产国际执行委员会各支部执行共产国际第五次代表大会关于国际支援革命战士协会的指示，提请各共产党注意，它们应把国际支援革命战士协会的活动看做吸引最广大非党群众投入革命运动的重要因素，看做以国际无产阶级团结的精神培养这些群众的初级学校。

# 关于拉狄克、布兰德勒和塔尔海默的声明的决议

共产国际执行委员会扩大的全体会议读了拉狄克、布兰德勒和塔尔海默1925年3月25日的声明后认为必须指出如下问题。拉狄克、布兰德勒、塔尔海默对给1923年德国革命运动造成巨大危害的社会民主党式的歪曲德国共产党策略的行为负有极大的责任。拉狄克、布兰德勒和塔尔海默领导的派别试图把革命的统一战线策略变成与社会民主党联合的策略。这一"派别"通过"萨克森"政策（布兰德勒加入萨克森政府的条件，他在其中"工作"等）把共产党人的策略变成庸俗的议会喜剧，表明以上三位同志在政治上的彻底破产。

俄共第十三次代表大会一致声明，当时试图代表俄共说话的拉狄克同志的政策与俄共的实际政策毫无共同之处。德国共产党法兰克福代表大会同样坚决谴责了布兰德勒和塔尔海默的路线。最后，共产国际第五次代表大会以全世界各共产党的名义严厉谴责了这三位同志的孟什维主义倾向。

拉狄克、布兰德勒和塔尔海默不是老实承认自己的政治错误，反而通过他们1925年3月25日的声明错上加错。他们声明他们"拥护"共产国际执行委员会本次扩大的全体会议的提纲。但他们认为他们与共产国际在工人政府的问题上的分歧"历史地解决了"，是因为"资本主义社会严重分崩离析的时期已暂时停止了"。他们继续认为，当革命斗争再度激化时，还需要向拉狄克、布兰德勒和塔尔海默的策略回归。他们

自己在他们1925年3月25日的声明中把这一策略定义为争取"通过与社会民主党左派分子联合……暂时占领为争取无产阶级专政的斗争的过渡阵地"。声明的作者们从而表明，他们依然牢牢地站在与社会民主党联合的立场上。换句话说，他们继续背离布尔什维主义，走向孟什维主义。

在共产国际第五次代表大会期间，拉狄克、布兰德勒和塔尔海默三位同志继续坚持他们的反共产主义立场。塔尔海默同志和克雷比赫同志在第五次代表大会后马上写的文章中的反共产主义立场更加强化了。这些同志在第五次代表大会和共产国际执行委员会本次扩大的全体会议之间的全部活动完全与第五次代表大会的路线针锋相对。如果说拉狄克、布兰德勒和塔尔海默三位同志在他们1925年3月25日的声明中写道，对他们来说"去年最重要的关注是保持各共产党群众性质"，那么对这一声明就不能当真。在列宁同志亲自领导下成立的共产国际始终忠于列宁主义，从它成立的第一刻起到今天完全在为创建和保持**群众性的**无产阶级政党而工作。共产国际与拉狄克、布兰德勒和塔尔海默所代表的"派别"之间的差别在于共产国际努力创建和保持群众性的**共产主义的布尔什维主义的政党**，而拉狄克、布兰德勒和塔尔海默推行**半孟什维主义**的群众性政党的政策。在以上三位同志口中的"革命宗派"与保尔·莱维的声明如出一辙。

这个派别在孟什维主义的托洛茨基变种问题上的行径同样是政治上虚伪的。正当共产国际全体严厉谴责托洛茨基主义时，拉狄克在共产国际中直截了当地支持托洛茨基主义，而布兰德勒和塔尔海默写了模棱两可的声明，试图通过半脱离托洛茨基主义的方式来赢得攻击兄弟的德国共产党的机会。对这种在俄共和德共之间制造不和的尝试应予谴责，共产国际永远会给予坚决的反击。

如下事实使拉狄克、布兰德勒和塔尔海默1925年3月25日的声明昭然若揭：作出这一声明时，俄共中央监察委员会正与共产国际监察委员会的代表一起审理这三位同志在德国共产党内的派别—分裂"工作"的问题，并得出结论，认为应将拉狄克、布兰德勒和塔尔海默开除出俄共，从而也开除出共产国际。

如果说，鉴于上述一切，拉狄克、布兰德勒和塔尔海默"拥护"共产国际策略的声明根本不值一提的话，那么共产国际对在中央监察委员会上述决定后作出的这个声明还能有多少信任呢。

共产国际执行委员会扩大的全体会议认为布兰德勒、拉狄克和塔尔海默这一政治上虚伪的声明破绽百出，是从社会民主党领袖们武器库里借来的策略手段，是反对第五次代表大会的路线的，因此拒绝接受这一声明。

# 俄共（布）中央监察委员会关于布兰德勒、塔尔海默、拉狄克等人一案的决议

德国共产党中央委员会向俄共（布）中央委员会提出追究布兰德勒、塔尔海默、拉狄克、埃达·鲍姆、菲利克斯·沃尔弗、瓦尔歇和梅勒等同志党内责任的问题。德国共产党中央委员会指控这些同志，认为在他们的参与和领导下，在德国共产党内进行有步骤、有计划的旨在反对德国共产党中央委员会及其依据共产国际第五次代表大会决议所执行的政策的派别活动。1925年2月11日德国共产党中央委员会作出决定，请求俄共（布）中央委员会立即将布兰德勒和塔尔海默开除出俄共。根据3月2日政治局的决定，责成俄共（布）中央监察委员会并吸收共产国际监察委员会和共产国际的代表参加，审理德国中央委员会的这一申请。

中央监察委员会研究了德国共产党中央委员会提交的材料并听取了被告同志的解释，得出如下结论：

在德国共产党内部存在着从事反对中央委员会及其政策的右倾派别集团（从党原来的右翼形成的）。这些集团的政治路线和观点总的来说与塔尔海默同志为《国际》杂志撰写、后来又收回的文章所表达的观点是一致的。塔尔海默同志的文章包含了对共产国际第五次代表大会决议的派别的、反布尔什维主义的、半托洛茨基主义的批评并捍卫遭到代表大会否定的布兰德勒—拉狄克的立场（尤其是在对德国十月革命的评价问题上）。塔尔海默同志把代表大会关于反对共产国际内部机会主义

思潮的斗争的决议说成是"对幽灵的恐惧"的表现,声称代表大会对今后的前景"问题置之不理",没有给予"这个明确的问题以明确的回答"。此外,塔尔海默同志的文章包含了一系列对德国中央委员会和共产国际执行委员会以及俄国老布尔什维克近卫军的猛烈攻击(完全以托洛茨基同志《十月的教训》的精神对老布尔什维克近卫军进行攻击)。

塔尔海默同志的派别文章没有刊登在任何一个共产主义出版物上,越过了德国中央委员会,未经俄国中央委员会或共产国际执行委员会的批准,在德国共产党内广为散发,被用于派别斗争的目的。

上述集团的派别活动尤其在共产国际第五次代表大会后活跃起来,表现为召开派别会议、在党和工会会议上发表一系列派别言论,目的是按照事先制订的计划,使他们的派别决议(反对德共中央的决议)得到通过,还表现为广泛散发匿名的通报,在其中猛烈批评中央的路线,并提出了详细拟定的派别活动计划。

上述集团派别活动的目的首先是改变中央的政治路线及其人员构成,同时要让布兰德勒同志和塔尔海默同志重新回到领导岗位上。

布兰德勒—拉狄克—塔尔海默集团(拥护他们观点的有菲利克斯·沃尔弗、埃达·鲍姆和梅勒同志)在共产国际第五次代表大会后召开涉及德国共产党问题的会议,再三询问从德国来的同志关于党内状况,收集反对德国中央委员会的材料,通过对德共中央政策的派别批评以及通过对中央委员完全不能容忍的人身攻击来败坏中央委员会的声誉,保持与上述派别集团的联系并给予它们协助。他们与由扬纳克领导的被开除出党的右派集团保持联系并向它们提供帮助。

特别是,布兰德勒—拉狄克—塔尔海默集团的成员证实,在布兰德勒和拉狄克的家里曾就德国党的工作问题召开了两次会议或"座谈会"(尽管他们否认了这些会议的派别性质)。布兰德勒同志声称,他从来到莫斯科的同志口中"挤出"了关于德国党内部状况的材料。梅勒同志在上面提到的一次会议上作了关于德国事务的报告。还是这位梅勒同志在苏联驻德国的一个代表处工作时通过本机关系统散发报告，该机关的负责人承认，这些报告带有"悲观"性质，也就是包括从布兰德勒的右派方针出发对党内状况作出悲观的评价。这些报告成了布兰德勒集团的材料。拉狄克同志交给梅勒100英镑以便从物质上支援一批被开除出德共的右派（尽管他否认这些钱用于派别活动）。通过布兰德勒同志的居住在他柏林家里的助手安妮·科尔迪茨从德国寄到他在莫斯科的地址一些信，这些信以十分巧妙伪装的形式提出了进一步开展派别活动的计划。布兰德勒同志在给艾森贝格尔同志的信中写道："德国形成了反对派，他们不满足于说说关于党的布尔什维克化的空话，而要求为具体目标而斗争。哥达和雷姆沙伊德的地方工会在我们掌握之中，它们提出了具体的要求，包括转移税负重担的要求，把它当做反对道威斯计划的具体斗争手段。中央拒绝了这个要求。中央委员会在哥达同意了，但拒绝了转移的要求，在雷姆沙伊德则不同意。因此把扬纳克、皮茨等开除出党。在汉堡开除了韦斯特曼和法贝尔。中央批准了开除法贝尔。可能是雷梅尔在中央声称，在1923年10月前党只是一个激进社会党，现在它是布尔什维克党了。"布兰德勒同志在中央监察委员会会议上试图证明，他的这封信并非派别信件，特别是"哥达和雷姆沙伊德在我们掌握之中"这句话应该理解为哥达和雷姆沙伊德掌握在党的手中。但是这一解释与全信的其他明显派别活动性质的内容有矛盾，也与哥达和雷姆沙伊德派别分子用自己的决议对抗德共中央的决议这一事实有矛盾。

布兰德勒、拉狄克和塔尔海默三位同志在中央监察委员会会议上针对德共中央委员会作出了一系列异常激烈、完全不能允许的声明。例如，布兰德勒同志声称："即使现在中央委员会中某些同志投身反革命阵营，他也还会留在革命阵营里。"拉狄克、塔尔海默、菲利克斯·沃尔弗和埃达·鲍姆等同志反对中央委员会的言论虽然没有政治上如此尖锐,但同样十分激烈和带有派别敌意。构成这些派别声明的基础是这些同志毫不掩饰的败坏中央声誉和改变中央人员构成的意图。

除了类似的攻击,这些同志(尤其是塔尔海默、拉狄克、布兰德勒和沃尔弗)试图在中央监察委员会会议上证明德共中央委员会没有执行第五次代表大会的决议,而他们,布兰德勒—拉狄克的拥护者,现在愿意支持这些决议。因此,塔尔海默同志和瓦尔歇同志还试图证明,现在季诺维也夫和斯大林转而持塔尔海默—布兰德勒的观点:瓦尔歇同志的整个发言都用来证明德共中央没有执行第五次代表大会的决议,尤其是在工会问题上。塔尔海默同志说了同样的话,他声称,他几乎在所有的问题上都不同意德共中央,但他同意斯大林和季诺维也夫,现在斯大林和季诺维也夫向他即向塔尔海默靠拢,支持他在上面提到的文章中的观点。这些尝试都是为了用布兰德勒主义偷换布尔什维主义,实际上是在歪曲第五次代表大会的路线,在支持第五次代表大会决议的旗帜下,实行取消主义,用这种办法使德共中央和共产国际对立起来,达到撤换中央委员会并用布兰德勒的政策取代中央的政策。在上面提到的派别通报中在局部问题上也提倡这种偷换手法。

根据以上所说的一切,中央监察委员会认为业已查明德国共产党内存在一个有组织的派别,其中包括几个党内集团和一个俄共党员集团(布兰德勒、塔尔海默、拉狄克等),他们根据一系列文章和文件(布兰德勒—塔尔海默—拉狄克—通报的匿名作者)所反映的政治纲领进行派别活动,中央监察委员会认为,德共中央委员会根据上面所列出的材料,在德国共产党现在所处的艰难复杂的形势下,在党内存在广泛的坚决敌视布兰德勒—塔尔海默的思潮的情况下,提出要求完全正确,它要求把布兰德勒和塔尔海默开除出俄共(这是他们罪有应得)以及要求追究拉狄克、埃达·鲍姆、菲利克斯·沃尔弗、海因茨·梅勒和瓦尔歇等同志的党内责任,目的是制止这些同志继续在德国共产党内进行派别活动。

但是，中央监察委员会出于尽可能减少痛苦地清除德国共产党内的派别集团的意愿，给予布兰德勒、塔尔海默、拉狄克等同志用行动来证明他们在中央监察委员会会议上所作的他们今后不再从事派别活动的声明是正确的机会，认为可以局限于采取以下措施：

1. 因布兰德勒、塔尔海默、拉狄克、埃达·鲍姆、菲利克斯·沃尔弗和海因茨·梅勒同志有步骤的派别活动和严重违反党纪的行为，对他们严厉谴责并给予警告。

2. 禁止布兰德勒、塔尔海默、拉狄克、埃达·鲍姆、菲利克斯·沃尔弗和海因茨·梅勒同志以任何形式干预德国共产党的工作。

3. 中央监察委员会警告这些同志，他们今后继续从事派别活动或干预德国共产党事务必然会使他们被开除出俄共。

4. 认为布兰德勒、塔尔海默和拉狄克参加共产国际的工作是不能容许的。

5. 中央监察委员会认为德国共产党中央委员会必须在党内广泛进行工作，向全体党员说明本决议的政治意义。

# 关于南斯拉夫问题的决议

## 一、总的形势

1. 所有巴尔干国家，尤其是南斯拉夫是目前欧洲资本主义国家体系中不稳定的和相对脆弱的一部分。

我们即使肤浅地观察一下政治大事，就会发现，**巴尔干国家的危机**一如既往地严重，表现为有产阶级的政治势力不断改组、统治方式和斗争方式迅速变换、军事阴谋和国家政变没完没了、人民起义和游击斗争风起云涌、对选民和议员的暴力肆无忌惮等。帝国主义大国始终利用巴尔干各国作为他们政策的工具，力图使它们处于殖民地依附关系中，毫不收敛地玩弄阴谋。除此之外，列入日程的依然是阴谋和武装巴尔干各国政府和王朝相互敌对。尤其是塞尔维亚军国主义君主政府及其对统治巴尔干的觊觎，不断引发新战争的危险。目前巴尔干各国的国界比战前更不稳定，而每个国家的国内溃疡比战前更深更暴露无遗。

巴尔干国家特别是南斯拉夫国内危机的原因和实质是民族问题和农民问题未得到解决，而且有产阶级也解决不了。这就造成了**革命工人运动与农民运动和被压迫民族运动独特的相互交织的可能性。**

这一政治意义巨大的结合中隐藏着巴尔干危机，特别是南斯拉夫危机进一步加剧变成**深刻的革命危机**的倾向。

2. 塞尔维亚资产阶级及其军事君主制度在整整六年中努力寻找摆脱这一危机的出路和加强自己在一个新建国家中的专政，其特点是头脑发热的蛮干多于成功的管理国家艺术的表现。它面对的确实是异常困难的任务。在南斯拉夫国家综合体中只占很小一部分的塞尔维亚资产阶级是相当落后的资本主义和落后的文化的体现者。它尤其需要保持自己在强大的军事和官僚政权**机关**中的专政。这个庞大的压迫机关在其各部分中并非完整的和可靠的。可以到处安插塞尔维亚政府的警官、宪兵和密探，但并不是可以到处建立起例如忠于君主制的塞尔维亚法院。军队的指挥官90%是塞尔维亚人，但多数士兵得从各被压迫民族中招募，而招募来的大部分塞尔维亚族士兵来自该族中感到不满的被压迫阶级。

同时国家压迫机关开支异常高昂，尤其是国家预算中除此之外还有没有偿还的军事债款的沉重负担。只要政府试图榨取新税的话，这在生产力发展低下的条件下引发的广大群众的不满要高于税收的增加。现在的国家预算和贸易平衡表确实通过加强出口几乎未加工的各种国家自然资源来暂时恢复平衡。但长期的**大规模失业**和令人苦恼的**物价飞涨**表明生产力不可能开始真正的发展。资本家感觉到**流动资金**缺乏，其表现为信贷危机严重。拼命尝试吸引英国、美国或法国资本进入国内，在最好的情况下带来的也是令人担心的结果：**外国资本**越来越使南斯拉夫各国的天然财富和生产力接受它的直接监管和掠夺性的殖民地式经营。在南斯拉夫和巴尔干各地，各帝国主义强国的资本已扎下了根，不是为了帮助本地资本主义，而是为了把它排挤掉并在那里确立自己的专政。

3. 由于塞尔维亚资产阶级的专政基础如此不稳，塞尔维亚政府经常要为保住自己的国家体制而斗争，这里不可能成立**独立的合法的工党**也就不足为怪了。塞尔维亚资产阶级的管理艺术对付独立的工人政治运动只会使用拙劣的非常法和相应的恐怖伎俩。对未做好正面攻击准备的革命工人政党被彻底击垮，以致现在不合法的共产党要集结无产阶级的革命力量条件都异常艰难。但与此同时，无产阶级群众使人感到在他们之中阶级仇恨正在增长，使南斯拉夫社会民主党领袖的背叛阴谋失去了取得一点点成功的可能，尽管国家警察对他们百般庇护。

塞尔维亚的统治者在使工人运动不受法律保护的同时，对**农民运动**也这样干，因为农民运动力图摆脱资产阶级的领导。同时，南斯拉夫的资产阶级和地主不去消除现有的封建主义残余，却争取重新考虑已进行了一半的土地改革，这对地主当然大大有利，但未必能有助于消除社会危机的原因。

在**民族问题**上的冲突直接威胁到执政的塞尔维亚资产阶级有灭顶之灾，一部分塞尔维亚资产阶级试图借助与克罗地亚和斯洛文尼亚资产阶级"达成协议"的办法来保证自己的领导权和巩固军国主义君主制。**达维多维奇**政府本着这一精神进行的由不同民族分子建立资产阶级联盟的试验很快便失败了。原来，不同民族政党的"民族和谐"、"和平民主合作"只能更容易更迅速地引发对南斯拉夫国家大船十分危险的暴风雨。**帕希奇—普里比切维奇**政府又一次坚决转向公开恐怖的道路。马其顿和伏伊伏丁那民族运动的恐怖活动在最近一次议会选举中产生了预期的结果。但由于克罗地亚、斯洛文尼亚和波斯尼亚运动坚持自己的立场，政府便逮捕了拉迪奇和克罗地亚共和党的其他领袖，宣布许多当选证书无效，收买了这个党内最有影响力的资产阶级分子，等等。

帕希奇—普里比切维奇政府受到拉迪奇党高层暂时投降的鼓舞，有意今后也实施同一战略，也就是**不作重大的政治让步，部分用强力、部分通过分化瓦解来吸引被压迫民族的有产阶级与塞尔维亚资产阶级结成共同的反动同盟**。帕希奇—普里比切维奇政府的口号"支持君主制，支持国家统一，支持资本家的阶级专政"无可争辩地在被压迫民族的有产阶级中找到了良好的土壤。但是这基本上不会导致南斯拉夫危机的解决，而是导致这一危机加剧。一切最重要的部门依然由塞尔维亚资产阶级及其军国主义君主制掌握，反动同盟试图扼住农民运动和民族革命运动的喉咙，试图把恐怖体系推向极端。在这种情况下，与之相对立的革命口号"支持共和制,反对国家集权化的统一,反对资本主义统治,支持工农政权"得到了劳动居民格外的响应和大规模支持。

4. 目前形势向南斯拉夫革命工人运动提出的**总的任务**是**集结**各个无产阶级和农民群众性运动的力量来进行团结的革命斗争,反对主要的敌人——**反对占统治地位的塞尔维亚资产阶级及其军国主义君主制**。

将来政治形势有望向革命发展,而不是向和平主义民主制发展。在中欧和西欧出现的资本主义的相对稳定在一定程度上会使这一发展变慢,但不能改变革命发展的**方向**,因为革命发展的原因基于巴尔干的矛盾。南斯拉夫的形势确实还不是直接的革命形势,但国外形势和国内形势都包含着十分深刻的矛盾,始终存在冲突的可能,而冲突会引发直接的革命情势。

在这方面南斯拉夫共产党人的义务首先是始终不渝地自觉地在各个领域中坚持革命的方针。通过这种或那种办法帮助帕希奇政府把各民族的保守力量集中成统一的反动同盟,这不是共产党人该干的事;与此相反,共产党人应善于促进各被压迫民族一切民族运动集中起来的事业,以开展反对塞尔维亚资产阶级专政的共同斗争。燃起动摇不定的工农群众对民主改革的幻想、和平主义或立宪主义的幻想,绝不是共产党人的任务。他们的任务是引导这些群众投入争取日常要求的斗争,投入反对现存的压迫和现有的国家机关的斗争。

南斯拉夫的形势要求共产党人不要把革命准备工作推到"更良好的"时候去做,恰恰相反,要以更快的速度去进行,十分抓紧这一工作,扩大对广大劳动群众的影响范围,办法是主动采取工农联盟的策略、十分紧密地把这一工作和巴尔干各国在**巴尔干共产主义联盟**的统一领导下的共产主义工作联系起来。

## 二、南斯拉夫共产党的民族政策

1. 很显然，南斯拉夫共产党只有大力执行正确的民族政策，才能完成它所面临的任务。至今党在这方面的积极性尚待提高，部分南斯拉夫同志至今还对民族运动的革命意义一仍旧贯地估计不足。

只有无产阶级革命和苏维埃共和国联盟的建立才能为解决民族问题提供可靠的基础，这一事实不应使任何一个共产党员看不到在资本主义时期，尤其是在像南斯拉夫这样民族构成纷繁复杂的国家里，民族冲突和民族斗争极其重要的政治意义。不仅如此，共产党人应能集中被压迫民族运动中潜在的全部革命力量来致力于推翻塞尔维亚资产阶级的专政和加速无产阶级革命的到来。

2. 南斯拉夫共产党为了完成这一任务，应坚决而始终不渝地为**争取被压迫民族的自决权**而斗争，直至它们国家分立。这意味着，共产党人首先应最猛烈地在各个领域反对塞尔维亚统治者对这些民族的压迫，支持、捍卫并扩大这些民族每一个导致消除现有的对他们自决权限制的要求。

因此，共产党可以而且应该支持各个被压迫民族自己的市政自治、自己的学校和独立法院、省级自治等要求。但同时党应该不断强调这些措施的不彻底性，努力扩大每一个局部要求：例如，它应该把各民族地域自治的口号扩展为民族国家联邦联合体的口号。南斯拉夫共产党在民族问题上基本的、综合的口号应该是要求建立**巴尔干工农共和国联邦**。只有在加入工农共和国的民族联邦的原则基础上的自愿联合才能使它们真正解决民族问题。

3. 应该揭露关于塞尔维亚人、克罗地亚人和斯洛文尼亚人民族统一的奇谈怪论，因为这是对大国主义的塞尔维亚资产阶级民族压迫政策的掩盖。每一个共产党员都不应该纵容这种奇谈怪论的传布,例如,通过关于融合的正常过程的胡扯来传布,说经济发展的过程会促成这一融合。

应该揭露塞尔维亚民主党目前鼓吹"民族协议"的运动,因为这在克罗地亚族和斯洛文尼亚族看来是为了塞尔维亚帝国主义的尤其是帕希奇—普里比切维奇政府的更大利益而抹杀克罗地亚族和斯洛文尼亚族民族利益最危险的尝试。如果按照"奥地利马克思主义者"的理论,共产党人把事情描绘成民族运动的内幕只是不同民族资本家的竞争和斗争,这些资本家之间的妥协将使民族运动和民族斗争失去基础的话,那么这些共产党人便成了这些阴谋诡计间接的帮凶。这是根本错误的。塞尔维亚、克罗地亚和斯洛文尼亚资本家之间完全可能通过损害劳动群众的利益来达成这样或那样的妥协,但决不意味着南斯拉夫民族问题得到了解决。

民族问题的基础和核心不是资本主义竞争,而是**农民问题**,民族运动,尤其是在南斯拉夫,重要的基础是农民运动。这个运动不可能因资本家双方的妥协或整个资本主义南斯拉夫框架内的妥协而被取缔。不仅如此,这个运动包含着炸毁圣热尔曼成立的国家框架的内在倾向。克罗地亚农民好几年前就作为民族要求提出了国家独立的口号(1919年克罗地亚农民党有20万个签名的备忘录,1920年12月8日萨格勒布宣布独立的克罗地亚共和国成立,等等)。马其顿农民也致力于民族独立,斯洛文尼亚和黑山的农民要求实行联邦制等。共产党人应自觉地把劳动群众争取这些要求的斗争引向反对国家恐怖和反对塞尔维亚资产阶级借以蒙骗人民群众的"协议"的斗争的渠道。他们应该不倦地工作,争取最终把农民和无产阶级人民群众小资产阶级式动摇的民族运动变成坚决的革命斗争。

4. 社会民主党人在民族问题上的政策完全背道而驰。他们声称,保持南斯拉夫现在加入的民族组成的国家统一是无产阶级阶级利益的要求，他们以此为借口反对被压迫民族的一切独立的意愿。他们期望借助立宪改革迅速而毫无痛苦地解决资本主义国家框架内的一切民族冲突或使之减到最低程度。由于社会民主党人的这种民族和平主义根本没有任何基础，它只是有助于塞尔维亚民主党为了塞尔维亚帝国主义的利益而力图达到的骗人的妥协政策。奥地利马克思主义对问题的解释把事情说成是在资本主义国家中确立民族和平可以为无产阶级阶级斗争扫清舞台，实际上这种解释早就成了破坏无产阶级阶级斗争的借口。

共产党人应最坚决地反对民族政策的这一社会民主主义倾向，极其警觉地关注肃清自己队伍中社会民主主义思想的一切残余。来自党内反对派的同志尤其需要这种认真的自我检讨；他们不应该忽视，即使原则上承认民族自决权——直到国家分立——也可能仍不足以保证反对民族政策中右倾的斗争。他们应该严格区分对民族问题的革命性解释和立宪主义解释。共产党当然应该积极地、精力充沛地、坚决地参加修改南斯拉夫宪法的斗争（包括在议会中），同时不要忘记，宪法解决不了民族问题，因此被压迫民族的民族斗争最深刻的目的是**摆脱这部宪法**，而不是改善宪法。共产党只有在争取被压迫民族民族自决权的日常斗争中明确而彻底地坚持反宪法的革命路线，只有根据自身经验的材料始终如一地帮助劳动群众摆脱以为议会改良主义可以解决民族问题的幻想，才能赢得劳动群众的信任，把他们从力图达成妥协的资产阶级（和社会民主党）领袖的影响下解救出来。

5. 南斯拉夫共产党为了坚持对各民族运动的正确策略，应该具体分析和估计参加这一运动的各阶级和阶层居民利益的差异。相当大一部分克罗地亚和斯洛文尼亚资产阶级以及马其顿和波斯尼亚的别伊①从来

---

① 近东和中东一些国家中小封建诸侯或官员的称号或职位。——编者注

都愿意与塞尔维亚资产阶级达成能保证他们最重要的阶级利益的妥协。一部分人很容易被收买，变成塞尔维亚资产阶级的直接工具。另一部分人承认国家统一、宪法、君主制和王朝，是十分不稳定的反对派。更多的人比拉迪奇这样真正的小资产阶级领袖动摇幅度更大。其中不多的人可以被吸收参加争取民族解放的积极而坚决的斗争，至少因为目前的形势还不是直接的革命形势。

共产党应该不断批评民族解放运动的资产阶级领袖的不彻底性和动摇性，但它不能指望，这些运动在目前情势下会具有革命性质或会摆脱一切动摇不定的领袖。它还不应该或多或少把对民族运动的支持与这一运动是否接受我们的革命口号（如工农政府的口号）挂钩。南斯拉夫共产党坚信，一旦总的情势发生变化，民族运动未来将有革命的发展，它应不厌其烦、不知疲倦地在这些运动的农民和无产者队伍中开展工作，为自己创造在运动左翼中稳固的基础。

由于南斯拉夫独立工人运动弱小，无产阶级广大群众近几年来得到了农民民族运动的帮助。南斯拉夫共产党的任务现在是在民族问题上执行无产阶级的独立政策，大力加以推进，吸引南斯拉夫农民群众成为无产阶级革命的同盟者。

6. 日沃塔·米洛伊科维奇认为共产党应该同样激烈地反对克罗地亚和斯洛文尼亚资产阶级的民族主义以及一切民族主义，这一观点不仅具有机会主义性质，而且客观上对大塞尔维亚资产阶级的民族主义政策有利。共产党人应在自己的斗争中始终注意到被压迫民族和压迫民族的差异。同时，与日沃塔·米洛伊科维奇的认识截然相反，**不同民族的共产党人的策略**有所区别**在某种程度上是适宜的**。克罗地亚和斯洛文尼亚共产党员可以而且应该批评本民族的资产阶级民族主义，更勇敢地鼓吹本民族无产阶级与塞尔维亚无产阶级的团结一致。另一方面，塞尔维亚共产党员应最无情地批评塞尔维亚资产阶级推行的民族压迫政策，同时对植根于塞尔维亚工农之中的民族偏见进行解释性的批评。

  但总的来说，党应该大力进行宣传鼓动，说服南斯拉夫各被压迫民族的工人群众，要他们相信解决民族问题的唯一办法是推翻大塞尔维亚资产阶级的政权。任何对挑起民族狂热的担心，都不应妨碍党在这个十分重要的问题上全力以赴地向群众呼吁。如果党害怕民族运动火焰般的热情，那它就成不了广泛的革命人民运动获得胜利的领袖，南斯拉夫的这一革命人民运动是从工人运动、农民运动和民族运动革命性结合中产生的。

## 三、南斯拉夫共产党在农民问题上的政策

  1. 如果南斯拉夫共产党不能引导广大农民群众投入反对君主制、反对塞尔维亚帝国主义和资本主义的积极斗争中去，南斯拉夫的无产阶级革命就不能取得胜利。党应该把无产阶级和农民群众的联盟当做它整个活动的基础。首先必须使小农群众成为革命无产阶级的同盟者，但除此之外，党应该作出极大努力对中农施加影响，把他们争取过来。

  长期以来，南斯拉夫共产党在农民问题上的实践不仅有失误和不足，而且采取了源于社会民主党传统的完全错误的处理方法，这极大地助长了几乎对党本来在农民群众中的强大影响力的彻底破坏。我们没有保证农民群众对无产阶级阶级斗争的支持，还使南斯拉夫广大无产阶级群众被小资产阶级农民政党拖着走。

  南斯拉夫共产党中央委员会近来试图正确制定党在农民问题上的政策，对此应表示欢迎，尽管在这一过程中暴露出不少错误和疏失。反对派一味批评和否定这些尝试，是错的。党的切身利益要求在农民问题上执行正确的政策。

  2. 这一政策始终应与农民群众迫切的现实需求相结合。首先必须

开展反对压迫农民的一切**封建主义残余**的斗争。南斯拉夫多数地区的**土地问题**程度不同地表现得很尖锐。小资产阶级农民政党害怕在自己的旗帜上标出激进解决土地问题的途径。如果南斯拉夫共产党勇敢地提出这一问题，它可以指望很快就会架设起联系它与无地的和少地的农民群众的桥梁。

除此之外，为了动员农民起来反对统治官僚、政府的税收政策、反对军国主义和战争危险、通过这一途径最终**反对资本主义国家**和一切资本的统治，应该利用对农民阶级压迫的一切具体事例。

3. 在**民族问题**上正确的、一贯的、摆脱各种倾向的政策是南斯拉夫共产党加强在农村中影响的第一个前提。同农民问题是民族问题的核心一样，民族运动在农民群众中反响十分强烈。在南斯拉夫这已经表现为很大一部分群众站到了小资产阶级民族政党的旗帜之下。共产党要为对民族因素稍有忽视或低估付出代价，事实上也付出了代价，它对农民的影响有所下降。

4. 共产党不应对**农民运动和农民组织**漠不关心。认为如克罗地亚共和农民党这样的农民政党只是资产阶级政党，我们除了与之斗争，没有别的什么可做，这种观点是错误的。农民政党在多数情况下由资产阶级知识分子领导，有时甚至由反动君主主义者领导（在**塞尔维亚农民协会**中），这一点决不能成为共产党员持漠不关心态度的根据。这些农民政党代表广大农民群众的运动，是与地主、资本家对立的客观发展，对于共产党来说，这一点应具有决定性意义。共产党对这样的政党持漠不关心的态度只会有利于资产阶级代理人掌控农民运动。恰恰相反，共产党人的任务是依靠正确的政策，帮助农民群众摆脱资产阶级代理人的掌控。

5. 在现有的形势下，共产党对塞尔维亚农民协会的策略当然应与**它对克罗地亚共和农民党**的策略有很大区别。这个区别主要根据这个或那个党在民族斗争中作用的差异。与这一点密切相关的是，这些政党的政治纲领的性质也是不同的。由于克罗地亚共和农民党确实在努力执行自己最初的纲领，它的活动方向基本上是进步的，共产党有一切根据推动它继续朝这个方向走下去。与此相反，塞尔维亚农民协会根据自己的纲领，阻断了进步的方向，力图利用农民群众为塞尔维亚统治者服务。共产党人应坚决与目前状态下的这个党的活动的基本方向作斗争。只有这个党出现和发展左翼（如果有的话），这方面的形势才可能发生变化。这正是南斯拉夫共产党的任务——促进左翼的发展，办法是在跟着塞尔维亚农民协会走的贫农群众中开展工作。如果这样的左翼在这个协会中占了上风或者形成了独立的组织，南斯拉夫共产党可以对它执行与对克罗地亚共和农民党一样的策略。这就是在工农政府口号下的工农联盟的策略。

6. **工农政府**的口号不是纯宣传性口号，而是大规模鼓动和政治动员的口号。它在这个意义上尤其适用于巴尔干各国，特别是南斯拉夫。共产党在这个口号下的斗争，在具备一定前提时，可能导致**工农联盟**的形成。

这样的联盟永远应当是真正的斗争联盟，其目的不仅是上层进行谈判，而且是在共同行动纲领的基础上就一个或几个问题进行的共同**群众性行动**。因此，这样的联盟只能与确实决心为无产阶级和农民共同的、确定的、重要的要求而斗争的农民组织或集团缔结。这还决不是说，这样的农民政党在各方面无一例外地应具有明确的反资本主义性质，而反对派同志把这一条作为必备的条件来要求它。由于总的情势还不是直接的革命情势，甚至左翼的农民组织确实都极少在各个方面都有明确的性质，但是，尽管没有这样的明确性，这些组织可以在某些重大问题上与革命工人并肩斗争。

例如，税收政策问题、土地改革问题都可以是这样的问题，因为这些问题目前具有尖锐的形式；或者是反对政府和执政官僚格外令人愤慨的镇压措施，反对军国主义和迫在眉睫的战争威胁的紧迫要求；选举运动在一定情况下也可以成为建立工农联盟的理由。作为共同行动纲领基础的问题和要求至少应是与广大无产阶级和农民群众直接而切身的利益攸关。但这些要求应有机地与**夺取政权**的问题联系起来，如果可能就在纲领中提出或者至少在行动过程中这样做。不是抽象地提出工农政府的口号，而只有把这一口号具体化，才能使群众懂得争取政权斗争的必要性。

独立工党中央委员会在最近的议会选举中表现出的为共同开展选举运动成立若干工农联盟的主动精神，在马其顿和达尔马提亚取得了不错的结果，但在克罗地亚不太成功。在克罗地亚的主动精神本身也是对的，尽管在实施中存在缺点。今后南斯拉夫共产党在可能的类似尝试中应事先严格估计到**这一策略包含的一切危险**。我们的党人数偏少就包含着极大的危险和困难。在一定情况下党可能会感到很难彻底捍卫自己在与强大的农民同盟者的联盟中政治上和组织上的独立性。不独立的尾巴政策注定党必死无疑。它的义务是在执行这一策略时全力以赴，保持自己的革命路线并向广大群众阐明这一路线。

同时，共产党每一次都应自觉地努力掌握对工农联盟的**领导权**。不能无保留地声称，它现在每一回都能成功。但因此就做出如下结论也是非常幼稚的：由于不交给我们直接的、有决定性作用的领导权，我们将不协助工农联盟的任何行动。共产党人往往应该而且只可能在这一行动或者甚至是此后的一次行动过程中，通过顽强的革命工作**赢得**领导权。

共产党加入联盟，当然决不应只限于作**共产主义的批评**。它对小资产阶级同盟者的这一批评是它力量的所在。它只有通过这样的批评才能把共同行动推向革命的渠道。为此目的，应该批评的与其说是这一农民组织小资产阶级思想的纲领特点，不如说是这一组织在斗争中的动摇和不彻底性。首先应该无情地在工农群众面前揭露他们上层领导的每一个与大资产阶级达成妥协和破坏行动的倾向（如果发现这样倾向的话）。拉迪奇拒绝本党基本的纲领性要求，这个例子提醒共产党人必须随时握紧对小资产阶级农民领袖无情批评的武器。共产党应该与一切类似的农民政党的左翼集团联系在一起，同时要预先保证它在其中的政治基础。

## 图书在版编目(CIP)数据

共产国际执行委员会第五次扩大全会文献/戴隆斌主编.
—北京:中央编译出版社,2012.12
(国际共产主义运动历史文献/王学东主编;40)
ISBN 978-7-5117-1542-5

Ⅰ.①共…
Ⅱ.①戴…
Ⅲ.①共产国际–扩大会议–会议文献
Ⅳ.①D165

中国版本图书馆 CIP 数据核字(2012)第 292659 号

## 共产国际执行委员会第五次扩大全会文献

| | |
|---|---|
| 出 版 人 | 刘明清 |
| 出版统筹 | 薛晓源 |
| 责任编辑 | 苗永姝 |
| 责任印制 | 尹 珺 |
| 装帧设计 | 田晗工作室 |
| 排版制作 | 醍醐(北京)文化发展有限公司 |
| 出版发行 | 中央编译出版社 |
| 地 址 | 北京西城区车公庄大街乙 5 号鸿儒大厦 B 座(100044) |
| 电 话 | (010)52612345(总编室) (010)52612335(编辑室) |
| | (010)66161011(团购部) (010)52612332(网络销售) |
| | (010)66130345(发行部) (010)66509618(读者服务部) |
| 网 址 | www.cctphome.com |
| 经 销 | 全国新华书店 |
| 印 刷 | 北京印刷一厂 |
| 开 本 | 787 毫米×960 毫米 1/16 |
| 字 数 | 456 千字 |
| 印 张 | 35.75 |
| 版 次 | 2012 年 12 月第 1 版第 1 次印刷 |
| 定 价 | 200.00 元 |

本社常年法律顾问:北京市吴栾赵阎律师事务所律师 闫军 梁勤
凡有印装质量问题,本社负责调换,电话:(010)66509618